THEMA

„Der mehrseitige Austauschvertrag. Eine materiellrechtliche und zivilprozessuale Untersuchung."

Inaugural-Dissertation
zur Erlangung der Doktorwürde
einer Hohen Juristischen Fakultät
der Ludwig-Maximilians-Universität
zu München

vorgelegt von

Michael Luber

2003

Referent: Professor Dr. Rimmelspacher
Korreferent: Professor Dr. Hager

Tag der mündlichen Prüfung: 10.12.2003

Michael Luber

Der mehrseitige Austauschvertrag

Eine materiellrechtliche und zivilprozessuale Untersuchung

2., unveränderte Auflage

Herbert Utz Verlag · München

Rechtswissenschaften

Herausgegeben von

Prof. Dr. Thomas Küffner
küffner maunz langer zugmaier, München

Band 31

Zugl.: Diss., 2003

Bibliografische Information der Deutschen Nationalbibliothek:
Die Deutsche Nationalbibliothek verzeichnet diese Publikation in der Deutschen Nationalbibliografie; detaillierte bibliografische Daten sind im Internet über http://dnb.d-nb.de abrufbar.

Titelabbildung: geralt | pixabay.com

frühere Ausgabe: ISBN 978-3-8316-0321-3

ISBN 978-3-8316-8145-7

Printed in EU
Herbert Utz Verlag GmbH, München
www.utzverlag.de

Vorwort

Die vorliegende Arbeit wurde im Wintersemester 2003/2004 von der Juristischen Fakultät der Ludwig-Maximilians-Universität München als Dissertation angenommen. Sie befindet sich auf dem Stand von Januar 2004.

Danken möchte ich besonders meinem vorbildlichen Doktorvater Herrn Prof. Dr. Bruno Rimmelspacher. Er hat diese Arbeit nicht nur dadurch gefördert, dass er sich schon während ihrer Entstehung intensiv mit ihr auseinander gesetzt hat, sondern auch dadurch, dass er mir während meiner Zeit als wissenschaftlicher Mitarbeiter an seinem Lehrstuhl mehr als genügend Freiraum für ihre Anfertigung gewährt hat. Kurz gesagt: Einen solchen Doktorvater kann man sich nur wünschen.

Danken möchte ich auch Herrn Prof. Dr. Hager für die zügige Erstellung des Zweitgutachtens.

Ich widme diese Arbeit meiner Freundin Kerstin Budde. Ohne sie hätte ich gewiss nicht den richtigen Zeitpunkt für das Anfertigen dieser Arbeit gewählt, geschweige denn, dass ich die persönlichen und fachlichen Voraussetzungen dafür gehabt hätte.

München, im Januar 2004 Michael Luber

Inhaltsverzeichnis

A. Einleitung

Ein Vertrag ist eine individuelle Regelung zwischen *zwei* Personen vornehmlich zur Herbeiführung eines Güteraustausches. So hielt man es allermeistens, seit Verträge im Rechtssystem als eigenes Institut ausgebildet sind: anfangend im Keilschriftrecht der mesopotamischen Zeit, dessen überlieferte zahlreiche Vertragstexte ausschließlich Zweipersonenverhältnisse betreffen[1], setzte sich diese Vorstellung im ägyptischen Recht fort und fand ihre Perfektion im römischen Recht, das von der Vorstellung der Einigung zweier Vertragspartner getragen ist und in seinen Klageformeln stets von zwei Personen ausgeht[2].

Das hat sich auch in jüngerer Zeit nicht geändert. Nur ganz vereinzelt wird demgegenüber darauf hingewiesen, dass es einen mehrseitigen Austauschvertrag als einen Vertrag zwischen mindestens *drei* Personen zur Erzielung eines Güterumsatzes geben könne – doch mehr als ein paar Zeilen findet sich selbst in großen Kommentaren kaum.

Überraschend ist dieses Schattendasein des mehrseitigen Austauschvertrages aber doch. Denn der mehrseitige Austauschvertrag bildet als Dreipersonenverhältnis einen Extremfall des Vertragsrechts - und Extremfälle sind prädestiniert zur Verifikation bzw. Falsifikation von juristischen Theorien[3]. Der mehrseitige Austauschvertrag müsste also eigentlich ein deutliches Gewicht in der dogmatischen Diskussion haben – und hat es doch bisher nicht gehabt.

Die vorliegende Arbeit macht es sich deshalb zur Aufgabe, den mehrseitigen Austauschvertrag umfassend in materiell-rechtlicher und prozessualer Hinsicht zu untersuchen, um ihn so vor allem in der Schuldrechtsdogmatik stärker ins Zentrum der Betrachtung zu rücken.

---

[1]Wesel, Rechtsgeschichte, S.87ff.
[2]Wesel, Rechtsgeschichte, S.208, 211.
[3]Canaris, JZ 1993, 384ff.

B. Definition, Abgrenzung von ähnlichen Instituten, Zulässigkeit und Sinn des mehrseitigen Austauschvertrages

Eine Untersuchung über den mehrseitigen Austauschvertrag muss sich zunächst begriffliche Klarheit über den Inhalt des Instituts, seine Stellung im System, seine Zulässigkeit und seinen inneren Zweck verschaffen.

I. Beispiele

Das setzt indes eine gewisse Grundvorstellung vom mehrseitigen Austauschvertrag voraus, die sich am besten anhand von praktischen Anwendungsfällen gewinnen lässt.

Hauptbeispiel und wesentlicher Anwendungsfall des mehrseitigen Austauschvertrages ist der Ringtausch - die Begriffe werden mitunter sogar gleichgesetzt[4]. Musterbeispiel für einen solchen Ringtausch wiederum war jedenfalls früher der Grundstücks- bzw. Wohnungstausch[5]. Dabei vereinbaren drei Beteiligte, dass A an B sein Grundstück übereignet, dann B an C ein anderes ihm gehörendes Grundstück und schließlich C an A ein wieder anderes ihm gehörendes Grundstück[6]. Grund dafür war früher die Wohnungsnot, aber auch steuerrechtliche Vorschriften gaben dazu Anlass: Nach § 7 b I 4 Nr.2 EStG 1993 geht bei der Veräußerung eines Grundstücks eine Sonderabschreibungsmöglichkeit verloren. Wird jedoch ein Ringtausch durchgeführt, so bleibt die Sonderabschreibungsmöglichkeit erhalten[7].

Denkbar ist ferner, dass die Beteiligten nicht eine Sache austauschen, sondern sich dreiseitig ein Darlehen gewähren. Diese Konstruktion eines Ringdarlehens ist wiederum allein vor dem Hintergrund steuerrechtlicher Vorschriften verständlich. Nach § 17 II BerlinFG wurde ein Darlehen für Baumaßnahmen in Berlin-West mit steuerlichen Vergünstigungen gefördert. Mit Hilfe des Ringdarlehens sollte nun verschleiert werden, dass der Darlehensgeber die Valuta wirtschaftlich wieder zurückbekam, indem eben ein Dritter eingeschaltet wurde. Diese Konstruktion eines Ringdarlehens hat der Bundesfinanzhof allerdings nicht gebilligt[8].

Vorstellbar ist konsequenterweise weiter, dass Austauschgegenstand nicht eine Sache, sondern eine Dienstleistung ist, dass also kein Ringtausch-, sondern ein Ringwerk- oder -dienstvertrag vorliegt.

---

[4]Gernhuber, Bürgerliches Recht, S.139.
[5]Gernhuber, Schuldverhältnis, § 13 V 2; MK-Emmerich, Vor § 320 Rn.27.
[6]Palandt-Sprau, § 515 Rn.2.
[7]Schmidt-Drenseck, EStG 1993, § 7 b Anm.6c.
[8]BFH, Finanzrundschau 1985, S.110.

Das gipfelt dann in einem Ringtausch von Studienplätzen[9] oder in einem Arbeitsplatzringtausch, bei dem drei Arbeitnehmer zur Steigerung ihrer Qualifikation und Mobilität miteinander vereinbaren, in bestimmten Intervallen ihre Arbeitsplätze zu tauschen[10].

Ohnehin muss nicht überall der gleiche Leistungsgegenstand ausgetauscht werden, sondern es lässt sich auch ein gemischter Vertrag konstruieren, bei dem etwa A eine Dienstleistung erbringt, B an C ein Grundstück übereignet und C an A eine Forderung abtritt oder zwar A und B eine Sachleistung erbringen, C aber nur eine Geldleistung[11].

Ringgeschäfte gibt es schließlich auch im Bank- und Wertpapierwesen, wie § 3 Nr.3 KWG beweist.

In allen diesen Fällen schließen drei Parteien einen Vertrag, in dem sie sich verpflichten, eine bestimmte Leistung zu erbringen, und in dem sie dafür einen Anspruch erwerben, der allerdings nicht von ihrem Gläubiger, sondern von einem Dritten zu erfüllen ist. Die wirtschaftliche Zielsetzung ist dabei stets dieselbe: an den einen Vertragspartner eine Leistung erbringen, um dafür von dem dritten Vertragspartner die Gegenleistung zu bekommen, ohne dass die übernommene Pflicht von dem Anspruch losgelöst wäre.

II. Definition

Damit ist der Boden für die Klärung des Untersuchungsgegenstandes, mithin des Begriffs des mehrseitigen Austauschvertrages, gelegt. Eine unterschiedliche Vorstellung vom Inhalt eines Begriffs führt notwendigerweise zu anderen Problemstellungen, Lösungsansätzen und Schlussfolgerungen, was jede logische und konsentierte Erörterung eines Problemfeldes zunichte machen würde[12].

Das Mittel der Wahl zur Begriffsklärung ist die Definition[13]. Denn sie zeigt auf, welche Merkmale vorhanden sein müssen, damit von einem mehrseitigen Austauschvertrag gesprochen werden kann und vermittelt so eine präzise Vorstellung vom Begriff des mehrseitigen Austauschvertrags.

---

[9]Huber, Leistungsstörungen II, § 45 III 5 FN 102.
[10]G.M., Bundesbaublatt 1981,533.
[11]Walter, Kaufrecht, § 15 II 2.
[12]Schneider, Logik, S.18, 183.
[13]Schneider, Logik, S.30.

1. Herleitung

Notwendig ist dazu, die wesentlichen typenbestimmenden Merkmale des mehrseitigen Austauschvertrages aufzuzeigen, um so seine Eigenart herauszuarbeiten und die Einordnung als selbständiges Institut und die Abgrenzung von anderen Dreipersonenverhältnissen zu ermöglichen.

a.) Vorhandensein mindestens dreier Vertragspartner

Definitonsnotwendig ist zunächst, dass der Vertrag zwischen mindestens drei Vertragpartnern besteht[14]. Das folgt schon aus der Bezeichnung „mehrseitig", und sonst würde es sich bloß um einen zweiseitigen Vertrag handeln.

b.) Vertragsstruktur

Hinsichtlich der Vertragsstruktur ist fraglich, ob es sich beim mehrseitigen Austauschvertrag nur um einen Vertrag handelt oder um eine wie auch immer geartetete Kombination mehrerer Verträge. Eine solche Überlegung ist keine begriffsjuristische Spielerei, sondern vielmehr relevant für den Vertragsschluss, die Vertragswirksamkeit und bestimmte Einreden.

Denkbar wäre, statt nur eines Vertrages mehrere Verträge entsprechend jeder Zuwendung anzunehmen, wobei jeder Vertrag dann nur eine Leistungspflicht zum Inhalt hätte.

Doch wäre eine solche Konstruktion über mehrere Verträge, selbst wenn diese im Sinne eines Vertragsverbundes oder eines Vertragsnetzwerkes oder einer Geschäftseinheit der drei Vertragsverhältnisse etwa im Sinn des § 139 BGB miteinander verknüpft sind [15], aus mehreren Gründen nicht überzeugend:

Erstens spricht der objektive äußerliche Befund dagegen, weil die Parteien typischerweise gemeinsam die Durchführung des Geschäftes vereinbaren, was den Abschluss nur eines Vertrages nahelegt.

Zweitens widerspricht eine solche Lösung den Interessen der Parteien. Denn zum einen kann der Abschluss mehrerer Verträge erhebliche Kosten verursachen, etwa Notarkosten oder Umsatzsteuerkosten, die bei Abschluss nur eines Vertrages nicht in dieser Höhe anfallen würden: wenn zwei zweiseitige Verträge statt nur eines dreiseitigen Vertrags geschlossen werden würden, müssten insgesamt vier Güterbewegungen (zwei im Verhältnis A-B, nämlich Leistung und Gegenleistung, und zwei im Verhältnis A-C, nämlich wieder Leistung und Gegenleistung, wobei die an C zu erbringende Leistung diejenige ist, die A von B erhalten hat) statt sonst nur drei (A-B, B-C und C-A) stattfinden. Mtihin müsste für die vierte Leistung zusätzlich Umsatzsteuer und bei Beurkun-

[14] Heermann, JZ 1999, 183.
[15] Huber, Leistungsstörungen II, § 45 III 5.

dungsbedürftigkeit des Vertrages eine zusätzlich Notargebühr (die Notargebühren richten sich nach dem Wert der Beurkundung, mithin dem Wert der zu beurkundenden Leistungspflichten) entrichtet werden. Und zum anderen bezwecken die Parteien gerade eine Abhängigkeit der Leistungspflichten voneinander[16]. Der Abschluss von zwei oder gar drei eigenen Verträgen spricht aber gegen eine solche Abhängigkeit, weil gerade *ein* Vertrag nach seinem Sinn eine abschließende Regelung der Parteiinteressen ist; nur ganz ausnahmsweise können deshalb mehrere Verträge zu einer Gesamtregelung verbunden werden. Dagegen ist es gerade der Sinn der Regelung mehrerer Leistungspflichten in einem einzigen Vertrag, eine Abhängigkeit der jeweiligen Pflichten herzustellen. Denn der Vertrag soll eine vollständige Interessenaustarierung gewährleisten, gerade deshalb wird nur ein Vertrag geschlossen. Und anders als in den Fällen des Verbraucherkreditkaufs, bei dem bewusst zwei Verträge geschlossen werden, weil sich eine der Vertragsparteien, nämlich der Unternehmer, nicht auf einen gemeinsamen Vertrag einlässt, sondern vielmehr gerade die Aufspaltung eines einheitlichen Geschäfts in zwei Verträge – den Kaufvertrag und den Darlehensvertrag – will, besteht beim mehrseitigen Austauschvertrag bei keiner Partei ein solches Interesse. Denn jede Partei ist an einer Abhängigkeit der Leistungspflichten interessiert. Den Parteiinteressen wird also ein einziger Vertrag deutlich besser gerecht.

Drittens spricht der Gedanke der Einfachheit und Klarheit dafür, statt einer Vertragsakkumulation nur einen einzigen Vertrag anzunehmen, zumal durch die Annahme mehrerer Verträge nichts gewonnen ist.

Und schließlich viertens drängt ein Vergleich mit der Gründung einer Gesellschaft zu der Annahme nur eines Vertrages. Auch dort versprechen nämlich mehrere Personen einander Leistungen, ohne dass deswegen mehrere Verträge geschlossen werden, sondern vielmehr nur ein Vertrag, der Gesellschaftsvertrag. Dann leuchtet nicht ein, warum die Konstruktion beim mehrseitigen Austauschvertrag anders sein soll.

Aus eben diesen Gründen kann auch eine weitere Auffassung in der Literatur, die von mehreren zusätzlichen Verträgen[17] zugunsten Dritter als Erweiterung des – aber immerhin als nur einem einzigen Vertrag aufgefassten – mehrseitigen Austauschvertrages ausgeht, nicht überzeugen. Außerdem ist eine sinnvolle Konstruktion des Pflichtengefüges nicht vorstellbar, zumal nicht beschrieben wird, wie man sich das Pflichtengefüge im Einzelnen vorzustellen hat: Hat sich A gegenüber B verpflichtet, die Leistung an ihn zu erbringen, müsste nun entweder ein Vertrag zugunsten B dazutreten, in dem A sich gegenüber C verpflichtet, an B die Leistung zu erbringen; dann hätte also auch C neben B einen Anspruch gegenüber A, nämlich auf Leistung von A an B, sodass A also

[16] S. B.II.1.d.cc.
[17] Pfister, JZ 1971, 284.

zwei Pflichten treffen. Davon hat B aber nichts, er hat ja sowieso schon einen Anspruch, und der Anspruch des C ist nicht der typenbestimmende Anspruch beim Vertrag zugunsten Dritter. Außerdem müsste man dann das Valutaverhältnis zwischen C und B konstruieren und zwischen A und B ein reines Zuwendungsverhältnis. Im letzteren Verhältnis besteht aber gerade die primäre Hauptpflicht, und für einen Schenkungsvertrag als Ausgestaltung des Valutaverhältnisses zwischen C und B ist nichts ersichtlich. Die andere Möglichkeit wäre, dass ein Vertrag zwischen A und B zugunsten C hinzukommt. Dieser hätte aber keinen parteiinteressenkonformen Inhalt– welchen Anspruch auf Zuwendung sollte denn C von A erhalten, A will und soll doch nur an B leisten. Die Annahme eines Vertrages zugunsten Dritter passt deshalb nicht.
Der mehrseitige Austauschvertrag ist also als ein einziger Vertrag einzuordnen[18].

c.) Zuordnung zum Privatrecht

Untersuchungsgegenstand ist ferner nur der privatrechtliche Vertrag. Zwar ist eine Gleichbehandlung und damit die undifferenzierte Untersuchung von öffentlich-rechtlichen und privatrechtlichen Verträgen nicht von vornherein ausgeschlossen, da auch der öffentlich-rechtliche Vertrag von einer Gleichordnung ausgeht und also die fundamentale Differenzierung zwischen Öffentlichem Recht und Privatrecht – Über-Unterordnung dort, Gleichordnung hier – unnötig ist und nach den Verwaltungsverfahrensgesetzen die Vorschriften des Bürgerlichen Rechts sogar subsidiär Anwendung finden. Die Beschränkung findet ihre Rechtfertigung aber darin, dass es bestimmte öffentlich-rechtliche Direktiven gibt, etwa die Abschlusszuständigkeit oder das Koppelungsverbot, die auf einen privatrechtlichen Vertrag nicht anwendbar sind und also eine pauschale Gleichbehandlung nicht sachgerecht ist. Das steht denn auch einer die öffentlich-rechtlichen Anforderungen miteinbeziehenden Untersuchung entgegen.

d.) Pflichtenstruktur

Definitionsrelevant ist weiter, wie sich die Pflichtenstruktur beim mehrseitigen Austauschvertrag darstellt.

aa.) Bestehen (mindestens) dreier Hauptleistungspflichten

Beim mehrseitigen Austauschvertrag bestehen zwischen drei Vertragspartnern mindestens drei Hauptleistungspflichten. Bei nur zwei Hauptleistungspflichten läge nämlich dem Inhalt nach lediglich ein zweiseitiger Vertrag vor, in den der Dritte etwa als Gläubiger des Vertrages zugunsten

---

[18] Heermann, JZ 1999, 183.

Dritter oder des Vertrages mit Schutzwirkung für Dritte eingebunden wäre, sodass er zwar dritter Vertragspartner wäre und also das erste Definitionsmerkmal erfüllte, ein eigener Vertragstypus aber nicht vorläge.
In umgekehrter Blickrichtung soll es nach einem anderen Ansatz dagegen nicht nur drei, sondern offenbar sechs Leistungspflichten geben: A soll nicht nur einen Anspruch gegen C auf Leistung an sich, sondern auch einen weiteren zweiten Anspruch gegen B haben, wonach B an C leisten muss, und entsprechend soll das für B und C gelten[19]. Jeder Vertragspartner kann also von jedem anderen dessen Leistung an sich selbst oder an den anderen verlangen und ist jedem in gleicher Weise verpflichtet[20]. Eine präzisere Darstellung findet sich allerdings nicht, sodass hier auch keine genauere Auseinandersetzung erfolgen kann und mithin offen bleiben muss, ob nun der mehrseitige Austauschvertrag als ein Vertrag mit drei Hauptleistungspflichten oder als ein Vertrag mit sechs (Hauptleistungs)pflichten zu definieren ist. Festhalten lässt sich lediglich, dass auch dieses Lösungsmodell jedenfalls von drei Hauptleistungspflichten ausgeht; im Übrigen entspricht es wahrscheinlich dem hier vertretenen Ansatz [21].

bb.) Gleichmäßige Verteilung auf die drei Vertragspartner

Die drei Hauptleistungspflichten müssen ferner zwischen den drei Parteien so verteilt sein, dass jede Partei eine Hauptleistung erbringen muss und jede eine Hauptleistung erhält, und zwar gerade nicht von der Parteu, der sie ihre Hauptleistung erbringt[22]. Die Leistungserbringung bzw. der Güteraustausch darf also nicht wechselseitig im Zweipersonenverhältnis erfolgen, sondern muss entlang einer geschlossenen Leistungskette geschehen, in einem Leistungskreis oder -ring oder -dreieck[23]. An die Stelle des do, ut des tritt das do, ut des, ut det[24].
Einerseits kann es nämlich nicht genügen, dass entweder von den insgesamt drei Hauptleistungspflichten eine Partei zwei treffen, während eine Partei gar keine Pflicht hat, oder eine Partei zwei Leistungen bekommt, eine andere aber gar keine. Denn wenn etwa B keine Hauptleistungspflicht hätte, sondern A zwei, nämlich verpflichtet ist, an B und an C zu leisten, oder B nicht an C leisten müsste, sondern an A, dann würde es immer eine Partei geben, die für ihren Leistungserhalt keine Gegenleistung erbringen muss, es läge also lediglich ein gegenseitiger Vertrag vor – hier zwischen A und C –, der nur um eine zusätzliche Leistungspflicht zugunsten eines nichtleistungspflichtigen

[19] Larenz, SRAT, § 15 II; dieses Konzept wird auch von Huber, Leistungsstörungen II, § 45 III 5 FN.105 vorgestellt, aber offenbar nicht gebilligt, jedenfalls nicht als eigene Ansicht vertreten.
[20] Larenz, SRAT, § 15 II.
[21] s. C.I. und C.III.
[22] Gernhuber, Schuldverhältnis, § 13 V 1.
[23] Gernhuber, Schuldverhältnis, § 13 V 1.

Dritten, nämlich hier B, angereichert ist, oder es fände dann kein mehrseitiger Austausch statt, sondern nur ein zweiseitiger zwischen A und B und A und C, nicht aber zwischen B und C.
Andererseits kann genausowenig ein Leistungs-"V" genügen, wonach A und B ihre Leistungen austauschen und dann A im Unterschied zu eben die von B erhaltene Gegenleistung an C weitergibt und dafür von C eine Gegenleistung bekommt. Denn hier läge kein mehrseitiger im Sinne von dreiseitiger Leistungsaustausch vor, sondern nur ein zweifacher zweiseitiger Leistungsaustausch, nämlich erstens A-B und zweitens A-C.
Doch bezeichnet die Rechtsprechung auch diese Konstellationen als Ringtausch und damit als mehrseitigen Austauschvertrag, obwohl eine dreiseitige Verteilung der Pflichten nicht gegeben ist[25], sondern nur ein Leistungs-„V" vorliegt. In sämtlichen von der Rechtsprechung entschiedenen Fällen erfolgte ein Grundstückstausch, der so durchgeführt wurde, dass der Hauptbeteiligte ein Grundstück gegen eine Geldleistung an einen anderen übereignete und seinerseits ein Grundstück für eine Geldleistung von einem Dritten erhielt, wobei die – wenigstens äußerlich gesehen – zwei Verträge nach den Parteiabreden miteinander gekoppelt waren. Es fehlt also an einem *Ring*tausch, vielmehr liegt nur ein Leistungs-"*V*" vor, und also findet kein mehrseitiger, sondern nur ein doppelter zweiseitiger Leistungsaustausch statt. Das Reichsgericht hat darüber hinaus sogar angedeutet, dass nur ein Vertrag geschlossen wird, bei dem die in der Regel einem einzelnen zukommende Parteirolle, nämlich Leistungserhalt und Leistungserbringung, auf mehrere Personen aufgeteilt ist, nämlich die Leistungserbringung auf die eine Person und der Leistungserhalt auf die andere Person, sodass ein gespaltener Vertrag vorliegt und also nicht einmal ein doppelter zweiseitiger Leistungsaustausch[26].
Das Hauptproblem dieser Konstellationen ist indes, wie die spezielle Verknüpfung der beiden Verträge bzw. der beiden Leistungsstränge bzw. die Vereinigung der gespaltenen Parteirollen zu bewerkstelligen ist. Damit ist die Fragestellung aber gegenüber dem mehrseitigen Austauschvertrag zu unterschiedlich, als dass man beide Institute gleichbehandeln könnte und sollte. Denn bei jenem geht es nicht um die Koppelung von bloß zwei Leistungskomplexen, sondern um die Verknüpfung von drei Leistungen.
Der Ansicht der Rechtsprechung, eine derartige Vertragskombination als Ringtausch zu bezeichnen, ist also nicht zu folgen, jedenfalls aber nicht dahingehend, diese Konstellation den Regeln über den mehrseitigen Austauschvertrag zu unterwerfen. Vielmehr sind diese Sachverhaltskonstellation als eigenes rechtliches Institut zu erfassen, nämlich u.U. als verbundene Verträge oder als

---

[24]Gernhuber, Schuldverhältnis, § 13 V 1.
[25]RGZ 161, 1-3; BGHZ 49, 7-11.
[26]RGZ 161, 1, 3.

Zweckverbindung über § 812 I 2 Alt.2 oder als atypischer bilateraler gegenseiter Vertrag, mithin aber nicht als mehrseitiger Austauschvertrag.
Das Erfordernis eines dreiseitigen Leistungsaustausches schließt dabei nicht aus, dass etwa B zusätzlich zu seiner Leistungspflicht gegenüber C dem A eine Gegenleistung verspricht, dass sich B also zu zwei Leistungen verpflichtet, oder dass das sogar in allen drei Verhältnissen so erfolgt[27]. Denn stets bleibt es dabei, dass sich an der für den mehrseitigen Austauschvertrag charakteristischen Pflichtenlage des dreiseitigen Pflichtenversprechens nichts ändert; es kommt nur eine weitere Pflicht pro Vertragspartner hinzu. Ist diese spezielle Gegenleistung von den anderen beiden Pflichten unabhängig, so wird einfach in dem jeweiligen Verhältnis ein zusätzliches Gegenseitigkeitsverhältnis vereinbart. Aber selbst wenn diese Gegenleistung eine Auswirkung auf die anderen beiden Pflichten haben soll, so wird doch nur eine weitere Pflicht an den mehrseitigen Austauschvertrag angekoppelt, die zwar zusätzliche Probleme verursachen mag, die aber am Pflichtengefüge des mehrseitigen Austauschvertrages in seiner Grundform nichts ändert und also auch nicht in die Definition aufzunehmen ist.
Definitionsnotwendig ist vielmehr allein die Dreiseitigkeit der Pflichten.

cc.) Abhängigkeit der drei Hauptleistungspflichten voneinander

Die drei Hauptleistungspflichten müssen schließlich voneinander abhängen[28]. Denn ständen sie nur lose und unverbunden nebeneinander, so wäre nicht ersichtlich, warum die drei Parteien zusammen eine Vereinbarung treffen; vielmehr würde dann ein einseitiges Leistungsversprechen im jeweiligen Zweipersonenverhältnis ohne Beteiligung des Dritten genügen. Die Abhängigkeit der Leistungspflichten ist der Kerngedanke des mehrseitigen Austauschvertrages und fundamentalstes Parteiinteresse. Denn die Abhängigkeit soll den jeweiligen Schuldner, etwa B, gerade davor schützen, dass er seine Leistung an C erbringen muss, ohne dass er von A die ihm gebührende Leistung erhält, weil die Leistungspflicht A-B unwirksam und unabhängig von der Leistungspflicht B-C ist. Um sich vor dieser Konsequenz zu schützen, wird gerade der mehrseitige Austauschvertrag geschlossen. Sonst könnte B genausogut auch zwei Verträge schließen, erst mit A und dann mit C; denn wenn die Pflichten nicht voneinander abhängen, dann braucht er nicht den Aufwand des Abschlusses eines mehrseitigen Austauschvertrages zu betreiben, der ihn mangels Abhängigkeit ohnehin nicht vor dem Risiko, dass sinngemäß der zweite Vertrag unwirksam ist und B also die Leistung des A nicht an C weiterreichen kann[29], schützen würde.

---

[27] Pfister, JZ 1971, 284, 286.
[28] Gernhuber, Schuldverhältnis, § 13 V 1; Pfister, JZ 1971, 284.
[29] S. B.V.

Dementsprechend sind der Literatur zufolge die drei einzelnen entsprechend den drei Zuwendungen bestehenden Leistungspflichten im Sinne eines do ut des ut det[30] bzw. auf der Grundlage eines sogenannten trilateralen Synallagmas[31] miteinander verknüpft.
Dieses dreiseitige oder trilaterale Synallagma beruht dabei auf dem Gedanken, dass zwar der Leistungsaustausch nicht zweiseitig, sondern dreiseitig ist, dass er aber nichtsdestotrotz im Sinne eines gegenseitigen Gebens und Nehmens angelegt und also synallagmatisch ist, aber eben dreiseitig synallagmatisch, und dass eine Ausweitung des Synallagmakonzeptes auf das Dreipersonenverhältnis - unter Beachtung gewisser Modifikationen - geboten und möglich ist[32]. Dazu hat „man sich zu vergegenwärtigen, dass dieser Leistungsaustausch zwischen drei Beteiligten im Ergebnis auf einer Symbiose von mindestens zwei ihrerseits synallagmatisch-strukturierten Austauschverträgen beruht. Deshalb stellt es eine systemimmanente Erweiterung dar, wenn man an die synallagmatische do-ut-tertio-des-Leistungsbeziehung die daran sowohl wirtschaftlich als auch rechtlich gekoppelte Leistungspflicht des Dritten anbindet und insgesamt in einem do-ut-tertio-des-ut-tertius-mihi-det-Rechtsgeschäft mit trilateral-synallagmatischer Leistungsverknüpfung zusammenfasst“[33].

2. Ergebnis

Der mehrseitige Austauschvertrag ist ein Vertrag, der zwischen mindestens drei Personen geschlossen wird und der mindestens drei Hauptleistungspflichten aufweist, die drei- oder mehrecksförmig angeordnet sind und voneinander abhängen[34].

III. Abgrenzung von ähnlichen Instituten und systematische Einordnung

Nach der isolierten Betrachtung des Begriffs im Wege der Definition ist nun der Gesamtzusammenhang mit vergleichbaren anderen Instituten zu analysieren. Denn die Herleitung der Definition hat bereits gezeigt, wie essentiell die systematische Einordnung und Abgrenzung eines Instituts von anderen Instituten ist, um die wesentlichen Eigenschaften aufzuweisen. Außerdem ermöglicht erst die Verdeutlichung konstruktiver Parallelen und einzelner Unterschiede die vollständige ge-

[30] etwa Pfister, JZ 1971, 284.
[31] Heermann, Erwerbsgeschäfte, S.140ff., 162ff.
[32] Heermann, JZ 1999, 183, 184.
[33] Heermann, Erwerbsgeschäfte, S.145.
[34] Heermann, JZ 1999, 183; Larenz, SRAT, § 15 II.

dankliche Erfassung des Begriffs. Denn mit der systematischen Einordnung lässt sich die konstruktive Eigenart des Instituts verdeutlichen, und es lassen sich Sinnzusammenhänge aufdecken[35], die den wertungsmäßige Gehalt eines Instituts aufzeigen, sodass letztlich die wertungsmäßige Einheit des Rechtssystems gewahrt bleibt[36]. Ferner lässt sich durch die Gegenüberstellung der Institute der Gegensatz zwischen ihnen deutlicher herausarbeiten, als er nur rein begrifflich eben mit dem jeweiligen Merkmal gekennzeichnet ist. Damit wird das Besondere des jeweiligen Merkmals klar, und das vertieft wiederum das Verständnis des mehrseitigen Austauschvertrages. Schließlich lassen sich so neue Lösungsansätze gewinnen, indem von systematisch ähnlichen Instituten bekannte Lösungsmuster auf das neue Problem übertragen werden.

Die abzugrenzenden Institute, vor allem Dreipersonenverhältnisse, sind dabei ebenso zahlreich wie heterogen. Es handelt sich im Einzelnen um:

Vertragsähnliche und gesetzliche Schuldverhältnisse, vertragliche Zwei-Personen-Verhältnisse, d.h. einseitig, zweiseitig und gegenseitig verpflichtende Verträge sowie verfügende Verträge, also Abtretung und Schuldübernahme, ferner Botenschaft, Stellvertretung, Erfüllungsgehilfenschaft, Leistungsmittelung, Einziehungsermächtigung, Anweisung, weiter der Vertrag zugunsten Dritter, der Vertrag mit Schutzwirkung für Dritte, die Drittschadensliquidation, Gesamtgläubiger- oder -schuldnerschaft, verbundene Verträge / Vertragsnetzwerke, die Vertragsübernahme, Vertragsbeitritt, Gesellschaftsvertrag und Gemeinschaftsvertrag und schließlich Ringschuldverhältnisse, wie Tauschring und Bartering, und dreiseitige öffentlich-rechtliche Verträge (§ 115 b SGB V, völkerrechtliche Verträge).

Maßgeblicher Abgrenzungsgesichtspunkt müssen dabei die Elemente der Definition des mehrseitigen Austauschvertrages sein. Denn sie sind die Identifizierungsmerkmale des mehrseitigen Austauschvertrages und also allein die Punkte, an denen die für die Abgrenzung erforderlichen wesentlichen Unterschiede festgemacht werden können[37]. Außerdem wird mittels der Begriffe das äußere konstruktive System der Rechtsordnung errichtet[38], auch wenn den eigentlichen Ausschlag für die Zuordnung die dahinterstehenden Wertungen geben, sodass die Begriffe den Anknüpfungspunkt bilden müssen.

Es muss also (1) ein privatrechtlicher Vertrag[39] (2) als einziges rechtsgeschäftliches Band (3) zwischen mindestens drei Personen bestehen, (4) der drei Hauptleistungspflichten enthält, (5) die dreiecksförmig angeordnet sind und (6) die voneinander abhängen. Die beiden Elemente „privatrecht-

[35]Larenz/Canaris, Methodenlehre, S.263.
[36]Canaris, Systemdenken, S.97.
[37]Diese werden deshalb auch als Gliederungspunkte herangezogen und nicht jeweils die einzelnen Institute, weil der mehrseitige Austauschvertrag im Zentrum der Darstellung steht und also seine Elemente die Grundlage der Gliederung abgeben sollten.
[38] Larenz/Canaris, Methodenlehre, S.327, 369.

licher Vertrag“ und „zwischen drei Personen“ sind dabei von so grundlegender Charakterisierung für den mehrseitigen Austauschvertrag, dass sie den anderen Elementen hierarchisch übergeordnet sind und also bei ihnen implizit enthalten sind, damit der Kanon der bei jedem Element selbstständig für sich abzugrenzenden einzelnen Institute noch auf einer hinreichend engen Vergleichsbasis beruht. Denn dass es keinen Sinn macht, beim Merkmal „auf Leistungsaustausch gerichtet“ eine Abgrenzung zu gesetzlichen Zweipersonenverhältnissen zu suchen, liegt auf der Hand. Die übrigen Elemente sind hingegen nicht hierarchisch geordnet. Einzelne Institute können deshalb durchaus aufgrund mehrerer Merkmale abzugrenzen sein.

1. Privatrechtlicher Vertrag

Erstes Abgrenzungselement ist das des privatrechtlichen Vertrages. Damit scheiden die vertragsähnlichen und gesetzlichen Schuldverhältnisse aus, die schon ex nomine keine vertraglichen Schuldverhältnisse sind. Am Merkmal privatrechtlich scheitern die öffentlich-rechtlichen dreiseitigen Verträge, insbesondere der öffentlich-rechtliche Vertrag nach § 115 b SGB V und die mehrstaatlichen völkerrechtlichen Verträge.

Nicht durch dieses Element auszugrenzen sind demgegenüber alle übrigen oben genannten Dreipersonenkonstellationen.

Schlussfolgern lässt sich aus dieser Gegenüberstellung und der dahinterstehenden Wertung, dass es um eine parteiautonome willentlich beabsichtigte Änderung der Güterzuordnung geht, nicht aber um eine vom Gesetz aufgezwungene. Das bedeutet allerdings auch, dass sich die Beteiligten bewusst auf das Eindringen in ihre Rechtssphäre durch die freiwillige Anspruchsbegründung eingelassen haben und dadurch eine Einschränkung ihres Freiheitsinteresses, etwa durch zusätzliche Pflichten oder durch ein geringeres Schutzniveau, möglich ist, weil sie ihre Interessenspähre dem Zugriff durch andere geöffnet haben.

Die Privatrechtlichkeit führt dagegen dazu, dass die Rechtsschöpfung und -anwendung freier ist, weil die Kautelen des Öffentlichen Rechts, insbesondere das Gesetzesvorbehalts- und des Gesetzesvorrangprinzip, nicht anwendbar sind. Für das Verhältnis der Beteiligten untereinander zeigt dies ferner, dass von einer absoluten Gleichordnung zwischen ihnen auszugehen ist, wohingegen bei öffentlich-rechtlichen Verträgen die staatliche Seite immer besonderen Bindungen unterliegt, vgl. nur §§ 54 ff. VwVfG oder Art.59 GG, die für die andere Seite nicht oder nicht so gelten, sodass dort nur von einer relativen Gleichheit gesprochen werden kann.

---

[39] Entsprechend der hier zugrundegelegten Beschränkung.

2. Nur ein Vertrag

Zweitens darf es sich nur um *einen* Vertrag handeln und nicht gleich um *mehrere* Verträge, die zwischen den drei Personen bestehen. Abzugrenzen ist der mehrseitige Austauschvertrag damit von Erscheinungen, bei denen mehrere Verträge in irgendeiner Art und Weise aneinander gekoppelt sind[40].

Das ist zunächst bei den sog. verbundenen Verträgen nach §§ 358 f. BGB der Fall. Dort werden mehrere gegenseitige *Verträge*, also nicht nur mehrere *Leistungspflichten* in einem einzigen Vertrag, aufgrund ihrer wirtschaftlichen Einheit miteinander verbunden, indem sie durch einen Einwendungsdurchgriff voneinander abhängig gemacht werden. Zwar soll nach einer Literaturauffassung auch dieser „Vertragsverbund" als mehrseitiger Austauschvertrag zu qualifizieren sein[41]. Diese Auffassung geht aber für das Institut der verbundenen Verträge entgegen dem objektiven Befund nicht von zwei Verträgen in einem Vertragsverbund, sondern von nur einem Vertrag aus. Es besteht damit kein Widerspruch, da auch nach dieser Auffassung eine Abgrenzung erforderlich wäre, wenn sie die verbundenen Verträge als mehrere Verträge auffassen würde.

Weiterhin gilt diese Abgrenzung für sämtliche Vertragsverbindungen im Sinne eines Vertragsnetzwerkes[42] oder eines rechtsgeschäftlichen Verbundes[43]. Denn auch hier werden mehrere einzelne Verträge miteinander verbunden.

Zuletzt gehören noch zum Kanon der Vertragshäufungen die Ringschuldverhältnisse. Dabei handelt es sich allerdings nicht um eine selbstständige wirtschaftliche Erscheinung, sondern dieser Begriff ist ein Oberbegriff für drei Institute, zu denen auch der mehrseitige Austauschvertrag gehört[44]. Eine Abgrenzung kann daher nicht von den Ringschuldverhältnissen selbst erfolgen, sondern nur von den jeweiligen „Teilmengen". Diese weiteren Teilmengen der Ringschuldverhältnisse sind der Tauschring und das Bartering. Bei beiden Instituten wird ein zweiseitiger Grundvertrag mit dem Organisator, der den Tausch gleichsam wie eine Börse vermittelt, geschlossen und hernach zweiseitige Folgeverträge mit ihm oder dem Tauschpartner über die jeweilige Einzelleistung, wobei u.U. statt eines Tauschs ein Geldausgleich erfolgt[45]. Es werden also wieder mehrere zweiseitige Verträge geschlossen, sodass auch diese Institute vom mehrseitigen Austauschvertrag abzugrenzen sind.

Zweifel hinsichtlich der Abgrenzbarkeit bestehen allerdings in Bezug auf den Vertrag zugunsten Dritter, die Einziehungsermächtigung und die Anweisung. Denn auch beim Vertrag zugunsten

---

[40]Gernhuber, Schuldverhältnis, § 13 V 1.
[41]Pfister, JZ 1971,284, 285.
[42]Rohe, Netzverträge.
[43]Gernhuber, Schuldverhältnis
[44]MK-Emmerich, Vor § 320 Rn 27.
[45]Heermann, JZ 1999, 183, 185ff.; Palandt-Sprau, § 515 Rn.2a.

Dritter gibt es aufgrund des Vertrages im Valutaverhältnis, bei der Einziehungsermächtigung aufgrund des regelmäßig bestehenden Geschäftsbesorgungsvertrages und bei der Anweisung aufgrund der Schuld gegenüber dem Dritten mehrere Verträge, sodass man auch hier von verbundenen Verträgen sprechen könnte und also schon hier die Abgrenzung vom mehrseitigen Austauschvertrag vornehmen müsste. Diese Verträge haben aber keine typenbestimmende Funktion für das jeweilige Institut, sie sind kein definitionsnotwendiges Charakteristikum. Es handelt sich also um keine Vertragsverbindung, sodass diese Institute folglich auch nicht anhand des Kriteriums „ein Vertrag" vom mehrseitigen Austauschvertrag abgegrenzt werden können.

Parallelen weist der mehrseitige Austauschvertrag nach diesem Kriterium mit den zweiseitigen Verträgen, mit Schuldübernahme, Vertragsbeitritt und Vertragsübernahme auf, weil stets nur ein Vertrag vorliegt, sodass eine Abgrenzung von diesen Instituten hier nicht möglich ist.

Aus dieser Gegenüberstellung lässt sich der Schluss ziehen, dass die Beteiligten ihre wirtschaftlichen Zielsetzungen abschließend, nämlich in einem Vertrag, geregelt haben. Das zeigt einerseits, dass sich jede Partei mit ihren Vorstellungen durchsetzen konnte und sie nicht in einen separaten Vertrag legen musste, der dann etwa durch einen Einwendungsdurchgriff an den Hauptvertrag gekoppelt werden muss, dass also auch eine tatsächliche faktische Gleichordnung zwischen den Parteien besteht, und andererseits, dass Maßstab bei der Interessenermittlung nur dieser eine Vertrag sein kann und nicht noch auf anderweitige Verträge abzustellen ist.

3. Rechtsverhältnis zwischen drei Personen

Drittes Definitionselement war, dass der Vertrag zwischen mindestens drei Personen geschlossen wird[46].

Abzugrenzen vom mehrseitigen Austauschvertrag sind damit zunächst die vertraglichen Zweipersonenverhältnisse, also der einseitig, zweiseitig oder gegenseitig verpflichtende Vertrag und der verfügende Vertrag, wie Abtretung oder Schuldübernahme, letztere allerdings nur im Fall des § 414 BGB.

Ferner sind die zahlreichen Dreipersonenverhältnisse vom mehrseitigen Austauschvertrag abzugrenzen, bei denen es nur einen Hauptvertrag gibt und der Dritte nur irgendwie an diesem Vertrag beteiligt ist, ohne selbst Vertragspartner zu sein, mithin nicht von einem Vertrag zwischen drei Personen gesprochen werden kann:

Bei Botenschaft und Stellvertretung wirkt der Dritte nur bei der Willenserklärung des eigentlichen Vertragspartners mit, indem er sie als Bote bloß übermittelt oder sie selbst, aber für den eigentli-

[46] Heermann, JZ 1999, 183.

chen Vertragspartner aufgrund der abgeleiteten Rechtsstellung als Vertreter bildet; bei der gesetzlichen Zustimmung bedarf die fremde Willenserklärung zu ihrer Wirksamkeit noch der Zustimmung des Dritten, wie das etwa bei Minderjährigkeit oder bei der Betreuung der Fall ist. Erfüllungsgehilfe und Leistungsmittler werden nicht beim Vertragsschluss, sondern erst bei der Vertragserfüllung tätig, indem sie anstelle des Vertragspartners, aber untergeordnet die geschuldete Pflicht erbringen. Der zur Einziehung Ermächtigte wird demgegenüber nicht auf Schuldnerseite, sondern auf Gläubigerseite tätig, indem er statt des eigentlichen Gläubigers die Leistung beim Schuldner einfordert und an sich erbringen lässt, also auf diesem Wege in die Vertragserfüllung eingeschaltet ist.

Ähnlich liegt es bei der Anweisung nach § 783 BGB. Auch hier erhält ein Dritter eine Ermächtigung zur Leistungseinforderung, sofern er nicht sogar einen Anspruch aufgrund Annahme erwirbt, im Unterschied zur Einziehungsermächtigung aber nicht durch Erklärung ihm gegenüber, sondern durch Erklärung dem Schuldner gegenüber.

Schließlich wird bei der Drittschadensliquidation der Schaden eines Dritten geltend gemacht, da den wirtschaftlichen Schaden nicht der prima vista Betroffene, sondern nur der Dritte hat. Der Einfluß des Dritten beschränkt sich also zunächst darauf, den Anknüpfungspunkt für den Schaden darzustellen.

Stets hat der Dritte aber nur eine untergeordnete oder abgeleitete, nicht aber eine originär selbstständige Stellung.

Durch dieses Element nicht auszuscheiden aus dem oben genannten Katalog und damit von paralleler Konstruktion sind hingegen der Vertrag zugunsten Dritter, da der Dritte hier einen eigenen Vertragsanspruch erwirbt, also neben dem Versprechensempfänger auch Vertragspartner wird, ferner der Vertrag mit Schutzwirkung zugunsten Dritter, da der Dritte an den nichtleistungsbezogenen Nebenpflichten partizipiert und also insofern Vertragspartner ist, und schließlich die echten dreiseitigen Verträge, wie die Schuldübernahme nach § 415 BGB, der Vertragsbeitritt oder die Vertragsübernahme, bei denen der neue Vertrag zwischen den beiden ursprünglichen Vertragspartnern und dem neu Hinzukommenden bzw. dem Übernehmenden geschlossen wird. Stets sind hier drei Vertagspartner am Vertrag beteiligt.

„Unentschieden“ ist hingegen die Lage beim Gesellschaftsvertrag. Wird dieser zwischen drei oder mehr Personen geschlossen, ist er insofern nicht vom mehrseitigen Austauschvertrag abgrenzbar. Wird er hingegen, was genauso möglich ist, nur zwischen zwei Personen geschlossen, im Extremfall sogar nur von einer Person, nämlich bei der GmbH, § 1 GmbHG, und bei der AG, § 2 AktG, so wäre eine Abgrenzung anhand des Kriteriums der Personenzahl nicht möglich. Folglich kann eine eindeutige Abgrenzung hier nicht vorgenommen werden.

Diese Gegenüberstellung weist deutlich darauf hin, dass die drei Beteiligten eine gleichberechtigte Stellung haben, weil sie eben nicht unselbstständig am Vertragsschluss oder an der Vertragserfüllung mitwirken. Folglich müssen sie gleichgeartete Rechte und gleichgeartete Schutzansprüche haben. Zweitens ist daraus ersichtlich, dass aufgrund der Multipolarität des Rechtsverhältnisses kein schroffer Gegensatz zwischen den Parteien bestehen kann, weil ein Gegensatz nur zwischen zwei Positionen bestehen kann, nicht aber zwischen drei oder mehr Positionen. Das deutet auf eine verstärkte Bindung und Gleichordnung zwischen den Parteien hin, weil in einem Dreipersonenverhältnis auf dieser Ebene kein Gegensatz konstruierbar ist.

4. Bestehen von drei Hauptleistungspflichten

Am Merkmal der drei Hauptleistungspflichten lassen sich neben den bereits aufgrund der hierarchisch übergeordneten Merkmale „Vertrag" und „zwischen drei Personen" abgegrenzten Institute nun auch die Schuldübernahme nach § 415, der Vertragsbeitritt und die Vertragsübernahme vom mehrseitigen Austauschvertrag abgrenzen, da hier keiner der Beteiligten eine Hauptleistungspflicht hat, weil es sich um verfügende und nicht um verpflichtende Verträge handelt. Außerdem ist beim Gesellschaftsvertrag die jeweilige Pflicht nicht auf einen Leistungsaustausch zwischen den Gesellschaftern gerichtet, sodass auch der Gesellschaftsvertrag an diesem Kriterium auszuscheiden ist.
Fraglich ist indes, wie es beim Vertrag zugunsten Dritter steht. Dort können nämlich Hauptleistungspflichten zwischen Versprechendem und Versprechensempfänger sowie Versprechensempfänger und Zuwendungsempfänger bestehen, sodass man drei Hauptleistungspflichten zu konstatieren hätte. Doch müssen nicht in jedem Verhältnis solche Pflichten bestehen, wenn etwa eine Schenkung im Deckungsverhältnis oder Valutaverhältnis gegeben ist. Defintionsnotwendig besteht beim Vertrag zugunsten Dritter vielmehr nur eine Hauptleistungspflicht[47], nämlich zwischen Versprechendem und Zuwendungsempfänger. Also lässt sich an diesem Merkmal auch der Vertrag zugunsten Dritter vom mehrseitigen Austauschvertrag abgrenzen. Das gilt allerdings dann nicht, wenn tatsächlich mehrere Hauptleistungspflichten bestehen, nämlich zwei zwischen Versprechendem und Versprechensempfänger und eine zwischen Versprechensempfänger und Zuwendungsempfänger.
Auch beim Vertrag mit Schutzwirkung für Dritte mangelt es schließlich an drei Hauptleistungspflichten – er weist neben den beiden Hauptleistungspflichten nur eine nichtleistungsbezogene Nebenpflicht, nämlich eine Schutzpflicht, zugunsten des Dritten auf, sodass auch dieser Vertrag vom mehrseitigen Austauschvertrag abzugrenzen ist.

[47]Palandt-Heinrichs, § 328 Rn.3.

Schlussfolgern lässt sich aus dem Umstand, dass es um eine Rechtsbegründung und nicht um eine Rechtsverfügung geht, dass den Parteien ein weiter Handlungsspielraum zugestanden werden muss, weil sie eine Rechtsposition erst erzeugen und nicht auf etwas schon Bestehendes einwirken. Zweitens ist aus dieser Gegenüberstellung zu erkennen, dass alle drei Beteiligten das Interesse an einer gleichartigen Leistung, nämlich einer Hauptleistung haben, weil ihnen eine bloße Kombination von Haupt- und Nebenleistungspflichten gerade nicht genügt, was wiederum für eine Gleichordnung spricht.

5. Dreiecksförmige Verteilung der Pflichten

Ferner muss jeder Vertragspartner sowohl einen Anspruch als auch eine Pflicht innehaben.
Diesem Element fallen zunächst die verbundenen Verträge nach §§ 357 f. BGB zum Opfer. Zwischen den beiden Gläubigern besteht nämlich keine Hauptleistungspflicht. Außerdem scheitert hieran auch der Vertrag zugunsten Dritter, weil der Dritte, der Leistungsempfänger keine Hauptleistungspflicht hat und also nicht jeden der Vertragspartner eine Hauptleistungspflicht trifft. Ferner sind anhand dieses Kriteriums die von der Rechtsprechung als „Ringtausch" bezeichneten Fälle[48] auszuscheiden, da dort kein dreiseitiger, sondern nur ein doppelter zweiseitiger Austausch mit entsprechend zugrundeliegender Pflichtenstruktur erfolgt. Und schließlich genügt der Gesellschaftsvertrag dieser Anforderung nicht, weil dort die Pflichten gegenüber den Gesellschaftern in ihrer gesamthänderischen Verbundenheit bestehen und nicht gegenüber jedem anderen einzeln; jedenfalls wären diese Pflichten, so sie denn ausnahmsweise etwa bei der Innengesellschaft nur den Gesellschaftern gegenüber bestehen, nicht auf einen Leistungsaustausch untereinander gerichtet.
Dieser Gegensatz zwischen gleichmäßiger und ungleichmäßiger Verteilung der Pflichten zeigt auf, dass keine einseitige Belastung oder Bevorteilung der Beteiligten gewollt ist, sondern dass vielmehr eine Gleichordnung und Gleichberechtigung beabsichtigt ist, weil jeder der Beteiligten eine Pflicht und einen Anspruch haben soll.

6. Abhängigkeit der Pflichten

Schließlich müssen die Pflichten voneinander abhängen. Hieran lassen sich – zusätzlich zum Merkmal „ein Vertrag" – die verbundenen Verträge abgrenzen. Denn bei diesen hängen die vom gleichen Schuldner übernommenen Pflichten nicht eo ipso aufgrund vertraglicher Regelung von-

[48] s.B.II.1.d.bb.

einander ab, sondern erst aufgrund gesetzlicher oder das Gesetz rechtsfortbildender Anordnung, und auch das nur partiell und nicht umfassend. Auch sind Vergleichsverträge zwischen drei Personen vorstellbar, in denen die einzelnen Pflichten nicht voneinander abhängen sollen.
Hingegen genügt der Vertrag zugunsten Dritter diesem Erfordernis und ist also nicht auszuschließen, da der Versprechende seine Leistung nur für den Fall verspricht, dass er auch seine Leistung bekommt, sofern er denn aufgrund der Abmachung im Deckungsverhältnis eine Leistung bekommen soll.
Deutlich wird damit, dass die Parteien die umfassendste Pflichtenverknüpfung wollen, die überhaupt möglich ist, und sich mit einer bloß partiellen Verknüpfung, wie etwa dem Einwendungsdurchgriff bei Kreditverträgen oder der Einwendungsüberleitung beim Akzessorietätsprinzip, nicht zufrieden geben. Abstrakter gefasst bedeutet das, dass sie mit einer sehr intensiven Verbindung untereinander einverstanden sind.

7. Ergebnis

Gezeigt hat sich anhand dieser Zusammenstellung, wie mannigfaltig die rechtlichen Erscheinungen sind, bei denen mehr als zwei Personen involviert sind, und wie notwendig daher eine saubere systematische Abgrenzung ist, um Verwechslungen und ungerechtfertigte Gleichbehandlungen von verschiedenen Problemstrukturen zu vermeiden. Darüberhinaus zeigt sich, dass es kein Institut gibt, das sich vom mehrseitigen Austauschvertrag nur durch ein Element unterscheidet; stets liegt der Unterschied bei mehreren Elementen. Das ist ein deutliches Indiz für die Singularität des mehrseitigen Austauschvertrages – stets unterscheidet er sich in mehreren Elementen von anderen Instituten.
Durch die Herausarbeitung und Abstrahierung des Inhalts des jeweiligen Abgrenzungskriteriums und zugleich Merkmals des mehrseitigen Austauschvertrages haben sich ferner drei Punkte herauskristallisiert, die bei der Lösung der einzelnen Probleme zu berücksichtigen sein werden: der mehrseitige Austauschvertrag muss aufgrund seiner Eigenschaft als privatrechtlicher Vertrag und damit als „Gesetz zwischen Privatpersonen" das Lösungsmuster für Abwägungsfragen vorgeben. Zweitens hat sich durch die Merkmale „Privatrechtlichkeit, nur ein Vertrag, drei Personen, drei Hauptleistungspflichten und Dreiecksförmigkeit der Pflichten" eine Gleichordnung der Parteien gezeigt, keine von ihnen darf also bevorteilt oder benachteiligt werden. Und drittens hat sich anhand der Abgrenzungskriterien „drei Personen und Abhängigkeit der Pflichten" eine verstärkte Bindung der Parteien gezeigt, was eine stärkere Inpflichtnahme rechtfertigen würde.

IV. Zulässigkeit

Jede Definition und systematische Einordnung wäre allerdings überflüssig, wenn es das definierte Institut nicht gibt, ja nicht einmal geben kann[49]. Es fragt sich damit, ob ein mehrseitiger Austauschvertrag im System des BGB überhaupt bestehen kann. Das ist deswegen zweifelhaft, weil der mehrseitige Austauschvertrag im Gesetz nicht erwähnt wird[50] und weil die einschlägigen Normen des BGB, so zumindest die Literatur, auf ein Zweipersonenverhältnis zugeschnitten sind[51], sodass man also versucht sein könnte, in einem Umkehrschluss die Zulässigkeit des Dreipersonenverhältnisses „mehrseitiger Austauschvertrag" zu leugnen. Doch ist zu bedenken, dass es keinen expliziten Hinweis darauf gibt, dass der Gesetzgeber eine negative Regelung dieses Instituts treffen wollte[52]. Außerdem wird das BGB vom Grundsatz der Privatautonomie beherrscht, sodass neue Rechtsinstitute kreiert werden können, die dem BGB bei dessen Ausarbeitung unbekannt waren, zumal das BGB eine offene, auf Rechtsfortbildungen ausgelegte Kodifikation ist[53]. Die abstrakte Frage nach der prinzipiellen Zulässigkeit des mehrseitigen Austauschvertrages ist damit zu bejahen[54].

V. Wirtschaftlicher und rechtlicher Sinn und innerer Zweck des mehrseitigen Austauschvertrages

Unklar geblieben ist bisher allein noch, warum drei Parteien überhaupt einen solchen Vertrag schließen, warum sie also gerade einen einzigen Vertrag schließen und nicht mehrere separate Verträge zwischen jeweils zwei Personen. Zu untersuchen ist also, was das Besondere am mehrseitigen Austauschvertrag für die Parteien ist und worin damit sein Sinn und innerer Zweck und letztlich seine Existenzberechtigung liegt.

Zunächst wird in der Literatur als Antwort darauf gegeben, dass Ringtauschverträge geschlossen werden, um keine gesetzlichen (insbesondere nach §§ 24 ff. BauGB) oder rechtsgeschäftlichen Vorkaufsrechte auszulösen[55], dass also der Zweck des mehrseitigen Austauschvertrages in einer Umgehung der Vorschriften über die Vorkaufsrechte liege; der Zweck des mehrseitigen Austauschvertrages wäre demnach abstrakter gefasst die Umgehung gesetzlicher Schutzvorschriften

[49] Auch dann hätte freilich die Definition und systematische Abgrenzung zunächst vorgenommen werden müssen, weil die Frage nach der Zulässigkeit eines Instituts erst beantwortet werden kann, wenn geklärt ist, worum es überhaupt geht.
[50] Heermann, JZ 1999, 183; Larenz, SRAT, § 15 II; Pfister, JZ 1971, 284.
[51] Soergel-Wiedemann, Vor § 320 Rn.29.
[52] Pfister, JZ 1971, 284.
[53] Heermann, Erwerbsgeschäfte, S.145.
[54] Heermann, JZ 1999, 183; Larenz, SRAT, § 15 II; Pfister, JZ 1971, 284.

durch die Konstruktion eines Dreipersonenverhältnisses. Indes ist schon sehr fraglich, ob allein und gerade aufgrund des Dreipersonenverhältnisses die Normen des BGB unanwendbar sind. Außerdem ist der Bundesfinanzhof einer Umgehung von steuerrechtlichen Normen – die Vermeidung steuerrechtlicher Belastungen durch zivilrechtliche Konstruktionen ist besonders im Gesellschaftsrecht gang und gäbe – entgegengetreten[56]. Schließlich wäre es wertungsmäßig untragbar und gesetzeswidrig (§ 134 BGB), ein zivilrechtliches Institut zu kreieren und zuzulassen, dass den Zweck der Umgehung zivilrechtlicher Schutzvorschriften hat. In der Umgehung bestimmter zivilrechtlicher Normen kann der Zweck des mehrseitigen Austauschvertrages also nicht liegen.

Der Zweck des mehrseitigen Austauschvertrages ergibt sich vielmehr aus einem Vergleich mit der Alternativsituation, in der sich die drei Parteien befänden, wenn sie keinen mehrseitigen Austauschvertrag schließen würden. Dann müsste eine der Parteien nacheinander zwei Verträge schließen, um durch den ersten Vertrag die Leistung zu erhalten, die zur Erfüllung des zweiten Vertrages und damit zum Erhalten der eigentlich gewollten Leistung benötigt wird[57]. Ein Beispiel: A hätte gerne das Auto des C, hat aber keine Gegenleistung anzubieten, die C gefällt. C hätte gerne das Boot des B, hat aber seinerseits nichts, was er B als Gegenleistung anbieten könnte und B hätte gerne das Pferd des A, allerdings wieder keine dem A genehme Gegenleistung. Keine der Parteien könnte also einen einzigen sie zufrieden stellenden bloß zweiseitigen Tausch zustandebringen[58]. Also müsste und könnte A zunächst mit B einen Tauschvertrag schließen, durch den er das an sich nicht gewollte Boot des B bekommt, und dann könnte er mit C einen Tauschvertrag schließen, in dem er dem C das Boot zu leisten verspricht und dafür das Auto bekommt. Der wirtschaftliche Sinn des mehrseitigen Austauschvertrages liegt also darin, von einem Dritten eine Leistung zu erhalten, für die man selbst keine Gegenleistung anzubieten hat, die man sich aber vom Zweiten besorgen kann. Dazu wären aber herkömmlicherweise zwei Verträge zu schließen

Werden aber zwei solche Tauschverträge geschlossen, indem etwa A dem B eine Gegenleistung anbietet, und er dadurch von B eine Leistung bekommt, die er C als Gegenleistung für die eigentlich von C erstrebte Leistung offerieren kann[59], so stellt sich für denjenigen, der Vertragspartner dieser beiden Verträge ist, doch ein entscheidendes Problem[60], und gerade in der Lösung dieses

---

[55]Huber, Leistungsstörungen II, § 45 III 5.

[56] BFH, Finanzrundschau 1985, S.110.

[57] Gernhuber, Schuldverhältnis, § 13 V 2; Larenz, SRAT, § 15 II; Palandt-Sprau, § 515 Rn.2.

[58]Pfister, JZ 1971, 284.

[59] Wie bereits bei der Definition gezeigt will die Rechtsprechung auch solche Verträge als mehrseitigen Austauschvertrag auffassen, bei denen nicht einmal eine durch den einen Vertrag erhaltene Leistung im zweiten Vertrag weitergereicht wird, sondern die nur irgendwie aneinander gekoppelt sind, ohne dass eben eine Leistung weitergereicht wird. Ganz abgesehen davon, dass jedoch solche Vertragsverbindungen ohnehin schon nicht als mehrseitiger Austauschvertrag zu qualifizieren sind (s.o.), kann eine solche Vertragskombination ohne Weiterreichen einer Leistung mangels einer leistungsbezogenen Verbindung zwischen den drei Vertragspartnern nicht als mehrseitiger Austauschvertrag aufgefasst werden..

[60]Gernhuber, Schuldverhältnis, § 13 V 2.

Problems liegt die Berechtigung für ein eigenes Vertragsinstitut „mehrseitiger Austauschvertrag“ und sein juristischer Sinn: nach Abschluss des ersten Vertrages könnte der zweite Vertragspartner des zweiten Vertrages mittlerweile am Vertragsschluss uninteressiert sein, sodass A die eigentlich nicht gewollte, weil an C weiterzureichende Gegenleistung des B aus dem ersten Vertragsschluss behalten muss. Oder A gelingt zwar der Abschluss zweier Verträge, aber dann erfüllt etwa B nicht, und A würde sich dadurch schadensersatzpflichtig gegenüber C machen, weil er an C die Leistung des B nicht weiterreichen kann.

Das Problem ist also, wie sich die beiden hypothetischen Verträge miteinander kombinieren lassen, damit der Initiator nicht entweder auf der ersten Leistung, die ja nur Mittel zum Zweck ist und mit der er nichts anfangen kann, sitzenbleibt, weil er doch keinen zweiten Vertragsschluss zustande bringt, oder sich schadensersatzpflichtig macht, weil er zwar beide Verträge zu schließen vermag, nun aber der Vertragspartner des ersten Vertrages eventuell sogar berechtigterweise nicht leistet und also der Initiator seine im zweiten Vertrag übernommene Leistungspflicht nicht erfüllen kann. Zu fragen ist also, wie das berechtigte Interesse nach einer Abhängigkeit der Leistungspflichten voneinander[61], d.h. bei Fehlen des mehrseitigen Austauschvertrages nach der Abhängigkeit der zwei Verträge voneinander, in eine rechtliche Regelung gegossen werden kann.

Gäbe es nämlich keine adäquate Möglichkeit, diese zwei Verträge miteinander zu kombinieren, so wäre damit die Existenzberechtigung für den mehrseitigen Austauschvertrag gefunden, weil bei diesem die Leistungspflichten voneinander abhängig sind.

1. Alternative §§ 358 f. BGB

Denkbar wäre zunächst das Institut der verbundenen Verträge mit seinem Einwendungsdurchgriff nach §§ 358 f. BGB. Indes fehlt es schon an der situativen Anwendbarkeit – der eine Vertrag wird nicht zur Finanzierung des anderen Vertrages geschlossen. Zwar könnte man sagen, der eine Vertrag wird zwar nicht zur geldmäßigen Finanzierung der Gegenleistung im anderen Vertrag geschlossen, wohl aber, um überhaupt sachlich die Leistung erbringen zu können, sodass insofern wenigstens eine Analogie in Betracht käme. Aber der Schutzzweck des Einwendungsdurchgriffs wäre jedenfalls nicht erfüllt, weil der Sachleistungsschuldner nur deswegen mit dem Einwendungsdurchgriff belastet werden soll, weil er bei wirtschaftlicher Betrachtung zugleich der Finanzierer ist. Bei der hier in Rede stehenden Situation lässt sich aber nicht sagen, dass C als der vergleichbare Sachleistungsschuldner bei wirtschaftlicher Betrachtung zugleich der „Finanzierer“, der

---

[61] Gernhuber, Schuldverhältnis, § 13 V 1.

dem A die Gegenleistung Ermöglichende B sei. §§ 358 f. BGB greifen von ihrem Schutzzweck daher nicht.

2. Alternative Wegfall der Geschäftsgrundlage, § 313 BGB

Auch das Institut des Wegfalls der Geschäftsgrundlage, § 313 BGB, vermag die Vertragsverbindung nicht herzustellen, da bei normativer Betrachtung allein der Initiator der beiden Verträge das Risiko des zweiten Vertragsschlusses bzw. der Erfüllung des ersten Vertrages übernommen hat und also dieses Risiko nicht auf den zweiten Vertragspartner abgewälzt werden kann.

3. Alternative § 812 I 2 Alt.2 BGB

Denkbar wäre ferner, an eine Leistung einen zusätzlichen Zweck, der die Vertragsverbindung herstellt, „anzustaffeln". Aber selbst wenn man das für zulässig erachten sollte[62], so würde diese Lösung doch tatbestandlich nicht passen: es ist kein das vorliegende Problem lösender Zweck vorstellbar, den eine Partei an ihre Leistungserbringung anstaffeln könnte. Denn A kann an die Leistung an B nicht als Zweck, den Vertragsschluss mit C zustande zu bringen, anfügen, weil dieser Zweck nicht mit der Leistung an B erreicht werden kann, der anstaffelbare Zweck aber nach einhelliger Auffassung bestenfalls in einem Verhalten des B bestehen könnte. Auch § 812 I 2 Alt.2 bietet somit keine Lösung.

4. Alternative Vertragsverbund

Eine weitere Möglichkeit läge zwar in der rechtsfortbildenden Schaffung eines Instituts „Vertragsnetzwerke"[63] oder „rechtsgeschäftlicher Verbund"[64]. Indes wäre damit, selbst wenn man solche Institute überhaupt für möglich hielte, immer noch nicht die gleiche Lage wie beim mehrseitigen Austauschvertrag erreicht. Man könnte zwar den A mit B und dann den A mit C jeweils einen Vertrag schließen lassen, diese Verträge rechtsfortbildend miteinander verbinden und schlussendlich sogar den B, der eine Leistung an C erbringt, als Leistungsmittler des A hinsichtlich dessen Leistungspflicht gegenüber C ansehen, so dass A die Leistung nicht in Empfang nehmen und an C weiterreichen müsste und also optisch die gleiche Situation wie beim mehrseitigen Austauschvertrag

[62]Dafür in anderem Zusammenhang etwa BGH NJW 1984, 233; Palandt-Thomas, § 812 Rn.88, dagegen Larenz/Canaris, SR II/2, § 68 I 3d; MK-Lieb, § 812 Rn.165.
[63]Rohe, Netzverträge.
[64]Gernhuber, Schuldverhältnis, § 31, insb.S.729ff.

vorläge. Das setzt aber immer voraus, dass sich einer der drei Beteiligten, nämlich A, darauf einlässt, zwei (!) Verträge abzuschließen und gleichsam als Bindeglied zwischen B und C zu fungieren. Wenn die Vertragsdurchführung vornehmlich im Interesse des A liegt, so mag das A noch tun. Haben aber alle drei Beteiligten das gleiche Interesse an der Vertragsdurchführung, so wird schließlich ausgelost werden müssen, wer den „schwarzen Peter" ziehen und als Bindeglied der beiden Verträge fungieren soll. Die weiteren Nachteile dieser Stellung sind nämlich evident: A müsste zusätzliche Mehrkosten tragen, etwa wegen notarieller Formgebundenheit der beiden Verträge, ferner fielen bei A zusätzliche Umsatzsteuerkosten an, und A hätte vor allem ein doppeltes Prozessrisiko zu tragen. Möglicherweise will B dem A keinen Anspruch auf die schlussendlich an C gehende Sache einräumen, wenn es sich etwa um ein spezielles Sammlerstück handelt, das nur in bestimmte Hände kommen soll. Und C lässt sich vielleicht nur dann auf das ganze Manöver ein, wenn er einen eigenen selbstständigen Anspruch gegen den derzeitigen Sachinhaber B bekommt. Die Konstruktion des mehrseitigen Austauschvertrages ist zwar in diesem Fall nicht gerade zur Begründung der Abhängigkeit der Leistungspflichten voneinander nötig – das lässt sich auch durch die Annahme zweier verbundener Verträge erreichen – wohl aber durch die größere Übereinstimmung in der Interessenlage, die die Schaffung eines eigenen Instituts des mehrseitigen Austauschvertrages rechtfertigt, zumal das Institut des verbundenen Vertrages erst rechtsfortbildend geschaffen werden müsste. Dann ist es aber besser, gleich ein Institut auszuformen, das den Parteiinteressen am besten gerecht wird. Die Annahme einer Vertragsverbindung ist damit keine adäquate Alternative.

5. Alternative Bedingung

Schließlich liegt zur Verbindung mehrerer selbstständiger Verträge und damit zur Negierung der Notwendigkeit des mehrseitigen Austauschvertrages der Gedanke der Bedingung nahe[65].

Dagegen könnte man zunächst versucht sein einzuwenden, dass eine solche Lösung bereits daran scheitert, dass sich der zweite Vertragspartner praktisch nie auf eine solche Bedingung einlassen wird. Das hingegen greift zu kurz, denn offensichtlich ist er bereit, sich auf einen mehrseitigen Austauschvertrag einzulassen, also seine Position vom Verhalten eines Dritten abhängig zu machen. Genausogut könnte er sich dann auch auf eine Bedingung einlassen, und der sachenrechtliche Vollzug wäre nach dem Muster des Geheißerwerbs zu konstruieren, nämlich dass A seinen ersten Vertragspartner B anweist, direkt an C zu liefern.

[65] Gernhuber, § 13 V 2; Larenz, SRAT, § 15 II; Pfister, JZ 1971, 284; Praxisbeispiel in BGH NJW 1968,104.

Problematisch ist aber, ob sich inhaltlich eine sach- und interessengerechte Bedingung formulieren ließe.

Als Bedingung kommt dabei entweder der erfolgreiche Vertragsschluss und / oder die Vertragswirksamkeit und / oder die ordnungsgemäße Erfüllung in Frage. Je nachdem, welcher Vertrag unter diese Bedingung gestellt werden würde, lassen sich drei Konstellationen unterscheiden:

a.) Vertrag A-B bedingt

In Konstellation eins wird nur der erste Vertrag A-B mit der jeweiligen Bedingung versehen.

Lautet diese als Unterfall eins auf erfolgreichen Vertragsschluss A-C oder Vertragswirksamkeit allein, so schützt sich A zwar davor, dass er die Leistung von B behalten muss, wenn und weil er sie mangels erfolgreichen Vertragsschlusses mit C nicht an C weiterreichen kann. Er schützt sich aber nicht vor einem Verzug des B, der ihn seinerseits in den Verzug gegenüber C treiben würde, weil Verzug keinen Einfluß auf die Vertragswirksamkeit hat[66], und er schützt sich nicht vor der Schadensersatzpflicht gegenüber C, falls der Vertrag A-B unwirksam wäre, was sich erst nach Vertragsschluss A-C herausstellt, denn der Vertrag A-C ist nicht bedingt, sodass A dem C nicht die Leistung des B liefern kann.

Lautet die Bedingung als Unterfall zwei dagegen auf ordnungsgemäße Erfüllung des Vertrages mit C (was notwendigerweise die Vertragswirksamkeit einschließt), so schützt sich A zwar vor dem Verzugsproblem, wiederum aber nicht vor der Gefahr der Vertragsunwirksamkeit A-B, die sich erst nach Vertragsschluss mit C herausstellt.

Den Vertrag A-B mit einer Bedingung zu versehen, vermag also nicht das Problem zu lösen.

b.) Vertrag A-C bedingt

In Konstellation zwei, bei der nur der zweite Vertrag A-C mit einer Bedingung versehen wird, gilt das eben Gesagte entsprechend:

Lautet die Bedingung auf erfolgreichen Vertragsschluss oder auf Vertragswirksamkeit des Vertrages A-B, so schützt sich A zwar davor, dass er sich gegenüber C zu einer Leistung verpflichtet, die er von B nicht bekommen kann, er schützt sich aber wiederum nicht vor einem Verzug des B, und er schützt sich nicht davor, am Ende doch noch auf der Leistung des B sitzenzubleiben, weil sich der Vertrag A-C nach Vertragsschluss A-B als unwirksam erweist.

---

[66]Das ließe sich nur durch Vereinbarung eines absoluten Fixgeschäftes umgehen, was aber gegenüber dem mehrseitigen Austauschvertrag eine stark gestiegene Pflichtenanspannung bedeuten würde, zu der sich in Verbindung mit der Bedingung B kaum bereitfinden wird.

Lautet diese auf ordnungsgemäße Erfüllung des Vertrages A-B, so steht A wieder vor dem eben beschriebenen Problem der Unwirksamkeit des Vertrages A-C aus anderen Gründen als der Bedingung.

Auch den Vertrag A-C unter eine Bedingung zu stellen vermag somit nicht zu helfen.

c.) Beide Verträge wechselweise bedingt

Infolgedessen kann die Lösung allenfalls in der Konstellation drei liegen, nämlich dass beide Verträge mit der jeweiligen Bedingung versehen werden:

Lautet diese lediglich auf erfolgreichen Vertragsschluss, so werden damit wieder nicht alle Fälle der Unwirksamkeit und schon gar nicht der Verzug erfasst, das Risiko für A ist demnach zu groß.

Lautet diese auf Vertragswirksamkeit beider Verträge, so schützt sich A zwar nun auch vor der Gefahr, dass einer der beiden Verträge wirksam ist, obwohl der andere unwirksam ist. Schutz bietet diese Bedingung aber wiederum nicht vor einem Verzug oder vor einer Schlechtleistung.

Erst die Bedingung, die auf ordnungsgemäße Erfüllung lautet, scheint allen Problemen gerecht zu werden. In der Tat vermag sie sämtliche Fälle der Unwirksamkeit, Nicht- oder Schlechtleistung zu erfassen. Fraglich ist aber, ob das noch interessengerecht ist.

Denn C wird an A solange nicht vorleisten, wie er von A nicht die Gegenleistung bekommt. Die Gegenleistung bekommt A aber nur durch die Leistung von B. Diesen Anspruch gegen B kann er aber nicht durchsetzen, weil die Bedingung, ordnungsgemäße Erfüllung des Vertrages C-A greift und also der Vertrag A-B mindestens gehemmt, wenn nicht sogar (schwebend) unwirksam ist. Die Verträge würden sich dadurch gegenseitig hemmen.

Auch im Extremfall der Vertragsaufsage liefert diese Konstruktion keine sachgerechten Ergebnisse. Sollte sich B endgültig und dauerhaft aus welchen Gründen auch immer weigern, an A seine Leistung zu erbringen, so wäre der Bedingung der ordnungsgemäßen Erfüllung nicht genügt und der Vertrag A-C wäre unwirksam. Ist aber der Vertrag A-C unwirksam, so wäre notwendig auch der Vertrag A-B qua Bedingungseintritt unwirksam. Mangels Primärpflicht gäbe es dann keine Verletzung und mithin auch keine Sekundärschadensersatzpflicht des B gegenüber A, was kaum sachgerecht ist. Dieses Zurückschlagen der Unwirksamkeit lässt sich dogmatisch nur so verhindern, dass man die Bedingung im Vertrag A-C ihrerseits einschränkt für den Fall der Vertragsaufsage[67], oder könnte nur durch Hilfskonstruktionen wie etwa eine separate Vertragsstrafevereinbarung oder die cic bzw. nun §§ 280 I, 311 II BGB bei verschuldeter Herbeiführung der Vertragsun-

[67]Dagegen würde eine Beschränkung der Bedingung auf die Primärpflichten - und nicht auf den ganzen Vertrag - nichts nützen, weil dann die Primärpflichten nicht entstehen und also auch keine Sekundärpflichten wegen Verletzung dieser Primärpflichten entstehen können.

wirksamkeit kompensiert werden. Aber wer lässt sich auf solche Konstruktionen ein, ganz abgesehen davon, dass diese praktisch nicht alle Fälle erschöpfend aufnehmen können?
Und auch „normalere" Fälle lassen Zweifel an der Interessengerechtheit aufkommen: Erfüllt A seine B gegenüber bestehende Pflicht nicht, weil er etwa Geldschwierigkeiten hat, so hat B die Einrede des nichterfüllten Vertrages. Dann greift aber wieder die Bedingung gegenüber dem Leistungsverlangen des C, dass B nicht ordnungsgemäß erfüllt hat, sodass der Vertrag A-C unwirksam, mindestens aber gehemmt ist. Das ist ersichtlich nicht sachgerecht, denn C hat keine Möglichkeit, gegen A vorzugehen - sein Vertrag ist schwebend unwirksam. Auch hier ließe sich zwar das Zurückschlagen wieder durch eine modifizierte Bedingung verhindern; aber diese wäre wieder kaum erschöpfend zu formulieren.
Die Bedingung der ordnungsgemäßen Vertragserfüllung hat also einen ganz entscheidenden Mangel: entweder diese ist so pauschal formuliert, dass im Fall einer Störung bei der Vertragserfüllung beide Verträge unwirksam wären, was über das Ziel hinausschießt, oder die Bedingungen müssten weiter modifiziert werden, was kaum praktikabel ist.
Es zeigt sich also, dass sich eine sachgerechte und einigermaßen überschaubare Konstruktion mittels einer Bedingung nicht erreichen lässt[68].

6. Alternative Rücktrittsvorbehalt

Ähnlich liegt es bei der Vereinbarung eines Rücktrittsvorbehalts[69]. Er müsste, um die soeben dargestellten Probleme zu umgehen, bei beiden Verträgen vereinbart werden. Falls sich A dann aber zur Leistung an B außerstande sehen würde, könnte er einfach zurücktreten, obwohl ihm dafür der Rücktrittsvorbehalt nicht eingeräumt wurde, sondern nur für den Fall, dass B nicht leistet. Folglich müsste der Rücktrittsvorbehalt wieder umfangreich modifiziert werden, was sich kaum sachgerecht bewerkstelligen ließe. Auch der Rücktrittsvorbehalt ist deshalb ungeeignet.
Sowohl Bedingung als auch Rücktrittsvorbehalt erweisen sich auch noch unter einem anderen Gesichtspunkt als unpassend, nämlich unter dem Aspekt der ökonomischen Analyse des Rechts.
Unter der Ökonomischen Analyse des Rechts ist unter anderem die Überprüfung des Rechts auf seine ökonomische Zwecktauglichkeit, d.h. auf die Vermeidung unnötiger Aufwands- und Kostenverursachung, zu verstehen[70]. Schon die Vereinbarung einer Bedingung ist mit gewissem rechtsbe-

---

[68] Das heißt nicht, dass es im Zweipersonenverhältnis unmöglich wäre, mit einer ausdrücklichen rechtsgeschäftlichen Bedingung i.V.m. vertraglichen Einreden die gleichen Wirkungen zu erzielen wie mit dem Synallagma. Im Dreipersonenverhältnis stößt dies aber an seine Grenzen. In der Sache ändert sich ohnehin nichts, weil sich die gleichen Probleme stellen, egal ob die Abhängigkeit nun über eine Bedingung oder über den Synallagmagedanken realisiert wird.
[69] Gernhuber, Schuldverhältnis, § 13 V 2.
[70] Assmann/Kirchner/Schanze - Assmann, ÖAR, S.40f.

ratendem und damit kostenträchtigem Aufwand verbunden. Hinzukommt beim Rücktrittsvorbehalt, dass dort der Rücktritt eigens erklärt werden muss mit entsprechendem Erklärungsaufwand und zusätzlichem Zugangsrisiko. Aus ökonomischer Sicht sind also beide Maßnahmen gegenüber einer vertragsimmanenten Abhängigkeit der Pflichten in einem Vertrag nachteilhafter.

7. Alternative Vorvertrag

Schließlich könnte man noch an den Abschluss eines Vorvertrages denken. Wie bei der Bedingung und beim Rücktrittsvorbehalt könnte in einem von beiden potentiellen Vertragsverhältnissen ein Vorvertrag geschlossen werden, aufgrund dessen der Hauptvertrag abzuschließen ist, wenn im anderen Verhältnis entweder ein Vertrag erfolgreich geschlossen wurde oder wenn dort der Vertrag erfolgreich durchgeführt wurde.

a.) Vorvertrag im Verhältnis A-B

A könnte zunächst ein Vorvertrag mit B schließen.

Ist dessen Inhalt, dass der Hauptvertrag zu schließen ist, wenn A mit C einen Vertragsschluss erreicht, dann schützt sich zwar A vor der Gefahr, dass er auf der Leistung des B sitzen bleibt, wenn er keine Vertrag mit C zustande bringt, weil er mit B noch keinen Austauschvertrag abgeschlossen hat, aber er schützt sich nicht vor einer Leistungsstörung des B, die ihm die Vertragserfüllung gegenüber C unmöglich macht. Und auf den Inhalt, dass der Vertrag mit C ordnungsgemäß erfüllt werde, kann der Vorvertrag mit B nicht lauten, weil A gerade die Leistung von B benötigt, um den Vertrag mit C zu erfüllen. Ein Vorvertrag mit B nützt A also nicht.

b.) Vorvertrag im Verhältnis A-C

Bleibt noch ein Vorvertrag mit C.

Ist dessen Inhalt, dass der Hauptvertrag zu schließen ist, wenn A mit B einen Vertragsschluss erreicht, dann schützt sich A zwar vor der Gefahr, dass er sich gegenüber C zu einer Leistung verpflichtet, die er von vornherein nicht erfüllen kann, weil er einen Vertrag mit B nicht zustande bringt; aber A schützt sich nicht vor der Gefahr einer nachträglichen Leistungsstörung des B.

Inhalt des Vorvertrages könnte aber auch sein, dass A nur dann mit C einen Austauschvertrag abschließt, wenn sein Vertrag mit B ordnungsgemäß erfüllt wird. Dann schützt sich A sowohl vor dem Abschluss- als auch dem Leistungsstörungsrisiko. Und die Gefahr, dass der Leistungsgegenstand des B bei A untergeht, ließe sich immerhin dadurch umgehen, dass A mit B eine Direktlieferung an C vereinbart, wenngleich A mit C dann noch keinen Austauschvertrag geschlossen hat – es

bleibt immer mindestens eine juristische Sekunde, entweder erst Leistungserbringung und dann Hauptvertragsschluss oder umgekehrt, erst Hauptvertragsschluss und dann Direktlieferung von B. Probleme entstehen aber schon dann, wenn sich nach Abschluss des Hauptvertrages herausstellt, dass der Vertrag A-B unwirksam ist. Denn dann ist der Hauptvertrag A-C unter Umständen schon geschlossen und auch nicht mehr rückgängig machbar, sodass sich A doch wieder schadensersatzpflichtig machen würde – entweder gegenüber C, weil er an ihn nicht leisten kann, weil er B die Sache zurückgewähren muss, oder gegenüber B, weil er an C schon die Sache des B weitergeleistet hat und also den Rückgewähranspruch des B nicht mehr erfüllen kann.
Genauso problematisch wird es, wenn sich ein versteckter Sachmangel bei der Leistung des B zeigt und A schon an C geleistet hat. Dann hat nämlich C gegenüber B Gewährleistungsansprüche. Zwar kann A diese auf B weiterwälzen, er hat ja auch Gewährleistungsansprüche gegen B, aber er trägt das volle Insolvenzrisiko bzgl. B im Falle eines Schadensersatzanspruches und das Rückgewährrisiko, falls die von ihm dem B erbrachte Leistung bei diesem (unverschuldet) untergegangen ist. Hinzukommen die Probleme, die generell bei Abschluss zweier Verträge bestehen, nämlich zusätzliche Kosten und das gesteigerte Prozessrisiko, falls etwa B oder C seine Leistung zurückfordert mit dem Argument, der Vertrag sei unwirksam.
Insgesamt vermag daher auch die Lösung über den Vorvertrag kein gleichartiges Schutzniveau zu bieten.

8. Schlussfolgerung

Mehrere Verträge können also nicht adäquat miteinander kombiniert werden. Daraus ergibt sich der juristische Sinn und die Existenzberechtigung für den mehrseitigen Austauschvertrag: Allein er vermag die Abhängigkeit der Leistungspflichten voneinander sicherzustellen, d.h. die eigene Leistungspflicht von der Erfüllung des eigenen Leistungsanspruchs abhängig zu machen, also letztlich die wirtschaftlichen Erwartungen enttäuschungsfest zu machen, indem sämtliche Pflichten in einem Vertrag zusammengefasst und aufeinander bezogen werden, entsprechend dem gegenseitigen Vertrag im Zweipersonenverhältnis. In dieser Herstellung der Abhängigkeit liegt der Sinn des mehrseitigen Austauschvertrages. Der wirtschaftliche Zweck für die Parteien liegt also darin, sich nicht zu einer Leistung zu verpflichten, ohne davon die „Gegenleistung" des Dritten, die Erfüllung dieses Anspruchs abhängig machen zu können.
Diese Abhängigkeit ist auch sachgerecht. Denn der eigene Primäranspruch hängt nicht vom Verhalten des Gläubigers ab, dieser erbringt ja nicht die Gegenleistung im gleichen Verhältnis, sondern hängt in tatsächlicher Hinsicht vom Verhalten des Dritten ab. Also müssen die Ansprüche

gegenüber den verschiedenen Personen auch rechtlich voneinander abhängen. Sicherzustellen, dass alle drei Pflichten voneinander abhängen, gleichzeitig aber auch adäquate Sekundärrechte zur Verfügung stehen und damit den Parteiinteressen weitestgehend zu entsprechen[71] vermag also nur der mehrseitige Austauschvertrag.

Der mehrseitige Austauschvertrag erweist sich damit als unverzichtbar bei der Bewältigung des Problems des mehrseitigen Leistungsaustausches, er hat also eine eigene Existenzberechtigung.

VI. Ursachen für die geringe praktische Verbreitung

Dennoch kommt der mehrseitige Austauschvertrag im täglichen Wirtschaftsleben praktisch nicht vor[72].

Hauptgrund dafür ist die Rechtsunsicherheit bzgl. der Rechtsfolgen[73]. Das nun beruht auf der fehlenden Beschäftigung mit dem mehrseitigen Austauschvertrag, die ihrerseits wieder ihre Ursache in der geringen praktischen Relevanz hat – ein Teufelskreis. Außerdem fehlt es an historischen Vorbildern und Erörterungen, die der rechtshistorisch geprägten kontinentaleuropäischen Rechtswissenschaft Anlass zur Beschäftigung geben würden und zu einer Fortentwicklung einladen würden[74]. Drittens erschwert das völlige Schweigen des Gesetzes eine Auseinandersetzung – in keinem Paragraphen findet sich eine Regelung oder gar nur ein Hinweis auf den mehrseitigen Austauschvertrag[75]. Und viertens schließlich kann nicht allein von einem bloßen Schweigen die Rede sein, sondern das Gesetz scheint den mehrseitigen Austauschvertrag geradezu abzulehnen, weil es den Vertrag mit sämtlichen Anschlussproblemen primär als Zweipersonenverhältnis definiert[76] und dadurch eine Rechtsfindung praeter legem erforderlich macht, was als Ausgangspunkt für ein Rechtsinstitut nicht gerade ermutigend ist.

Doch ist die stiefmütterliche Behandlung des mehrseitigen Austauschvertrages in der Praxis in Anbetracht der Vorteile, die der mehrseitige Austauschvertrag bietet, nicht gerechtfertigt, und die dogmatischen Probleme sind bei konsequenter Anwendung des Gesetzes ohnehin in den Griff zu bekommen. Dem ist im Folgenden nachzugehen.

---

[71]Soergel-Wiedemann, Vor § 320 Rn.29.
[72]Gernhuber, Schuldverhältnis, § 13 V 2; Larenz, SRAT, § 15 II.
[73]Heermann, JZ 1999, 183.
[74]Pfister, JZ 1971, 284.
[75]Gernhuber, Bürgerliches Recht, S.139.
[76]Soergel-Wiedemann, Vor § 320 Rn.29.

C. Materiell – rechtlicher Teil

I. Die methodische Ausgangsproblematik und der eigene methodische und konstruktive Arbeitsansatz

Im vorherigen Abschnitt wurde als eine der Ursachen für die geringe Beschäftigung mit dem mehrseitigen Austauschvertrag der Umstand ausgemacht, dass das Gesetz den mehrseitigen Austauschvertrag anscheinend ablehnt, weil es sämtliche vertraglichen Regelungen als ein Problem im Zweipersonenverhältnis darstellt.

Die Literatur ist denn auch der Ansicht, dass sämtliche Normen des BGB, insbesondere diejenigen zu den gegenseitigen Verträgen, auf den mehrseitigen Austauschvertrag allenfalls analog angewendet werden können, stets verbunden mit dem Hinweis, dass gewisse Modifikationen erforderlich seien[77], weil das in den Normen des BGB vorausgesetzte Zweipersonenverhältnis nicht für das Dreipersonenverhältnis des mehrseitigen Austauschvertrages passe. Zur Lösung der Probleme könne also nicht direkt auf die Normen des Allgemeinen Teils und des Schuldrechts des BGB zurückgegriffen werden, weil insbesondere die Regeln über den gegenseitigen Vertrag nach Sinn und Zweck sowie den Rechtsfolgen auf den Leistungsaustausch im Zweipersonenverhältnis zugeschnitten seien[78].

Impliziert wird damit, dass für das Dreipersonenverhältnis des mehrseitigen Austauschvertrages eine Lücke im Gesetz besteht, dass also wegen des Dreipersonenverhältnisses weder begrifflich noch wertungsmäßig ein bilaterales Gegenseitigkeitsverhältnis besteht und daher eine direkte Normanwendung ausscheidet.

Indes ist diese Lücke jedenfalls nicht derart pauschal feststellbar. Bei Zugrundelegung der subjektiven Auslegungsmethode ist zwar zu sehen, dass sich der historische Gesetzgeber des Problems des mehrseitigen Austauschvertrages nicht explizit bewusst war, weil er für ihn keine direkte Regelung getroffen hat. Umgekehrt lässt sich aber auch nicht aus den Gesetzesmaterialien folgern, dass der historische Gesetzgeber ein solches Dreipersonenverhältnis nicht regeln wollte und nicht mitgeregelt hat. Das BGB ist demgegenüber bewusst nicht auf eine abschließende Regelung hin angelegt, sondern geradezu offen für neue Vertragstypen[79].

Auch bei objektiver Auslegungsmethode ist das Ergebnis nicht eindeutig. Zwar spricht der Wortlaut etwa von Gläubiger und Schuldner in § 325 aF / § 283 nur für ein Zweipersonenverhältnis.

---

[77]Gernhuber, Bürgerliches Recht, S.139; Heermann, JZ 1999, 183; Larenz, SRAT, § 15 II; MK-Emmerich, Vor § 320 Rn.28; Palandt-Sprau, § 515 Rn.2; Pfister, JZ 1971, 284, 285; Soergel-Wiedemann, Vor § 320 Rn.29; Staudinger-Otto, Einl zu §§ 320ff. Rn.6.

[78]Soegel-Wiedemann, Vor § 320 Rn.29.

[79]Canaris, Systemdenken, S.61, 63f.

Andererseits aber gibt es einen eigenen Titel über das Mehrpersonenverhältnis des Gesellschaftsvertrages und einen Titel über Gläubiger- und Schuldnermehrheiten. Der Gesetzgeber konnte also nicht allein auf ein Zweipersonenverhältnis bedacht sein, als er die Normen des Allgemeinen Teils und des Schuldrechts formulierte, da sich etwa die Frage nach Schadensersatzansprüchen genauso beim Gesellschaftsvertrag wegen mangelhafter Einlagenleistung, bei der Gesamtgläubigerschaft und, ausweislich des § 427, bei der Gesamtschuldnerschaft stellt.

Eine Lösungsableitung aus dem Gesetz von vornherein abzulehnen kann mithin nicht angehen. Vielmehr ist jede einzelne Norm auf ihren wertungsmäßigen Gehalt auch für ein Dreipersonenverhältnis hin zu analysieren. Erst wenn diese Analyse zeigt, dass eine Wertung für das Dreipersonenverhältnis nicht vorhanden oder nicht übertragbar ist, insbesondere weil die Wertungskriterien untrennbar mit einem Zweipersonenverhältnis verbunden sind, könnte ein Ergebnis losgelöst von der jeweiligen Norm gefunden werden, gestützt vor allem auf die Interessenlage beim mehrseitigen Austauschvertrag.

Der eigene Arbeitsansatz wird demgegenüber selbst über dieses konstruktive Problem hinweghelfen, weil die danach vertretene Pflichtenstruktur des mehrseitigen Austauschvertrag in jedem der drei Leistungsverhältnisse zwischen A und B, B und C sowie C und A ein zweiseitiges Gegenseitigkeitsverhältnis bewirkt, auf das die Normen des BGB selbst nach der restriktiven Literaturmeinung anwendbar sind:

Ausgangspunkt der Lösung und Arbeitshypothese ist, dass nicht mehr nur jeweils eine einzige auf das jeweilige Zuwendungsverhältnis beschränkte Leistungspflicht angenommen wird[80], sondern dass jeder der Leistungsschuldner zwei Pflichten hat, d.h. gegenüber beiden anderen Beteiligten eine Pflicht innehat, also sowohl eine Pflicht gegenüber seinem Zuwendungsempfänger als auch eine zweite Pflicht gegenüber dem scheinbar unbeteiligten Dritten, die neben und parallel zu der Pflicht im Zuwendungsverhältnis steht.

A verspricht dabei aber nicht, jeweils eine eigene Sachleistung sowohl dem B als auch dem C zu erbringen. Vielmehr verspricht er C nur, aber immerhin auch, dass er an B eine Leistung erbringen werde. A trifft also keine zusätzliche wirtschaftliche Belastung, weil Inhalt der zweiten Pflicht wiederum die Leistung an den jeweiligen Zuwendungsberechtigten ist, nur dass Gläubiger dieser Pflicht nicht der Zuwendungsberechtigte selbst ist, sondern der Dritte. Umgekehrt formuliert hat der Dritte als Gläubiger der zweiten Pflicht insofern keinen wirtschaftlichen Vorteil in Form eines

[80] Dieser Ansatz entspricht möglicherweise der von Larenz in zwei Sätzen in SRAT, § 15 II vorgestellten Lösung. Eine exakte Stellungnahme kann aber nicht erfolgen, da aufgrund der Kürze der Darstellung nicht klar genug ist, was sich Larenz genau vorstellt, zumal er seine Lösung nicht ausformt und auf die Einzelprobleme anwendet.

eigenen Leistungsgegenstandes, als Inhalt des Anspruchs lediglich die Leistung an den anderen und nicht Leistung an sich selbst ist. Jeder Vertragspartner hat also eine zweite Pflicht gegenüber dem jeweiligen Dritten, die ihn – neben der ersten Pflicht gegenüber dem Leistungsempfänger – zur Leistung an den unmittelbar Zuwendungsberechtigten verpflichtet. Die Schuld des A hat sich also insofern verstärkt, als er sich nun zwei Gläubigern gegenübersieht, wenngleich er auch weiterhin nur eine Leistung erbringen muss, nämlich an den Zuwendungsbegünstigten B.

Sinn dieser zwei Pflichten ist es, in allen drei Leistungsbeziehungen ein Gegenseitigkeitsverhältnis zu schaffen, also die einbahnige Leistungskette in drei zweibahnige Leistungsglieder aufzulösen, mithin das Dreipersonenverhältnis in mehrere Zweipersonenverhältnisse aufzuspalten. Zu jedem Anspruch besteht korrespondierend im gleichen Zweipersonenverhältnis eine Pflicht. Auf diese Gegenseitigkeitsverhältnisse sind die Vorschriften des BGB ohne weiteres anwendbar, und zwar in direkter Anwendung, sofern sie nicht allein deswegen unanwendbar sind, weil die ihnen zugrunde liegende Wertung zwar für das Zweipersonenverhältnis, nicht aber für das Dreipersonenverhältnis passt.

Folglich steht der Bearbeitung der Einzelprobleme kein methodologisches, sondern „allenfalls" ein Wertungsproblem hinsichtlich der Normanwendbarkeit im Wege.

Die Begriffe „Pflicht" gegenüber dem Dritten und „Anspruch" des Dritten dürfen allerdings nicht darüber hinwegtäuschen, dass es sich um keine Pflicht bzw. keinen Anspruch im herkömmlichen Sinn handelt. Denn der Dritte bekommt keine eigene Leistung, und der Schuldner muss keinen zweiten Leistungsgegenstand aus seinem Vermögen aussondern. Deshalb liegt nur ein reduzierter Anspruch bzw. nur eine reduzierte Pflicht vor, weil der typische Sinn eines Anspruchs, das Erlangen einer gegenständlichen Leistung, nicht erfüllt ist. Vielmehr handelt es sich um eine selbständige, dem Dritten aus eigenem Recht zustehende „Befugnis", die Leistung an den zweiten Vertragspartner einzufordern, dieser „Befugnis" korrespondiert ein Handlungszwang auf Schuldnerseite. Im Folgenden wird nichtsdestotrotz aus Gründen der terminologischen Vereinfachung von einem Anspruch bzw. einer Pflicht gegenüber dem Dritten gesprochen werden. Worum es sich genau bei diesem Anspruch bzw. dieser Pflicht handelt, wird erst im Anschluss an die Untersuchung der Einzelprobleme zu überlegen sein, wenn feststeht, dass sich der hier vertretene Arbeitsansatz als förderlich für die Lösung erwiesen hat.

II. Die Feinlösung der Einzelprobleme

Auf alle erdenklichen Probleme kann sich die Darstellung nicht erstrecken. Vielmehr kann sie nur – in dieser Hinsicht aber abschließend – strukturell verschieden gelagerte Probleme ansprechen, sodass neu auftretende oder nicht miteinbezogene Detailprobleme anhand des vorgestellten strukturellen Musters gelöst werden können und also eine Erfassung sämtlicher Einzelprobleme überflüssig ist. Ziel der Arbeit ist es damit, erschöpfend sämtliche von der Struktur her unterschiedlichen Problemgruppen darzustellen.

1. Die Willenserklärung bzw. geschäftsähnliche Handlungen

Der erste große konkrete Problemkreis betrifft das Recht der Willenserklärung. Spezielle Probleme beim mehrseitigen Austauschvertrag stellen sich dahingehend, wer Adressat einer Willenserklärung ist, nach wessen Empfängerhorizont diese auszulegen ist und inwiefern sie im Hinblick auf das Minderjährigenrecht, auf die Anfechtung und auf Formvorschriften unwirksam sein kann.

a.) Adressat von Erklärungen

Problematisch im Rahmen der Willenserklärung ist zunächst schon, den richtigen Adressaten von Erklärungen zu bestimmen, also wem letztlich die Willenserklärung zugehen muss. Das könnte entweder nur derjenige sein, dem die Erklärung bei isolierter Betrachtung des jeweiligen Rechtsverhältnisses zugehen müsste, wie es die Lösung im Zweipersonenverhältnis ist, oder aber zusätzlich auch der Dritte, sodass jede Willenserklärung stets beiden anderen (potentiellen) Vertragspartnern zugehen muss. Fraglich ist also, ob etwa bei Angebot bzw. Annahme Adressat der Willenserklärung nur der jeweilige Schuldner bzw. -gläubiger ist, von dem oder dem gegenüber die jeweilige Leistung versprochen wird, oder ob es zusätzlich auch der Dritte ist, der nicht der Gläubiger und Empfänger der zu versprechenden Leistung ist. Genauso ist fraglich, ob nur der jeweilige Gläubiger oder auch der Dritte Adressat einer Anfechtungs-, Widerrufs-, Rücktritts-, oder Rügeerklärung bzw. einer Mahnung ist.

Zur Lösung dieses Problems ist die gesetzliche Wertung hinsichtlich der Empfangsbedürftigkeit von Willenserklärungen zu ermitteln. Das Gesetz verzichtet nur dann auf den Zugang einer Willenserklärung, wenn es auf die Möglichkeit der Kenntnisnahme für die Wirksamkeit der Willenserklärung nicht ankommen kann, weil dann der Erklärende nicht mit dem Formalverfahren des Zugangs belastet werden soll bzw. er das Zugangsrisiko nicht soll tragen müssen. Umgekehrt ist ein Zugang immer dann erforderlich, wenn der Empfänger schutzwürdig in Form der Kenntnisnahmemöglichkeit ist. Letzteres ist der Fall, wenn das Interesse des „Empfängers" an Information nicht durch das Interesse des Erklärenden an sofortiger Wirksamkeit der Willenserklärung überwogen wird.

Das gilt unabhängig von der Zahl der beteiligten Personen. Denn erstens besteht zwischen dem Empfängerinteresse und der Zahl der sonstigen Empfänger kein Zusammenhang. Und zweitens kann das Gesetz, wenn es die Institute des Gesellschaftsvertrages, der Gläubigermehrheit und der Schuldnermehrheit einführt, nicht gleichzeitig davon ausgehen, dass Adressat der Willenserklärung immer nur ein einziger ist.

Die demzufolge erforderliche Abwägung zwischen dem Interesse des Erklärenden und dem des Drittempfängers ergibt folgende Differenzierung:

Ein Interesse des Dritten an Information besteht erstens dann, wenn es sich um pflichtenbegründende Erklärungen handelt, weil diese Erklärungen eine pflichten- bzw. anspruchskonstituierende Wirkung haben. Der Dritte wird nur dann seinerseits eine Leistung versprechen, wenn er weiß, was sein Gläubiger dem anderen versprochen hat und der Dritte dadurch erkennen kann, was er wiederum von dem anderen fordern kann und was er anbieten muss. Ohne diese Informationen wird er nie ein eigenes Angebot erklären.

Zweitens besteht ein Interesse des Dritten an Information bei sämtlichen pflichtengestaltenden Willenserklärungen:

Gibt der Schuldner B eine Erklärung ab, so ist der Dritte C allerdings schon als dessen Gläubiger aufgrund seiner eigenen Gläubigerstellung und damit aufgrund seiner direkten Beziehung zu informieren. Außerdem wird direkt auf den Anspruch des Dritten eingewirkt: lehnt B die Leistung endgültig ab, nachdem er zuvor eine Frist gesetzt hat (verbunden mit einer Ablehnungsandrohung), vernichtet das den Anspruch des Dritten. Aufgrund der direkten Beziehung zu seinem Gläubiger ist also der Dritte zu informieren.

Gibt hingegen der jeweilige Gläubiger die Erklärung ab, steht der Dritte in keinem direkten Bezug zum Schuldner. Der Dritte müsste dann erst darauf warten, dass ihn sein eigener Schuldner über den Inhalt der Erklärung informiert. Das wird dem Schutzbedürfnis des Dritten bei pflichtenrelevanten Erklärungen indes nicht gerecht, weil auch der Dritte möglichst schnell erfahren muss, dass eine Pflicht geändert oder vernichtet wird, damit er sich auf die geänderten Umstände einstellen kann. Darin liegt der Sinn, dass das Gesetz etwa bei einem Rücktritt die Empfangsbedürftigkeit der Rücktrittserklärung anordnet. Auch eine Anfechtungserklärung müsste dementsprechend beiden anderen Vertragspartners zugehen, dem Schuldner nach dem soeben Gesagten und dem Gläubiger nach dem im vorherigen Absatz Gesagten.

Gesetzliche Grundlage dieser doppelten Empfangsbedürftigkeit ist § 130 I in Verbindung mit der jeweiligen die Empfangsbedürftigkeit der Willenserklärung regelnden Norm. Zwar spricht § 130 von „dem anderen" und nicht „den anderen", aber § 130 muss auch auf den Gesellschaftsvertrag und die Gesamtgläubigerschaft angewendet werden können, obwohl auch dort der Wortlaut (anscheinend) nicht passt. Außerdem vermag über letzte Zweifel hinsichtlich der Anwendbarkeit des § 130 auf ein Dreipersonenverhältnis auch das hier vorgeschlagene Pflichtenmodell hinwegzuhelfen, weil nach dem hier vertretenen Pflichtenmodell der Schuldner beiden anderen gegenüber eine Pflicht innehat, auf die er einwirkt, nämlich sowohl auf die Pflicht zur unmittelbaren Leistung als auch auf die Pflicht gegenüber dem Dritten zur Leistung an den anderen, so dass beide anderen Vertragspartner Erklärungsadressaten sind. Außerdem schafft es durch die Wechselseitigkeit von Anspruch und Zweitpflicht in jedem der drei Verhältnisse ein Zweipersonenverhältnis, auf das § 130 seinem Wortlaut nach originär anwendbar ist.
In allen anderen Fälllen ist demgegenüber ein Zugangserfordernis materiell nicht gerechtfertigt. Das den Annahmeverzug begründende wörtliche Angebot nach § 295 oder die schuldnerverzugsbegründende Mahnung nach § 286 nF muss also niemals auch dem Dritten gegenüber erklärt werden, weil beide Erklärungen keine unmittelbar pflichtengestaltende Wirkung haben.

b.) Auslegung der Willenserklärung

Eng verbunden mit der Frage nach dem Erklärungsadressaten und dem Zugang der Willenserklärung ist das Problem der Auslegung. Hier geht es darum, aus wessen Sicht die empfangsbedürftige Erklärung auszulegen ist, ob also bei der erläuternden Auslegung nur auf den Empfängerhorizont des jeweiligen unmittelbaren Adressaten abzustellen ist oder ob auch der des Dritten zu berücksichtigen ist und ob bei der ergänzenden Auslegung zur Ermittlung des hypothetischen Parteiwillens nur auf den jeweils unmittelbar Betroffenen oder auch auf den Dritten zu rekurrieren ist.
Selbstverständlich ist dabei, dass es nicht auf das Verständnis des Dritten ankommen kann, wenn die Erklärung dem Dritten gar nicht zugehen muss. Denn wenn die Willenserklärung dem Dritten nicht zugehen muss, kann es auch nicht auf sein Verständnis ankommen. Umgekehrt zwingt jedoch selbst die oben bejahte Zugangsbedürftigkeit der Willenserklärung beim Dritten nicht dazu, bei der Auslegung auf seine Sichtweise abzustellen. Denn es ging nur um das Interesse des Dritten an Information, und damit nicht notwendigerweise auch um sein Verständnis der Erklärung; Hauptsache wäre demnach, dass der Dritte überhaupt das „Erklärungsobjekt" erhält, nicht aber auch, dass er das Gleiche versteht wie der andere Vertragspartner.

Bei der Frage der Zugangsbedürftigkeit der Willenserklärung wurde bereits gezeigt, dass der Dritte in bestimmten Fällen ein Interesse daran hat, dass ihm Erklärungen überhaupt zugehen, obwohl sie ihn nur mittelbar betreffen. Darin erschöpft sich aber das Interesse des Dritten nicht – er möchte im Zweifelsfall nicht beim unmittelbaren Erklärungsadressaten nachfragen müssen, wie jener die Erklärung verstanden hat, er möchte sich selbst ein Urteil bzgl. des Inhalts bilden dürfen. Der Dritte möchte etwa selbst beurteilen können, zu welchem Leistungsumfang sich der Erste verpflichtet, um abschätzen zu können, ob der Leistungsaustausch tatsächlich durchführbar ist oder ob sich der Erste „übernommen" hat. Oder er möchte selbst beurteilen, ob überhaupt aus der Anfechtungserklärung ein zur Anfechtung berechtigender Irrtum ersichtlich ist oder ob der Vertrag aufgrund geltungserhaltender Reduktion wenigstens teilweise noch ausgeführt wird, um nicht vorschnell seine Leistung zu erbringen oder seine Leistungsvorbereitung einzustellen. Das Interesse des Dritten an Information wird nur dann voll befriedigt, wenn es auch auf seine Sichtweise ankommt. Wenn der Dritte umgekehrt erst nachfragen müsste, wie denn die Erklärung zu verstehen ist, insbesondere bei subjektiv übereinstimmenden Verständnis der beiden anderen trotz objektiv anderen Wortlauts, braucht es des Aufwands der zusätzlichen Erklärung auch gegenüber dem Dritten nicht – dann kann er gleich fragen, was gerade der Stand der Dinge ist. Eine solche Information wäre nur noch rein formaler Art. Hinzukommt, dass der Dritte selbstständiger Vertragspartner ist, sodass es konsequent ist, wenn er sich selbst eine Meinung über den Inhalt einer Erklärung machen darf und nicht vom Verständnis des „eigentlichen" Adressaten abhängig ist; beim mehrseitigen Austauschvertrag hat jeder Teil nicht nur einen, sondern zwei Vertragspartner, sodass das Verständnis von beiden zu berücksichtigen ist.

Der für die Lösung maßgebliche § 157 – nur er regelt die objektive Auslegung aus Sicht des Empfängers – verlangt, dass Willenserklärungen nach Treu und Glauben mit Rücksicht auf die Verkehrssitte auszulegen sind. Gemeint ist damit, dass nicht nur der Wille des Erklärenden, sondern auch das Verständnis des Empfängers unter normativen Gesichtspunkten bei der Inhaltsbestimmung zu berücksichtigen ist, sofernder Empfänger im Vertrauen auf sein Verständnis des Inhalts der Willenserklärung schutzwürdig ist. Schutzwürdig ist er aber nun dann, wenn auf seine Rechtsstellung eingewirkt wird, während bei nicht-empfängsbedürftigen Willenserklärungen gerade nicht auf seine Rechtsstellung eingewirkt werden würde, sodass sein Verständnis nicht relevant ist.

Damit kommt es auf das Verständnis auch des Dritten immer dann an, wenn seine Rechtsstellung betroffen ist, weil sich eine Differenzierung gegenüber dem Empfänger unter diesem Gesichtspunkt nicht rechtfertigen lässt. Da sich das Zugangserfordernis der Willenserklärung beim Dritten aber gerade darauf begründet, dass auf den Anspruch des Dritten eingewirkt wird, ist stets auch seine Sichtweise zu berücksichtigen.

Sofern also auch dem Dritten die Willenserklärung zugehen muss, kommt es bei der Auslegung auch auf seine Sichtweise an.

Das führt aber nun nicht dazu, dass im Fall des übereinstimmenden Geschäftswillens zwischen zwei Vertragspartnern beim mehrseitigen Austauschvertrag aufgrund des miteinzubeziehenden Verständnisses des Dritten objektiv ein anderes einheitliches Auslegungsergebnis gefunden werden muss. Haben A und B übereinstimmend gemeint, A solle an B Sommerkartoffeln liefen, objektiv aber in den Vertrag Winterkartoffeln geschrieben, so bleibt Inhalt der Leistungspflicht des A, Sommerkartoffeln zu liefern, auch wenn C aufgrund des vertraglichen Wortlauts davon ausging, dass A Winterkartoffeln liefern muss. Denn der übereinstimmende Geschäftswille zwischen A und B setzt sich über den Wortlaut der Erklärung hinweg. Dabei bleibt aber das Verständnis des Dritten nicht unberücksichtigt. Aus seiner Sicht sollten Winterkartoffeln geliefert werden. Bei der Abgabe seiner – den Vertragsschluss konstituierenden – Willenserklärung befand er sich demnach in einem Inhaltsirrtum, weil er auf den Inhalt einer Willenserklärung Bezug nahm, die einen anderen Inhalt hatte als von ihm vorausgesetzt. Das ist genau die gleiche Situation wie im herkömmlichen Zweipersonenverhältnis, wo die Auslegung einer vertraglichen Willenserklärung nach dem objektivierten Empfängerhorizont zu einem anderen Ergebnis führt als vom Erklärungsempfänger verstanden, und dieser deshalb seine darauf aufbauende Willenserklärung anfechten kann. Damit ist schon das entscheidende Korrektiv für dieses Anfechtungsrecht angesprochen: Die vom Dritten abgegebene Willenserklärung muss gerade auf dem Irrtum, dem Fehlverständnis beruhen; nur dann ist er zur Anfechtung berechtigt. Mithin kann der Dritte nicht bei jedem Irrtum, sondern nur bei einem seine Willenserklärung beeinflussenden Irrtum seine eigene Willenserklärung anfechten. Insofern ist der Verständnishorizont des Dritten hinreichend geschützt.

c.) Minderjährigen-Recht

Ist ein Minderjähriger Vertragspartner, so könnte sich ein Problem aus dem Umstand ergeben, dass man den Anspruchserwerb in einem Verhältnis von der Pflichtenbegründung des Minderjährigen im anderen Verhältnis trennt bzw. isoliert und also die Anspruchsbegründung wegen des lediglich rechtlichen Vorteils auch ohne Zustimmung der gesetzlichen Vertreter für wirksam hält, § 107, während die Pflichtenbegründung nachteilhaft und damit schwebend unwirksam wäre, § 108. Fraglich ist damit, ob der Anspruchserwerb isoliert werden kann oder ob er in innerem Zusammenhang mit der Pflicht gegenüber dem Dritten steht.

Auf den ersten Blick entspricht es durchaus dem Interesse des Minderjährigen, einen Anspruch zu erwerben, ohne zugleich zu einer Leistung verpflichtet zu sein. Andererseits wäre dieser Anspruch ohnehin aus anderem Grund unwirksam, da wegen der (mindestens schwebenden) Unwirksamkeit der vom Minderjährigen übernommenen Pflicht und der Abhängigkeit der Pflichten voneinander kein wirksamer Vertrag zustandekommt[81]. Der Unwirksamkeitsgrund würde sich also nur von § 108 zum Synallagma verschieben. Doch ist § 108 nach der ihm zugrundeliegenden Wertung die sachnähere Norm. Bei einem Zusammenhang von Leistung und Gegenleistung durch ein vertragliches Synallagma ist nach § 108 eine Aufspaltung in Rechtserwerb und Pflichtenbegründung nicht zulässig, sondern der Vertrag ist als Einheit, und zwar als komplett zustimmungsbedürftige Einheit anzusehen. Das gilt für den mehrseitigen Austauschvertrag gleichermaßen, weil auch dort der vertragliche Zusammenhang von Leistung und Gegenleistung besteht, nur eben verteilt auf verschiedene Personen.

Das wird durch die Annahme zweier Pflichten noch deutlicher. Der Minderjährige übernimmt nicht nur eine Pflicht gegenüber dem Vertragspartner im Zuwendungsverhältnis, sondern auch eine Pflicht gegenüber seinem Anspruchsschuldner. Damit besteht also auch in diesem Verhältnis eine Gegenseitigkeit von Anspruch und Pflicht, sodass nicht mehr isoliert von einem lediglich rechtlichen Vorteil gesprochen werden kann. Damit ist es dem Minderjährigen unmöglich, einen Anspruch isoliert wirksam zu erwerben, ohne dass ihn zugleich eine Leistungspflicht trifft, sodass die Zustimmung des gesetzlichen Vertreters erforderlich ist, § 108 BGB.

Der mehrseitige Austauschvertrag ist damit in toto ein nach § 108 zustimmungsbedürftiges Rechtsgeschäft.

d.) Anfechtung

Im Rahmen der Anfechtung erweist sich gegenüber dem Zweipersonenverhältnis allein als problematisch, ob man als Dritten im Rahmen des § 123 II auch den dritten Vertragspartner anzusehen hat, der außerhalb der über die Anfechtung zu beseitigenden Leistungspflicht steht, oder ob der dritte Vertragspartner nicht unter § 123 II fällt. Virulent wird das in dem Fall, dass etwa A den B über den Wert seiner Leistung an B täuscht (A tut dies, weil er nur so B zu einer Leistung veranlassen kann, die letztlich dem C als Gegenleistung für seine Leistung an A genügt) und B sich infolgedessen gegenüber C, der von der Täuschung nichts weiß, zu einer Leistung verpflichtet, dann aber B die die Pflicht begründende Willenserklärung anfechten möchte, weil die Leistung des A weniger wert ist als erwartet.

---

[81] S. C.II.2.b.aa.

Das würde indes nur gehen, wenn man entweder A im Verhältnis zu C nicht als Dritten ansähe, sodass es auf die Kenntnis des C nicht ankäme, oder wenn man B auch gegenüber A anfechten ließe, weil sich dann schon das Problem, ob C Dritter im Sinne des § 123 II ist, nicht stellen würde. Nach unbestrittener Auffassung in Literatur und Rechtsprechung ist § 123 II von vornherein unanwendbar, wenn der Dritte kein echter Dritter ist, sondern dem Lager des Anfechtungsgegners zuzurechnen ist. Denn dann greift der Schutzzweck des § 123 II, den Anfechtungsgegner vor einer Anfechtung zu schützen, obwohl er die Täuschung nicht begangen hat und sie sich auch nicht durch bloße Kenntnis zu Nutze gemacht hat, nicht, weil er aufgrund der Zurechenbarkeit der Handlung des „Dritten" die Täuschung zu verantworten hat.
Dementsprechend stellt sich die Frage, ob die Täuschung des A dem C zurechenbar ist. Das könnte man im Sinne einer „Zustandshaftung" bejahen, indem man sagt, A ist Vertragspartner des C, ohne die vertragliche Mitwirkung des A kommt kein Vertrag zustande und also ist aufgrund des Zustands der vertraglichen Bindung die Täuschung des A dem C zurechenbar.
Indes erweist sich schon die Fragestellung im Ansatz als unzutreffend. Denn § 123 II geht von einem isolierbaren Zweipersonenverhältnis aus, an das ein Dritter, sei es nun ein echter Dritter im Sinne des § 123 II oder ein unechter, sich im Lager des Anfechtungsgegners befindender Dritter herantritt. Doch lässt sich beim mehrseitigen Austauschvertrag ein solches Zweipersonenverhältnis nicht isolieren. Denn die vertragliche Verbindung besteht nicht allein zwischen zwei Personen, sondern zwischen drei Personen, und also macht es aus Sicht des Anfechtungsberechtigten keinen Unterschied, von welchem Vertragspartner er getäuscht wurde. Vielmehr ist allein ausschlaggebend, dass die Täuschung von einem Vertragspartner und nicht von einem vertragsexternen Dritten erfolgt ist. § 123 II liegt eine Interessenabwägung zwischen dem Schutzbedürfnis des Anfechtenden und dem Schutzbedürfnis des Anfechtungsgegners dahingehend zugrunde, dass sich der Anfechtende nur auf die Worte seines Vertragspartners oder eines ihm zurechenbaren Dritten verlassen darf; verlässt er sich hingegen auf die Angaben eines vertragsexternen Dritten, so kann das Risiko einer Falschinformation nur ausnahmsweise auf den Vertragspartner abgewälzt werden. Beim mehrseitigen Austauschvertrag verlässt sich der Anfechtende aber gerade auf Angaben seines Vertragspartners, sodass § 123 II schon vom Ausgangspunkt her nicht anwendbar ist. Das Anfechtungsrecht folgt also ausschließlich aus § 123 I. A darf auch keine Vorteile aus der Täuschung haben, die er hätte, würde man dem B das Anfechtungsrecht verweigern. Auch C würde sich letztlich nur die Täuschung des A zunutze machen, wenn er auf der Wirksamkeit der Pflicht beharren würde.
Dass das Anfechtungsrecht unmittelbar gegenüber A besteht, wird bei Zugrundelegung zweier Pflichten noch deutlicher. Denn danach hat B auch eine Leistungspflicht gegenüber A (auf Leis-

tung an C). Die diese Pflicht gegenüber A mitbegründende Willenserklärung – der Vertragsschluss erfolgt durch eine einheitliche Willenserklärung gegenüber A und C[82] – kann B gemäß § 123 I anfechten, sodass nicht nur diese Pflicht, sondern auch die Pflicht des B gegenüber C wegfällt.
Das Anfechtungsrecht ergibt sich also allein aus § 123 I, § 123 II ist unanwendbar.

e.) Formvorschriften

Das letzte Problem um die Willenserklärung stellt sich schließlich hinsichtlich der Anwendbarkeit von Formvorschriften.
Dabei ist zunächst zu unterscheiden, ob nur eine Willenserklärung formbedürftig ist, wie etwa bei der Bürgschaft, oder ob mehrere Willenserklärungen, d.h. ob der ganze Vertrag der Form bedarf. Denn im ersten Fall stellt sich kein Problem, da es auch beim mehrseitigen Austauschvertrag dabei bleibt, dass eben diese eine Erklärung formbedürftig ist.
Anders ist dies beim Formzwang für mehrere Willenserklärungen, sprich den ganzen Vertrag. Hier ist nämlich im Bezug auf den mehrseitigen Austauschvertrag fraglich, welche der beiden anderen Erklärungen neben der den Formzwang auslösenden Erklärung oder ob gar beide anderen Erklärungen, also alle drei formgerecht gefasst sein müssen.
Das beurteilt sich bei den Formvorschriften maßgeblich nach den jeweiligen Formzwecken. Als Beispiel mag zur Veranschaulichung der Fall dienen, dass eine der Pflichten in der Übereignung eines Grundstücks, etwa von A an B, besteht, § 311 b.
Um der Beweisfunktion gerecht zu werden, muss die Pflicht zur Übereignung des Grundstücks beurkundet werden. Ferner muss die Gegenleistung beurkundet werden. Da nun als Gegenleistung sowohl die Pflicht von B gegenüber C als auch die von C gegenüber A in Betracht kommt, muss, um eben Gewissheit über die Gegenleistung zu erlangen, sowohl die Pflicht des Grundstückserwerbers gegenüber dem Dritten beurkundet werden, da dies aus seiner Sicht die Gegenleistung darstellt und die Formvorschrift auch seinem Schutz dient, als auch die Pflicht gegenüber dem Grundstücksverfügenden, da diese aus dessen Sicht die Gegenleistung darstellt und die Formvorschrift den Verfügenden dadurch schützen soll, dass sie ihm den Beweis ermöglicht, was er als Gegenleistung erhält. Um der Beweisfunktion gerecht zu werden, müssen also alle drei den Vertrag und damit die drei Pflichten konstituierenden Willenserklärungen von A, B und C beurkundet werden.
Die Warnfunktion bezweckt, den Verfügenden zu schützen, indem er realisiert, dass er über ein Grundstück verfügt und was er dafür als Gegenleistung erhält. Doch wird auch der Grundstücks-

[82] s.C.II.2.a.

erwerber geschützt, indem auch er durch die „Verzögerung“ über einen Notartermin vor einem überstürzten, für ihn nicht finanzierbaren Grundstückserwerb geschützt wird. Dann muss sich dieser Schutz aber auch für den Erwerber beim mehrseitigen Vertrag verwirklichen, und also ist nicht nur die Pflicht des Grundstückserwerbers, sondern auch die Pflicht des Dritten zu beurkunden, weil auch der Dritte eine Leistung erbringen muss, die eine Gegenleistung für die Grundstücksweggabe darstellt, und mithin vor einem übereilten Vermögensverlust gewarnt werden muss.

Die Funktion der Aufklärung beschränkt sich schließlich nicht auf den Verfügenden, sondern bezieht auch den Erwerbenden bzw. den die Gegenleistung Erbringenden mit ein. Das ist aber nicht nur B, sondern auch C, weil B die Gegenleistung als Erwerber erbringt und C die Gegenleistung an den Veräußerer. Also sind auch nach dieser Funktion alle drei die drei Pflichten konstituierenden Willenserklärungen zu beurkunden und folglich müssten alle drei Parteien zu einem Notartermin erscheinen.

Konstruktiv verdeutlichen lässt sich dieses Ergebnis ferner auch hier wieder durch die Annahme zweier Pflichten. Denn derjenige, der die Grundstücksübertragung verspricht, etwa A, tut dies nicht nur gegenüber dem Leistungsempfänger, sondern auch gegenüber dem Dritten. Folglich besteht das von § 311b vorausgesetzte Zweipersonenverhältnis sowohl im Bezug auf B als auch im Bezug auf C. Also ist die Pflicht des Dritten zu beurkunden, weil auch er Gläubiger bzgl. einer Grundstücksübertragung ist. Und der Grundstückserwerber verspricht seine Leistung nicht nur dem Dritten, sondern auch dem Grundstücksveräußerer. Folglich ist auch die Pflicht des Leistungsempfängers zu beurkunden.

Demnach ist der komplette mehrseitige Austauschvertrag formbedürftig, wenn ein Zweipersonenvertrag formbedürftig ist.

2. Die Entstehung der Primärpflichten und ihre Abhängigkeit voneinander

Während es im vorherigen Abschnitt um die Willenserklärung ging, ist nun – eine Komplexitätsstufe höher – der Vertrag zu untersuchen.

Kernpunkt einer vertraglichen Beziehung sind die Primärpflichten. Ihre Entstehung und ihre Abhängigkeit voneinander bei der Entstehung ist deshalb als erstes zu beleuchten.

a.) Die Entstehung

Beim Problem der Entstehung der Primärpflichten geht es um den Vorgang, den Mechanismus des Vertragsschlusses, nicht aber darum, wer Erklärungsadressat von Antrag und Annahme ist. Das können durchaus jeweils beide anderen Vertragspartner sein, wie das oben bejaht wurde, ohne dass es dann aber auch zu der nun hier relevanten Frage einer Einigung zwischen allen drei Beteiligten kommen muss. Es geht also also nicht um das Problem der Information, wie beim Zugang einer Willenserklärung, sondern darum, zwischen wem eine Einigung mit welchem Inhalt erzielt werden muss.

Denkbar sind drei Lösungsmodelle. Möglich wäre zunächst die Annahme dreier Teileinigungen zwischen jeweils zwei Personen, nur eine bestimmte Leistung zu erbringen entsprechend den drei Pflichten. Zweitens kämen wiederum drei Teileinigungen in Betracht, nun aber ergänzt dadurch, nur für eine bestimmte Gegenleistung des einen eine bestimmte Leistung an den anderen zu erbringen. Beidesmal würden diese drei Teileinigungen dann zu einem Vertragsschluss zusammengeführt werden und ihre Wirksamkeit verlieren, wenn nicht alle drei Teileinigungen zustandekommen. Gegenstück dazu und drittes Lösungsmodell wäre schließlich die Annahme nur einer Gesamteinigung zwischen allen drei Personen, wer an wen welche Leistung zu erbringen hat.

Von der Interessenlage her betrachtet übernimmt eine Partei eine Pflicht nur, um eine bestimmte Leistung zu erhalten, beides soll voneinander abhängen. Die Interessenlage geht also dahin, nicht separat eine Pflicht zu begründen und erst anschließend mit dem Dritten dann den korrespondierenden Anspruch zu vereinbaren im Sinne dreier separierter Teileinigungen, sondern beides zusammenzufassen. Das erste Lösungsmodell scheidet damit aus. Genügen würde der Interessenlage aber immerhin eine Teileinigung mit dem jeweiligen Gläubiger dahingehend, nur deshalb an ihn eine Leistung zu erbringen, weil man von dem Dritten eine bestimmte Gegenleistung bekommt. Dem steht aber entgegen, dass sich diese Beiden nicht darauf einigen können, dass ein Dritter (!) eine Gegenleistung zu erbringen hat, sodass die Einigung ohne die Mitwirkung bzw. Genehmigung des Dritten unvollkommen ist. Gegen die drei selbstständigen Teileinigungen spricht also, dass sie die Abhängigkeit der durch sie konstituierten Pflichten nicht zum Ausdruck zu bringen vermögen. Vielmehr ist zur Widerspiegelung der Abhängigkeit der Pflichten ein einheitlicher Vertragsschluss anzunehmen, eine Aufspaltung in separate Teilvertragsschlüsse beschränkt auf die jeweilige Pflicht scheidet aus. Vorzugswürdig ist damit die dritte Lösung.

Demgemäß wird auch in der Literatur betont, dass erst dann eine Bindung eintritt, wenn alle drei Willenserklärungen zugegangen sind; die vorherigen beiden Willenserklärungen erzeugen demgegenüber für sich noch keinerlei rechtliche Wirkung[83].
Auch beim Gesellschaftsvertrag werden keine separaten Teileinigungen mit jeweils Antrag und Annahme angenommen, sondern es wird von einem einheitlichen Vertragsschluss ausgegangen. Weil aber auf den im Besonderen Teil des Schuldrechts geregelten Gesellschaftsvertrag die Regeln des Allgemeinen Teils von der Konstruktion des BGB her anwendbar sind, kann also die gesetzliche Wertung hinsichtlich des Vertragsschlusses nicht allein von einer Einigung stets nur zwischen zwei Personen ausgehen. Für den mehrseitigen Austauschvertrag kann sie folglich nicht dahingehen, entsprechend jeder Pflicht eine Teileinigung zu verlangen, sondern es genügt eine einzige Gesamteinigung. Sowenig wie beim Zweipersonenvertrag zwei Teileinigungen für jede der zwei Pflichten herbeigeführt werden muss, so wenig müssen auch beim Dreipersonenvertrag drei Teileinigungen herbeigeführt werden. Das folgt auch aus den Vorschriften über die Gesamtschuldnerschaft. Auch dort gibt der Gläubiger nur eine Willenserklärung gegenüber beiden gesamtschuldnerisch haftenden Vertragspartnern ab, und nicht etwa eine gegenüber jedem späteren vertraglichen Gesamtschuldner.
Auch die Annahme der (zukünftigen) zwei Pflichten vermag das Ergebnis einer einheitlichen Gesamteinigung zu stützen. Jeder Vertragspartner verpflichtet sich gegenüber beiden anderen zur Erbringung einer Leistung. Folglich muss auch mit jeweils beiden anderen eine Einigung erzielt werden, eine Einigung mit dem jeweiligen Gläubiger genügt nicht. Es wäre aber lebensfremd, diesen Vorgang in lauter Einzeleinigungen aufzuspalten, also insgesamt sechs an der Zahl: zwei Einigungen zwischen A und B und A und C bzgl. der beiden Pflichten, dann zwei zwischen B und C und A und schließlich zwei zwischen C und A und C und B. Vielmehr erfolgt eine gemeinsame Einigung zwischen allen drei Beteiligten über die jeweilige Leistungspflicht.
Die Primärpflichten entstehen also dadurch, dass es zu einer einheitlichen Einigung zwischen den drei Beteiligten – vergleichbar dem Vertragsschluss beim Gesellschaftsvertrag – kommt.

b.) Die Abhängigkeit

Bei der Abhängigkeit der Primärpflichten voneinander geht es zentral um die Frage, ob an sich wirksame Primärpflichten deswegen unwirksam werden, weil eine Primärpflicht in einem Drittverhältnis untergegangen ist. Eine solche Abhängigkeit könnte sich in dreierlei Hinsicht zeigen: erstens in Form des genetischen Synallagmas, also der Wechselwirkung bei der Entstehung der

---

[83] Pfister, JZ 1971, 284,284f..

Pflichten[84], zweitens des konditionellen Synallagmas, mithin der Wechselwirkung beim Fortbestand der Pflichten[85] und drittens des funktionellen Synallagmas als der wechselseitigen Abhängigkeit der Pflichten bei deren Geltendmachung und Durchsetzung[86].
Im herkömmlichen Zweipersonenvertrag ist die Abhängigkeit durch den Synallagmagedanken und die gesetzliche Regelung ausführlich bestimmt. Dagegen ist im Dreipersonenvertrag fraglich, inwiefern der Synallagmagedanke überhaupt anwendbar ist, weil bei formaler Betrachtung keine Wechselseitigkeit der Pflichten vorliegt, weil die „Gegenleistung" stets an einen Dritten und nicht an den eigenen Schuldner zu erbringen ist; hinzukommt die Frage, ob der Synallagmagedanke alle drei Pflichten zu erfassen vermag oder ob er nur eine der beiden anderen Pflichten erfasst, weil es nur eine Gegenleistung gibt.

aa.) Genetisches Synallagma

Zuallererst kann sich die Abhängigkeit der Primärpflichten bei ihrer Entstehung in Form des genetischen Synallagmas zeigen. Es stellt sich damit schon hier die Frage, ob es ein Synallagma beim mehrseitigen Austauschvertrag gibt, d.h. ob der mehrseitige Austauschvertrag ein gegenseitiger Vertrag ist, und ob die Unwirksamkeit zunächst einer Leistungspflicht, etwa wegen Verstoßes gegen ein gesetzliches Verbot, z.B Erbringung einer Dienstleistung unter Verstoß gegen das Rechtsberatungsgesetz, in einem der Zuwendungsverhältnisse die anderen Pflichten unwirksam macht, ob also dann der gesamte Vertrag unwirksam ist. Entsprechend ist das bei schwebender Unwirksamkeit und bei einer aufschiebenden Bedingung fraglich.

Die Frage nach der Vertragsstruktur, also danach, ob der mehrseitige Austauschvertrag ein einseitig verpflichtender oder ein gegenseitiger Vertrag ist, beantwortet die Literatur im Sinne der letzteren Variante. Zweifeln könnte man indes, weil eine Leistung erbracht wird, ohne dass der Erbringer vom Empfänger eine Leistung zurückerhält und also ein bloß einseitig verpflichtender Vertrag vorläge. Doch wird auch im mehrseitigen Austauschvertrag stets und qua definitione eine Gegenleistung erbracht, nur eben an einen Dritten, sodass kein einseitig verpflichtender Vertrag vorliegen kann, zumal eine Gegenseitigkeit der Leistungspflichten gerade gewollt ist[87]. Auch die hier gewählte Pflichtenstruktur spricht für einen gegenseitigen Vertrag, weil in jedem der drei Zuwendungsverhältnisse aufgrund der zweiten Pflicht ein Gegenseitigkeitsverhältnis besteht und also der

---

[84] Larenz, SRAT, § 15 I.
[85] Larenz, SRAT, § 15 I.
[86] Heermann, Erwerbsgeschäfte, S.184; Larenz, SRAT, § 15 I.
[87] Larenz, SRAT, § 15 II.

ganze Vertrag, der aus diesen drei Zuwendungsverhältnissen konstituiert wird, ein gegenseitiger Vertrag ist. Der mehrseitige Austauschvertrag ist also ein gegenseitiger Vertrag. Eine synallagmatische Verknüpfung der Leistungspflichten besteht daher prinzipiell.

Dann fragt sich, ob tatsächlich die Unwirksamkeit einer Pflicht zur Unwirksamkeit der beiden anderen führt.

Von der Interessenlage her kommt es den drei Parteien darauf an, eine Abhängigkeit der Pflichten voneinander sicherzustellen. Sie schließen gerade den mehrseitigen Austauschvertrag, damit nicht einer der drei eine Leistungspflicht hat, ohne dass er die schlussendlich gewünschte Gegenleistung bekommt, sondern allenfalls Schadensersatz, weil eben die andere Leistungspflicht unwirksam ist. Keiner will zur Leistung verpflichtet sein, ohne dass der (jeweils) zweite zur Leistung an den Dritten und dieser dadurch wieder zur Leistung an ihn verpflichtet wird im Sinne eines genetischen Synallagmas. Die Unwirksamkeit einer Pflicht müsste also zur Unwirksamkeit beider anderen Leistungspflichten führen.

Dieses Ergebnis wird auch in der Literatur allgemein gebilligt[88], die Begründungen variieren jedoch.

Einerseits wird bloß das genetische Synallagma herangezogen[89], wobei allerdings ein genetisches Synallagma bzgl. dreier und nicht bloß zweier Leistungspflichten mangels eindeutiger gesetzlicher Fundierung nicht einfach nur behauptet werden kann. Nach anderer Auffassung, der Theorie vom trilateralen Synallagma[90], folgt dieses Ergebnis aus einem genetischen trilateralen Synallagma. Dieses dreiseitige oder trilaterale Synallagma beruht auf dem Gedanken, dass zwar der Leistungsaustausch nicht zweiseitig, sondern dreiseitig ist, dass er aber nichtsdestotrotz im Sinne eines gegenseitigen Gebens und Nehmens angelegt ist und also synallagmatisch ist, aber eben dreiseitig synallagmatisch, und dass eine Ausweitung des Synallagmakonzeptes auf das Dreipersonenverhältnis - unter Beachtung gewisser Modifikationen - geboten und möglich ist[91]. Dazu habe „man sich zu vergegenwärtigen, dass dieser Leistungsaustausch zwischen drei Beteiligten im Ergebnis auf einer Symbiose von mindestens zwei ihrerseits synallagmatisch-strukturierten Austauschverträgen beruht. Deshalb stellt es eine systemimmanente Erweiterung dar, wenn man an die synallagmatische do-ut-tertio-des-Leistungsbeziehung die daran sowohl wirtschaftlich als auch rechtlich gekoppelte Leistungspflicht des Dritten anbindet und insgesamt in einem do-ut-tertio-des-ut-tertius-mihi-det-Rechtsgeschäft mit trilateral-synallagmatischer Leistungsverknüpfung zusammen-

---

[88] Heermann, Erwerbsgeschäfte, S.146; Larenz, SRAT, § 15 II; Pfister, JZ 1971, 284.
[89] Larenz, SRAT, § 15 II.
[90] Heermann, Erwerbsgeschäfte, S.140ff., 162ff.
[91] Heermann, JZ 1999, 183, 184.

fasst“[92]. Das finde seine Rechtfertigung auch darin, dass sich der Gesetzgeber bei Normierung der §§ 320 ff. der Möglichkeit eines mehrseitigen Austauschvertrages nicht bewusst war und die §§ 320 ff. also insofern auch keine abschließende Regelung sein können[93] und dass sich das deutsche Rechtssystem als offen und modifizierbar darstellt[94]. Zu glauben, man könne diese vertragliche Gestaltungsform mit drei Beteiligten selbst dann in einzelne zweiseitige Austauschbeziehungen mit gegebenenfalls synallagmatischer Leistungsverknüpfung im Sinne eines do-ut-des aufgliedern, wenn sich die gesamte Transaktion als ein do-ut-des-ut-det- Rechtsgeschäft darstellt, erweise sich demgegenüber als irrig[95].

Doch ist erstens schon zweifelhaft, ob das Gesetz nicht bereits selbst die Lösung bereithält und sich damit eine „neue“ Rechtsfigur erübrigt. Außerdem ist das trilaterale Synallagma nur ein Name für das, was die Parteien wollen, nämlich die Abhängigkeit der Pflichten voneinander, aber keine Begründung für diese Abhängigkeit. Denn das Synallagma ist für sich keine Begründung, solange es keine gesetzliche Normierung gibt; die Ausgestaltung des Synallagmas ist Sache des Gesetzgebers[96] – und an der fehlt es ja gerade nach dieser Ansicht beim mehrseitigen Austauschvertrag. Für eine schlichte Übertragung der Regeln über das zweiseitige Synallagma ist das Dreipersonenverhältnis zu komplex und würde auch eine Begründung erfordern, die aber nicht allein in den Parteiinteressen liegen kann. Und schließlich ist auch die Funktion des trilateralen Synallagmas nicht sachgerecht. Denn diese Lehre verbleibt immer nur passiv-negativ, indem sie eine Abhängigkeit festlegt und damit eine Blockade oder Vernichtung der Pflichten: wenn eine Pflicht untergeht, sollen alle anderen Pflichten mit untergehen. Sie kann jedoch dem unbeteiligten Dritten keinen positiven Anspruch auf die Leistung des Ersten an den Zweiten geben. Das ist jedoch von erheblicher Bedeutung: Leistet A an B nicht, so wird sich auch B weigern, an C zu leisten. Wenn sich B dann nicht die Mühe macht, A zu verklagen, hat C keine Möglichkeit, den Leistungsaustausch durchzusetzen. Denn gegenüber A hat er keinen Anspruch, und B kann er nicht verklagen, weil der die Einrede des nichterfüllten Vertrages hat. Allenfalls kann C seine Leistungspflicht negativ-passiv gegenüber A vernichten. Wenn aber seine Pflicht bzw. sein Anspruch vom Verhalten des Dritten abhängig ist, dann soll er nicht nur negativ-passiv verharren müssen, sondern auch positiv-aktiv gegen den Dritten vorgehen können dürfen. Der Lehre vom trilateralen Synallagma ist daher hinsichtlich der Konstruktion der Abhängigkeit nicht zu folgen.

Denkbar – in der Literatur für den mehrseitigen Austauschvertrag aber nicht vertreten – wäre schließlich die Anwendung einfach des bilateralen Synallagmagedankens auf den mehrseitigen

[92] Heermann, Erwerbsgeschäfte, S.145.
[93] Heermann, Erwerbsgeschäfte, S.144.
[94] Heermann, Erwerbsgeschäfte, S.145.
[95] Heermann, Erwerbsgeschäfte, S.143.

Austauschvertrag unter Heranziehung der Argumentation beim Vertrag zugunsten Dritter. Dort wird vertreten, der Anspruch des Dritten gegen den Versprechenden stehe mit der Pflicht des Versprechenden gegen den Versprechensempfänger im Deckungsverhältnis im Synallagma, obwohl verschiedene Personen berechtigt sind[97]. Diese Auffassung könnte auf den mehrseitigen Austauschvertrag übertragen werden, indem man sagt, der Anspruch des B gegen A, der dem Anspruch des Dritten gegen den Versprechenden vergleichbar ist, stehe mit der Pflicht des A gegen C, die der Pflicht des Versprechenden gegen den Versprechensempfänger vergleichbar ist, im Synallagma. Gegen diese Auffassung lassen sich aber die gleichen Einwände erheben wie gegen die Lehre vom trilateralen Synallagma. Das Ergebnis, die synallagmatische Wirkung, ist zwar beidesmal richtig. Aber die Konstruktion erschöpft nicht die gesetzliche Wertung, sondern stülpt ihr nur ein Ergebnis über, weil das Gesetz primär nur von einer Pflichtenverknüpfung zwischen zwei Personen ausgeht und nicht zwischen drei Personen, wie es beim Vertrag zugunsten Dritter und beim mehrseitigen Austauschvertrag der Fall wäre. Dieser Ansatz erstellt damit nur eine Kurzformel für die Parteiinteressen, ermöglicht aber gerade keine direkte Subsumtion unter das Gesetz.

Doch ist die gesetzliche Wertung hinsichtlich der Unwirksamkeit von Leistungspflichten auch auf den mehrseitigen Austauschvertrag anwendbar. Das Gesetz will dort, wo es die beiderseitige Unwirksamkeit der Leistungspflichten, etwa nach § 306 aF oder nach § 105, regelt, die Vertragsparteien davor schützen, dass sie zu einer Leistung verpflichtet sind, ohne einen wirksamen Anspruch zu haben. Deshalb soll von vornherein kein wirksamer Vertrag entstehen. Diese Wertung lässt sich aber von der Personenzahl abstrahieren: die Vertragspartner sind stets gleichermaßen schutzwürdig, egal, ob nur zwei Personen oder ob drei Personen in den Leistungsaustausch eingebunden sind – der Dritte ist ja nicht weniger schutzwürdig als der Zweite.

Das wird vollends klar bei Zugrundelegung der Pflichtenstruktur der zwei Leistungspflichten. Jeder Vertragspartner hat nicht nur gegenüber seinem Gläubiger und Zuwendungsempfänger, sondern auch gegenüber dem Dritten selbst eine Pflicht, nämlich die zweite Pflicht auf Leistung an den Zuwendenden, sodass dem Anspruch unmittelbar eine Pflicht gegenübersteht. Diese zweite Pflicht steht zum Anspruch im Synallagma, da etwa B gerade und nur deswegen überhaupt eine Leistungspflicht gegenüber C auf sich nimmt, um dadurch die eigentlich gewünschte Leistung zu erhalten; erst recht übernimmt er nur deshalb eine Pflicht gegenüber A, um von ihm die Leistung zu bekommen. Also stehen Anspruch und zweite Pflicht zueinander im Synallagma. Dieses – bisher nicht bestehende – Gegenseitigkeitsverhältnis zwischen Anspruch und Pflicht zu erzeugen ist der eigentliche Sinn der zweiten Pflicht; ohne diese zweite Pflicht stehen die Leistungspflicht etwa

---

[96]Heermann, Erwerbsgeschäfte, S.143.

[97]Hadding, FS Gernhuber, S.156; Soergel-Hadding, § 328 Rn.42; Palandt-Heinrichs, § 328 Rn.5,6.

des A und sein Leistungsanspruch gegenüber C nämlich konstruktiv unverbunden nebeneinander. Nimmt man aber eine zweite Pflicht des A gegenüber C an, so besteht in diesem Verhältnis A-C sowohl eine Leistungspflicht als auch ein Leistungsanspruch. Die zweite Pflicht entfaltet also ihre wesentliche Wirkung erst durch diese synallagmatische Verbindung mit dem Leistungsanspruch. Die unwirksame Pflicht des A gegenüber B macht nun gemäß dem wohlbekannten zweiseitigen Synallagma die korrespondierende Pflicht des B gegenüber A (auf Leistung an C) unwirksam. Da aber diese zweite Pflicht mit der Hauptpflicht des B gegenüber C identisch ist, wenngleich auch die Hauptpflicht darüber hinaus geht bzw. die zweite Pflicht nur eine reduzierte Pflicht ist, wird nun auch diese Pflicht unwirksam. Die Herstellung der Abhängigkeit erfolgt also zweistufig, indem zunächst die Zweitpflicht wegen der Unwirksamkeit des eigenen Anspruchs unwirksam ist und zweitens auch die Zuwendungspflicht gegenüber dem Dritten unwirksam wird, weil die Pflichten insoweit übereinstimmen, auch wenn die Hauptleistungspflicht umfangreicher ist. Und wenn nun diese Pflicht im Zuwendungsverhältnis B-C erlischt, dann erlischt wegen des Synallagmas auch die zweite Pflicht des C gegenüber B (auf Leistung an A) und folglich auch die Pflicht C-A. Gleichermaßen könnte man sagen, die Pflicht C-A erlösche deswegen, weil die Zuwendungspflicht A-B unwirksam ist und folglich auch die Zweitpflicht des A gegenüber C (auf Leistung an B), sodass wegen des Synallagmas zwischen Zweitpflicht A-C und Zuwendungspflicht C-A auch diese Pflicht erlischt. Weil nämlich Leistungspflicht und Gegenleistungspflicht nicht unabhängig voneinander entstehen können, sondern in einem bilateralen genetischen Synallagma stehen und also entweder beide wirksam oder beide unwirksam sind, ist dann, wenn die Leistungspflicht des A unwirksam ist, auch die Leistungspflicht des C unwirksam, weil A nicht nur B, sondern auch C die Leistung (an B) versprochen hat. Und weil die Leistungspflicht des C gegenüber A unwirksam ist, ist auch sein zweites zusätzliches Leistungsversprechen gegenüber B unwirksam, und also ist wegen des im Verhältnis B-C bestehenden zweiseitigen Synallagmas auch dort die Leistungspflicht des B gegenüber C unwirksam. Der Unwirksamkeitsgrund pflanzt sich also fort, aber eben nicht oberflächlich entlang der Zuwendungskette, sondern unsichtbar entlang der jeweils zweiten Pflicht und richtet den „Schaden", d.h. die Unwirksamkeit, erst durch das wohlbekannte zweiseitige Synallagma an. Falls also eine Hauptpflicht unwirksam ist, werden auch die beiden anderen Hauptpflichten unwirksam, und zwar vermittelt durch die jeweiligen Zweitpflichten. Die Abhängigkeit der Pflichten lässt sich so also konstruktiv bruchlos erklären.

Entsprechend gilt das für die schwebende Unwirksamkeit und eine aufschiebende Bedingung, sofern letztere sämtliche Pflichten erfassen soll, da sich ein wertungsmäßiger Unterschied, der eine

Andersbehandlung rechtfertigen würde, nicht finden lässt. Denn wenn schon die Unwirksamkeit sämtliche Pflichten ergreift, dann muss das erst recht für die milderen Varianten der schwebenden Unwirksamkeit und der aufschiebenden Bedingung gelten. Ist also eine Pflicht schwebend unwirksam oder aufschiebend bedingt, so sind auch die beiden anderen Pflichten schwebend unwirksam oder aufschiebend bedingt.

Auch im mehrseitigen Austauschvertrag gibt es also ein umfassendes genetisches Synallagma.

bb.) Konditionelles Synallagma

Zum zweiten kann sich die Abhängigkeit beim Erlöschen der Pflichten zeigen. Es geht also um das konditionelle Synallagma, mithin darum, ob nach einem wirksamen Entstehen der Primärpflichten das Erlöschen einer Primärpflicht in einem der Verhältnisse auch das Erlöschen der Primärpflichten in den beiden anderen Verhältnissen zur Folge hat.

Die denkbaren Erlöschensgründe sind dabei vielfältig: es kann sich um einen Widerruf handeln, der das Erlöschen der Primärpflicht herbeiführt, um den Fall der Unmöglichkeit gem. § 275 oder einer auflösenden Bedingung, um die Ausübung eines vertraglichen Rücktrittsrechts, um einen gesetzlichen Rücktritt oder um ein Schadensersatzverlangen wegen Nichterfüllung (§§ 280, 325, 325, 326, pFV)[98] bzw. statt der Leistung (§§ 281ff.). In allen diesen Fällen erlischt die davon unmittelbar betroffene Primärpflicht, auch bei der Entstehung eines Rückgewährschuldverhältnisses und selbst beim Verlangen von Schadensersatz. Problematisch ist aber, ob die beiden anderen, nicht unmittelbar betroffenen Pflichten fortbestehen oder ob ob sie mit untergehen.

Die Interessenlage ist hier nicht anders als beim genetischen Synallagma. Sowenig wie die Parteien eine Leistungsverpflichtung wollen, wenn eine der Leistungspflichten schon gar nicht entsteht, sowenig wollen sie eine einseitige Leistungsverpflichtung, wenn eine andere Leistungspflicht nach ihrem wirksamen Entstehen wieder erlischt.

Dieser Meinung ist auch die Literatur: wenn eine der Leistungspflichten erlischt, dann sollen auch alle anderen Leistungspflichten erlöschen[99]. Die Störung in einem Glied des Leistungsaustausches soll notwendig eine Störung im gesamten Schuldverhältnis sein, sodass etwa nach § 323 aF, der immerhin analog (!) anwendbar sein soll[100], alle Parteien den Anspruch auf die Leistung verlieren

[98] Nach alter Rechtslage war bei vom Schuldner zu vertretender Unmöglichkeit nämlich keineswegs zwingend, dass die Gegenleistungspflicht nach § 323 erlosch, weil § 323 die von keinem zu vertretende Unmöglichkeit betrifft. Also war streitig, ob die Gegenleistungspflicht dennoch (analog) § 323 in einem erst-recht-Schluss oder erst durch die Ausübung des Sekundärrechts, etwa Schadensersatz oder Rücktritt, erlischt.

[99] Heermann, Erwerbsgeschäfte, S.168; Larenz, SRAT, § 15 II; MK-Emmerich, Vor § 320 Rn.28; Pfister, JZ 1971, 284, 285.

[100] MK-Emmerich, Vor § 320 Rn.28.

oder ein Rücktritt nach §§ 325, 326 aF - auch diese sollen anwendbar sein[101]- zu einer Störung des gesamten Leistungsaustausches und damit zur Unwirksamkeit führt oder ein Schadensersatzverlangen wegen Nichterfüllung kraft des konditionellen Synallagmas auch das Erlöschen der eigenen Schuld zur Folge hat[102].

Allerdings soll es nach einer Literaturmeinung hinsichtlich des Schadensersatzverlangens wegen Nichterfüllung nach § 325 aF nicht zu einem Erlöschen sämtlicher Pflichten kommen, sondern nur zu einem Erlöschen der jeweils unmittelbar gestörten Primärpflicht, während im Übrigen der Ringtausch fortgeführt werden soll[103]. Eine Begründung speziell für diese Einschränkung wird aber nicht gegeben und ist auch nicht ersichtlich, sodass diese Einschränkung abzulehnen ist. Nach einer weiteren Auffassung soll der Rücktritt sogar zu gar keiner Unwirksamkeit führen, weil das Rücktrittsrecht wohl (!) ausgeschlossen sei, um zu verhindern, dass es zu Leistungen ohne Gegenleistung kommt[104]. Aber auch diese Einschränkung leuchtet nicht ein, weil dann auch das Schadensersatzverlangen statt der Leistung nach § 282 ausgeschlossen sein müsste, weil es auch hier zu Leistungen ohne Gegenleistungen kommen könnte. Die beiden letzt genannten Ansichten zu einer Einschränkung der allseitigen Unwirksamkeit vermögen damit nicht zu überzeugen; vorzugswürdig ist vielmehr das Ergebnis, dass alle Pflichten unwirksam sind.

Begründet wird dieses allseitige Erlöschen allerdings von nur einer Literaturstimme, und zwar mit dem bereits bekannten Gedanken des trilateralen Synallagmas: aufgrund der trilateral-synallagmatischen Verknüpfung habe der Fortfall einer Leistungspflicht den Fortfall der beiden anderen Leistungspflichten zur Folge[105]. Diese Begründung ist indes aus den bereits oben skizzierten Gründen abzulehnen. Und sie ist auch gar nicht notwendig, weil das Ergebnis aus der gesetzlichen Wertung selbst folgt. Gemeinsamer Grundgedanke sämtlicher Erlöschensgründe ist nämlich, dass kein Vertragspartner mehr zur Leistung verpflichtet sein soll, wenn sein ursprünglich wirksamer Anspruch erloschen ist. Diese Wertung ist aber unabhängig von der Zahl der Beteiligten, da die Schutzproblematik aus Sicht eines jeden Vertragspartners gleich ist. Die allseitige Unwirksamkeit folgt also bereits aus der jeweiligen Norm – wie beim genetischen Synallagma.

Verdeutlichen und für das Dreipersonenverhältnis absichern lässt sich diese Lösung auch hier wieder durch die Annahme zweier Pflichten pro Schuldner: B hat nicht nur C, sondern auch A die Leistung (an C zu erbringen) versprochen. Diese Leistungspflicht gegenüber A steht mit der Leistungspflicht des A gegenüber B auf Leistung an ihn im Gegenseitigkeitsverhältnis. Folglich er-

[101] Gernhuber, Schuldverhältnis, § 13 V 3; Huber, Leistungsstörungen II, § 45 III 5; Larenz, SRAT, § 15 II,.
[102] Gernhuber, Schuldverhältnis, § 13 V 3; Larenz, SRAT, § 15 II.

[103]MK-Emmerich, Vor § 320 Rn.28.
[104]MK-Emmerich, Vor § 320 Rn.28.
[105]Heermann, JZ 1999, 183, 185; ders., Erwerbsgeschäfte, S.168.

lischt aufgrund der etwaigen Unwirksamkeit der Leistungspflicht des A gegenüber B auch die Pflicht des B gegenüber A. Deshalb erlischt auch die Pflicht des B gegenüber C. Das kann man so fortsetzen, weil C nicht nur A, sondern auch B die Leistung versprochen hat, und weil die Leistungspflicht des B gegenüber C erloschen ist, erlischt auch die gegenseitige Pflicht C-B und damit auch die Pflicht C-A. Genausogut lässt sich sagen, dass nicht nur die Pflicht A-B erlischt, sondern auch die Pflicht A-C, A hat schließlich auch C die Leistung versprochen. Aufgrund des Gegenseitigkeitsverhältnisses erlischt mit der Pflicht A-C auch die Leistungspflicht des C gegenüber A. Durch die Annahme zweier Pflichten lässt sich die Abhängigkeit der drei „Haupt"pflichten also dogmatisch zwar aufwendig, aber konsequent begründen, indem das Dreipersonenverhältnis in mehrere Zweipersonenverhältnisse aufgelöst wird, die sich dem Gesetz ohne weiteres subsumieren lassen.

In gleicher Weise gilt die skizzierte Konstruktion für alle übrigen Erlöschensgründe, etwa auflösende Bedingung oder Unmöglichkeit. Selbst beim Schadensersatz wegen Nichterfüllung bzw. statt der Leistung besteht die Leistungspflicht nicht fort. Hier trifft etwa B trotz der Möglichkeit, Schadensersatz von A für den kompletten Wert der Leistung zu verlangen, indem er seine Leistung an C erbringt, keine Leistungspflicht gegenüber C. Vielmehr hat er ein bloßes Leistungsrecht, nicht aber eine Leistungspflicht[106]. Das rechtfertigt sich daraus, dass mit der Unwirksamkeit des Anspruchs auch die Pflicht unwirksam geworden ist und es keine gesetzliche Anordnung gibt, die dieser Pflichtenunwirksamkeit entgegensteht. Wertungsmäßig ist das auch richtig, weil der Gläubiger keinen Schutz durch einen Anspruch verdient hat, vielmehr schon der Vorteil des Leistungserhalts genügt. Dabei kann der Schadensersatzgläubiger an der Leistungserbringung und -abrechnung über die Surrogationstheorie ein erhebliches Interesse haben, weil er sich bei einem Tauschvertrag nicht mehr um den Verkauf etwa des eigenen Grundstücks hätte kümmern müssen[107]. Selbst bei der Surrogationstheorie trifft den Schadensersatzgläubiger also keine Leistungspflicht.

Allerdings erlischt bei der Erfüllung und ihrer Surrogate nur die jeweilige Pflicht, nicht jedoch erlöschen die beiden anderen Pflichten, obwohl das aufgrund des konditionellen Synallagmas eigentlich so sein müsste, weil mit der Erfüllung die Primärpflicht erlischt und also auch die anderen Pflichten erlöschen müssten. Doch würde sich damit das konditionelle Synallagma ad absurdum führen, weil es dann nie zu einer vollständigen Erfüllung kommen könnte, weil mit der zeitlich ersten Erfüllung diese Leistungspflicht erlischt und damit zugleich alle weiteren Leistungspflichten erlöschen müssten. Hinsichtlich der Erfüllung muss also eine Ausnahme gemacht werden - aber

[106] Huber, Leistungsstörungen II, § 36 II 1,2 (s.189ff.).
[107] Huber, Leistungsstörungen II, § 36 II 2 (s.191f.).

das ist beim Zweipersonenvertrag nicht anders und damit kein Spezifikum des mehrseitigen Austauschvertrages.

cc.) Funktionelles Synallagma

Die Frage nach einem funktionellen Synallagma schließlich wird in zwei Konstellationen relevant. Erstens ist fraglich, ob sich eine an sich nur im Zweipersonenverhältnis dem eigenen Schuldner gegenüber bestehende Einrede (etwa ein Zurückbehaltungsrecht, eine Gewährleistungseinrede, die Verjährungseinrede oder schließlich die Einrede aus § 242) auch dem Dritten gegenüber bei der eigenen Pflichtenerfüllung erheben lässt – denn nur so würde sie ja eine Funktion entfalten – , ob sich also eine Einrede aus dem Zweipersonenverhältnis auf den Dritten, den Gläubiger, erstrecken lässt (Frage 1). Und zweitens ist fraglich, ob sich eine Einrede des Schuldners nicht nur auf die Pflicht gegenüber dem unmittelbaren Gläubiger, sondern auch auf die Pflicht des von der Einrede betroffenen Gläubigers gegenüber dem Dritten auswirkt, ob sich also die Einrede des Schuldners gleichsam fortsetzt als eigene Einrede des Betroffenen gegen seinen Gläubiger (Frage 2). Kann also beispielsweise C gegenüber A die Leistung verweigern, weil B bzgl. seiner Leistungspflicht gegenüber C die Einrede etwa der Verjährung erhoben hat und deswegen nicht leistet?

Ein Sonderproblem ist schließlich der Fall, dass etwa C die Einrede des nichterfüllten Vertrages erheben will, weil A an B nicht leistet, gleichwohl aber B an C leisten will. Hier fragt sich, ob C gegenüber A eine Einrede erheben kann, obwohl er seine Leistung bekommt und B durch seine Vorleistungsbereitschaft den Schutz der Einrede nicht in Anspruch nimmt.

Die Stellungnahmen der Literatur – in Bezug auf die erste Frage – sind einhellig: wer seine Leistung nicht erhält, kann sich auch seinem Gläubiger gegenüber auf die Einrede des nichterfüllten Vertrages berufen[108], d.h. die an sich im Zweipersonenverhältnis bestehende Einrede lässt sich auch im Dreipersonenverhältnis erheben.

Begründet wird das nach einer Literaturauffassung mit einem dreiseitigen bzw. trilateralen Synallagma, entsprechend dem zweiseitigen Synallagma der §§ 320 ff.[109]. Nach anderer Ansicht, vertreten zu dem ähnlichen, gleichgelagerten Problem beim finanzierten Abzahlungskauf – auch hier liegt ein Dreipersonenverhältnis vor –, sollen „dasselbe rechtliche Verhältnis“ und folglich „ ein anderer“ bei § 273 und § 320 trotz fehlender Personenidentität den jeweiligen Gläubiger meinen[110], eine Argumentation, die auf den mehrseitigen Austauschvertrag durchaus übertragbar ist.

---

[108] Gernhuber, Schuldverhältnis, § 13 V 3; Heermann, JZ 1999, 183, 185; Pfister, JZ 1971, 284, 285.
[109] Heermann, JZ 1999, 183, 185; ders., Erwerbsgeschäfte, S.186; Pfister, JZ 1971, 284.
[110] Larenz, FS Michaelis, S.212f.

Das Problem bei der Einrede des nichterfüllten Vertrages ist nämlich, dass der die Einrede begründende Mangel, nämlich die Nichtleistung, in einem anderen Verhältnis seinen Ursprung hat als in dem, in dem er sich auswirken soll. Wenn B gegenüber C diese Einrede erhebt, dann beruht das darauf, dass A nicht an B geleistet hat; die Ursache für die Einrede liegt also in einem anderen Verhältnis, als in dem, in dem sie sich auswirken soll. Doch greift der Schutzzweck des § 320 auch hier: der Schuldner soll dann nicht leisten müssen, wenn er die ihm gebührende Gegenleistung noch nicht erhalten hat. Folglich kann es, weil es allein um den Schutz und damit auf die Sichtweise des Schuldners ankommt, nicht darauf ankommen, an wen die Leistung zu erbringen ist.
Das lässt sich konstruktiv durch die Annahme zweier Pflichten verdeutlichen. Hat B gegenüber A die Einrede des nichterfüllten Vertrages, so ist damit seine Pflicht gegenüber A auf Leistung an C – B hat ja nicht nur C, sondern auch A die Leistung versprochen – gehemmt; damit ist aber notwendig auch die Pflicht gegenüber C gehemmt. Sobald also einer der Vertragspartner eine Einrede hat, wirkt diese Einrede auch dem eigenen Gläubiger gegenüber, obwohl sie nicht in diesem Verhältnis ihre Ursache hat.
Die Verjährungseinrede ist demgegenüber ohnehin in demjenigen Verhältnis begründet, in dem sie ihre Wirkung entfalten soll: der Gläubiger hat die rechtzeitige Einforderung der Leistung unterlassen, sodass ihm gegenüber der Verjährungseinwand erhoben werden kann. Da also die die Einrede begründenden Umstände gerade in dem Verhältnis ihre Ursache haben, in dem die Einrede ihre Wirkung entfalten soll, stellt sich hier folglich kein Problem hinsichtlich der Anwendbarkeit.
Jede Partei, die eine Einrede hat, kann diese Einrede also auch dem anderen Gläubiger gegenüber geltend machen, selbst wenn der einredebegründende Umstand nicht im Rechtsverhältnis zum Gläubiger, sondern im Rechtsverhältnis zum eigenen Schuldner angelegt ist, weil der mehrseitige Austauschvertrag nur die Abhängigkeit der Pflichten voneinander herstellen soll, nicht aber das Schutzniveau, dass in einem zweiseitigen Vertrag besteht, absenken soll. Nur weil die Gegenleistung nicht an den eigenen Schuldner zu erbringen ist, gegen den ohne weiteres die Einrede erhoben werden könnte, sondern an einen Dritten, soll deswegen keinesfalls die Einrede verloren gehen. Sämtliche Einrede lassen sich also auch dem Dritten gegenüber erheben.

Im Hinblick auf die zweite oben aufgeworfene Frage verneint die Literatur hingegen die Möglichkeit, dass sich bei Bestehen einer Einrede in einem Verhältnis diese Einrede auf die anderen Verhältnisse überträgt; es gibt kein (automatisches) Fortsetzen, sodass jeder Schuldner eine eigene Einrede haben muss, die nur nach den üblichen Regeln im Zweipersonenverhältnis entstehen kann. Ein solches pauschales Berufendürfen auf fremde Einreden wäre auch nicht interessengerecht, weil es dann zu einer permanenten Hemmung des gesamten Leistungsaustausches käme, selbst wenn

einer der Parteien originär keine eigene Einrede zusteht. Im Unterschied zum genetischen und konditionellen Synallagma widerspräche eine allseitige Abhängigkeit mit einer automatischen Hemmung dem Charakter der Einrede, weil die Einrede immer nur einseitig schützt. Steht etwa A gegenüber B eine Arglisteinrede oder die Einrede der Verjährung zu, so kann es nicht sein, dass B allein aufgrund dieser Einrede auch eine Einrede gegen den Anspruch des C gegen ihn hat. Denn B hätte gegenüber A in einem herkömmlichen Zweipersonenverhältnis keine Einrede, sodass er dann auch nicht gegenüber C die Leistung verweigern darf. Die Einrede greift schon vom materiellen Tatbestand her nicht und erst recht nicht von ihrem Schutzzweck her. Ein solches Ergebnis widerspräche auch dem Sinn des mehrseitigen Austauschvertrages: dieser soll nur die Abhängigkeit der Leistungen voneinander sicherstellen, nicht aber bewirken, dass eine Partei dadurch besser oder schlechter steht, dass sie ihre Leistung an einen Dritten erbringt. Also darf B keine Einrede gegenüber C haben, weil er sie im herkömmlichen Zweipersonenverhältnis genausowenig hätte.
C kann demnach nur dann die Leistungserbringung an A verweigern, wenn er selbst eine Einrede hat. Im Falle der Gewährleistungseinrede des B gegen A (und damit gegen C) hat er diese, weil er nach wie vor einen fälligen Anspruch gegen B hat und dieser noch nicht erfüllt ist, sodass er die eigene Einrede des nichterfüllten Vertrages gegen A erheben kann. Handelt es sich dagegen um die Verjährungseinrede, die B erhebt, so hat C keinen fälligen Anspruch mehr gegen B und also kann er auch nicht die Einrede des nichterfüllten Vertrages gegenüber A geltend machen, weil B nicht mehr zur Leistung verpflichtet ist.
In der zweiten Fallgruppe gibt es also keine sich fortsetzende Einrede.

Hinsichtlich des oben skizzierten Sonderproblems schließlich, ob C gegenüber A auch dann die Einrede des nichterfüllten Vertrages geltend machen kann, wenn B an C leistet, A aber nicht an B, wird in der Literatur die Möglichkeit der Einredeerhebung gebilligt, mit der Begründung, dies ergebe sich aus dem trilateralen Synallagma und dem Interesse der Parteien an der Gleichstufigkeit der Leistungsverpflichtungen[111].
Auf den ersten Blick scheint diese Lösung jedoch kaum interessengerecht zu sein, weil C seine Leistung von B bekommt und also kein Interesse daran haben kann, seine Leistung gegenüber A zu verweigern. Erstens widerspräche das scheinbar § 242, wenn C die Leistung von B annähme, aber seinerseits dann seine Leistung nicht erbringen will, und zweitens würde sich C nur zum Sachwalter fremder Interessen machen. Tatsächlich besteht für C aber die Gefahr, dass B demnächst „der Geduldsfaden reißt", A eine Frist setzt und dann vom Vertrag zurücktritt. Dann sind alle Leistungen rückabzuwickeln und C läuft Gefahr, seine an A erbrachte Leistung nur noch verschlechtert

[111]Heermann, JZ 1999, 183, 184f.; ders., Erwerbsgeschäfte, S.185f.

zurückzubekommen. Zwar könnte man einwenden, dass diese Gefahr immer besteht, aber hier ist sie doch aufgrund der Leistungsverweigerung des A gesteigert und konkreter als sonst. Von ihrem Schutzzweck her ergreift die Einrede des nichterfüllten Vertrages auch diesen Fall, weil sie den Schuldner auch davor schützen will, dass er seine Leistung verschlechtert zurückfordern muss, wenn und weil er die ihm gebührende Leistung doch nicht erhält. Beim mehrseitigen Austauschvertrag erhält er zwar einstweilen die ihm gebührende Leistung, es besteht aber doch die – im Zweipersonenverhältnis so nicht vorkommende – Gefahr, dass er diese Leistung wieder zurückgeben muss. Also ist die Erhebung der Einrede gerechtfertigt. Und A kann vernünftigerweise nicht erwarten, dass an ihn geleistet wird, wenn er selbst nicht leistungsbereit ist. Wenn trotz allem B an C leisten will, dann soll er das tun - Auswirkungen auf C kann das aber nicht haben.
Das vermag auch die hier vertretene Pflichtenkonstruktion zu verdeutlichen. Denn konstruktiv ist es danach möglich, dass C die Einrede aus § 320 erhebt, weil A nicht nur B, sondern auch C die Leistung versprochen hat, und wenn A nicht leistet, dann kann auch C aufgrund des Gegenseitigkeitsverhältnisses A-C seine Leistung gegenüber A verweigern, weil A seine Leistungspflicht nicht erfüllt.

Die Lehre vom Synallagma ist damit aufgrund der hier vertretenen Pflichtenstruktur als bilaterales Synallagma auf den mehrseitigen Austauschvertrag anwendbar.

dd.) Grenzen der Lehre vom Synallagma

aaa.) Problembeschreibung

Bisher wurde pauschal festgestellt, dass die Unwirksamkeit einer einzelnen Primärpflicht uno actu auch die beiden anderen Pflichten unwirksam macht, sei es durch das genetische Synallagma oder das konditionelle Synallagma. Das erweist sich bei näherer Betrachtung aber als problematisch. Denn wenn etwa die Pflicht im Verhältnis A-B wegen Unmöglichkeit erlischt, so kann es doch so sein, dass B gemäß § 323 II aF bzw. § 285 das stellvertretende commodum von A beansprucht, sodass fraglich wird, ob seine Leistungspflicht nicht doch fortbesteht. Oder er hat den Leistungsgegenstand bei A zerstört, sodass sich die Frage erhebt, ob er aufgrund § 324 I aF bzw. nun § 326 II doch weiter leisten muss. Damit fragt sich aber, ob die Regel von der automatischen Unwirksamkeit sämtlicher Primärpflichten nicht für diese Fälle eingeschränkt werden muss. Und aus Sicht des Dritten ist weiter fraglich, ob er nicht doch zur Leistung verpflichtet bleibt, wenn er die ihm gebührende Leistung erhält, sei es, weil B etwa aufgrund der Surrogationstheorie freiwillig leistet, oder aufgrund von § 285, § 324 zur Leistung verpflichtet ist.

Im Zweipersonensystem ist das hingegen kein Problem. Zwar gibt es auch dort die hier angesprochene Grenze des Synallagmas, nämlich wenn der Gläubiger das stellvertretende commodum wählt oder die Unmöglichkeit selbst herbeigeführt hat, weil er dann zur Leistung verpflichtet bleibt, seine Leistungspflicht also nicht aufgrund des konditionellen Synallagmas erlischt. Aber es kann nie das Problem entstehen, ob nun derjenige, der die Gegenleistung erhält, seinerseits zur Leistung verpflichtet bleibt, weil im Zweipersonensystem das gerade die gestörte Leistung wäre. Nur wenn ein Dritter in den Leistungsaustausch eingebunden ist, stellt sich die Frage, ob er die ihm mögliche Leistung noch erbringen muss, wenn er die ihm gebührende Leistung erhält, selbst wenn in einem Pflichtenverhältnis ein Unwirksamkeitsgrund vorliegt.

Davon, also von der Frage nach der Unwirksamkeit und ihrer Einschränkung, zu trennen ist die Frage, ob B und C Sekundärrechte haben. Das ist erst weiter unten zu klären, nämlich beim Sekundärschadensersatzanspruch, beim Se-kundärrückgewähranspruch und bei den Gewährleistungsrechten. Im Folgenden werden Sekundärrechte daher nur in ihrer Wirkung auf die Wirksamkeit der Primärpflichten angesprochen; eine vertiefte Auseinandersetzung mit den Sekundärrechten selbst erfolgt erst später in einem eigenen Abschnitt.

Sollte man die allseitige automatische Unwirksamkeit verneinen, ergibt sich noch ein Folgeproblem, nämlich das Problem des Schutzes des Dritten. Denn für den Dritten besteht ein Schwebezustand, ob seine Primärleistungspflicht erlischt oder nicht, je nachdem, ob B trotzdem leisten möchte / muss oder nicht, sei es, weil er sich noch nicht entschieden hat, ob er Schadensersatz nach der Surrogationstheorie oder nach der Differenztheorie oder das stellvertretende commodum verlangen will oder sei es, weil noch nicht feststeht, ob B die Leistung des A unmöglich gemacht hat. Ein solcher Schwebezustand kann aber für den Dritten unerträglich sein, weil er nicht weiß, ob er seine Leistung noch bereithalten muss und ob er sich die Gegenleistung anderweitig beschaffen muss. Dieser Schwebezustand muss also zugunsten des Dritten begrenzt werden können.

bbb.) Herleitung der Lösung

(1.) Auffassungen in der Literatur

Nach Auffassung der Literatur ist die Einschränkung der allseitigen Unwirksamkeit prinzipiell sachgerecht. Die Ansichten und Differenzierungen dazu sind dennoch außerordentlich vielgestaltig.

Beim Schadensersatzverlangen nach §§ 325, 326 aF soll nach einer Auffassung dann, wenn die den Schadensersatz verlangende Partei ihre Leistung bereits an den Dritten erbracht hat, nach den

Regeln über die eingeschränkte Differenztheorie keine allseitige Unwirksamkeit der Leistungspflichten eintreten; vielmehr soll diese die von ihr bereits erbrachte Leistung beim Gläubiger belassen müssen[112], sodass der andere zur Leistung verpflichtet bleibt. Das leuchtet allerdings nicht ein, weil die bloße Vorleistung nicht die Unwirksamkeit der Leistungspflicht und eine Rückforderung ausschließen kann und die eingeschränkte Differenztheorie doch gerade nicht bei schon erbrachter Gegenleistung anwendbar ist. Dieser Auffassung kann daher nicht gefolgt werden.

Nach anderer Auffassung soll beim Schadensersatzverlangen wegen Nichterfüllung, sei es nach § 325 aF oder § 326 aF, nur der Schadensersatz nach der Differenztheorie sämtliche Primäransprüche (nach § 356 analog[113]) beenden, nicht aber nach der Surrogationstheorie[114], weil im letzteren Fall der Dritte seine Leistung bekommt oder schon bekommen hat und also seine Leistung erbringen muss. So kann etwa B, der Schadensersatz wegen Nichterfüllung von A verlangt, nach den Regeln der Surrogationstheorie seine Leistung an C noch erbringen. Letzterer erhält damit das, was ihm zukommt, und muss als Folge seinerseits leisten und damit der schadensersatzpflichtigen Partei das Äquivalent gewähren für die Pflicht, dem eigenen Gläubiger Schadensersatz statt der Leistung/ wegen Nichterfüllung leisten zu müssen[115]. Damit schließt sich der Kreis wie im Zweipersonensystem, nur das eben noch ein Dritter zwischengeschaltet ist. Hinsichtlich des Schadensersatzes nach der Surrogationstheorie hat B also keine Leistungspflicht mehr gegenüber C, wohl aber ein Leistungsrecht, während die Leistungspflicht des C im Falle einer tatsächlich erbrachten Leistung von B noch fortbesteht. Die Surrogationstheorie erhält also nur die Leistungspflicht des C aufrecht, nicht aber die des B.

Sofern zur dogmatischen Begründung für dieses Ergebnis die Theorie vom trilateralen Synallagma herangezogen wird[116], kann dem jedoch schon deswegen nicht gefolgt werden, weil völlig unklar ist, inwiefern diese Theorie eine Begründung für die Einschränkung (!) sein soll.

Nach dritter Auffassung schließlich soll der Schadensersatz, selbst nach der Surrogationstheorie, nur im jeweiligen gestörten Pflichtenverhältnis gefordert werden können, sodass die beiden anderen Ansprüche auf Vollzug des Ringtausches unberührt bleiben, weil die Kompensation für die Störung nur im unmittelbar gestörten Rechtsverhältnis gewährt wird und also die beiden übrigen Rechtsverhältnisse nicht infiziert[117]. Es sollen also sogar beide anderen Primärpflichten wirksam bleiben.

---

[112] Gernhuber, Schuldverhältnis, § 13 V 3c.
[113] Huber, Leistungsstörungen II, § 45 III 5.
[114] Heermann, Erwerbsgeschäfte, S.174, 179; Huber, Leistungsstörungen, § 45 III 5.
[115] Gernhuber, Schuldverhältnis, § 13 V 3; Pfister, JZ 1971, 284, 285.
[116] Heermann, Erwerbsgeschäfte, S.174.
[117] Huber, Leistungsstörungen II, § 45 III 5.

Das leuchtet in diesem Umfang allerdings nicht ein, weil dem Gläubiger der unmöglich gewordenen Leistung, etwa B, nicht zugemutet werden kann, seine Leistung zu erbringen, wenn er von A nur Geldersatz bekommt, weil er sich eventuell nur deshalb auf den Vertrag eingelassen hat, weil er eine bestimmte Leistung bekommen soll. Es muss daher dem B ein Wahlrecht eingeräumt werden, ob er seine Leistung noch erbringen will oder nicht, wie das nach der Surrogationstheorie der Fall ist. Ein Automatismus, immer seine Leistung erbringen zu müssen, ist nicht sachgerecht.
Hinsichtlich des Schadensersatzverlangens ist damit allein der Literaturauffassung zu folgen, die nach der Differenz- bzw. Surrogationstheorie differenziert.
Weiter soll es dann zu keinem allseitigen Erlöschen kommen, wenn im Fall der Unmöglichkeit der Gläubiger das stellvertretende commodum nach § 323 II aF, § 285 verlangt - in diesem Fall ist er zur Erbringung der Gegenleistung (eventuell mit einer Minderung, § 323 II HS.2) verpflichtet, und auch der Dritte muss seine Leistung erbringen[118].
Schließlich soll im Fall der vom Gläubiger zu vertretenden Unmöglichkeit zwar die unmöglich gewordene Leistungspflicht etwa des A erlöschen, die Pflichten des B und folglich des C aber fortbestehen; das soll selbst dann gelten, wenn nicht B, sondern C die Leistung des A unmöglich gemacht hat, weil es Sinn und Zweck des § 324 ist, den Schuldner so zu behandeln, als hätte er seine Leistungsverpflichtung erfüllt[119]. Dem kann indes für den Fall, dass C die Unmöglichkeit herbeigeführt hat, nicht gefolgt werden. Zwar leuchtet noch das Fortbestehen der Leistungspflicht des C ein, wenn und weil er die Unmöglichkeit zu verantworten hat, weil er dann nach § 324 bzw. nun § 326 II seine Gegenleistung erbringen muss; das folgt auch aus der Annahme zweier Pflichten, weil A nicht nur B, sondern auch C die Leistung versprochen hat, und da C diese Leistung des A unmöglich gemacht hat, besteht seine gegenüber A bestehende Pflicht nach dem bekannten Zweipersonenverhältnis fort. Nicht leuchtet jedoch ein, warum auch die Leistungspflicht des B fortbestehen soll. B hat die Unmöglichkeit der Leistungspflicht des A nicht zu verantworten, sodass § 324 aF bzw. § 326 II wertungsmäßig auf B nicht anwendbar sind. Vielmehr erlischt, entsprechend der Konstruktion zweier Pflichten, wegen der Unmöglichkeit der Leistung seine Gegenleistungspflicht gegenüber A und damit auch gegenüber C nach § 323 bzw. nun § 326 I; die Anspruchserhaltungsnorm § 324 bzw. § 326 II ist tatbestandlich zu seinen Lasten hingegen nicht anwendbar. B kann es auch nicht zugemutet werden, seine Leistung zu erbringen, wenn er von A nicht die ausbedungene Leistung erhält und die Unmöglichkeit der Leistung nicht selbst herbeigeführt hat, weil er sich nur deswegen zur Leistungserbringung verpflichtet hat, damit er eine bestimmte Gegenleistung bekommt. B kann also nicht zur Leistung verpflichtet bleiben.

[118]Heermann, Erwerbsgeschäfte, S.171.
[119]Heermann, Erwerbsgeschäfte, S.178.

Hat er hingegen die Unmöglichkeit der Leistung des A zu verantworten, so hat diese Literaturauffassung durchaus Recht, wenn sie die Leistungspflichten B-C und folglich C-A für wirksam erachtet, wenngleich ihr Argument, das folge aus § 324, nur für B, nicht aber für C richtig ist, weil C die Leistung nicht unmöglich gemacht hat und also C nicht aufgrund von § 324 zur Leistung verpflichtet ist, sondern nur deswegen, weil er von B die Leistung erhält.

(2.) Interessenlage und gesetzliche Wertung

Diese Ergebnisse werden durch die Interessenlage und den jeweiligen Normzweck bestätigt.

Ist die Leistungspflicht A-B etwa nach § 275 unwirksam, so ist B grundsätzlich schutzbedürftig, sodass auch seine Leistungspflicht unwirksam sein muss. Das gilt nur dann nicht, wenn er von A das stellvertretende commodum verlangt, weil er sich dann mit einem Leistungssurrogat, quasi einer einseitigen Anspruchsinhaltsänderung, zufrieden gibt. Dann ist nicht ersichtlich, warum seine Leistungspflicht gegenüber C erlöschen soll, seine Leistungspflicht muss vielmehr fortbestehen. Im Zweipersonensystem ist das auch nicht anders.

Beim Schadensersatzverlangen nach der Surrogationstheorie besteht die Leistungspflicht des B hingegen nicht mehr fort[120]. Denn im Gegensatz zum stellvertretenden commodum, wo der Gläubiger etwas vom Schuldner bekommt, mit dem er statt der Leistung zufrieden ist und also gleichsam eine interne Vertragsänderung durchgeführt wird, kann er beim Schadensersatz wegen der Unmöglichkeit der Pflichterfüllung nach § 251 nur noch Geldersatz fordern, und also wird ein Leistungsaustausch im eigentlichen wirtschaftlichen Sinne nicht mehr durchgeführt, sodass auch die Leistungspflicht nicht mehr fortbestehen kann. Hier bleibt es also aus Sicht des B dabei, dass seine „Gegenleistungs"pflicht mitunwirksam wird, er ist insoweit schutzbedürftig.

Hat B hingegen die Unmöglichkeit der Leistung des A herbeigeführt, dann ist er nach der gesetzlichen Wertung des § 324 I bzw. nun § 326 II nicht schutzwürdig, weil er die Unmöglichkeit des Leistungsaustausches zu verantworten hat. Seine Leistungspflicht kann demnach nicht erlöschen.

Nur in dem Fall, dass B das stellvertretende commodum wählt oder als Gläubiger die Unmöglichkeit herbeigeführt hat, besteht also die Leistungspflicht des B fort.

Insoweit ist das alles gegenüber dem herkömmlichen Zweipersonensystem nichts Neues, die Lage ist für B identisch.

Auch C ist wie im Zweipersonenverhältnis dann nicht schutzwürdig, wenn er die Leistung des A unmöglich gemacht hat oder wenn er das stellvertretende commodum fordert. Dann bleibt er gemäß § 324, § 323 zur Leistung an A verpflichtet, wie das im Zweipersonenverhältnis nicht anders ist.

---

[120] s.C.II.2.b.bb.

Neu und anders gegenüber dem Zweipersonensystem ist hingegen die Schutzsituation bei C in dem Fall, dass er die Leistung von B erhält. Wenn nämlich B seine Leistung an C erbringt, sei es nun aufgrund ausnahmsweise wirksamer Leistungspflicht etwa nach § 323 II aF bzw. § 326 III oder wegen § 324 I bzw. nun § 326 II oder lediglich aufgrund der bloßen Leistungsmöglichkeit des B nach der Surrogationstheorie, dann hat C kein schutzwürdiges Interesse daran, die Leistung gegenüber A zu verweigern, C bekommt endgültig das, was er wollte, und dafür hat er die Gegenleistung zu erbringen versprochen; er läuft auch nicht Gefahr, dass er aufgrund einer etwaigen Rückabwicklung seine Leistung nicht zurückbekommt, wie es die Argumentation oben beim funktionellen Synallagma war, weil die Leistung trotz der bereits erfolgten Leistungsstörung erbracht wird und es also nicht mehr zu einer Rückabwicklung kommen kann. In diesem Fall leuchtet mithin aus Sicht des C nicht ein, warum dennoch sämtliche Primärpflichten erlöschen sollen, obwohl eine der Parteien leistet und also der Empfänger C das bekommt, was er wollte.

Wenn also der Dritte seine Leistung erhält, dann ist die Unwirksamkeit seiner Leistungspflicht und damit sein Schutz nicht nötig.

ccc.) Der Schutzzweck des Synallagmaprinzips als Lösung

Um schließlich ein dogmatisch konsistentes System aufzubauen, muss zunächst der Schutzzweck des Synallagmaprinzips herausgearbeitet werden; daraus ließe sich dann eine Einschränkung der synallagmatischen Wirkung ableiten, nämlich für den Fall, dass diese ihrem eigenen Schutzzweck widersprechen würde.

Schutzzweck des Synallagmaprinzips ist es, die Vertragspartei zu schützen, deren Leistungsanspruch nicht entsteht oder untergeht, indem zugleich auch ihre Leistungspflicht vernichtet wird. Die betroffene Partei soll nicht erst zurücktreten müssen oder vorher eine Bedingung vereinbart haben müssen, sondern soll gleich von der eigenen Leistungspflicht befreit sein. Umgekehrt soll sie dann weiterhin zur Leistung verpflichtet bleiben, wenn sie die Unwirksamkeit einer Pflicht selbst herbeigeführt hat, wie sich aus § 324 I nF ergibt, oder wenn sie statt der ursprünglichen Leistung eine andere ihr genügende Leistung erhalten hat, wie sich aus § 281 aF, § 285 nF ergibt.

Vor diesem Hintergrund wird auch die bei der Erörterung des konditionellen Synallagmas gemachte Einschränkung des konditionellen Synallagmas[121] im Rahmen der Erfüllung verständlich: Hier würde der Schutz des Vertragspartners durch Vernichtung seiner Leistungspflicht geradezu ins Absurde gesteigert, weil sein Leistungsanspruch bereits befriedigt ist und er deswegen gerade seine Leistung erbringen muss. Und auch die Auffassung bei der Surrogationstheorie, die Primärpflicht erlösche, dem Gläubiger verbleibe aber ein Leistungsrecht, wird verständlich, weil die Primär-

[121] s.C.II.2.b.dd.

pflicht nur zu seinem Schutz erlischt, ihm das aber nicht die Möglichkeit nehmen darf, dennoch seine Leistung zu erbringen.

Schutz durch Unwirksamkeit seiner Leistungspflicht gegenüber C hat B dann nicht nötig, wenn er sich für das stellvertretende commodum entscheidet. Denn dadurch gibt er zuerkennen, dass er statt der ursprünglichen Leistung auch mit einem Surrogat zufrieden ist – gleichsam eine einseitige Leistungspflichtänderung bzgl. A. Folglich ist es nicht nötig, die Leistungspflicht des B gegenüber C unwirksam werden zu lassen, weil B eine Leistung erhält, mit der er zufrieden ist, sodass er seine Leistung soll erbringen müssen.

Keinen Schutz verdient hat B außerdem dann, wenn er die Unmöglichkeit der Leistung des A selbst herbeigeführt hat. Also kann seine Leistungspflicht auch nicht aufgrund des Synallagmagedankens erlöschen.

Dieser Gedankengang lässt sich für das Dreipersonensystem fortsetzen: Immer dann, wenn der durch das Synallagmaprinzip Geschützte keines Schutzes bedarf, ist seine Leistungspflicht nicht unwirksam. Denn so wie es bei der Begründung des Synallagmaprinzips nur auf die Sichtweise des Leistungsschuldners ankommt, so kommt es auch bei der Einschränkung dieses Prinzips nur auf die Sichtweise des Leistungsschuldners an. Eine solche Betrachtung ist aber unabhängig von der Zahl der Beteiligten, weil es stets nur um eine Person geht. Folglich sind die Grundsätze aus dem Zweipersonensystem auf das Dreipersonensystem übertragbar.

Wenn also die Leistungspflicht des B infolge des genetischen oder konditionellen Synallagmas unwirksam ist oder wenn sich B, ohne dass seine Leistungspflicht bereits unwirksam ist, aufgrund der Leistungsstörung des A für den Rücktritt entscheidet und damit durch Herbeiführung eines Rückgewährschuldverhältnisses an sich sämtliche Primärpflichten zum Erlöschen bringt, so bedeutet das dennoch nicht zwingend, dass damit auch die Leistungspflicht des C erlischt. Denn begründet wurde die umfassende Vernichtung der Primärpflichten mit dem Synallagmagedanken. Erhält aber C die Leistung von B, muss C seinerseits die Leistung erbringen, weil dann für die Unwirksamkeit seiner Pflicht keine Rechtfertigung ersichtlich ist; er bekommt seine Gegenleistung, sein Schutz durch die synallagmatische Unwirksamkeit wäre sinnlos und unnötig. Das kann auch dem Interesse des A entsprechen, denn er bekommt die vereinbarte Gegenleistung. Hier wäre die Anwendung des Synallagmagedankens geradezu kontraproduktiv.

Ebensowenig hat C Schutz verdient, wenn er die Unmöglichkeit der Leistung bei A herbeigeführt hat. Denn hier greift der Gedanke des § 324 I nF. Hingegen hat B in diesem Fall weiterhin Schutz verdient, weil er keine Leistung bekommt, die Unmöglichkeit der Leistung aber auch nicht verursacht hat. Auch der Schutzzweck des Synallagmaprinzips greift gerade zugunsten von B, nicht aber zugunsten von C; es ist nicht ersichtlich, warum B keinen Schutz durch das Synallagmaprinzip

erhalten soll. Die Leistungspflicht des B erlischt also. Demnach muss nur noch C an A leisten, A hingegen kann nicht mehr leisten und B muss nicht.
Wenn also der Schutzzweck des Synallagmaprinzips, Schutz des Gläubigers vor Pflichterfüllung ohne Gegenleistung, nicht greift, gibt es keine automatische Unwirksamkeit sämtlicher Pflichten. Immer dann, wenn die Unwirksamkeit der Primärpflichten nicht jeweils auf eigener originärer gesetzlicher Anordnung, sondern auf dem Synallagmaprinzip (i.V.m. der konkretisierenden gesetzlichen Anordnung) beruht, ist zu fragen, ob das Synallagmaprinzip wirklich die allseitige Unwirksamkeit verlangt oder ob nur eine partielle Unwirksamkeit angemessen ist, weil der Schutz nicht gerechtfertigt oder nicht nötig ist.
Diese Lösung führt auch nicht zur kompletten Aufgabe des Synallagmagedankens, sondern nur zur Aufgabe des Gedankens vom Automatismus des Erlöschens sämtlicher Pflichten. Das bedeutet andererseits aber wiederum nicht, dass das Synallagma nur noch eine Einrede wäre. Denn die Unwirksamkeit tritt weiterhin von selbst ein, allerdings nur in einem Schwebezustand, weil mindestens die Pflicht des C davon abhängt, wie B sich entscheidet. Aufgrund der besonderen Lage beim mehrseitigen Austauschvertrag sind bei der Unwirksamkeit einer Pflicht die beiden anderen Pflichten daher zunächst nur schwebend unwirksam. Wenn dann nicht das stellvertretende commodum verlangt wird, werden die beiden anderen Pflichten automatisch endgültig unwirksam. Und wird Schadensersatz nach der Surrogationstheorie verlangt, wird zwar die Leistungspflicht B-C endgültig unwirksam, die Leistungspflicht C-A ist dagegen wirksam. Diese „Aufweichung" der Unwirksamkeit rechtfertigt sich daraus, dass ein unbeteiligter Dritter von der Unwirksamkeit der Pflichten betroffen werden kann. Zu dessen Schutz, aber auch zu dessen „Last" ist der einstweilige Schwebezustand erforderlich, weil sich anders die Aufrechterhaltung der Pflichten nicht begründen lässt.
Im Zweipersonenverhältnis wäre die Lösung entsprechend: bei nicht zu vertretender Unmöglichkeit besteht prinzipiell ein Schwebezustand bis zur Sekundärrechtswahl des Gläubigers, weil der Gläubiger nicht nur Schadensersatz, sondern alternativ auch etwa das stellvertretende commodum wählen kann; dann erlischt aber seine Leistungspflicht nicht, sie bleibt vielmehr bestehen. Es würde umgekehrt kaum einleuchten, wenn die Leistungspflicht erst nach § 323 aF, § 326 erlischt und dann nach Wahl des stellvertretenden commodums wieder auflebt. Ein Schwebezustand ist auch hier sachgerechter.
Beim mehrseitigen Austauschvertrag ist also ein Schwebezustand unumgänglich.

Damit ist schon das Folgeproblem angesprochen, nämlich wie dieser Schwebezustand aufzulösen ist.

Denkbar wäre dafür zunächst eine objektive Frist, innerhalb derer sich B entscheiden muss. Aber dafür fehlt es an jedem gesetzlichen Anhaltspunkt, und es wäre auch höchst problematisch, wie diese Frist zu bestimmen wäre.

Ausreichend wäre es vielmehr demgegenüber, den C darüber entscheiden lassen, wie lange er mit dem Schwebezustand leben will, weil es nur um seinen Schutz geht. Damit liegt der Gedanke an eine Fristsetzung mit Ablehnungsandrohung aus § 326 I 2 aF bzw. nun § 281 nahe, weil diese Institute zur Beendigung des Schwebezustandes hinsichtlich der Primärpflichten dienen. C könnte dem B eine Frist setzen, nachdem er ihn in Verzug gesetzt hat, und zwar bezüglich seines schwebend unwirksamen Leistungsanspruchs – die endgültige Unwirksamkeit steht erst mit Geltendmachung der Sekundärrechte fest –, und wenn B dann nicht innerhalb dieser Frist leistet oder seine Leistungsbereitschaft wenigstens erklärt, dann erlischt die Pflicht des C selbstständig gemäß § 326 I 2 aF, § 281 nF (aber hier nicht zwingend, sondern nach dem Belieben des C, sodass er aber ausreichend geschützt ist). Nach der Lehre vom Doppelmangel im Recht[122] stört es dabei nicht, wenn sich B dann doch noch für einen Rücktritt oder für Schadensersatz nach der Differenztheorie entscheiden sollte. Denn dann bestehen eben zwei Unwirksamkeitsgründe nebeneinander her; zeitlich ist auch keiner vorrangig, weil die endgültige Unwirksamkeit der schwebend unwirksamen Pflicht mit dem Ablauf der Frist bzw. der Entscheidung des B eingetreten ist.

Dass B nun durch eine solche Fristsetzung unter Zugzwang gesetzt wird, ist zwar eine Minderbewertung seiner Interessen gegenüber dem Zweipersonenvertrag. Aber B hat sich auf einen Dreipersonenvertrag eingelassen, und die dabei nötige Interessenabwägung und Schutzverteilung führt zu dieser Interessenherabsetzung.

Zweifeln könnte man aber, ob bei einer schwebend unwirksamen Pflicht die Inverzugsetzung überhaupt möglich ist und § 326 aF bzw. § 281 anwendbar sind. Auf den ersten Blick ist das zu verneinen, weil nur eine fällige und einredefreie Leistung nach § 326 aF, § 281 eingefordert werden kann, das aber bei einer schwebend unwirksamen Pflicht gerade nicht der Fall ist. Doch ist zu bedenken, dass es hier allein am Schuldner liegt, den Schwebezustand zu beenden, er insbesondere auch die Unwirksamkeit der Pflichten verhindern kann, und ihm deshalb zumutbar ist, auch bei nur schwebender Leistungspflicht innerhalb einer Frist zur Leistung gezwungen zu werden; er muss auch nicht vor Fälligkeit oder trotz einer Einrede leisten. Und der Schuldner hat kein schutzwürdiges Interesse daran, den Schwebezustand aufrechtzuerhalten; sollte dies doch einmal der Fall sein, so kann durch die entsprechende Ausdehnung der Frist Abhilfe geschaffen werden. Entgegen dem Grundsatz, dass § 326 aF, § 281 bei schwebenden Leistungspflichten nicht anwendbar ist, sind diese Normen hier also ausnahmsweise doch anwendbar.

---

[122] Kipp, Festgabe von Martiz, 211ff.

Eine vergleichbare Ausnahmewertung findet sich bei Bedingungen zu einseitigen Rechtsgeschäften. Diese sind grundsätzlich unzulässig. Ausnahmsweise können sie jedoch gestellt werden, wenn der Gegner über den Eintritt der Bedingung bestimmen kann und deshalb nicht schutzbedürftig ist. Genauso ist bei der Fristsetzung etwa B nicht schutzwürdig, weil er sich nur kurzerhand zu entscheiden braucht, wie er weiter vorgehen möchte. Seine Situation ist nicht anders, als wenn C gegenüber B eine Anfechtung unter der aufschiebenden Bedingung erklärt, dass B nicht bis zu einem bestimmten Zeitpunkt etwa eine „Vertragsstrafe“ wegen der zur Anfechtung berechtigenden Täuschung gezahlt hat. Beidesmal muss sich B überlegen, ob er die Leistung erbringen will, obwohl sie beidesmal nicht geschuldet ist – weder die „Vertragsstrafe“ noch die Erfüllung der vertraglichen Pflicht wegen ihrer schwebenden Unwirksamkeit – oder ob er die Bedingung nicht erfüllen will oder die Frist verstreichen lassen will. Und beidesmal ist B als weniger schutzbedürftig anzusehen, weil er den Schwebezustand von sich aus beenden könnte.

Der Schwebezustand lässt sich aus Sicht des Dritten somit dadurch beenden, dass er seinem Schuldner eine Frist zur Leistung setzt (verbunden mit einer Ablehnungsandrohung). Damit ist auch der Schutz des Dritten vor dem Schwebezustand sichergestellt.

Es hat sich damit gezeigt, dass zwar grundsätzlich sämtliche Leistungspflichten aufgrund des Synallagmagedankens unwirksam sind, wenn eine Leistungspflicht unwirksam ist, dass aber ausnahmsweise in besonderen Konstellationen diese allseitige Unwirksamkeit nicht eintritt, vielmehr einzelne Leistungspflichten durchaus noch wirksam sein können. Es gibt also keine pauschale Abhängigkeit der Leistungspflichten voneinander.

3. Die Entstehung von Sekundärpflichten in Form von Schadensersatzpflichten und ihre Abhängigkeit voneinander

Die beiden grundsätzlichen Probleme, die bei den Primärpflichten thematisiert wurden, stellen sich in gleicher Weise bei den Sekundärpflichten – auch hier ist fraglich, wie Sekundärpflichten entstehen und ob sie voneinander abhängig sind. Aufgrund der Komplexität der Fragestellung ist dabei zwischen Schadensersatzpflichten und Rückgewährpflichten zu differenzieren.

a.) Die Entstehung

aa.) Problembeschreibung

Bei der Frage nach der Entstehung von Sekundärschadensersatzpflichten geht es erstens darum, unter welchen Voraussetzungen im unmittelbar gestörten Rechtsverhältnis Schadensersatz verlangt werden kann, anders gewendet, ob sämtliche Normen aus dem Zweipersonenverhältnis auch auf das Dreipersonenverhältnis angewendet werden können. Zweitens geht es um das allein beim mehrseitigen Austauschvertrag auftauchende Problem des Schadensersatzes zugunsten des Dritten, also darum, ob, von wem und wie der Dritte Schadensersatz verlangen kann. Fraglich ist also, ob es Schadensersatzansprüche etwa nach einer Leistungsstörung auch des Dritten im an sich (zunächst) störungsfreien Rechtsverhältnis gibt, entweder gegen den Störer oder gegen den eigenen Schuldner, obwohl bzgl. seines Leistungsanspruchs keine unmittelbare Störung vorliegt, sondern allenfalls mittelbar über das konditionelle oder funktionelle Synallagma.

Dabei sind noch zwei weitere Unterkomplexe zu unterscheiden: einerseits der Schadensersatz nach einer Leistungsstörung als vertraglicher Schadensersatzanspruchund andererseits der Schadensersatz nach einer Anfechtung als gesetzlicher Schadensersatzanspruch.

bb.) Schadensersatz im unmittelbar gestörten Rechtsverhältnis

Hinsichtlich der ersten Frage, ob insbesondere die leistungsstörungsrechtlichen Schadensersatznormen anwendbar sind, ist sich die Literatur im Wesentlichen einig:

§§ 325, 326 (aF) werden für anwendbar gehalten, allerdings nur analog[123]. Nach der Differenztheorie soll dabei wie üblich nur dann vorgegangen werden können, wenn die Leistung noch nicht erbracht worden ist[124].

Nach einer einschränkenden Ansicht soll der Schadensersatz nach §§ 325, 326 aF indes nur nach der Surrogationstheorie im jeweiligen gestörten Pflichtenverhältnis verlangt werden können (sodass die beiden anderen Ansprüche auf Vollzug des Ringtausches unberührt bleiben, sodass dort auch kein Schadensersatzanspruch entstehen kann)[125]. Begründet wird das damit, dass bei einem ausschließlichen Schadensersatzverlangen wegen Nichterfüllung nur in Form der Surrogationstheorie keine Probleme mit den übrigen Pflichten entstehen[126]. Aber der Gläubiger, der die Leistung des Schuldners nicht bekommt, kann nicht gezwungen werden, trotzdem die Gegenleistung an den Dritten C zu erbringen; er kann, muss sich aber nicht mit Geldabfindung nach der Austauschtheorie statt der eigentlich versprochenen Leistung zufriedengeben[127]. Dieser einschränkenden Ansicht kann daher nicht gefolgt werden.

Von der gesetzlichen Wertung her, etwa des § 325 aF, bestehen denn auch keine Zweifel hinsichtlich der Anwendbarkeit der §§ 325, 326 aF bzw. §§ 280 ff., wie auch aller übrigen Anspruchs-

[123]Heermann, Erwerbsgeschäfte, S.179.
[124]Huber, Leistungsstörungen II, § 45 III 5.
[125]Huber, Leistungsstörungen II, § 45 III 5.
[126]MK-Emmerich (2.Aufl.) Vor § 320 Rn.30 zit. nach Huber, Leistungsstörungen II, § 45 III 5 FN 109.
[127]Huber, Leistungsstörungen II, § 45 III 5 FN 109.

grundlagen. § 283 beispielsweise spricht dem Schuldner der unmöglich gewordenen Leistung beim gegenseitigen Vertrag Schadensersatz zu. Dass beim mehrseitigen Austauschvertrag die Gegenleistung an einen Dritten zu erbringen ist, kann dabei aber keinen Unterschied machen, weil das an der Unmöglichkeit der Leistung nichts ändert; zwar fehlt es an der Gegenseitigkeit im Sinne von Zweiseitigkeit, aber die Funktion des Merkmals Gegenseitigkeit ist auch beim mehrseitigen Austauschvertrag erfüllt, weil auch dort die Leistungen aufeinander bezogen sind und in direktem Bezug zueinander stehen.

Vollends deutlich wird die Anwendbarkeit der Schadensersatznormen durch die Annahme zweier Leistungspflichten in jedem der drei Rechtsverhältnisse. Denn dadurch entsteht ein bilaterales Gegenseitigkeitsverhältnis, auf das §§ 325, 326 aF bzw. nun §§ 280 ff. direkt anwendbar sind, wenngleich für §§ 280 ff. ein Gegenseitigkeitsverhältnis ohnehin nicht mehr Anwendungsvoraussetzung ist.

Vom Umfang des Anspruchs her ist der Wert der Leistung an den Dritten miteinzubeziehen, obwohl nach herkömmlicher Auffassung das reine Leistungsinteresse, um das es beim Schadensersatz geht, nur im Verhältnis zwischen Schadensersatzschuldner und -gläubiger zu bestimmen ist. Denn keiner der Vertragspartner soll dadurch schlechter stehen, dass er seine Leistung an einen Dritten erbringt, zumal B dem A die Leistungserbringung an C versprochen hat und hier also das typische Gegenseitigkeitsverhältnis für die Berechnung des Schadensersatzes besteht. Der Schaden berechnet sich also wie folgt: A muss B entweder die Differenz, d.h. den Überschuß des Wertes der von A an B zu erbringenden Leistung über den der von B an C zu erbringenden Leistung ersetzen, wenn B seine Leistung nicht an C erbringt, oder den vollen Wert der nicht erbrachten Leistung, wenn B seine Leistung an C erbringt[128]. Vom Umfang her muss der Schadensersatzschuldner also für den Wert der Leistung an die dritte Partei gerade stehen[129], weil sich erst im Vergleich zu ihr das Interesse des B an der von A nicht erbrachten Leistung ergibt.

cc.) Drittschadensersatz nach einer Leistungsstörung

Schwieriger zu beantworten ist dagegen die Frage des Drittschadensersatzes. Problematisch ist dabei, ob der Dritte vom Ersten, der die Störung unmittelbar verursacht hat, Schadensersatz fordern kann, ob also z.B. C von A, der in Verzug geraten ist, Verzugsschadensersatz verlangen kann, wenn und weil B solange die Leistung an C berechtigterweise durch Erhebung der Einrede des nichterfüllten Vertrages verweigert. Gegen B kann sich der Verzugsschadensersatzanspruch demgegenüber nicht richten, weil B berechtigterweise die Einrede aus § 320 erhebt und ihn bei einer

[128] Huber, Leistungsstörungen II, § 45 III 5.
[129] Gernhuber, Schuldverhältnis, § 13 V 3; Pfister, JZ 1971, 284, 285.

Leistungsstörung, die A zu vertreten hat, kein Verschulden trifft (und eine Garantie wird naturgemäß nicht vereinbart werden). Es bleibt also allein A als möglicher Schadensersatzverpflichteter gegenüber C.

Von der Interessenlage her ist ein solcher Schadensersatzanspruch gerechtfertigt. Denn das Interesse des C an der Leistung ist nicht geringer als das des unmittelbar Betroffenen, und dass die Störung beim Dritten erst vermittelt über das konditionelle oder funktionelle Synallagma eintritt, kann zu keiner anderen Beurteilung führen, weil die Parteien diese synallagmatische Wirkung gerade bezweckt und gewollt haben. Außerdem ist es gerechtfertigt, den Leistungsstörer mit einer doppelten Schadensersatzpflicht zu belasten, weil er zwei Vertragspartner hat und auch bei Abschluss zweier Verträge zwei Schadensersatzpflichten hätte. Jeder Vertragspartner bedient sich des Zweiten quasi als Leistungsmittler gegenüber dem Dritten, der Dritte soll gerade die erwünschte Gegenleistung erbringen, und also sollte gerade der Dritte als der - wirtschaftlich gesehen - Hauptvertragspartner auch schadensersatzberechtigt sein.

Dennoch soll nach mehreren Ansichten in der Literatur nur der Gläubiger der gestörten Leistungspflicht Schadensersatz nach § 325 aF verlangen können, nicht aber der Dritte.

Begründet wird das nach einer Auffassung damit, dass der Leistungsaustausch im Übrigen stets fortgesetzt werden müsse und also kein Schaden entstehe[130], insbesondere weil der Schadensersatz nur nach der Surrogationstheorie im jeweiligen gestörten Pflichtenverhältnis verlangt werden könne, sodass die beiden anderen Ansprüche auf Vollzug des Ringtausches unberührt bleiben, sodass dort auch kein Schadensersatzanspruch entstehen kann[131]; immerhin lässt diese Ansicht den Dritten nicht auf einem etwaigen Schaden sitzen, weil sie gar keinen Schaden beim Dritten entstehen lässt. Im Falle des Verzuges kann diese Auffassung aber den Eintritt eines Schadens auch beim Dritten nicht leugnen, weil sie die Erhebung der Einrede des nichterfüllten Vertrages durch den Zweiten gegenüber dem Dritten nicht einfach ausschließen kann und also sehr wohl ein Verzugsschaden entsteht; sie müsste deshalb eine wenig konsequente Ausnahme machen. Außerdem kann dem Gläubiger der gestörten Leistungspflicht nicht zugemutet werden, seine Leistung weiterhin zu erbringen, weil er sich nur wegen des eigenen Leistungserhalts zur Leistung verpflichtet hat und der Geldausgleich (aufgrund des Schadensersatzanspruches in Verbindung mit § 251) kein gleichwertiger Ersatz für den Leistungserhalt in natura ist[132]. Dieser Ansicht kann also nicht gefolgt werden.

---

[130] MK-Emmerich, Vor § 320 Rn.28.
[131] Huber, Leistungsstörungen II, § 45 III 5.
[132] Huber, Leistungsstörungen II, § 45 III 5.

Der andere Begründungsansatz besteht darin, eine Grundlage für den Schadensersatzanspruch zu verneinen, weil A keine gegenüber C bestehende Verpflichtung verletzt hat[133]. Und selbst wenn man annähme, A habe die Verpflichtung, an B zu leisten, auch gegenüber C übernommen, so stehen die Rechte aus § 326 doch nur dem Gläubiger B zu, nicht aber dem dritten Versprechensempfänger[134]. Zu überzeugen vermag diese Auffassung aber schon deswegen nicht, weil sie kein teleologisches Argument für diese Schadensverteilung, nämlich dem Belassen des Schadens beim Dritten, aufzeigt, sondern bei der begriffsjuristischen Behauptung, eine verletzbare Pflicht gebe es nicht, oder § 326 (aF) sei auf den Dritten nicht anwendbar, stehen bleibt.

Nach der verbreiteten Gegenmeinung soll der Dritte demgegenüber sogar nach einem Rücktritt seines Schuldners nach §§ 325,326 aF - und also erst recht nach einem Schadensersatzverlangen - vom Ersten, bei dem die Leistungsstörung erfolgt ist, Schadensersatz wegen Nichterfüllung verlangen können (wobei der Dritte seinerseits das Recht hat, seine eigene Leistung noch zu erbringen und als Schadensposten abzurechnen[135]); denn es sei sachrichtig, dass der Dritte die Folgen des Rücktritts, mithin den Verlust seines Anspruchs, mit dem Anspruch auf Schadensersatz auf den Ersten überwälzen kann[136] bzw. dann, wenn der Schuldner des Dritten Schadensersatz wegen Nichterfüllung nach der Differenztheorie verlangt und seine Leistung nicht mehr an den Dritten erbringt, die Folgen dieses Anspruchsverlusts auf den Ersten überwälzen kann[137]. Denn insbesondere im letzteren Fall hat die verschuldete Unmöglichkeit der Leistung des A infolge der gegenseitigen Abhängigkeit der Leistungen für C die gleiche Wirkung wie für B, und also ist es gerechtfertigt, dass auch C die Rechte aus § 325 hat, zumal A und C im selben Vertragsverhältnis wie B stehen[138].

Gleiches soll mit entsprechender Begründung für den Verzug gelten[139].

Dogmatisch präzise begründet wird das alles indes nur von einer Literaturstimme, und zwar damit, dass „der andere Teil" in §§ 323 ff. aF die jeweils am trilateral-synallagmatischen Leistungsaustausch Beteiligten seien, also jeweils entweder der unmittelbar Zuwendungsberechtigte oder der Dritte[140].

Diese Begründung vermag indes so abstrakt nicht zu überzeugen. Denn sie macht aus den im Zweipersonenverhältnis bestehenden Sekundäransprüchen aus vertraglichen Schuldverhältnissen Primäransprüche aus gesetzlichen Schuldverhältnissen. Denn die Ansprüche aus §§ 325f. aF beru-

---

[133]Huber, Leistungsstörungen II, § 45 III 5.
[134]Huber, Leistungsstörungen II, § 45 III 5.
[135]Gernhuber, Schuldverhältnis, § 13 V 3.
[136]Gernhuber, Schuldverhältnis, § 13 V 3.
[137]Pfister, JZ 1971, 284, 285.
[138]Pfister, JZ 1971, 284, 285.
[139]Pfister, JZ 1971, 284, 285.
[140]Heermann, Erwerbsgeschäfte, S.174.

hen auf der Verletzung einer vertraglichen Primärpflicht, nämlich einer Hauptleistungspflicht, und sind deswegen vertragliche Sekundäransprüche. An einer solchen vertraglichen Pflicht gegenüber dem Dritten fehlt es nach dieser Meinung aber gerade gegenüber dem Dritten. Also kann der Anspruchsgrund für den Dritten nach dieser Ansicht nicht die Verletzung einer ihm gegenüber bestehenden vertraglichen Primärpflicht sein, sondern allein die gesetzliche Anordnung aus § 325 bzw. § 326. Damit ist Anspruchsgrund aber ein gesetzliches Schuldverhältnis. Eine solche Konstruktion, die § 325 einmal als Ausprägung eines vertraglichen Schuldverhältnisses und das andere Mal als Ausprägung eines gesetzlichen Schuldverhältnisses auffasst, ist indes nicht einleuchtend.

An der Richtigkeit des Ergebnisses ändert das aber nichts. Denn dass der Dritte einen Schadensersatzanspruch haben muss, zeigt der Vergleich mit der Lage, die ohne mehrseitigen Austauschvertrag bestünde. Dort müsste der Erste, A, zwei Verträge abschließen, einen mit B und einen mit C, weil er gerade die Gegenleistung von B benötigt, um sie an C weiterzureichen und dadurch die eigentlich von C gewollte Gegenleistung zu erhalten; wenn dann A aber nicht dem C die Leistung erbringt, und zwar gerade deswegen nicht, weil er von B nicht die Gegenleistung bekommen hat, die er an C weiterreichen müsste, weil er schon B nicht die ihm geschuldete Leistung erbracht hat, würde er sich gegenüber C voll schadensersatzpflichtig machen. Aus Gläubigersicht hätte der Dritte C also einen eigenen Schadensersatzanspruch gegen A, sodass der Dritte, würde man ihm keinen eigenen Schadensersatzanspruch zubilligen, bei Abschluss eines mehrseitigen Austauschvertrages schlechter stünde als bei Abschluss von zwei Verträgen. Eine solche Schlechterstellung des Dritten ist aber nicht dem Schutzweck des mehrseitigen Austauschvertrages, allein die Abhängigkeit der Primärpflichten sicherzustellen, nicht zu vereinbaren. Also muss der Dritte gleichermaßen beim mehrseitigen Austauschvertrag schadensersatzberechtigt sein.

Dementsprechend sind die zwei Schadensersatzpflichten auf der Grundlage zweier verletzter Primärpflichten auch aus Schuldnersicht gerechtfertigt. Die an sich ohne den mehrseitigen Austauschvertrag bestehenden zwei Primärleistungspflichten etwa des A, er müsste, wie soeben dargestellt, zwei Verträge mit jeweils einer Primärleistungspflicht gegenüber B und einer gegenüber C, schließen, bestehen beim mehrseitigen Austauschvertrag in einer Zuwendungspflicht gegenüber B und einer zweiten Pflicht gegenüber C, die allerdings einen geänderten Inhalt aufweist, nämlich Leistung nicht an C, sondern an B, weil das bereits den dreiseitigen Leistungsaustausch herbeiführt. Bei den Sekundärleistungspflichten geht es dagegen nicht mehr um den Leistungsaustausch, und also ist eine Reduzierung der zweiten Primärpflicht nicht geboten, sodass die bei zwei Verträgen an sich bestehenden zwei Schadensersatzpflichten aufgrund der Verletzung der beiden Verträge – A leistet an B nicht und kann mangels Gegenleistung von B folglich auch nicht den zweiten Vertrag mit C erfüllen – beim mehrseitigen Austauschvertrag fortbestehen. Hier bleibt es bei der

Situation, wie sie ohne mehrseitigen Austauschvertrag bestehen würde, nämlich dass zwei Schadensersatzpflichten als Zuwendungspflichten bestehen.

Dass auch der Dritte einen eigenen Schadensersatzanspruch haben muss, zeigt schließlich die Analyse der gesetzlichen Wertung der Schadensersatznormen. Ihnen liegt, wie etwa der Wortlaut von § 280 I BGB zeigt, der Gedanke zugrunde, dass derjenige, der von einer Pflichtverletzung unmittelbar betroffen ist, den daraus erlittenen Schaden ersetzt verlangen können soll. Positiv gewendet soll nur schadensersatzberechtigt sein, wem die Leistung unmittelbar zugutekommt. Demgegenüber soll nicht schadensersatzberechtigt sein, wer nur mittelbar auf die Erfüllung der Pflicht angewiesen ist, anders gewendet, wem die Leistung erst vermittelt über einen anderen Umstand zugute kommen soll. So hat etwa der Autokäufer keinen eigenen Verzugsschadensersatzanspruch gegen den Zulieferer des Autoherstellers, wenn und weil der Zulieferer die benötigten Teile nicht rechtzeitig geliefert hat, sodass der Autohersteller den PKW nicht rechtzeitig herstellen kann. Denn der Autokäufer ist nur mittelbar betroffen. Die Zuliefererleistung kommt dem Autokäufer erst vermittelt über den eigenen Kaufvertrag mit dem Autohersteller zugute. Der Autohersteller kann insbesondere auch nicht seine eigene Verzugsschadensersatzpflicht damit ablehnen, dass er wegen der verspäteten Leistung des Zulieferers den PKW gar nicht rechtzeitig herstellen konnte. Denn die Beschaffung der notwendigen Teile liegt allein in der Risikosphäre des Autoherstellers, eine vertragliche Risikoüberwälzung erfolgt nicht. Der Autokäufer ist nicht unmittelbarer Gläubiger des Zulieferers und damit ihm gegenüber nicht schadensersatzberechtigt.

Es fragt sich damit, ob beim mehrseitigen Austauschvertrag der Dritte C als unmittelbarer und damit schadensersatzberechtigter Gläubiger gegenüber A einzustufen ist, ob er also zum Vergleich mit dem Autokaufbeispiel als Autokäufer C gegenüber dem Zulieferer A (und nicht nur gegenüber dem Autohersteller B) schadensersatzberechtigt wäre.

Dem C kommt die Leistung des A an B unmittelbar zugute, weil sie ein notwendiger Teil des dreigliedrigen Vertragsbandes ist und den Anspruch des C gegenüber B erst durchsetzbar macht, weil sich B bisher auf die Einrede des nichterfüllten Vertrages berufen konnte. Aufgrund der Einrede aus § 320 ist er unmittelbar auf die Leistung des A an B angewiesen. Der Unterschied zum Autokaufbeispiel liegt darin, dass der Dritte aufgrund der Abhängigkeit der Primärpflichten durch die Erhebung der Einrede des nichterfüllten Vertrages durch B rechtlich an die Leistung des A angekoppelt ist. Demgegenüber ist der Autokäufer (=C) nicht an die Leistung des Zulieferers (=A) an den Autohersteller (=B) angekoppelt, weil der Autohersteller insbesondere nicht die Einrede des nichterfüllten Vertrages gegenüber dem Autokäufer erheben kann, wenn sein Zulieferer nicht leistet, weil es eben an einer vertraglichen Verbindung zwischen Zulieferer und Autokäufer fehlt. Auch der Dritte hat also nach der jeweiligen gesetzlichen Norm einen eigenen originären Scha-

densersatzanspruch aufgrund seines verletzten Primäranspruchs[141]. Es bestehen damit zwei originäre Schadensersatzpflichten zu Lasten des leistungsstörenden Vertragspartners.
Das folgt konstruktiv auch aus dem hier vertretene Pflichtenmodell, demzufolge auch der Dritte einen Primäranspruch hat und also der darauf aufbauende Sekundäranspruch ohne weiteres in der Verletzung einer vertraglichen Pflicht begründet ist, an die der gesetzliche Tatbestand unmittelbar anknüpfen kann. A hat sowohl gegenüber B als auch gegenüber C eine Leistungspflicht. Leistet A dann gar nicht oder nur verspätet, so ist sowohl die Zuwendungspflicht gegenüber B als auch die zweite Leistungspflicht gegenüber C verletzt, weil A der Pflicht gegenüber C, rechtzeitig bzw. überhaupt an B zu leisten, nicht genügt. Wegen dieser Verletzung der zweiten Pflicht ist von der Konstruktion her auch der Dritte schadensersatzberechtigt, weil eine ihm gegenüber bestehende vertragliche Pflicht verletzt wurde. Der Rechtsgrund des Schadensersatzanspruches ist also die Verletzung eines vertraglichen Anspruchs und nicht der gesetzlicher Tatbestand etwa des § 283, der die Schadensersatzpflicht ohnehin nicht als gesetzliches, auf der Grundlage eines Vertrages bestehendes Schuldverhältnis ausgestaltet, sondern direkt und unmittelbar an eine vertragliche Primärpflicht anknüpft. Die Anspruchsvoraussetzungen sind damit rechtlich und tatsächlich identisch; entscheidender Unterschied ist nur die Voraussetzung des Schadens – natürlich muss für einen Schadensersatzanspruch des Dritten bei diesem ein Schaden entstanden sein.
Damit ist schadensersatzbegründender Tatbestand in Bezug auf den Dritten zwar nicht die eigentlich den Schaden verursachende Störung des Leistungsanspruchs des Dritten gegen den Zweiten aufgrund des Synallagmas, sondern nur die Störung des zweiten „Hilfsanspruchs“ gegen den Ersten. Das ist aber von der Funktion dieser zweiten Pflicht her gerechtfertigt: sie dient dazu, das Synallagma sicherzustellen und zu gewährleisten, dass auch der Dritte aktiv den Leistungsaustausch durchsetzen kann, indem er vom Ersten die Erbringung der Leistung an den Zweiten beanspruchen kann. Dann ist es nur folgerichtig, wenn er für den Verlust dieses Anspruchs oder für die Verspätung der Anspruchserfüllung statt der sofortigen Primäranspruchserfüllung Schadensersatz bekommt. Im Rahmen der Schadensberechnung kann dann auch die Störung des eigentlichen Hauptanspruchs als Schadensposten herangezogen werden, weil eben diese Störung wegen des Synallagmas notwendig eintreten musste.
Bei dem Anspruch des Dritten handelt es sich auch um einen synallagmatischen Anspruch, sodass die §§ 325f. aF[142] anwendbar sind (bei §§ 281ff. stellt sich diese Frage hingegen nicht mehr, da §§ 281 ff. nicht mehr nach der synallagmatischen Wirkung differenzieren). Zweifeln könnte man

[141] Ausgeklammert wird hier die Frage, ob der Dritte selbst dann Schadensersatz verlangen kann, wenn der unmittelbar von der Leistungsstörung Betroffene als Sekundärrecht den Rücktritt gewählt hat. Diese Frage betrifft das Verhältnis der Gläubiger zueinander und wird wegen der Komplexität in einem gesonderten Punkt beim Rücktritt untersucht. Hier wird davon ausgegangen, dass auch der unmittelbar Betroffene Schadensersatz verlangt.

zwar wegen eines Vergleichs mit dem Vertrag zugunsten Dritter. Denn dort wird mitunter bestritten, dass der Anspruch des Dritten gegen den Versprechenden synallagmatisch sei; vielmehr sei er nur „abgespalten" vom Recht des Versprechensempfängers und also nicht-synallagmatisch[143]. Nun ist diese Auffassung aber schon für den Vertrag zugunsten Dritter zweifelhaft[144]. Auf den mehrseitigen Austauschvertrag lässt sie sich aber keinesfalls übertragen. Denn beim Vertrag zugunsten Dritter gibt es keinen Gegenanspruch des Versprechenden gegen den Dritten, während beim mehrseitigen Austauschvertrag sehr wohl ein Gegenanspruch besteht. Diese zwei Ansprüche stehen zueinander im Synallagma, weil A nur deshalb eine Verpflichtung auch gegenüber C eingeht, damit er gegen C einen Anspruch erwirbt. Hinzukommt, dass der Anspruch des Dritten gerade den Dritten vor einer Untätigkeit des Zweiten und damit vor einer Gefährdung des Leistungsaustausches sichern soll. Dann ist es aber notwendig, diesen Anspruch als synallagmatisch einzustufen. Insgesamt hat also auch der Dritte einen eigenen Schadensersatzanspruch.

dd.) Schadensersatzansprüche bei vom Gläubiger zu vertretender Unmöglichkeit

Auf den ersten Blick überrascht die Frage nach Schadensersatzansprüchen bei vom Gläubiger zu vertretender Unmöglichkeit. Denn grundsätzlich gibt es bei vom Gläubiger zu vertretender Unmöglichkeit keine Schadensersatzansprüche, weil der Schuldner der unmöglich gewordenen Leistung seinen Anspruch gemäß § 324 aF bzw. § 326 II behält und also nicht auf Schadensersatz angewiesen ist.

Auch im Dreipersonenverhältnis ändert sich daran solange noch nichts, wie C die Leistung des B unmöglich macht. Denn dann bleibt C zur Leistung an A verpflichtet, und demgemäß muss auch A an B leisten, sodass B letztlich wieder die Kompensation in Form der Gegenleistung erhält.

Zum Problem wird diese Art der Unmöglichkeit aber, und deswegen stellt sich überhaupt diese Frage, wenn C nicht die Leistung des B, sondern die des A unmöglich macht, wenn also der Dritte nicht die ihm gebührende Leistung, sondern die dem Zweiten B gebührende Leistung unmöglich macht. Dann erlischt nämlich die Pflicht des A wegen Unmöglichkeit, § 275, und die des B wegen des Synallagmas, § 323 aF bzw. § 326[145]; nur C muss noch an A leisten, § 324 bzw. nun § 326 II. Aus Sicht des A ist dies auch angemessen, weil seine Leistung unmöglich wurde und er deswegen Kompensation in Form der von vornherein gewollten Gegenleistung des C erhält. Auch aus Sicht des C ist das angemessen, weil er die Unmöglichkeit herbeigeführt hat und dafür „büßen" soll in Form der Pflicht zur Leistung an A, ohne dass er von B eine Leistung erhält; nicht anders wäre die

---

[142] Normen, die nur bis zum 01.01.2002 galten, werden im Folgenden mit „aF" gekennzeichnet.
[143] W.Lorenz, Ausgleich, AcP 168, 288f.; MK-Gottwald, § 328 Rn.23; Palandt-Heinrichs, Einf. v § 328 Rn.5,
[144] Für ein Synallagma BGHZ 93, 271, 273-275; Hadding, FS Gernhuber, S.158.

Lösung im reinen Zweipersonensystem. Schlussendlich scheint auch B auf den ersten Blick korrekt behandelt zu sein, er bekommt zwar nichts von A, muss aber auch nicht an C leisten.
Indes stimmt dieses Ergebnis nicht mit der gesetzlichen Wertung des § 326 überein. Denn nach § 326 soll es zu einem kompensationslosen Anspruchsverlust nur im Falle der zufälligen Unmöglichkeit kommen. Hier ist es aber so, dass C den Anspruchsverlust des B zu verantworten hat; also müsste B Kompensation verlangen können.
Andererseits bekommt nach § 324 aF bzw. § 326 II nur der Schuldner der unmöglich gewordenen Leistung Kompensation in Form der Gegenleistung. B ist hier jedoch nicht der Schuldner der unmöglich gewordenen Leistung.
Demnach fragt sich, welchem der beiden Pole – § 324 / § 326 II einerseits oder § 323 / § 326 I andererseits – die Position des B beim mehrseitigen Austauschvertrag zuzuordnen ist, anders gewendet, ob ein Schadensersatzanspruch des B gegen C wertungsmäßig gerechtfertigt ist.
Bei der Lösung über § 323 I aF / § 326 I könnte man es schon mit dem Argument belassen, dass B nicht mehr leisten muss, sodass er auch nicht weiter schutzbedürftig ist. Jedoch kann B bereits Aufwendungen getätigt haben, die sich nun als nutzlos herausstellen, sodass er wenigstens insoweit schutzbedürftig ist. Außerdem würde B sonst schlechter stehen, als wenn ein vertragsexterner Dritter den Leistungsgegenstand bei A vernichtet hätte. Denn dann könnte A gegebenenfalls Schadensersatz (allerdings nur hinsichtlich des Wertes des zerstörten Leistungsgegenstandes) verlangen, und B könnte immerhin diesen Schadensersatz als stellvertretendes commodum herausverlangen. Dann müsste B aber, wenn nicht ein vertragsexterner Dritter, sondern ein Vertragspartner die Leistungsunmöglichkeit herbeiführt, doch wenigstens gleich stehen.
Gegen die Lösung über § 324 aF ließe sich auch nicht einwenden, dass C durch einen solchen Schadensersatzanspruch doppelt belastet würde – zwar müsste er nicht nur die Gegenleistung an A erbringen, sondern auch noch B Schadensersatz leisten; aber das beruht darauf, dass C zwei und nicht nur einen Vertragspartner hat. Auch als Schuldner, dem die Leistung unmöglich wurde, hätte er zwei Schadensersatzpflichten.
Doch lässt sich letztendlich aus § 324 / § 326 II ein solcher Schadensersatzanspruch nicht folgern. Denn C hat die Leistung des A, und nicht die seines Leistungsschuldners B unmöglich gemacht hat. § 324 aF/ § 326 II will jedoch nur den Schuldner der unmöglich gewordenen Leistung schützen, nicht aber den (zweiten) Gläubiger der unmöglich gewordenen Leistung. Für das „Innenverhältnis" zwischen den beiden Gläubigern hält § 324 / § 326 II keine Lösung bereit. B würde § 326 II nicht einmal dann helfen, wenn § 326 II statt des Aufrechterhaltens der Gegenleistung eine

[145] s.C.II.2.b.bb.

Schadensersatzpflicht anordnen würde. Denn B ist wie C Gläubiger, nicht aber Schuldner der unmöglich gewordenen Leistungspflicht.
Eine Zuordnung entweder zu § 323 / § 326 I oder zu § 324 / § 326 II scheidet damit aus.

Damit fragt sich, ob C wenigstens unter dem Gesichtspunkt einer sonstigen Pflichtverletzung als Schuldner zum Schadensersatz gegenüber B verpflichtet ist. Dass das BGB eine Antwort auf diese Fragestellung geben kann, zeigt sich daran, dass auch bei der im BGB normierten Gesamtgläubigerschaft einer der beiden Gläubiger die Leistung unmöglich machen und deswegen der andere Gläubiger Kompensation für das Ausbleiben der Leistung verlangen könnte. Doch kann sich auch dort eine Schadensersatzpflicht allein aus der Verletzung einer vertraglichen Pflicht ergeben, weil kein Tatbestand einer gesetzlichen Schadensersatzpflicht erfüllt ist.
Abstrakt gefasst müsste es sich vom Ergebnis her um eine Pflicht handeln, den Leistungsaustausch nicht zu gefährden. Eine solche Pflicht hätte C durch Vernichtung des Leistungsgegenstandes bei A verletzt, weil er dadurch den Leistungsaustausch partiell unmöglich gemacht hat.
Nun gibt es tatsächlich bei jedem Vertrag eine leistungsbezogene Nebenpflicht, den Leistungsaustausch nicht zu gefährden[146], selbst bei vertraglichen Mehrpersonenverhältnissen: Im Personengesellschaftsrecht besteht die allgemeine Treuepflicht, die Erreichung des Gesellschaftszwecks nicht zu gefährden[147], also die Beitragsleistung der anderen Gesellschafter nicht sinnlos zu machen. Sie besteht parallel zur jeweiligen Zuwendungspflicht und beruht auf dem Gedanken, dass das Leistungsversprechen nicht nur ein positives Element, nämlich die Erbringung der Leistung, sondern auch ein negatives Element, nämlich den Leistungsaustausch nicht zu stören, hat. Systematisch lässt sich diese Pflicht also auf das vertragliche Leistungsversprechen zurückführen, weil diese Pflicht nur die negative Fassung des positiven Leistungsversprechens ist.
Damit fragt sich, ob es eine solche Pflicht auch beim mehrseitigen Austauschvertrag gibt.
Zunächst könnte man sie in der Pflicht des C gegenüber B sehen, an A die Leistung zu erbringen. Aber diese Pflicht wäre nicht verletzt, vielmehr besteht sie nach § 326 II fort, und C kann sie auch erfüllen. An diese Pflicht lässt sich also anscheinend nicht direkt anknüpfen.
Doch ist nochmals ihr genauer Inhalt zu bedenken. C kann dem B nicht versprechen, an Stelle von A die Leistung zu erbringen. Aber er kann immerhin dem B versprechen, dass er an A leisten werde, damit A wenigstens insofern keinen Leistungsverweigerungsgrund hat. Inhalt der Leistungspflicht gegenüber B ist also nicht nur, überhaupt an A zu leisten, sondern auch – worin sich der eigentliche Zweck manifestiert –, dem A durch Erbringung der eigenen Leistung die Leistung an B

[146] Palandt-Heinrichs, vor § 241 Rn.24.
[147] Karsten Schmidt, GesR, § 4 I 1, § 20 IV.

zu ermöglichen. Anders gewendet, nämlich negativ formuliert, verspricht er damit dem B zugleich, dass er dem A die Leistung nicht unmöglich machen werde. Zweck dieser Pflicht ist es also, ebenso wie der Pflicht, an A zu leisten, den Leistungsaustausch sicherzustellen.

Die Pflicht, den Leistungsaustausch nicht zu gefährden, ist also nur die andere Seite der Medaille der zweiten Pflicht, nämlich ihre negative Fassung.

Die Existenz solcher Pflichten ist darüber hinaus gesetzlich anerkannt. § 241 II BGB spricht ausdrücklich davon, dass das Schuldverhältnis nach seinem Inhalt jeden Teil zur Rücksicht auf die Rechte, Rechtsgüter und Interessen des anderen Teils verpflichten kann.

Die Pflicht gegenüber B, den Leistungsaustausch nicht unmöglich zu machen, hat C durch Vernichtung des Leistungsgegenstandes bei A verletzt. C ist also aufgrund der Verletzung der leistungsbezogenen Nebenpflicht, den Leistungsaustausch nicht gefährden, schadensersatzpflichtig.

Anspruchsgrundlage ist damit nach altem Recht die pFV, nach neuem Recht §§ 280 I, 282 (eventuell i.V.m. § 284)[148].

Letzteres weist bereits auf den Schadensumfang hin, den B geltend machen kann.

Denkbar wäre einerseits, den B nur so zu stellen, wie wenn er niemals etwas vom Vertrag gehört hätte, d.h. ihm nur negativen Schadensersatz zu gewähren (also nur ein Anspruch aus § 280 I), oder andererseits ihn so zu stellen, wie wenn der Vertrag ordnungsgemäß erfüllt worden wäre, sprich ihm positiven Schadensersatz zuzubilligen. C hat an sich auch nur eine Nebenleistungspflicht verletzt, sodass insofern kein Schadensersatz statt der Leistung verlangt werden könnte. Doch kann ausnahmsweise dann das positive Interesse verlangt werden, wenn durch die Nebenleistungspflichtverletzung der Leistungsaustausch unzumutbar gestört wurde und also quasi doch eine Hauptleistungspflicht verletzt wird. Genau das ist hier der Fall, weil für B die Leistungserbringung unzumutbar ist, er bekommt keine Gegenleistung. Sowohl nach alter Rechtslage bei der pFV als auch nach § 282 kann B also Schadensersatz wegen Nichterfüllung bzw. statt der Leistung bzgl. der ganzen Verbindlichkeit verlangen. Damit kann auch das negative Interesse gefordert werden, § 284, bzw. umfasst der Schadensersatz auf das positive Interesse nach alter Rechtslage immerhin im Rahmen der Rentabilitätsvermutung auch den negativen Schadensersatz.

Somit kann also der Gläubiger der unmöglich gewordenen Leistung Schadensersatz vom Dritten auf das positive Interesse aus pFV bzw. §§ 280, 282 verlangen, wenn der Dritte die Unmöglichkeit der Leistung herbeigeführt hat.

---

[148]nicht hingegen Unmöglichkeitsrecht, weil die Unmöglichkeit der Leistung des A nichts mit der hier in Rede stehenden Pflichtverletzung zu tun hat, zumal bei der Verletzung der Pflicht, den Leistungsaustausch nicht zu gefährden, keine Unmöglichkeit der Leistung vorliegt – sonst müsste bei jeder Pflichtverletzung Unmöglichkeit angenommen werden, wenn die Pflichtverletzung nicht mehr beseitigbar ist.

ee.) Grenzen des Schadensersatzanspruches des Dritten

Wie bei den Grenzen der Unwirksamkeit der Primärpflicht stellt sich schließlich auch bei den Schadensersatzpflichten die Frage, ob es eine Grenze für das Entstehen von Drittschadensersatzansprüchen gibt. Denn auch hier ist zweifelhaft, ob der Dritte Schadensersatz verlangen kann, wenn er die ihm gebührende Leistung (rechtzeitig) erhält.

Vom Ergebnis her muss der Schadensersatzanspruch etwa des C entfallen, wenn er von B die ihm gebührende Leistung rechtzeitig erhält. Denn dann braucht C keinen Schutz mehr durch einen Schadensersatzanspruch, weil aus seiner Sicht der Vertrag ordnungsgemäß abgewickelt wird.

Das wird in der Literatur genauso gesehen: wenn der Dritte die Leistung bekommt, verdient er keinen eigenen Schadensersatzanspruch mehr[149].

Dogmatisch gesehen erleidet der Dritte im Hinblick auf den Haftungsausfüllungstatbestand denn auch keinen Schaden, weil der Dritte die Leistung (rechtzeitig) erhält. Darüber hinaus ist hinsichtlich des Haftungsbegründungstatbestandes der Schutzzweck der Sekundärrechte nicht einschlägig, weil C die volle Leistung bekommt und also keine Sekundärrechte braucht. Methodologisch gesehen handelt es sich damit um eine teleologische Reduktion der die Sekundäransprüche (in Bezug auf den Dritten) gewährenden Normen.

Der Dritte hat also dann keine Schadensersatzansprüche, wenn er nicht schutzbedürftig ist, konkreter formuliert, wenn sein Anspruch vertragsgemäß erfüllt wird.

ff.) Die Pflichtenstruktur beim Schadensersatz – Vergleich mit der Lage bei den Primärpflichten

Insgesamt gibt es also drei Arten von Sekundärschadensersatzpflichten:

Erstens solche Schadensersatzpflichten, die an die Stelle der Hauptleistungspflicht treten, sie ersetzen und den synallagmatischen Primäranspruch in Form einer Schadensersatzpflicht fortsetzen. Das sind sämtliche Schadensersatzansprüche wegen Nichterfüllung bzw. statt der Leistung.

Zweitens solche Schadensersatzpflichten, die zwar auf der Verletzung einer Hauptleistungspflicht beruhen, diese aber nicht surrogieren, sondern neben dieser Hauptleistungspflicht herlaufen und sie gleichsam begleiten, aber nicht ersetzen. Das sind die Ansprüche wegen Verzug. Vom Anspruchsgrund her sind sie identisch mit der ersten Kategorie, beide beruhen auf der Verletzung der zwei Hauptleistungspflichten, unterscheiden sich aber von ihr durch ihren nicht-synallagmatischen Charakter, weil sie den Hauptleistungsanspruch nicht surrogieren.

---

[149] Heermann, Erwerbsgeschäfte, S.174; Huber, Leistungsstörungen II, § 45 III 5; MK-Emmerich, Vor § 320 Rn.28; Pfister, JZ 1971, 284, 285.

Und schließlich drittens die Schadensersatzpflichten wegen Verletzung sonstiger Pflichten. Sie unterscheiden sich im Anspruchsgrund fundamental von den beiden vorherigen Gruppen, weil sie nichts mehr mit der Hauptleistungspflicht zu tun haben, und also auf der Verletzung einer ganz singulären, allein dem jeweiligen Gläubiger gegenüber bestehenden Pflicht beruhen.

Nur bei der ersten Gruppe erhebt sich die die Frage, ob es zusätzlich zu den zwei Sekundärschadensersatzpflichten zwei weitere Schadensersatzpflichten entsprechen dem Primärpflichtenmodell, so wie es dieser Untersuchung als Arbeitshypothese zugrundegelegt wird, gibt, ob also auch dem jeweiligen Dritten gegenüber eine weitere Schadensersatzpflicht auf Leistung an den anderen besteht, sodass der Schadensersatzschuldner im Extremfall letztlich vier Schadensersatzpflichten hat, zwei selbstständige gegenüber B und C und die zwei zusätzlichen „Hilfs“schadensersatzpflichten entsprechend der Lage bei den Primärpflichten. Denn weil die Sekundärschadensersatzansprüche die Primäransprüche ersetzen, könnte auch das Pflichtenmodell entsprechend gelten.

Doch ist schon nicht ersichtlich, welche Funktion diese Zweitschadensersatzpflichten überhaupt haben sollten. Bei den Zweitprimärpflichten geht es darum, dem Dritten eine eigene Handhabe zur Durchsetzung des Leistungsaustausches zu geben und die Abhängigkeit der primären Zuwendungspflichten voneinander herzustellen. Bei den Schadensersatzpflichten ist es aber sinnlos und unerwünscht, eine Abhängigkeit herzustellen – welches Interesse sollten die beiden Schadensersatzberechtigten an einer Abhängigkeit haben, wo es nicht mehr um die Sicherstellung des Leistungsaustausches, sondern nur noch um die Schadlosstellung geht? Und welches Interesse sollte der zweite Schadensersatzberechtigte haben, die Schadensersatzleistung an den ersten Berechtigten durchzusetzen?

Beim Schadensersatz nach der Surrogationstheorie könnte man indes versucht sein, doch eine solche zweite Pflicht für sinnvoll zu erachten. Wenn B nämlich von A Schadensersatz verlangt, und zwar berechnet nach der Surrogationstheorie, dann wird er mit der eigenen Leistungserbringung (an C) so lange warten, bis er von A tatsächlich Schadensersatz bekommt. Also wäre es für C durchaus zweckmäßig, wenn er den Schadensersatzanspruch des B gegenüber A durchsetzen könnte, weil er dann zu seiner Leistung käme. Indes ist zu bedenken, dass C keinen Anspruch gegen B auf Erbringung der Leistung hat, weil der Schadensersatz nach der Surrogationstheorie keine Pflicht des B zur Leistung begründet, sondern lediglich eine Leistungsmöglichkeit. Da C also ohnehin seinen Anspruch nicht durchsetzen kann – und nicht wie sonst nur die Einrede des nichterfüllten Vertrages ausschalten müsste – , wäre es eine tatbestandliche Irregularität, wenn er dann gegen A einen Anspruch bekommen würde: wer schon keinen Hauptanspruch hat, kann auch keinen „Neben“anspruch haben. Im Übrigen ist C dadurch hinreichend geschützt, dass er den B durch Fristsetzung zur Leistungserbringung zwingen kann oder die Leistungserbringung und damit das

Fortbestehen der eigenen Leistungspflicht verhindern kann[150]. Schließlich geht es bei den Schadensersatzpflichten auch nicht um die Auflösung eines Dreipersonenverhältnisses in mehrere Zweipersonenverhältnisse durch die Konstruierung einer zweiten Pflicht, weil es von vornherein kein aufzulösendes Dreipersonenverhältnis gibt, da allein zwei selbstständige Ansprüche gegen ein- und denselben Schuldner bestehen, also zwei herkömmliche Zweipersonenverhältnisse bestehen. Damit ist die
Konstruktion der zusätzlichen zweiten Pflichten zur Erklärung der Zweipersonenverhältnisse auch aus methodologischer Sicht überflüssig.

Es kann also keine zweiten „Hilfs"schadensersatzpflichten geben, der Schadensersatzschuldner hat schlimmstenfalls jeweils eine selbstständige Pflicht gegenüber beiden anderen.

Die Pflichtenstruktur bei den Sekundärschadensersatzpflichten unterscheidet sich damit deutlich von der bei den Primärpflichten, weil es eben keine zweiten, zusätzlichen Pflichten neben der Hauptschadensersatzpflicht gibt.

gg.) Drittschadensersatz nach einer Anfechtung

Nach einer Anfechtung ist an sich nur der jeweilige Anfechtungsgegner schadensersatzberechtigt, § 122 BGB. Ficht etwa A den Vertrag wegen eines Erklärungsirrtums an, so fragt sich, ob nicht nur B, sondern auch C nach § 122 Schadensersatz verlangen kann.

Das beurteilt sich entscheidend danach, ob C genauso wie B als Anfechtungsgegner angesehen werden kann. Anfechtungsgegner ist derjenige, auf dessen Rechtsstellung durch die Anfechtung einer Willenserklärung unmittelbar eingewirkt wird. Ficht A an, so wirkt er, weil er ein notwendiges Element des Vertragsschlusses, nämlich seine Willenserklärung, vernichtet, auch auf die Rechtsstellung des C ein, weil der gesamte Vertrag unwirksam wird. Weil die Anfechtung den Vertrag für alle Parteien hinfällig macht, mithin auch für den Dritten, muss auch dieser schadensersatzberechtigt sein[151].

Allerdings ist der Schluss von der Unwirksamkeit der Pflichten auf die Schadensersatzpflichtigkeit nicht zwingend, weil § 122 nicht pauschal an die Unwirksamkeit eines Anspruchs anknüpft, sondern an die Unwirksamkeit aufgrund der Anfechtung. Entscheidend ist also, ob § 122 über diese Wortlaut-Erwägung hinaus auch wertungsmäßig anwendbar ist.

§ 122 regelt die Frage, wer aus der eventuell großen Gruppe derjenigen, die auf den Bestand einer Willenserklärung vertraut haben, in diesem Vertrauen aber enttäuscht wurden, schadensersatzbe-

---

[150] S.C.II.2.dd.ccc.

[151] Pfister, JZ 1971, 284, 285.

rechtigt sein soll. Die Antwort lautet, dass nur derjenige, dessen unmittelbar auf der angefochtenen Willenserklärung beruhende Rechtsstellung beeinträchtigt ist, anspruchsberechtigt sein soll, nicht aber sonstige Dritte, die nur mittelbar von der Wirksamkeit der Willenserklärung betroffen sind. Denn sonst würde dem Anfechtenden eine unübersehbare Haftung drohen, zumal er nicht einmal wissen kann, wer alles in seinen Dispositionen auf die von ihm abgegebene Willenserklärung vertraut. Damit fragt sich, ob beim mehrseitigen Austauschvertrag der C bloß mittelbar Betroffener ist. Weil mit der Anfechtung der Vertrag insgesamt, auch hinsichtlich der Vertragsstellung des C, automatisch unwirksam ist, ist C nicht nur mittelbar von der Nichtigkeit der Willenserklärung betroffen, sondern unmmittelbar, weil auch C seine Vertragspartnerstellung verliert, indem der einheitliche Vertragsschluss auch mit C durch Wegfall der Willenserklärung des A zusammenbricht. C ist unmittelbar betroffen, weil er Vertragspartner ist und die Unwirksamkeit allein durch die Anfechtung herbeigeführt wird. A ist seinerseits keiner uferlosen Haftung ausgesetzt, weil er genau weiß, wer Vertragspartner ist und wem gegenüber er schadensersatzpflichtig ist.
Außerdem soll die Schadensersatzpflicht nach einer Anfechtung nutzlose Aufwendungen für die Erbringung der Leistung ersetzen; insofern ist der Dritte aber schutzwürdig, weil er Aufwendungen zur Leistungserbringung gerade gegenüber dem Anfechtenden hatte.
Schließlich kann und soll der Dritte nicht deswegen schlechter stehen, weil er sich auf einen mehrseitigen Austauschvertrag eingelassen hat – bei zwei Verträgen würde sein Anspruch aber fortbestehen, oder er hätte einen Schadensersatzanspruch, weil der Vertrag von seinem Vertragspartner angefochten wurde. Und der Anfechtende hat sich darauf eingelassen, dass er es nicht nur mit seinem unmittelbaren Gläubiger zu tun hat, sondern mit einem weiteren Vertragspartner, sodass auch aus diesem Blickwinkel die doppelte Schadensersatzpflicht – sowohl gegenüber B als auch gegenüber C – gerechtfertigt ist.
Dem Dritten ist folglich ein eigener selbstständiger Schadensersatzanspruch gegen den Anfechtenden nach § 122 zuzubilligen.
Dass diese Lösung konstruktiv plausibel ist, ergibt sich auch aus der Annahme zweier Leistungspflichten. Denn auf der Willenserklärung, die durch die Anfechtung vernichtet wurde, beruht nicht nur die Pflicht im Zuwendungsverhältnis, sondern gleichzeitig und automatisch auch die Pflicht gegenüber dem Dritten. Da also diese zweite, dem Dritten gegenüber bestehende Pflicht aufgrund der Anfechtung unwirksam ist, ist auch der Dritte unter dem Gesichtspunkt, dass sein Anspruch vernichtet wurde, schadensersatzberechtigt.

b.) Die Abhängigkeit

Fraglich bleibt schließlich noch, ob auch die Schadensersatzpflichten bei ihrer Entstehung oder ihrem Erlöschen voneinander abhängig sind. Denkbar wäre das unter dem Gesichtspunkt, Primärpflichten und Sekundärpflichten gleich zu behandeln. Doch ist kein Interesse der Parteien daran zu erkennen, dass die Schadensersatzpflichten hinsichtlich ihrer Entstehung voneinander abhängig sein sollen. Es geht gerade nicht mehr um die Sicherstellung des Leistungsaustausches. Ein Interesse an der Abhängigkeit wäre demgegenüber nur dann gegeben, wenn etwa B den an C geleisteten Schadensersatz bei A im Rahmen seines eigenen Schadensersatzanspruchs liquidieren müsste. Denn dann würde die Abhängigkeit die Regressmöglichkeit des B in Form eines Schadensersatzanspruches gegen A sicher stellen. Zu einer solchen Konstellation kommt es aufgrund der hier vorgeschlagenen Lösung aber gerade nicht. Eine Abhängigkeit der Sekundärpflichten voneinander besteht also nicht – sodass es im Hinblick auf die Sekundärpflichtenstruktur auch unter diesem Gesichtspunkt keiner zweiten „Hilfs"schadensersatzpflicht bedarf, weil eine Abhängigkeit eben nicht konstruiert werden muss.

Die Schadensersatzpflichten sind also nicht voneinander abhängig.

4. Die Entstehung von Sekundärpflichten in Form von Rückgewährpflichten und ihre Abhängigkeit voneinander im Bestand

So wie es Sekundärpflichten in Form von Schadensersatzpflichten gibt, so gibt es sie auch in Form von Rückgewährpflichten. Trotz dieses unterschiedlichen Inhalts sind die strukturellen Probleme aber gleich und ergeben sich wie bei den Primär- und Sekundärschadensersatzpflichten in drei Hinsichten: Erstens (unter a.) ist fraglich, wie das allseitige Entstehen von Rückgewährpflichten, sei es nach §§ 346ff. oder nach §§ 812 ff., zu erklären ist, zweitens (unter b.), ob es Grenzen dieses allseitigen Entstehens gibt, ob die Rückgewährpflichten also nicht automatisch in allen Leistungsverhältnissen entstehen, drittens (unter c.), ob die Rückgewährpflichten bei ihrer Entstehung voneinander abhängig sind, ob also dann, wenn eine Rückgewährpflicht nicht entsteht, auch alle anderen nicht entstehen, und schließlich viertens (unter d.), ob es eine Grenze der Abhängigkeit gibt, ob also einzelne Rückgewährpflichten unabhängig voneinander entstehen, obwohl in einem anderen Rechtsverhältnis eine Rückgewährpflicht nicht entsteht.

a.) Die Entstehung von Rückgewährpflichten

aa.) Problembeschreibung

Als Problem erweist sich hier nicht nur, welche Rückgewährvorschriften überhaupt anwendbar sind, sondern auch, ob und wie nach einem bereits erfolgten Leistungsaustausch Rückgewährpflichten im an sich störungsfreien bzw. nicht die Rückgewähr auslösenden Rechtsverhältnis zu begründen sind, wie also letztlich die Rückgewähr in allen drei Verhältnissen zu begründen ist.

Im Zweipersonenverhältnis ist das kein Problem, bei § 346 entstehen die Rückgewährpflichten in beiden Verhältnissen aufgrund der Umgestaltung der synallagmatisch zusammenhängenden Leistungspflichten in Rückgewährpflichten, bei § 812 aufgrund der Unwirksamkeit der jeweiligen Leistungspflicht. Im Dreipersonenverhältnis ist demgegenüber fraglich, ob das dritte Rechtsverhältnis überhaupt vom Rücktritt angegriffen wird und nach welchen Vorschriften dann die Rückabwicklung erfolgt.

bb.) Die einzelnen Normenkomplexe

Die Antwort auf die Frage, wie die Rückgewährpflichten entstehen, wird in der Literatur einhellig dahingehend beantwortet, dass dann, wenn der Wille der Beteiligten nicht entgegensteht, es zu einer umfassenden automatischen Umgestaltung des gesamten Schuldverhältnisses in ein Rückgewährschuldverhältnis kommt[152].

Das kann auch von der Interessenlage her betrachtet nicht anders sein. Denn wenn eine Partei ihre Leistung zurückverlangt, dann möchte die rückgewährpflichtige Partei auch die von ihr an den Dritten erbrachte Leistung zurück haben und dann möchte logischerweise auch der Dritte seine Leistung wieder zurückerhalten. Wenn es also in einem der Verhältnisse zu einer Rückgewährpflicht kommt, dann muss es in allen Verhältnissen zu einer Rückgewährpflicht kommen.

Ob das allerdings mit der gesetzlichen Wertung vereinbar und konstruktiv für das Dreipersonenverhältnis möglich ist, kann nur bei den einzelnen Rückgewährinstituten entschieden werden, sodass im Folgenden entsprechend zu differenzieren ist – und aus Gründen der Vollständigkeit und der systematischen Übersicht sind auch die Rückgewähransprüche aus § 812 miteinzubeziehen, obwohl sie sich nicht, wie die Ansprüche aus §§ 346 ff., als vertragliche Sekundäransprüche qualifizieren lassen.

---

[152] Heermann, Erwerbsgeschäfte, S.175; Huber, Leistungsstörungen II, § 45 III 5.

aaa.) Rücktritt

Die Rücktrittserklärung erzeugt ein Rückgewährschuldverhältnis, die von ihr unmittelbar betroffene Leistungspflicht wandelt sich in eine Rückgewährpflicht um, besteht also als Primärleistungspflicht nicht mehr fort[153] [154]. Der Rücktritt hat also zwei Wirkungen: Die Primärleistungspflichten erlöschen und an ihre Stelle treten Rückgewähransprüche. Die Notwendigkeit dieser Differenzierung zeigt sich dann, wenn noch keine Leistungen ausgetauscht wurden, trotzdem aber eine Partei den Rücktritt erklärt. Dann erlöschen die Primärleistungspflichten, ohne dass es zu Rückgewähransprüchen kommt, weil noch keine Leistungen ausgetauscht wurden, die zurückgewährt werden könnten. Die Rückgewähransprüche würden andernfalls nach einer juristischen Sekunde wegen Unmöglichkeit erlöschen; warum sie dann aber überhaupt entstehen sollten, ist nicht ersichtlich.

Im Dreipersonenverhältnis sind die Folgen dagegen komplizierter. Einleuchtend ist zwar noch, dass die Rücktrittserklärung etwa des B seine Leistungspflicht gegenüber C unwirksam macht. Einleuchtend ist weiter, dass dadurch alle primären Leistungspflichten unwirksam werden, weil mit der Unwirksamkeit einer Leistungspflicht alle Leistungspflichten unwirksam werden[155]. Fraglich ist aber, ob sich sämtliche unwirksamen Primärleistungspflichten in einem zweiten Schritt in Rückgewähransprüche umwandeln (sofern dies überhaupt von allen Rückgewährberechtigten gewünscht wird). Insbesondere ist dabei nämlich problematisch, wie das dritte Rechtsverhältnis umgestaltet wird – erklärt etwa B den Rücktritt, dann wandelt sich zwar seine Pflicht gegenüber C und sein Anspruch gegenüber A um, aber die Umgestaltung der Pflicht des C gegenüber A wäre dadurch nicht erklärt.

§ 346 bewirkt – bei Betrachtung für das Zweipersonensystem –, dass sowohl die Leistungs- als auch die Gegenleistungspflichten in Rückgewähransprüche umgewandelt werden. Dem liegt der Gedanke zugrunde, dass bei einem Rücktritt der Leistungsaustausch nicht einseitig aufrechterhalten bleiben kann, dass also nur die eigene Leistung zurückgefordert werden kann, sondern dass vielmehr ein Zurückverlangen der eigenen Leistung notwendig auch die Rückgewährpflicht bzgl. der Gegenleistung auslöst. Denn der Rücktritt soll gerade der Rechtsbehelf dafür sein, den Vertrag wieder aufzulösen, und nicht, ihn nur reduziert oder nur einseitig aufrechtzuerhalten. Die Rücktrittsnorm bezweckt damit den Schutz davor, zu einer Leistung verpflichtet zu bleiben, ohne dass die Gegenleistung beansprucht werden kann bzw. obwohl sie zurückgegeben werden muss.

Diese Wertung ist auf den mehrseitigen Austauschvertrag übertragbar. Denn die Schutzsituation ist nicht anders als im Zweipersonenverhältnis, weil auch der Dritte C davor geschützt werden muss,

---

[153] Die Differenzierung zwischen altem und neuem Recht ist hier überflüssig, weil auch nach neuem Recht unverändert das Austauschverhältnis in ein Rückgewährschuldverhältnis umgestaltet wird.

[154] Palandt-Heinrichs, Einf v § 346 Rn.2; Looschelders, Schuldrecht AT, Rn.830.

[155] s.C.II.2.b.aa.,bb.

dass er seine eventuell bereits erbrachte Leistung nicht zurückfordern kann, obwohl er seinen Leistungsanspruch nicht durchsetzen kann, weil B seine Leistungspflicht gegenüber C durch die Rücktrittserklärung vernichtet hat. Demzufolge muss es aufgrund der gesetzlichen Wertung des § 346 zu einer umfassenden Rückgewähr kommen, wenn in einem der Verhältnisse der Rücktritt erklärt wird.

Noch deutlicher wird dies, wenn man sich die Primärpflichtenstruktur des mehrseitigen Austauschvertrages und ihr Schicksal im Falle des Rücktritts vergegenwärtigt.

Von der Konstruktion her hat etwa B nicht nur gegenüber C, sondern auch gegenüber A eine Leistungspflicht übernommen. Tritt B zurück, so werden beide Leistungspflichten des B unwirksam, weil die Rücktrittserklärung, genauso wie etwa die Anfechtungserklärung, beide Pflichten erfasst, weil B sowohl die Leistungspflicht gegenüber C als auch die gegenüber A vernichten will; aus Sicht des Gläubigers C wäre es auch unsinnig, wenn nicht mehr er als Zuwendungsbegünstigter die Leistung verlangen könnte, wohl aber noch A von B Leistung an C, wenn und weil sein Anspruch durch den Rücktritt nicht erloschen wäre, obwohl sein Hilfsanspruch keine Existenszberechtigung mehr hätte, weil der Leistungsaustausch aufgrund des Rücktritts ohnehin nicht mehr durchgeführt werden soll. Darüber hinaus führt die Rücktrittserklärung die Umgestaltung der Primärpflichten in Rückgewähransprüche herbei. Bezogen auf die zweite Primärleistungspflicht bedeutet das, dass die Leistungspflicht des B gegenüber A (auf Leistung an C) in einen Leistungsanspruch des B gegenüber A umgewandelt wird; und hinsichtlich des Inhalts der Pflicht bleibt es dabei, dem C eine Leistung zu gewähren, aus Sicht des A also zur Rückgewähr der Leistung an C. Das allein ist die inhaltliche Umkehrung des Primärpflichtenprogramms insbesondere im Bezug auf die zweite Hilfspflicht. Wenn ursprünglich B dem A die Leistungserbringung an einen Dritten (nämlich C) versprochen hat, dann bedeutet die Umkehrung dieses Versprechens, dass nun A gegenüber B die Pflicht zur Leistung an einen Dritten, nämlich C, hat. A hat demnach nicht nur gegenüber C die Pflicht, ihm seine Leistung zurückzugewähren, sondern auch gegenüber B die Pflicht, dem C die Leistung zurückzugewähren.

Entsprechend dem Pflichtengefüge bei den Primärleistungspflichten gibt es also auch bei den Rückgewährpflichten zwei Pflichten. Im Fall des Rücktritts kommt es also zu einem umfassenden Rückgewährschuldverhältnis mit insgesamt sechs Rückgewährpflichten, wenngleich auch hier die bei Arbeitshypothese gemachte Einschränkung zu vergegenwärtigen ist, dass es sich bei den Zweitrückgewährpflichten nicht um „vollwertige“ Pflichten handelt, weil sie keinen Leistungserhalt zum Inhalt haben.

Die Umwandlung der drei Primärzuwendungspflichten in Rückgewährpflichten erklärt sich damit wie folgt, und hier schließt sich der Argumentationskreis wieder: aufgrund des Rücktritts etwa des

B wandeln sich seine beiden Pflichten um, die gegenüber C in eine Rückgewährpflicht des C und die gegenüber A in eine Rückgewährpflicht des A an C. A ist also gegenüber B zur Rückgewähr an C verpflichtet. Und genauso ist B gegenüber C zur Rückgewähr an A verpflichtet, weil sich die Leistungpflicht des C gegenüber B auf Leistung an A in eine Pflicht des B gegenüber C auf Leistung an A umwandelt. Folglich wandelt sich auch die zuwendungsbezogene Leistungspflicht des C gegenüber A in eine Rückgewährpflicht des A um – das ist das wohlbekannte wechselseitige Umschlagen der Leistungspflichten in Rückgewährpflichten. Der Mechanismus ist also der gleiche wie bei der Erklärung der allseitigen Abhängigkeit der Primärpflichten, nur eben mit umgekehrten Vorzeichen in Form der Rückgewährpflichten.

Im Falle eines Rücktritts kommt es also zu einer umfassenden Umgestaltung des Schuldverhältnisses in ein Rückgewährschuldverhältnis.

Es ergibt sich also kein Unterschied zum Zweipersonensystem, nur der Begründungs- und Dogmatikaufwand ist höher, weil eine dritte Pflicht besteht.

Fraglich bleibt damit allein noch, wie sich diese Konstruktion der Zweitrückgewährpflichten, also der zwei Rückgewährpflichten pro Vertragspartner gegenüber dem Rückgewährempfänger und dem jeweiligen Dritten, rechtfertigen lässt.

Dafür spricht erstens, dass es systembildend und damit eine Frage der notwendigen Gleichbehandlung ist, bei allen Arten von Leistungspflichten, die einen wirtschaftlichen Leistungsaustausch zum Inhalt haben, jeweils zwei Pflichten pro Vertragspartner anzunehmen. Einen Leistungsaustausch haben aber nicht nur die Primärleistungspflichten, sondern auch die Rückgewährpflichten zum Inhalt, weil sie zu einem erneuten Leistungsaustausch zwingen, um den ursprünglichen Zustand vor Primärleistungsaustausch wieder herzustellen.

Zweitens entspricht sie der Interessenlage. Denn der Dritte muss nicht nur beim Primärleistungsaustausch, sondern auch bei der Rückgewährphase eine Handhabe gegen den Rückgewährschuldner haben, wenn sich dieser weigert, die Leistung zurückzugewähren und der unmittelbar Berechtigte dagegen nichts unternimmt, aber seinerseits dem Dritten gemäß § 348 berechtigt die Rückgewähr verweigert und also der Dritte so nie zu seiner Leistung kommt. Diese Berechtigung kann auch nicht mit dem Argument in Frage gestellt werden, dass sich der Rückgewährpflichtige nicht auf die ausbleibende Rückgewähr berufen darf, weil er seinen Rückgewähranspruch nicht durchsetzt. Denn damit würde man eine Pflicht zur Klageerhebung konstruieren, die das Zurückbehaltungsrecht aus § 348 wertlos macht, obwohl das Zurückbehaltungsrecht aus § 348 von seinem Schutzzweck her anwendbar ist. Denn es soll verhindern, dass die Leistung zurückgegeben werden muss, ohne dass die Gegenleistung zurückerhalten wird. Das ist aber eine von der Zahl der beteiligten Personen abstrahierbare Wertung, zumal der mehrseitige Austauschvertrag nicht dazu führen soll, dass eine Partei nur allein deswegen schlechter als bei einem Zweipersonenvertrag steht, weil sie ihre Leistung an einen Dritten erbracht hat und also auch von einem Dritten zurückverlangen muss. Die Interessenlage ist damit identisch mit der bei den Primärleistungspflichten.

Und drittens spricht ein Vergleich mit der Lage, die ohne mehrseitigen Austauschvertrag bestände, für diese Konstruktion. Dann hätte beispielsweise A nämlich zwei Verträge geschlossen (den einen mit B, durch den er sich die dem C weiterzureichende Leistung von B verschafft, und den zweiten mit C, durch den er die eigentlich gewünschte Leistung von C bekommt unter Offerierung der von B erlangten Leistung, sodass dasselbe wirtschaftliche Ergebnis herauskommt, ohne dass aber ein Vertrag zwischen C und B geschlossen wird, weil A als „Leistungsmittler" fungiert). Tritt nun B zurück, und wurde darüber hinaus vereinbart, dass bei einem Erlöschen der Leistungspflichten in dem einen Vertrag (hier wegen des Rücktritts) auch die Leistungspflichten in dem anderen Vertrag erlöschen sollen[156], dann träfen A zwei Rückgewährpflichten, nämlich eine gegenüber B (nach § 346) und eine gegenüber C (nach § 812 wegen vertraglich vereinbartem Erlöschen der Leistungspflichten). Also ist es konsequent, auch beim mehrseitigen Austauschvertrag zwei Rückgewährpflichten pro Vertragspartner anzunehmen, auch wenn anders als bei Abschluss von zwei Verträgen nicht zwei gegenständliche Leistungen, eine an B und eine an C, sondern nur eine gegenständliche Leistung, nämlich an C zurückerbracht werden muss und gegenüber B nur die Pflicht auf Leistungsrückgewähr an C besteht.

Die Argumentation ist damit identisch mit der bei den Primärpflichten; das ist aber gerade gerechtfertigt, weil es beidesmal um Zuwendungspflichten geht.

Auffällig an der hier vorgeschlagenen Konstruktion ist indes noch der Unterschied zu den Sekundärpflichten in Form der Schadensersatzpflichten. Denn dort wurden gerade zusätzliche zweite Schadensersatzpflichten, die die Zuwendungsschadensersatzpflicht zugunsten des Dritten flankieren, verneint. Doch ist diese Ungleichbehandlung hinsichtlich der Pflichtenstruktur gerechtfertigt. Denn bei der Rückgewähr geht es wie bei den Primärleistungspflichten um einen wechselseitigen Leistungsaustausch, wohingegen die Schadensersatzpflichten nur einen einseitigen singulären Leistungsübergang zum Inhalt haben. Folglich ist die unterschiedliche Struktur im Pflichtenprogramm angemessen.

Durch den Rücktritt einer Vertragspartei entsteht also ein umfassendes Rückgewährschuldverhältnis mit insgesamt sechs Rückgewährpflichten.

156 S.B.V.5.

bbb.) Widerruf

Nicht anders ist die Rechtslage beim Widerruf nach §§ 355ff. BGB, da auf das Rücktrittsrecht verwiesen wird, § 357 I. Also gilt das zum Rücktritt Gesagte entsprechend, nur dass an die Stelle der Rücktrittserklärung die Widerrufserklärung tritt.

ccc.) Bereicherungsrecht

Als letztes Rückgewährinstitut speziell zur Abwicklung eines Vertrages bleibt das Bereicherungsrecht, und zwar die Leistungskondiktion nach § 812 I 1 Alt.1.

Die Leistungskondiktion beruht auf einem gesetzlichen Schuldverhältnis, das bei Unwirksamkeit der zugrunde liegenden Pflicht und dennoch erfolgter Leistungserbringung Platz greift und eine Umkehrung des Leistungsvorgangs bewirkt. Die Leistungskondiktion ist demnach anwendbar, wenn eine Leistungspflicht unwirksam ist. Anders als beim Rücktritt bedarf es also keiner dogmatischen Begründung für ein „Fortpflanzen" des Rückgewährschuldverhältnisses in jedes der drei Rechtsverhältnisse. Denn der Rückgewähranspruch entsteht aufgrund Bereicherungsrecht originär in jedem der drei Rechtsverhältnisse neu und von selbst, weil mit der Unwirksamkeit nur einer Leistungspflicht alle anderen Leistungspflichten unwirksam sind und also in keinem Verhältnis ein Rechtsgrund besteht. Denn das genetische Synallagma bewirkt mit der Unwirksamkeit einer Pflicht die Unwirksamkeit aller Pflichten. Umgekehrt hat die Rückgewährforderung aufgrund Bereicherungsrecht keinerlei Auswirkung auf die anderen Verhältnisse, sie macht diese ganz anders als die Rücktrittserklärung nicht unwirksam und führt auch nicht zu einer umfassenden Umgestaltung in ein Rückgewährschuldverhältnis; einzig entscheidend ist, ob die jeweilige Leistungspflicht unwirksam ist.

Beim Bereicherungsrecht kommt es mithin ebenso zu einer umfassenden Rückgewähr, allerdings kraft gesetzlicher Anordnung selbstständig für jede einzelne Leistungspflicht. Hier besteht mithin keinerlei Besonderheit gegenüber dem Zweipersonensystem.

b.) Grenzen des allseitigen Entstehens von Rückgewährpflichten, insbesondere beim Rücktritt

aa.) Objektive Grenzen

Implizit aufgedeckt ist mit dem zuletzt Festgestellten eine objektive Grenze für das Entstehen der Rückgewähransprüche: Wenn eine Leistungspflicht wirksam ist, kann es notwendigerweise keinen Rückgewähranspruch geben. Denn der Dritte kann keine Sekundärrechte haben, wenn er die ihm gebührende Leistung erhält und damit seine Leistungspflicht wirksam bleibt. Das ist die gleiche Wertung wie beim Schadensersatz. Bereits dort wurde gezeigt, dass der Dritte keine Sekundärrechte hat, wenn er die ihm gebührende Leistung bekommt. Also kann er genauso wenig Rückgewährrechte haben, wenn er die Leistung bekommt; vielmehr bleibt er dann zur Leistungserbringung verpflichtet.

bb.) Subjektive Grenzen

Mit der Frage nach objektiven Grenzen ist aber gleichzeitig auch die Frage gestellt, ob es subjektive Grenzen gibt.

aaa.) Problembeschreibung

Bisher wurde nämlich bei der Geltendmachung von Sekundärrechten aufgrund einer Leistungsstörung etwa des A pauschal davon ausgegangen, dass beide Gläubiger, die ja beide die gleichen Sekundärrechte gegen A haben[157], auch die gleichen Sekundärrechte ausüben, sprich beide etwa ihre Leistungen zurückverlangen. Es kann aber demgegenüber auch so sein, dass sich nur einer der Gläubiger für den Rücktritt entscheidet, der andere Vertragspartner an einer Rückgewähr seiner Leistung hingegen nicht interessiert ist, sondern stattdessen Schadensersatz verlangt. Dann stellt sich die Frage, ob die eben skizzierte automatische Umgestaltung des gesamten Leistungsschuldverhältnisses in ein Rückgewährschuldverhältnis – sämtliche Leistungspflichten sind ja unwirksam, und also ist keine objektive Grenze vorhanden – nicht zu weit geht, ob es also wirklich gerechtfertigt ist, dass die eben begründete allseitige Umwandlung der Leistungspflichten in Rückgewährpflichten auf Seiten des zweiten Gläubigers die bloße Möglichkeit der Leistungserbringung oder die Wahl anderer Sekundärrechte als Rückgewähr tatsächlich ausschließt. Es geht mithin darum, ob die Rückgewähr nur einheitlich durchgeführt werden kann oder ob sich die beiden Gläubiger unterschiedlich entscheiden können und also ein uneinheitliches Vorgehen der verschiedenen Vertragspartner möglich ist – ein uneinheitliches Vorgehen dergestalt, dass einer der Vertragspartner entweder seine Leistung erbringt statt sie zurück zu fordern, oder jedenfalls ein anderes Sekundärrecht als die Rückforderung geltend macht.

Relevant werden könnte das in drei Konstellationen: erstens dann, wenn einer der beiden Gläubiger aufgrund einer Leistungsstörung bei A, etwa der Unmöglichkeit der Leistung, Schadensersatz von A verlangt, der andere aber zurücktreten möchte; zweitens dann, wenn einer der beiden mindern möchte, der andere aber zurücktreten, weil auch hier an sich ein umfassendes Rückgewährschuldverhältnis entsteht; und drittens dann, wenn einer der beiden nach § 326 seine Leistungs-

---

[157] s.C.II.3.a.cc.

pflicht zum Erlöschen bringt und seine bereits erbrachte Leistung zurückfordert und dadurch wieder ein umfassendes Rückgewährschuldverhältnis herbeiführt, der andere aber das stellvertretende commodum beansprucht.

Die beiden letzten Konstellationen betreffen allerdings schon die vorgelagerte Frage, ob die Leistungspflicht überhaupt unwirksam ist. Entscheidet sich B für die Minderung oder das stellvertretende commodum, so bleibt seine Leistungspflicht gegenüber C wirksam, und also besteht schon keine Grundlage mehr für einen Rückgewähranspruch des B und des C (siehe soeben bei den objektiven Grenzen). Gleichermaßen gilt das für C. Hier allein relevant ist deshalb nur die erste Konstellation, also das Verhältnis von Rücktritt und Schadensersatz.

Im Zweipersonenverhältnis kann es zu einer solchen Situation nicht kommen, weil es hier nur einen Sekundärrechtsberechtigten gibt. Es kann also gar nicht die Frage entstehen, ob der eine zurücktreten darf und der andere Schadensersatz verlangen kann. Im Dreipersonenverhältnis gibt es aber zwei verschiedene Gläubiger, die nach hier vertretener Konzeption gegenüber dem gleichen Schuldner aufgrund der gleichen Pflichtverletzung sekundärrechtsberechtigt sein können.

Problematisch ist damit erstens, ob die Gläubiger überhaupt verschiedene Sekundärrechte geltend machen dürfen. Zweitens erweist sich als Problem speziell für den Rücktritt, wie die dann erforderliche, lediglich partielle Umwandlung des Vertrages in ein Rückgewährschuldverhältnis nur in einem oder zwei der Leistungsverhältnisse dogmatisch zu fassen ist. Denn mit der Rücktrittserklärung wird an sich das gesamte Primärschuldverhältnis in ein Rückgewährschuldverhältnis umgestaltet, und dadurch wäre es ausgeschlossen, dass C die Leistung an A erbringt oder sie bei A belässt, um Schadensersatz nach der Surrogationstheorie zu verlangen, weil die Leistung aufgrund des Rückgewährschuldverhältnisses zurückzugewähren wäre. Beim Bereicherungsrecht besteht dieses Problem demgegenüber nicht, weil es dort gerade zu keinem umfassenden Rückgewährschuldverhältnis kommt; beim Bereicherungsrecht erhebt sich also nicht das zusätzliche Problem, wie sich die prinzipiell umfassende Umgestaltung des gesamten Vertrages in ein Rückgewährschuldverhältnis auf die Umgestaltung nur eines partiellen Verhältnisses begrenzen lässt. Dort bleibt vielmehr allein problematisch, ob der eine Gläubiger seine Leistung nach § 812 zurückfordern und der andere Schadensersatz verlangen kann.

Nicht zu verwechseln ist diese gesamte Problematik dabei mit der Frage, ob derselbe Gläubiger, etwa B, sowohl zurücktreten als auch Schadensersatz verlangen kann, mithin mit dem Verhältnis von Rücktritt und Schadensersatz beim selben Gläubiger. Das wäre nach neuem Recht zu bejahen, § 325 BGB, nach altem Recht dagegen zu verneinen[158]. Es geht vielmehr darum, ob C trotz Rück-

[158] BGH NJW 82, 1279, 1280; Palandt-Heinrichs, § 325 Rn.8, Einf v § 346 Rn.2; Das neue Schuldrecht-Rolland, Kap.4 Rn.27.

tritts des B Schadensersatz entweder nach der Surrogationstheorie oder nach der Differenztheorie verlangen kann oder ob C trotz Schadensersatzverlangens des B – hier allerdings nur nach der Differenztheorie, weil bei einer Berechnung nach der Surrogationstheorie C die ihm gebührende Leistung erhält und also keine Sekundärrechte hat – zurücktreten kann. Der Rücktritt gestaltet nämlich das Primärschuldverhältnis in ein Rückgewährschuldverhältnis um und entzieht damit etwaigen Schadensersatzpflichten den Boden, weil Schadensersatz nur für die Verletzung einer Leistungspflicht geschuldet wird, diese Leistungspflicht aber in eine Rückgewährpflicht umgewandelt wurde und also kein Schaden mangels Erfüllungspflicht entstehen kann. Zwischen Rücktritt und Schadensersatz besteht damit ein konstruktives Exklusivitätsverhältnis[159]. Deswegen müsste das Rückgewährschuldverhältnis begrenzt werden, damit der andere Gläubiger ein anderes Sekundärrecht geltend machen kann.

Nach neuem Recht könnte das eben Gesagte allerdings zweifelhaft sein und mithin doch kein zusätzliches spezielles Problem beim Rücktritt bestehen. Denn aufgrund der neuen Rechtslage nach § 325 ist das Exklusivitätsverhältnis zwischen Rücktritt und Schadensersatz bei ein und demselben Gläubiger aufgehoben, indem Rücktritt und Schadensersatz nach der Differenztheorie kombinierbar sind. Jedoch hilft § 325 im Dreipersonenverhältnis schon nicht darüber hinweg, dass C gehindert ist, an A die Leistung zu erbringen und dann den Schadensersatz nach der Surrogationstheorie zu berechnen, weil sich Rücktritt und Leistungserbringung unstreitig gegenseitig ausschließen. Mindestens für diesen Fall stellt sich also auch nach neuer Rechtslage das dogmatische Problem der Begrenzung des Rückgewährschuldverhältnisses. Aber auch für den Schadensersatz nach der Differenztheorie vermag § 325 nicht zu helfen. Denn § 325 gilt nur für ein- und denselben Gläubiger. Es ist keineswegs zwingend, dieses Wahlrecht auch auf den Dritten auszudehnen, der ohne sein Zutun von dem Rückgewährschuldverhältnis erfasst wird. Es müsste also begründet werden, warum § 325 auch auf den Dritten anwendbar ist. Dann ist es aber einerlei, ob man das Zulassen des Schadensersatzverlangen direkt auf eine teleologische Reduktion des § 346 stützt oder auf die analoge Anwendung des § 325. Auch nach neuer Rechtslage bleibt es damit dabei, dass ein Rücktritt des B ein Schadensersatzverlangen des C unmöglich machen würde, das Problem stellt sich hier also gleichermaßen.

Abstrakter formuliert stellt sich also insgesamt die Frage, ob der Schutz durch Rückgewähr immer gegen beide Gläubiger zu „vollstrecken" ist oder ob es nicht Fälle gibt, in denen kein Schutz gewollt wird oder nötig ist, und also keine allseitige Rückgewähr durchzuführen ist. Strukturell ist das die gleiche Frage wie beim Synallagma der Primärleistungspflichten: Beidesmal geht es dar-

---

[159] Das zeigt die Existenz des § 325. Denn wenn sich dogmatisch Rücktritt und Schadensersatz nicht ausschliessen würden, bräuchte es den § 325 nicht.

um, ob einer der drei Vertragspartner zu seinem Schutz seine Leistung erbringen darf und sich also nicht mit der Unwirksamkeit der Pflichten und dem Scheitern des Vertrags abfinden muss, dort, obwohl eine Primärleistungspflicht unwirksam ist und hier, obwohl – in der Wirkung gleichbedeutend – eine Rückgewährpflicht besteht, also der Betreffende beidesmal nicht seine Leistung bekommt.

bbb.) Interessenlage

Dass einer der beiden Gläubiger durch seine Sekundärrechtswahl die Sekundärrechte des anderen präjudizieren würde, widerspräche dem Interesse des anderen Gläubigers und wäre auch nicht durch die Interessenlage des anderen Gläubigers gerechtfertigt, wenn dieser seine Interessen auch ohne Präjudizierung der Sekundärrechtswahl des anderen Gläubigers durchsetzen könnte. Jeder Gläubiger möchte unabhängig vom anderen Gläubiger entscheiden können, ob er seine Leistung zurückfordert oder ob er einen anderen Anspruch, etwa auf Schadensersatz, geltend macht. Einem der Vertragspartner kann es nämlich durchaus daran gelegen sein, seine Leistung zu erbringen, um dann statt der Rückgewähr etwa Schadensersatz nach der Surrogationstheorie zu verlangen oder überhaupt ohne Erbringung der eigenen Leistung und an Stelle der Rückgewähr Schadensersatz zu verlangen.

Von der Interessenlage her läge die beste Lösung also darin, dass jeder Gläubiger das aus seiner Sicht günstigste Sekundärrecht wählen kann, ohne dass ihm der andere Gläubiger in die Quere kommt.

ccc.) Literaturmeinung

In der Literatur gehen die Meinungen hinsichtlich der Frage, ob es stets zu einer umfassenden Umgestaltung des Schuldverhältnisses in ein Rückgewährschuldverhältnis kommen muss, ob also die Sekundärrechtswahl bei Rücktritt präjudiziert ist, trotzdem auseinander.

Nach einer Auffassung entstehen zwingend umfassende Rückgewährpflichten aller Beteiligten, weil das Rücktrittsrecht bei mehr als zwei Beteiligten gemäß § 356 nur einheitlich ausgeübt werden könne; allerdings soll der Dritte, der den Rücktrittsgrund nicht zu vertreten hat, nicht nach §§ 346 ff., sondern nur nach §§ 812 ff. zurückgewähren müssen, was aus § 327 S.2 aF folge[160]. Auch im Falle der Wandelung (also nach alter Rechtslage) soll das gesamte Schuldverhältnis umgestaltet werden[161], die Wandelung soll zu einem automatischen Erlöschen sämtlicher Leistungspflichten führen[162], ohne Rücksicht darauf, dass der Dritte die Wandelung nicht verursacht hat.

---

[160]Huber, Leistungsstörungen II, § 45 III 5.
[161]Heermann, JZ 1999, 183, 184.
[162]Pfister, JZ 1971, 284, 285.

Begründet wird das damit, dass die Wandelung die Leistungspflichten umkehre und wegen der trilateral synallagmatischen Verknüpfung dieser Pflichten sämtliche Pflichten entsprechend dem konditionellen Synallagma erfasst werden[163]. Doch ist diese letzte Auffassung erstens in sich inkonsequent, weil sie im Falle des Rücktritts vom Gegenteil ausgeht[164], und zweitens kann sie wie die erste Meinung keinen teleologischen Grund dafür anführen, warum die Sekundärrechtswahl des einen Gläubigers die des anderen durch den Rücktritt präjudizieren soll, sondern sie kann nur auf die begriffsjuristische Überlegung des umfassenden Rückgewährschuldverhältnisses abstellen. Im Übrigen vermag weder die Argumentation mit § 356 zu überzeugen, weil § 356 den Fall beschreibt, dass mehrere Berechtigte nur ein einziges Rücktrittsrecht haben, was hier aber nicht der Fall ist, weil beide Gläubiger jeweils für sich eigene Sekundärrechte haben, noch die Argumentation mit dem trilateralen Synallagma, weil das Synallagma nur negativ die allseitige Unwirksamkeit begründen kann, nicht aber positiv das zwingende Entstehen von Rückgewährpflichten. Diesen Ansichten kann daher nicht gefolgt werden.

Nach gegenteiliger Ansicht in der Literatur soll das unterschiedliche Vorgehen hinsichtlich Schadensersatz und Rücktritt denn auch zulässig sein[165]. Denn das in den §§ 325,326 aF vorgesehene Alternativverhältnis betreffe nur den zweiseitigen Austauschvertrag, also den Fall der Gläubigeridentität; hingegen wird der Schadensersatzschuldner, also zugleich der Schuldner des Zurücktretenden, ohnehin nur von der Entscheidung für den Schadensersatz wegen Nichterfüllung betroffen, nicht aber von der Entscheidung für den Rücktritt, weil der Rücktritt nur dem Dritten gegenüber eine unmittelbare Auswirkung hat[166]. Der Schuldner wird also bzgl. ein- und desselben Gläubigers nicht von zwei Rechtsfolgen, nämlich Rückgewähr und Schadensersatz, betroffen und muss also auch nicht durch den Alternativitätsgrundsatz geschützt werden. Und außerdem könne es nicht sein, dass der Dritte, etwa C, aufgrund eines Rücktritts des B seine Schadensersatzansprüche gegen A verliert[167]. Vielmehr müssen die Folgen der Vertragsaufhebung auf den B beschränkt werden, und C muss also eigene Rechte haben, nach dem Grundsatz, dass die Rechtsfolgen nicht für alle Parteien gleich sein müssen[168]. Der Dritte kann also nach seiner Wahl Schadensersatz wegen Nichterfüllung verlangen oder zurücktreten (und damit die bereits erbrachte Leistung wiedererlangen), gleichviel ob der Zweite den Rücktritt erklärt oder Schadensersatz verlangt hat[169].

163 Heermann, Erwerbsgeschäfte, S. 253, 255.
164 Heermann, Erwerbsgeschäfte, S.175.
165 Pfister, JZ 1971, 284, 285; Gernhuber, Schuldverhältnis, § 13 V 3.
166 Gernhuber, Schuldverhältnis, § 13 V 3.
167 Pfister, JZ 1971, 284, 285.
168 Pfister, JZ 1971, 284, 285.
169 Gernhuber, Schuldverhältnis, § 13 V 3; Pfister, JZ 1971, 284, 285.

Diese Argumentation kann indes nur teilweise überzeugen. Denn die erste Begründung, dass der Schuldner nur von einer Rechtsfolge betroffen wird, gilt nur dann, wenn B zurücktritt und C Schadensersatz wählt, nicht aber, wenn B Schadensersatz wählt und C zurücktritt, weil dann A sowohl Schadensersatz an B leisten als auch C die Leistung zurückgewähren muss. Und der Grundsatz, dass die Rechtsfolgen nicht für alle Parteien gleich sein müssen, ist zwar einleuchtend, steht aber so nicht im Gesetz und wird auch nicht weiter begründet; doch müsste gerade anhand der gesetzlichen Wertung des § 325 aF oder des § 346 begründet werden, warum eine uneinheitliche Ausübung möglich ist.

Nach einer vermittelnden Lösung schließlich soll zwar der Vertrag dann, wenn B nach § 325 zurücktritt, in ein Rückgewährschuldverhältnis umgewandelt werden. C soll aber nicht an die von B veranlasste Rückabwicklung gebunden sein, sofern er auf die Rechte aus dem Rücktritt verzichtet, er kann seinerseits Schadensersatz nach § 325 aF verlangen, weil es andernfalls B in der Hand hätte, dem C durch Ausübung seines Wahlrechts die Geltendmachung eines Eigenschadens abzuschneiden, was mit der gleichberechtigten Stellung sämtlicher am trilateralen Synallagma Beteiligten unvereinbar wäre[170]. Umgekehrt soll C aber nicht zurücktreten dürfen, wenn sich B für Schadensersatz entschieden hat, weil er dadurch den Vertrag in ein Rückgewährschuldverhältnis umgestalten würde infolge der Grundsätze zum konditionellen Synallagma, Rücktritt und Schadensersatz aber nicht kumulativ, sondern nur alternativ geltend gemacht werden dürfen[171]. Folglich muss wegen dieser Abhängigkeit der Sekundärrechtswahl voneinander B zuerst seine Rechte wählen[172]. Diese Differenzierung nach der Sekundärrechtswahl des Erstgläubigers leuchtet indes nicht ein. Denn bei der ersten Konstellation wird eine gleichberechtigte Stellung sämtlicher Beteiligter postuliert – in der zweiten Konstellation soll diese hingegen nicht mehr gelten, vielmehr der B den Vorrang haben. Außerdem ist unverständlich, wie C in der ersten Konstellation auf seine Rückgewährrechte soll verzichten können, etwa im Sinne eines einseitigen Gestaltungsrechts, warum aber dann B in der zweiten Konstellation nicht ebenso auf die Rückgewährrechte soll verzichten können – zum Vorteil des C! – und stattdessen Schadensersatz verlangen. Dieser vermittelnden Lösung kann daher nicht gefolgt werden.

Jedenfalls vom Ergebnis her vorzugswürdig ist vielmehr die Literaturansicht, die ein Schadensersatzverlangen neben dem Rücktritt des anderen Gläubigers zulässt.

Implizit beantwortet wäre damit auch die Frage hinsichtlich des Bereicherungsrechts. Denn wenn schon der Rücktritt neben Schadensersatz zulässig ist, dann muss das erst recht für ein Rückgewährverlangen nach § 812 gelten, weil hier das zusätzliche dogmatische Problem, wie das umfas-

[170] Heermann, Erwerbsgeschäfte, S.175.
[171] Heermann, Erwerbsgeschäfte, S.174.
[172] Heermann, Erwerbsgeschäfte, S.174.

sende Rückgewährschuldverhältnis für alle drei Pflichten zu begrenzen ist, nicht besteht; explizite Ausführungen dazu finden sich allerdings nicht.

ddd.) Die gesetzliche Wertung

Letztlich entscheidend ist indes die gesetzliche Wertung, und zwar die gesetzliche Wertung des § 346. Ob nämlich in jedem Verhältnis Rückgewährpflichten nach §§ 346 ff. entstehen müssen oder nicht, hängt allein vom Schutzzweck des durch § 346 begründeten Instituts „Rückgewährschuldverhältnis" ab.

Das kumulative Entstehen von Rückgewähransprüchen dient vorrangig dem Schutz des Rücktrittsberechtigten, er soll nicht zur Rückgewähr verpflichtet sein, ohne dass er seinerseits einen Rückgewähranspruch hat. Wer andererseits diesen Schutz nicht will, dem darf dieser Schutz durch Rückgewähr auch nicht aufgedrängt werden. Denn aufgrund des Selbstbestimmungsrechts muss jedem selbst überlassen bleiben, welche Rechte er wahrnehmen möchte, und der Schutzzweck des Rückgewährinstitus, Schutz des Rückgewährpflichtigen vor einer Rückgewährpflicht ohne einen eigenen Rückgewähranspruch, wäre nicht gegeben.

Auch mit dem Synallagma hat das umfassende Rückgewährschuldverhältnis nichts zu tun, weil das Synallagma nur die Abhängigkeit im Erlöschen begründen kann, nicht aber das positive Fortwirken einer Sekundärrechtswahl. Der Sache nach handelt es sich bei der Umgestaltung des ganzen Schuldverhältnisses in ein Rückgewährschuldverhältnis nicht um eine bloße, negativ gefasste Abhängigkeit der Pflichten voneinander im Bestehen, sondern um eine positiv gefasste Überwälzung der Inhaltsänderung einer Pflicht auf die anderen. Übt etwa B ein Rücktrittsrecht aufgrund Leistungsstörung aus, so ändert er die Pflichten der anderen ohne deren Mitwirkung. Das lässt sich nicht aus dem Synallagma begründen, weil das Synallagma nur die Abhängigkeit im Bestehen zu begründen vermag, nicht aber auch die Umgestaltung. Die Umgestaltung lässt sich vielmehr nur aus dem oben dargelegten Schutzzweck begründen. Wenn der Schutzzweck aber nicht erfüllt ist, dann kann es keine umfassende Umgestaltung geben.

Sonst hinge die Sekundärrechtswahl auch von der Zufälligkeit ab, ob sich die Unmöglichkeit bzw. Mangelhaftigkeit der einen Leistung noch vor oder erst nach dem Leistungsaustausch der anderen Leistung herausstellt. Denn davor müsste keiner der zwei Gläubiger Rücktritt wählen, weil er auch durch ein Schadensersatzverlangen seine Primärpflicht zum Erlöschen bringen kann, wodurch er dem anderen aber nicht die Möglichkeit des Schadensersatzes nehmen würde. Dann kann es nach Leistungsaustausch aber nicht so sein, dass dann nur noch entweder Rücktritt oder Schadensersatz möglich ist.

Im Zweipersonenverhältnis ist die automatische umfassende Umgestaltung und damit die Anwendung des § 346 berechtigt, weil dort der Zurücktretende über seine Rechte allein entscheidet und der Rücktrittsgegner den Rücktritt entweder zu verantworten hat und sich also auch die Ersetzung seines Anspruchs durch eine Rückgewährpflicht gefallen lassen muss oder weil er sich von vornherein vertraglich mit dem Rücktritt einverstanden erklärt hat. Im Dreipersonenverhältnis geht es dagegen immer auch um den Schutz des unbeteiligten Dritten; dieser Dritte hat regelmäßig mit der Ursache für den Rücktritt nichts zu tun und muss also davor geschützt werden, dass er in seiner Disposition, eine Leistung zu erbringen – wofür er ja eventuell bereits Aufwendungen getätigt hat – gestört wird. Damit ist eine Präjudizierung der Sekundärrechte und ein Automatismus beim Rückgewährschuldverhältnis nach § 346 unvereinbar.

Zu der umfassenden Umgestaltung der Leistungspflichten in Rückgewährpflichten kann es also dann nicht kommen, wenn diese Umgestaltung nicht gewünscht wird[173], weil das mit dem Schutzzweck des Instituts „Rückgewährschuldverhältnis" aus § 346 unvereinbar wäre. Deswegen erweist sich auch die Literaturansicht von oben, die behauptete, dass die Rechtsfolgen nicht für jede Partei gleich sein müssen, als richtig und gesetzeskonform; nur die Begründung war unzureichend.

Auch der Sekundärrechtsverpflichtete wird dadurch, dass er eventuell nun sowohl die Sache zurückgeben als auch Schadensersatz leisten muss, nicht unbillig belastet, weil er zwei Vertragspartner und damit ein doppeltes Haftungsrisiko hat; außerdem bekommt er, wenn keine umfassende Rückgewähr stattfindet oder er beidesmals Schadensersatz leisten muss, entweder seine (mangelhafte) Leistung zurück oder sie wird ihm beim Schadensersatz nach der Surrogationstheorie von C erbracht.

Diese eingeschränkte Entstehung von Rückgewährpflichten entspricht schließlich der Lage bei den Primärpflichten. Dort führt ein Unwirksamkeitsgrund, wie etwa die Nichtigkeit nach § 134, nicht automatisch das Erlöschen sämtlicher Primärpflichten im Wege des konditionellen Synallagmas herbei, es müssen also nicht notwendigerweise alle Primärpflichten unwirksam sein. Das folgte nämlich aus dem eingeschränkten Schutzzweck des Synallagmaprinzips. Dann ist es aber systembegründend, wenn die umgekehrten Primärpflichten, nämlich die Rückgewährpflichten, genauso wenig zwingend in jedem Verhältnis entstehen.

Insgesamt ergibt sich damit folgendes Bild: Wählt B den Rücktritt, so kann C entweder seine Leistung erbringen, sich also gegen die Rückgewähr entscheiden, und Schadensersatz, nun nach der Surrogationstheorie, verlangen, weil es eben eine Präjudizierung seiner Sekundärrechte nicht gibt. Oder er entscheidet sich für die Rückforderung seiner Leistung, indem er sich dem von B initiier-

[173] Zwar wäre auch eine Fallgruppe denkbar, dass der Schutz nicht nötig ist; aber für diese Fallgruppe besteht kein Anwendungsfall, weil immer Schutz nötig ist, wenn der Vormann zurücktritt; allerdings darf C nicht zurücktreten, wenn er von B volle Leistung erhält.

ten Rückgewährschuldverhältnis anschließt, sodass er gar nicht selbst zurücktreten braucht, also sein eigenes Sekundärrecht „Rücktritt" gar nicht ausüben braucht. Oder er kann Schadensersatz nach der Differenztheorie verlangen und seine bereits erbrachte Leistung zurückverlangen[174] – was allerdings nur nach neuer Rechtslage möglich ist, § 325. Wählt B dagegen Schadensersatz ohne Erbringung der Leistung an C, so kann sich C dennoch für den Rücktritt entscheiden, da der Rücktritt einer der Vertragspartner eben nicht notwendig die umfassende Umgestaltung in Rückgewährpflichten zur Folge hat, was das Schadensersatzverlangen des B nach alter Rechtslage ja ausschließen würde. Entscheidet sich C dagegen gegen den Rücktritt, dann bleibt seine Leistungspflicht bestehen, wenn der Rücktritt allein der Grund für die Unwirksamkeit der Primärpflichten ist; spätestens mit Verlangen des Schadensersatzes wegen Nichterfüllung / statt der Leistung erlischt sie dann aber.

Eine umfassende Umgestaltung des Schuldverhältnisses in ein Rückgewährschuldverhältnis gibt es also bei entgegenstehendem Parteiwillen nicht. Folglich ist eine unterschiedliche Sekundärrechtswahl zulässig.

c.) Rechtslage beim Untergang einer der zurückzugewährenden Leistungen

Bei den bisherigen Überlegungen wurde davon ausgegangen, dass sämtliche zurückzugewährenden Leistungen noch vorhanden sind und zurückgewährt werden können. Indes kann es dazu kommen, dass eine dieser Leistungen bereits untergegangen oder weiterveräußert wurde. Dann ist insbesondere beim Rücktritt fraglich, wie sich dieser Untergang auf die übrigen Rückgewährpflichten auswirkt. Dies ist getrennt danach zu untersuchen, bei wem die Leistung untergegangen ist.

aa) Untergang der Leistung beim Rücktrittsberechtigten

Nach alter Rechtslage war der Rücktritt ausgeschlossen, wenn der Rücktrittsberechtigte den Untergang der Leistung zu vertreten hatte, § 351 aF; ein Rücktritt war also nur möglich, wenn die zurückzugewährende Leistung durch Zufall untergegangen war, § 350 aF.

Nach neuer Rechtslage ist der Rücktritt dagegen stets möglich. Der Rücktrittsberechtigte muss aber Wertersatz leisten, § 346 II, und ist nur ausnahmsweise von dieser Wertersatzpflicht befreit, § 346 III.

---

[174] bzw. natürlich erst recht, wenn er seine Leistung noch gar nicht erbracht hat.

Dies ist ohne Einschränkung auf die Rechtslage beim mehrseitigen Austauschvertrag übertragbar, weil sich die Stellung des Rücktrittsberechtigten im Zweipersonenverhältnis nicht von derjenigen beim mehrseitigen Austauschvertrag unterscheidet.

Allerdings bedarf die Anwendbarkeit des § 351 aF einer genaueren Begründung, weil der Rücktrittsgegner scheinbar des Schutzes durch § 351 aF – zum Schutz des Rücktrittsgegners wird ja der Rücktritt des Rücktrittsberechtigten ausgeschlossen – nicht bedarf. Tritt nämlich etwa B wegen einer Leistungsstörung des A zurück und ist bei ihm, B, die Leistung untergegangen, so bekäme C dennoch seine Leistung von A zurück; der Rücktrittsgegner müsste also nicht vor den Folgen des Rücktritts geschützt werden, weil sie ihn nicht treffen, sodass § 351 tatbestandlich nicht einschlägig wäre. Beim Dreipersonenverhältnis ist der vom Untergang der Leistung Betroffene nicht zugleich der Rücktrittsgegner. Doch greift § 351 von seinem Schutzzweck her auch in dieser Konstellation. Denn § 351 liegt das Verbot des venire contra factum proprium zugrunde, indem derjenige nicht den Rücktritt erklären darf, der selbst die Sache nicht mehr zurückgewähren kann[175]. Dann ist es aber letztlich einerlei, wem die Sache zurückgewährt werden muss, ob dem eigenen Rücktrittsgegner oder dem Dritten, zumal der Dritte seinerseits die Leistung zurückgewähren muss und also genauso schutzwürdig ist, wie wenn er der unmittelbare Rücktrittsgegner im Zweipersonenverhältnis wäre. Hinzukommt, dass nach dem Sinn des mehrseitigen Austauschvertrages keine der Parteien schlechter, aber auch nicht besser stehen darf allein dadurch, dass sie die Leistung an einen Dritten erbringt. Gerade darauf liefe die Nichtanwendung des § 351 aber hinaus. § 351 aF ist deshalb auch im Dreipersonenverhältnis bei Untergang der Leistung beim Rücktrittsberechtigten anwendbar.

bb) Untergang der Leistung beim Rücktrittsgegner

Schwieriger ist dagegen die Rechtslage, wenn der Leistungsgegenstand beim Rücktrittsgegner untergegangen ist.

Probleme bereitet nämlich schon zu bestimmen, wer der Rücktrittsgegner ist. Auf den ersten Blick sind das nämlich sowohl C als auch A, wenn B zurücktritt, weil beide vom Rücktritt des B betroffen werden. Für den hier interessierenden Problemkreis des Untergangs einer Leistung kommt es hingegen allein darauf an, wer eine Leistung zurückgewähren muss. Demnach ist Rücktrittsgegner derjenige, der dem Rücktrittsberechtigten die Leistung zurückgewähren muss; im Beispiel ist dies mithin C, wenn B zurücktritt.

Nach alter Rechtslage blieb der Rücktritt möglich, der Rücktrittsgegner musste allerdings Schadensersatz leisten, wenn er den Untergang der Leistung zu vertreten hatte, § 347 aF. Hatte er ihn

---

[175] Palandt-Heinrichs, § 351 Rn.1.

nicht zuvertreten, so erwies sich die Rücktrittserklärung für den Rücktrittsberechtigten geradezu als Falle: er musste die Leistung an den Rücktrittsgegner zurückgewähren, bekam seinerseits aber weder die Leistung zurück noch Schadensersatz. In diesem Fall blieb dem Rücktrittsberechtigten nichts anderes, als seine Rücktrittserklärung rückgängig zu machen[176].

Auch nach neuer Rechtslage ist der Rücktritt möglich, der Rücktrittsgegner muss allerdings verschuldensunabhängig Wertersatz leisten, § 346 II, wobei auch noch der entscheidende Ausnahmetatbestand des § 346 III Nr. 3 nicht greift, weil jener nur für den Rücktrittsberechtigten gilt.

Mit dieser Schadensersatz- bzw. Wertersatzpflicht den Rücktrittsgegner beim mehrseitigen Austauschvertrag zu belasten begegnet jedoch gravierenden Bedenken, wie besonders der Ausschluss des Ausnahmetatbestandes nach neuem Recht zeigt.

Der vom Gesetzgeber angeordneten Belastung mit einer Pflicht liegt nämlich der Gedanke zugrunde, dass der Rücktrittsgegner den Rücktritt jedenfalls beim gesetzlichen Rücktritt zu verantworten hat, weil er nicht oder nicht ordnungsgemäß geleistet hat; gerade deswegen wird ihm auch die Berufung auf den Ausnahmetatbestand des § 346 III Nr. 3 verweigert. Beim mehrseitigen Austauschvertrag hat aber nicht der Rücktrittsgegner C, sondern der Dritte A den Rücktritt des B zu verantworten, weil A an B nicht oder nicht ordnungsgemäß geleistet hat.

Die pauschale Übertragung der gesetzlichen Lösung muss deshalb unterbleiben.

Allerdings zeigt der Ausnahmetatbestand des § 346 III Nr. 3, dass der Gesetzgeber eine Wertersatzpflicht dann für zulässig hält, wenn der Untergang der Leistung darauf zurückzuführen ist, dass der Rücktrittsberechtigte den Untergang unter Missachtung der eigenüblichen Sorgfalt herbeigeführt hat. Der Gesetzgeber geht also davon aus, dass selbst derjenige, der den Rücktritt nicht verursacht bzw. nicht zu verantworten hat, nämlich der Rücktrittsberechtigte, mit einer Wertersatzpflicht belastet werden darf, wenn er beim Untergang der Sache nicht die eigenübliche Sorgfalt hat walten lassen.

Diese Wertung ist auf das oben aufgeworfene Problem übertragbar: In beiden Fällen hat der Rückgewährverpflichtete den Rücktritt nicht verursacht bzw. zu verantworten, indem er nicht oder nicht ordnungsgemäß geleistet hat – weder der C beim mehrseitigen Austauschvertrag, weil den Rücktritt der A durch Nichtleistung verursacht hat, noch der B als Rücktrittsberechtigter im Zweipersonenverhältnis. Mithin ist es geboten, die Entscheidung des Gesetzgebers, dass auch derjenige mit einer Wertersatzpflicht belastet werden darf, der für den Rücktritt „nichts kann", auf die Situation beim mehrseitigen Austauschvertrag zu übertragen.

---

[176] entweder durch Anfechtung analog § 119 II (Esser/Schmidt, Schuldrecht, § 19 11 3) oder durch Widerruf wegen Wegfalls der Geschäftsgrundlage (Palandt-Heinrichs § 347 aF, Rn.2).

Folglich muss der Rücktrittsgegner nach neuer Rechtslage in teleologischer Reduktion des § 346 II nur Wertersatz leisten, wenn er beim Untergang der Leistung die eigenübliche Sorgfalt missachtet hat. Nach alter Rechtslage ist das Verschuldenserfordernis des § 347 aF entsprechend auszulegen.

cc) Untergang der Leistung beim Dritten

Übrig geblieben ist schließlich als letzte Konstellation, dass die Leistung beim Dritten untergegangen ist, also weder beim Rücktrittsberechtigten noch beim Rücktrittsgegner. Das wäre etwa der Fall, wenn B zurücktreten möchte und nun weder die Leistung des B bei C noch die Leistung des A bei B, sondern die Leistung des C bei A untergegangen ist.

Drei Lösungsmöglichkeiten wären für dieses Problem denkbar: Entweder man hält den Rücktritt des B zum Schutz des C für ausgeschlossen. Oder man lässt den Rücktritt zwar zu, verwehrt aber dem Rücktrittsberechtigten B die Rückforderung der Leistung und verweist ihn auf einen Wertersatzanspruch gegen A, sodass C die Leistung des B behalten kann. Oder man lässt schließlich den B seine Leistung zurückfordern und verweist den C auf einen Wertersatzanspruch gegen A.

Für die erste Lösungsmöglichkeit scheint die Wertung des § 351 aF zu sprechen. Schutzzweck des § 351 ist es nämlich nicht nur, dem Rücktrittsberechtigten einen ungerechtfertigten Vorteil zu verwehren, indem er seine Leistung zurückfordern darf, ohne dass er die gegnerische Leistung zurückgewährt, sondern auch gerade dadurch den Adressaten der Rücktrittserklärung davor zu schützen, dass er die Leistung zurückgewähren muss, ohne dass er seine Leistung zurückbekommt. Dann greift § 351 aber auch in dem Fall, dass in einem Dreipersonenverhältnis der Rücktrittsgegner, hier C, seine Leistung nicht mehr vom Dritten A zurückbekommt; C muss als Rücktrittsgegner des B davor geschützt werden, dass er seine Leistung nicht zurückbekommt, und ob er sie nun von B oder von A zurückzubekommen hat, macht aus Sicht des C keinen Unterschied. Der Rücktrittsgegner ist beidesmal gleichermaßen schutzwürdig.

Indes setzt § 351 voraus, dass der Rücktrittsberechtigte den Untergang der Sache zu vertreten hat. In unserem Fall hat aber nicht B, sondern A den Untergang der Sache verursacht und gegebenenfalls zu verantworten. § 351 aF kann somit nicht angewendet werden, ein Ausschluss kommt also nicht in Betracht.

Es bleiben also als Entscheidungsmöglichkeiten, entweder dem B das Risiko eines Untergangs der Sache bei A zuzuweisen, indem man ihm die Rückforderung seiner Leistung verwehrt und ihm lediglich einen Wertersatzanspruch gegen A zugesteht, oder dem C das Risiko des Untergangs seiner Leistung bei A zuzuweisen, indem man ihn zur Rückgewähr der Leistung an B verpflichtet und ihm lediglich einen Wertersatzanspruch gegen A zugesteht.

Zur Beantwortung dieser Frage ist zu überlegen, wie sich die Situation im Zweipersonenverhältnis aus Sicht des Rücktrittsberechtigten darstellen würde. Hat der Rücktrittsberechtigte B seine Leistung bereits erbracht, noch bevor er die Leistung von A erhalten hat, so wäre er, wenn er wegen Nichtleistung des A zurücktritt, auf einen reinen Wertersatzanspruch beschränkt. Im Falle einer Vorleistung müsste sich B also mit einem Wertersatzanspruch begnügen.

Das muss gleichermaßen für das Dreipersonenverhältnis des mehrseitigen Austauschvertrages gelten, weil die Frage der Vorleistung unabhängig von der Zahl der beteiligten Personen ist. Hat also B an C vorgeleistet, noch bevor er die Leistung von A erhalten hat, so muss er sich mit einem Wertersatzanspruch zufrieden geben. B hat durch seine Vorleistung gegenüber C das Risiko übernommen, dass der Vertrag nicht ordnungsgemäß von A erfüllt wird; denn hätte B nicht an C geleistet, so hätte auch C nicht an A geleistet.

Auch aus Sicht des A ist diese Wertersatzpflicht gegenüber B gerechtfertigt. Denn wenn B von A die ihm gebührende Leistung noch nicht bekommen hat, hätte er diesen Nachteil durch den Rückgewähranspruch aussschalten können. Diesen Vorteil des Rückgewähranspruchs verliert er nur, weil bei A die Leistung des C untergegangen ist. Also soll A dafür haften müssen. Bei ihm ist die Leistung untergegangen. Außerdem darf A ja die Leistung des C behalten.

Hat B hingegen nicht vorgeleistet, ist kein Wertungsgrund ersichtlich, auf Grund dessen das Risiko des Untergangs von C auf B verlagert werden könnte. In diesem Fall muss es dabei bleiben, dass B seine Leistung von C zurückverlangen kann und C sich mit einem Wertersatzanspruch zufrieden geben muss.

Dogmatisch folgt dabei der Wertersatzanspruch des C ohne weiteres aus § 346 II, während sich der Wertersatzanspruch des B nur aus einer analogen Anwendung des § 346 II ergibt: Zwar ist die Leistung des B bei C noch vorhanden; aber C soll die Leistung des B aufgrund der Vorleistung des B behalten dürfen, sodass es für B praktisch so ist, als ob seine Leistung untergegangen ist. Von der Interessenlage des B her sind beide Fälle identisch. B bekäme ja auch im Zweipersonensystem Schadensersatz bzw. Wertersatz, wenn er zurücktritt, aber seine Leistung untergegangen ist. Würde man die Wertersatzpflicht des A im Dreipersonensystem verneinen, so stände B nur deshalb schlechter, weil er die Leistung nicht an A, sondern an C erbracht hat, wegen des Ausschlusses seines Rückgewähranspruchs aber auch seine Leistung faktisch untergegangen ist, weil er sie nicht zurückbekommt; im Zweipersonenverhältnis bekäme er dafür aber Kompensation nach § 346, § 347 aF. Außerdem hat A nicht nur gegenüber C, sondern auch gegenüber B die Pflicht zur Rückgewähr (an C). Also ist auch B gegenüber die Rückgewährpflicht gestört, und also kann auch B Schadensersatz bzw. Wertersatz verlangen – das ist strukturell genau die gleiche Situation wie bei den Schadensersatzpflichten wegen Verletzung einer Primärleistungspflicht und beruht darauf,

dass die Verletzung einer Pflicht, auch wenn es sich um eine Rückgewährpflicht handelt, zum Ersatz des daraus entstehenden Schadens verpflichet, wie § 280 I BGB ausdrücklich festschreibt und wie dies auch nach alter Rechtslage gewohnheitsrechtlich anerkannt war. Deshalb kann B Schadensersatz nach § 347 aF bzw. Wertersatz nach § 346 II oder § 818 II verlangen.
Inhalt dieser Schadensersatz- bzw. Wertersatzpflicht ist es, den B so zu stellen, wie wenn sein Rückgewähranspruch nicht ausgeschlossen wäre, wie wenn B also seine Leistung zurückerhalten hätte. Das ist die Wertdifferenz zwischen nicht erhaltener und wegegebener Leistung. Der Wertersatzanspruch geht damit auf den kompletten Wert seiner Sache, die bei C verbleibt. Mit diesem Geldersatzanspruch muss sich B aber auch zufrieden geben, weil er an C vorgeleistet hat und es deshalb gerechtfertigt ist, dass er am Ende ganz ohne Sachleistung steht.
Im Unterschied zum Wertersatzanspruch kann dabei beim Schadensersatzanspruch auch noch ein über den bloßen Wertverlust hinaus gehender Schaden liquidiert werden, etwa der Nutzungsausfallschaden oder sonstiger entgangener Gewinn[177].

Die Aussage, dass B im Falle einer Vorleistung seine Leistung nicht zurückfordern könne, sondern auf einen Wertersatzanspruch gegen A beschränkt sei, bedarf allerdings noch einer Einschränkung. Die Notwendigkeit einer Einschränkung begründet sich nämlich aus einer in bestimmten Konstellationen fehlenden Schutzbedürftigkeit des C.
C ist zum einen dann nicht schutzbedürftig, wenn er seine nicht mehr vorhandene Leistung gar nicht zurückhaben, sondern etwa Schadensersatz nach der Surrogationstheorie verlangen will. Dann realisiert er seinen Schutz über das Schadensersatzverlangen, sodass er nicht zugleich die Leistung des B behalten kann.
Zum anderen ist C dann nicht schutzbedürftig, wenn er sich mit Schadensersatz bzw. Wertersatz zufrieden gibt, sei es nach § 347 aF bzw. § 346 II oder nach § 818 II. Übt der Dritte nämlich diesen Anspruch auf Schadensersatz bzw. Wertersatz aus, so findet im Übrigen die Rückgewähr der Leistungen statt.
Zwar findet sich kein vergleichbares Wahlrecht im Zweipersonenverhältnis; aber dort kann es dieses auch nicht geben, weil es nie um den Schutz eines Dritten geht, hier aber der schutzwürdige Dritte sogar auf seinen Schutz teilweise verzichtet, indem er die erhaltene Leistung zurückgewährt und sich mit Wertersatz statt seiner Leistung zufrieden gibt.
Allerdings wirft dieses Wahlrecht noch ein Folgeproblem auf: es ist nämlich bis zur Entscheidung des „Geschädigten“ für die beiden anderen ungewiss, ob die Leistungen zurückgewährt werden müssen oder nicht. Schutz vor dieser Ungewissheit bietet indes die Möglichkeit der Zug-um-Zug

[177] Schwab, JuS 2002, 630, 631.

Leistung, der Inverzugsetzung und schließlich der Fristsetzung mit anschließendem Erlöschen des Rückgewähranspruchs des Dritten (mithin auch des surrogierenden Schadensersatz- bzw. Wertersatzanspruchs) gemäß § 356 aF, § 350 nF, weil der Dritte durch die Entscheidung für oder gegen den Wertersatz entweder das Rückgewährschuldverhältnis zustande bringt oder ausschließt und also diese Erklärung für oder gegen den Ersatzanspruch wie eine Rücktrittserklärung selbst behandelt werden kann. Auch der Schwebezustand lässt sich damit angemessen bewältigen.
Ist die Leistung des Dritten untergegangen, so kann dieser die Leistung von B behalten, wenn B vorgeleistet hat; andernfalls muss er die Leistung an B zurückgewähren und ist auf einen Wertersatzanspruch gegen A beschränkt.

dd.) Zusammenfassung hinsichtlich der zugrunde liegenden Wertung

Bei der Anordnung der Wertersatzpflicht nach alter und neuer Rechtslage hat sich zum ersten Mal gezeigt, dass die diesen Normen zugrunde liegende Wertung nicht pauschal und für jede Konstellation gleichermaßen auf das Dreipersonenverhältnis übertragbar ist. Das beruht auf einem tieferen Grund, der sich nicht allein in der jeweiligen gesetzlichen Wertung erschöpft.
Solange das vertragliche Leistungsprogram fortbesteht oder komplett umgekehrt oder aufgehoben wird, sind die gesetzlichen Wertungen übertragbar, etwa zum konditionellen Synallagma oder zu den Schadensersatzpflichten. Auch nach § 351 bleibt der Leistungsaustausch komplett aufrechterhalten oder ist fortzusetzen. Das hat sich daraus gerechtfertigt, dass in die spezifischen Wertungen des Dreipersonenverhältnisses nicht eingegriffen werden musste, weil keine nur partielle Güterverteilung vorzunehmen war und also irrelevant war, wie viele Personen beteiligt sind.
Demgegenüber geht es bei der Wertersatzpflicht zum ersten Mal um einen nur partiell wirkenden Eingriff in das vertraglich festgelegte Güteraustauschprogramm, indem durch den Wertersatz eine Leistungsveränderung vorgeschrieben wird. Eine solche Abweichung vom vertraglich festgelegten Austauschprogramm von Gesetzes wegen ist indes nur dann möglich, wenn es dafür spezifische Wertungskriterien gibt. Diese gibt es aber für das Zweipersonenverhältnis. Auf das Dreipersonenverhältnis sind sie hingegen nicht übertragbar, weil das Kriterium der Verantwortlichkeit für den neuen gesetzlichen Güterverteilungsplan nicht auf den Dritten passt, sodass das Gesetz für den Dritten und damit für den gesamten Vertrag keine Antwort bereit halten konnte. Immer dann, wenn das Gesetz einen eigenen Güterverteilungsplan festlegt, kann es nicht auf das Dreipersonenverhältnis übertragen werden, weil es dazu auf Wertungen zurückgreifen muss, die zwar für das Zweipersonenverhältnis passen, aber nicht für das Dreipersonenverhältnis. Denn dieses besteht eben nicht nur aus zwei Polen, wo eine entweder- oder- Entscheidung zulässig wäre, sondern aus drei Polen, was eine gesetzliche entweder – oder – oder – Entscheidung erfordert.

5. Die Ermittlung der Gegenleistung

Nicht weniger problematisch als das Bestehen der Pflichten dem Grunde nach ist das inhaltliche Verhältnis der Primärpflichten zueinander.

Zweifelhaft ist nämlich, was bei der Minderung, beim Schadensersatz nach der Surrogationstheorie, beim Wucher und beim Wegfall der Geschäftsgrundlage als Gegenleistung für eine bestimmte Leistung anzusehen ist. Im Zweipersonenverhältnis ist das diejenige Leistung, die der Gläubiger der Leistung an seinen Schuldner erbringen muss, also die gegenläufige Leistung. Im hier vorliegenden Dreipersonenverhältnis könnte man aber als Gegenleistung für die Leistung des Schuldners sowohl auf die Leistung des Gläubigers an den Dritten als auch auf die Leistung des Dritten an den Schuldner abstellen, also entweder den Standpunkt des Schuldners oder den des Gläubigers für maßgeblich halten. Es ist also fraglich, ob bei der *Minderung* die vom Gläubiger an den Dritten zu erbringende Gegenleistung oder die vom Schuldner vom Dritten erhaltene Leistung die zu mindernde Gegenleistung ist, oder ob bei der Berechnung des *Schadensersatzes nach der Surrogationstheorie bzw. nach der Differenztheorie* als Gegenleistung für die unterbliebene Leistung des A der Wert der Leistung von B an C oder der Wert der Leistung von C an A anzusetzen ist. Das gleiche Problem ergibt sich beim *Wucher nach § 138 II*, wo genauso fraglich ist, ob als die das Missverhältnis begründende Gegenleistung die Leistung des B zu gelten hat, obwohl er diese nicht an A erbringt, oder die des C an A, weil nur diese Leistung A erhält, oder beim *Wegfall der Geschäftsgrundlage* bei A, wo zur Beurteilung des Äquivalenzverhältnisses auf die Leistung des B an C oder auf die des C an A abgestellt werden könnte.

Welche Leistung die jeweils relevante Gegenleistung ist, kann nicht abstrakt und pauschal für alle Normen festgestellt werden, sondern kann sich nur aus einer Betrachtung des Schutzzwecks der jeweiligen Norm ergeben.

Bezweckt die Norm den Schutz desjenigen, der die die Frage nach der Gegenleistung auslösende Leistung erhält, so muss es auf dessen Leistungspflicht ankommen, weil die Norm dann gerade seinem Schutz dient. Sämtliche Schadensersatz gewährenden Normen, etwa §§ 325, 326 aF, §§ 280 ff., bezwecken den Schutz des Geschädigten, mithin des Empfängers der gestörten, d.h. unterbliebenen oder mangelhaften Leistung. Es kommt darauf an, wie der Geschädigte bei ordnungsgemäßer Abwicklung des Leistungsprogramms, mithin auch unter Zugrundelegung der von ihm zu erbringenden Leistung, stehen würde. Denn nur so lässt sich ermitteln, ob der Geschädigte tatsächlich geschädigt ist, weil die von ihm zu erbringende Leistung geringerwertig war als die Leistung, die er bekommen sollte, ob er also ein gutes Geschäft gemacht hat oder nicht. Leistet also etwa A nicht, so kommt es bei der Berechnung des Schadensersatzes für B auf die Leistung des B an C an.

Gleiches gilt für die Minderung, weil die Minderung wie der Schadensersatzanspruch ein Sekundäranspruch zugunsten des von einer Leistungsstörung Betroffenen ist.
Bezweckt dagegen die Norm den Schutz desjenigen, der die problemauslösende Leistungspflicht zu erfüllen hat, so muss es auf dessen Leistungsanspruch ankommen, weil dann die Norm seinen Schutz intendiert. Ist also zu prüfen, ob die Leistungspflicht des A gegenüber B wegen Wuchers nichtig ist, so kommt es darauf an, welche Gegenleistung A von C erhält. Denn nur anhand eines Vergleichs dieser beiden Leistungen lässt sich ermitteln, ob die Äquivalenz der Leistungen unerträglich gestört ist. § 138 II will verhindern, dass ein Schuldner aufgrund einer besonderen Notlage keine auch nur ansatzweise angemessene Gegenleistung für seine Leistung bekommt und muss also zur Ermittlung der Höhe dieses Saldos zwischen Leistung und Gegenleistung auf die Vermögensbilanz des Leistungspflichtigen abstellen.
Entsprechend kommt es beim Wegfall der Geschäftsgrundlage bei A wegen Äquivalenzstörung auf die Leistung des C an A an, weil auch hier ein Saldo zwischen Leistungspflicht und Leistungsanspruch zu errechnen ist und damit wie bei § 138 II die Vermögenslage des Leistungspflichtigen zu betrachten ist.
Somit kann die Frage nach der Gegenleistung nicht allgemeingültig beantwortet werden, sondern es ist nach dem Schutzzweck der jeweiligen Norm zu differenzieren: Schützt sie den Schuldner, ist sein Anspruch zugrundezulegen, schützt sie den Gläubiger, ist dessen Gegenleistungspflicht zugrundezulegen.
Konstruktiv ist es dabei möglich, beide Leistungen als relevante Gegenleistungen aufzufassen und dann nach dem Schutzzweck der Norm eine von beiden Leistungen auszuwählen. Das zeigt sich, wenn man den Ansatz der zwei Pflichten zugrunde legt. B verpflichtet sich nicht nur gegenüber C zur Leistungserbringung, sondern auch gegenüber A. Daraus ergibt sich ein Gegenseitigkeitsverhältnis B-A. Folglich kann man als Gegenleistung die Pflicht B-C ansehen, weil sie dem Inhalt nach auch gegenüber A besteht. Genauso lässt sich argumentieren, dass sich A nicht nur gegenüber B verpflichtet, sondern auch gegenüber C, sodass im Verhältnis C-A das Gegenseitigkeitsverhältnis entsteht und also die Leistung C-A als die Gegenleistung anzusehen ist.

6. Die Pflichtenveränderung

Zum Schicksal einer Pflicht gehört nicht nur die Entstehung und ihr Erlöschen, sondern auch die inhaltliche Veränderung. Diese Pflichtenveränderung kann ihre Ursache in einer nachträglichen Vereinbarung mit dem Gläubiger, in einem konstitutiven kaufmännischen Bestätigungsschreiben, in einer Minderung, entweder aufgrund Sachmangels oder aufgrund Verlangens des stellvertretenden commodums i.V.m. § 326 III 2, im Wegfall der Geschäftsgrundlage, im Unterlassen einer handelsrechtlichen Rüge bei Zuviel- oder Zuweniglieferung oder in der Teilunmöglichkeit der Leistung haben.

a.) Problembeschreibung

Fraglich ist dabei aber, ob die Veränderung einer der drei Pflichten überhaupt möglich ist und wie sich das bejahendenfalls auf die zwei anderen auswirkt; dabei ist insbesondere problematisch, ob die Reduzierung einer Leistungspflicht nicht nur durch parteiautonomes Handeln, sondern auch allein von Gesetzes wegen möglich ist und ob infolgedessen auch die übrigen Leistungspflichten zu reduzieren sind.

Das entscheidende Problem bei der Pflichtenveränderung liegt nämlich darin, den Dritten C davor zu schützen, dass ungefragt und ohne Schutz in seinen Anspruch durch die Reduzierung der Pflicht des B eingegriffen wird. Umgekehrt muss aber auch B geschützt werden, indem ihm die Möglichkeit der Pflichtenanpassung zu gewähren ist, wenn beispielsweise A nur mangelhaft liefern sollte und B deswegen mindern möchte.

Fraglich ist also, ob dann, wenn B seine Leistungspflicht gegen C mindern möchte, in die Rechte des C dadurch eingegriffen werden kann, dass die Pflicht des B gegenüber C, anders gewendet der Anspruch des C gegen B reduziert wird, da das die zu mindernde Gegenleistung des B für die mangelhafte Pflichterfüllung des A wäre, oder ob B von einer solchen Minderung absehen muss, weil C die Mangelhaftigkeit der Leistung nicht verursacht und nicht zu verantworten hat. Ließe man eine solche Minderung zu, stellte sich die Folgefrage, ob dann auch die Pflicht des C gegenüber A anzupassen wäre.

b.) Lösung

Aufgrund der unterschiedlichen Konstruktionen und für die Lösung jeweils maßgeblichen gesetzlichen Wertungen der einzelnen Institute, die eine Anpassung ermöglichen, müssen diese im Folgenden getrennt dargestellt werden.

aa.) Vertragliche Änderung

Hat A mit B und C nachträglich vereinbart, dass er nur noch weniger an B leisten müsse als ursprünglich vorgesehen, so ist die Reduzierung des Leistungsanspruchs des B gegen A allein schon aus der privatautonomen Vereinbarung der drei Vertragspartner gerechtfertigt. Ohnehin gibt es hier kein Schutzproblem in Bezug auf den Dritten, da der Dritte C von einer Pflichtenreduzierung sowieso nicht betroffen ist, es wird nur die Leistungspflicht A-B geändert, und eine vertragliche Änderung ohne seine Zustimmung nicht möglich wäre; im Übrigen ist dieses Zustimmungserfordernis aber von geringer praktischer Bedeutung, weil B die geänderte Leistung des A erfüllungshalber gemäß § 364 II annehmen kann.

Aber selbst wenn auch die Leistungspflicht des B gegenüber C geändert wird, gibt es kein Schutzproblem, weil C hier als unmittelbar betroffener Gläubiger zustimmen muss. Denn B hat C eine Leistung versprochen, und also kann es eine Änderung nicht ohne Mitwirkung des C geben, weil auf seinen Anspruch gegenüber B eingewirkt wird. Wenn sich dann C auf die Vertragsänderung einlässt, ohne seinerseits die Reduzierung seiner eigenen Pflicht gegenüber A zu verlangen, dann geschieht ihm kein Unrecht, wenn er weniger von B bekommt und doch noch die gleiche ursprüngliche Leistung an A erbringen muss. Wenn C also einer vertraglichen Pflichtenreduzierung im Verhältnis A-B und B-C zustimmt, ohne seinerseits eine Pflichtenreduktion durchzusetzen, dann muss er eben die volle Leistung erbringen.

Genauso ist es beim Vergleich gemäß § 779. Wenn hier etwa A und B die Leistungspflicht des B ändern oder reduzieren oder die Pflicht des C erhöhen oder ändern oder reduzieren wollen, dann muss auch der Dritte C den Vergleichsvertrag mitabschließen, weil auf seine Rechtsstellung eingewirkt wird (im Fall der Pflichtenreduzierung des C gegenüber A allerdings nur, wenn der Dritte ein vertragliches Leistungsinteresse an der vollen Leistungserbringung hat, etwa weil er sein Warenlager leeren möchte). Ist er mit der Pflichtenreduzierung des B einverstanden, ohne dass er seinerseits eine Pflichtenreduzierung gegenüber C im Vergleichsvertrag durchsetzt, dann geschieht ihm kein Unrecht und also steht auch einer solchen Pflichtenreduzierung des B nichts im Wege.

Ähnlich liegt die Lage schließlich beim konstituiven kaufmännischen Bestätigungsschreiben. Dieses Schreiben muss beiden anderen Vertragspartnern zugehen, weil es die Rechtsstellung beider anderen Vertragspartner unmittelbar zu verändern vermag. Enthält dieses eine Änderung zum mündlich besprochenen Vertragsinhalt, so wird diese Änderung nur dann wirksam, wenn keiner widerspricht. Insofern ist die Situation mit der ausdrücklichen rechtsgeschäftlichen Vertragsänderung vergleichbar, aber eben nur vergleichbar, weil es sich beim kaufmännischen Bestätigungsschreiben nicht um eine rein rechtsgeschäftliche Änderung handelt, weil die Änderungswirkung nicht auf einem Änderungswillen von allen beteiligten Vertragspartnern beruhen muss, sondern

vielmehr auf Gewohnheitsrecht beruht[178]. Widerspricht keiner, so gilt die Vertragsänderung zu Gunsten und zu Lasten beider anderen Vertragspartner. Wenn C benachteiligt sein sollte, muss er widersprechen, sonst bleibt er an seine Leistungspflicht gebunden.
Bei einer Änderung durch Vertrag oder kaufmännisches Bestätigungsschreiben geschieht C also kein Unrecht, wenn (auch) sein Anspruch gegen B reduziert wird, weil C dies hätte verhindern können. Vertragliche Änderungen werfen also keine gravierenden Probleme auf.

bb.) Sachmangel, Teilunmöglichkeit, stellvertretendes commodum

aaa.) Grundsatz

Weit problematischer ist dagegen die Teilunmöglichlichkeit und die Minderung, sei es aufgrund Sachmangels oder aufgrund vollständiger Unmöglichkeit mit Verlangen des stellvertretenden commodums und anschließender Minderung gemäß § 323 II aF bzw. § 326 III 2. Im Unterschied zur vorherigen Fallgruppe handelt es sich hier nämlich um eine einseitige, auf dem Gesetz beruhenden Pflichtenveränderung und nicht um eine von allen drei Vertragsparteieen willentlich getragene Pflichtenveränderung.
Stellungnahmen in der Literatur zur Zulässigkeit finden sich allein für den Fall der Minderung. Danach soll etwa A wegen der Mangelhaftigkeit seiner Leistung eine bestimmte Geldzahlung analog § 473 S.2 HS.2 aF an B leisten müssen und B und C dann weiterhin zur vollen Leistung verpflichtet sein[179]. Die Anpassung wäre also auf das jeweilige Verhältnis, in dem die mangelhafte Leistung erbracht wird, beschränkt, indem eine zusätzliche Zahlungspflicht zugunsten des Anpassungsberechtigten konstruiert wird und die übrigen Pflichten unangetastet blieben. Dadurch wären alle oben skizzierten Probleme vermieden, weil der Gläubiger seine Pflicht gar nicht anpassen darf, sondern nur eine Ausgleichszahlung erhält, und die übrigen Pflichten unverändert fortbestehen.
Allerdings entfernt sich diese Lösung vom Gesetz, weil dieses bei der Minderung die Reduzierung der eigenen Leistung vorschreibt und nur ausnahmsweise einen Geldausgleich gewährt. Außerdem werden dadurch die Grenzen zum kleinen Schadensersatz verwischt. Ferner lässt sich das Minderungsrecht nicht kurzerhand ausschließen, bevor nicht genau nach einer anderweitigen Kompensationsmöglichkeit für den Dritten unter Belassung des Minderungsrechts gesucht wurde, um die Interessen sowohl des Minderungsberechtigten als auch des Dritten angemessen zu berücksichtigen. Und schließlich kann schon von der Interessenlage her ein Geldausgleich dem Interesse des B nicht voll gerecht werden, weil er sich vielleicht nur deshalb zur Leistungserbringung an C bereit-

[178] Insofern passt diese Konstellation nicht ganz zur Überschrift.
[179] Pfister, JZ 1971, 284, 285.

gefunden hat, damit er von A bestimmte Güter bekommt, die er sonst käuflich nicht erwerben könnte, er also gerade diese Güter erhalten möchte und sich nicht lediglich mit einem Geldausgleich zufrieden geben möchte. Es kann demgegenüber sogar den Interessen aller Parteien entsprechen, einen nur noch reduzierten Leistungsaustausch vorzunehmen, weil dann alle wenigstens noch einen Teil der ursprünglichen Leistung erlangen.

Folglich wäre es auch verfehlt, das Anpassungsrecht des B gänzlich und ohne Kompensation auszuschließen, weil das die Interessen des B nicht im Mindesten berücksichtigen würde.

Weder ist also der pauschale Geldausgleichsanspruch noch der prinzipielle Ausschluss des Anpassungsrechts interessengerecht.

Dass B ein Anpassungsrecht zugestanden werden müsste, folgt auch aus einem Vergleich mit der Lage ohne mehrseitigen Austauschvertrag. Denn dann könnte B, wenn er nur eine mangelhafte Leistung von A erhielte, seine Gegenleistung an A – ohne mehrseitigen Austauschvertrag bestände nur ein Vertrag zwischen A und B sowie A und C – mindern. Durch Abschluss eines mehrseitigen Austauschvertrages soll B aber nicht schlechter stehen.

Gewährt man B das Minderungsrecht, darf dann aber auch C nicht schutzlos gestellt werden. Fehlerhaft wäre es demnach, dem C die volle Leistung zuzumuten, obwohl er nur eine reduzierte Leistung bekommt. Schon besser wäre es immerhin, automatisch die Pflicht des C mitzureduzieren. Aber auch das wird dem Interesse des C noch nicht voll gerecht. Denn er hätte sich bei diesem reduzierten Leistungsaustausch vielleicht gar nicht auf den Vertrag eingelassen, weil er sich so für ihn nicht lohnt. Die Lösung über eine automatische Pflichtenreduzierung ist also ebensowenig sachgerecht. Interessengerecht für C wäre vielmehr allein, ihm eine selbstständige Entscheidungsmöglichkeit zuzugestehen, ob er bei trotz des reduzierten Pflichtenprogramms am Vertrag festhalten möchte, ob er vom Vertrag nichts mehr wissen will oder ob er schließlich bei voller Leistungserbringung einen Geldausgleich bekommen möchte.

Interessengerechtes Ergebnis wäre daher allein eine Lösung, die B, aber auch C selbstständig sämtliche denkbaren Leistungsstörungsrechte offenhält.

Es fragt sich damit, ob dieses Ergebnis mit der gesetzlichen Wertung in Einklang zu bringen ist. Das Gesetz, gleich ob es nun um die Teilunmöglichkeit oder um die Minderung (eventuell zusammen mit dem Anspruch auf das stellvertretende commodum) geht, gestattet bei einer Pflichtverletzung die Reduzierung der Gegenleistung. Das dahinterstehende Wertungskriterium ist, dass derjenige, der eine qualitativ oder quantitativ mangelhafte oder ganz andere Leistung erbringt, nicht die volle Gegenleistung beanspruchen darf, weil er selbst seine Pflicht nicht vertragsgemäß erfüllt hat. Das Wertungskriterium, das die Herabsetzung des Gegenleistungsanspruchs rechtfertigt, ist damit die Schlechterfüllung einer Leistungspflicht.

Aus Sicht des die mangelhafte Leistung erbringenden A und aus Sicht des von der mangelhaften Leistung betroffenen B greift diese Wertung, weil es sich um die gleichen Vertragspartner wie im Zweipersonenverhältnis handelt. C ist aber nicht von einer Schlechtleistung betroffen, sodass für ihn das Wertungskriterium für die Reduzierung des Anspruchs, die Schlechterfüllung, offenbar nicht passt. § 462 aF bzw. § 439 Nr.2 gehen nämlich wie selbstverständlich davon aus, dass derjenige, der die mangelbehaftete Leistung erbringt, zugleich der Empfänger der zu mindernden Gegenleistung ist. Doch ist letztlich auch C von der Schlechtleistung betroffen, wenn und weil ihm von B nur eine reduzierte Leistung erbracht wird – aus seiner Sicht macht es keinen Unterschied, ob sein Leistungsanspruch von vornherein wegen Teilunmöglichkeit reduziert ist oder ob er erst wegen der Minderung des B aufgrund Teilunmöglichkeit sein Anspruch reduziert ist. Das wird noch deutlicher, wenn man sich die Situation vor Augen führt, die ohne mehrseitigen Austauschvertrag bestände: Dann hätte etwa A zwei Verträge schließen müssen, einen mit B, um von ihm eine Leistung zu bekommen, die er dann an C, mit dem er den zweiten Vertrag geschlossen hat, weiterreichen kann, um so schlußendlich die gewünschte Gegenleistung zu bekommen. Ist aber die Leistung des A mangelhaft, so kann B gegenüber A mindern, und, weil A nur noch eine reduzierte Leistung an C weiterreichen kann, kann auch C seine Leistung gegenüber A mindern. Das ist genau das gleiche Ergebnis wie beim mehrseitigen Austauschvertrag, und das muss auch so sein, weil der mehrseitige Austauschvertrag die Parteien nur besser, nicht aber schlechter stellen soll, als sie bei Abschluss von zwei Verträgen stehen würden.

Das folgt auch aus dem Modell der zwei Pflichten. Dass zunächst B seine Leistung anpassen darf, erklärt sich nämlich daraus, dass er nicht nur C, sondern auch A die Leistung versprochen hat, und weil im Verhältnis A-B die Ursache für die Anpassung liegt, wird in diesem Zweipersonenverhältnis die Leistungspflicht des B reduziert. Das wirkt sich wegen der Identität der Pflichten unmittelbar auf die Leistungspflicht gegenüber C aus. Erbringt also A nur eine mangelhafte Leistung, darf B mindern. Und dass C seine Leistung anpassen darf, ergibt sich daraus, dass A nicht nur B, sondern auch C die Leistung versprochen hat und folglich auch dem C gegenüber nur eine mangelhafte Leistung (an B) erbracht hat. Auch so gesehen greift das Wertungskriterium der Schlechterfüllung gegenüber C, weil A eine Pflicht gegenüber C schlecht erfüllt hat, nämlich die Pflicht zur ordnungsgemäßen Leistungserbringung an seinen Hauptgläubiger B.

Also hat C selbstständige Sekundärrechte, so wie sie B hat; die Situation ist damit wie bei den Sekundärschadensersatz- und den Sekundärrückgewähransprüchen. C hat die gleichen Rechte wie B, die nicht nur das Minderungsrecht, sondern auch das Rücktrittsrecht (sei es aufgrund Teilunmöglichkeit oder aufgrund Sachmangels, nach altem Recht dabei über die Wandelung) umfassen.

Damit zeigt sich, dass das Gesetz für die Verteilung des Mangels der Schlechterfüllung auf mehrere Personen nur eine Lösung bereithält, wenn sich eine Schlechterfüllung gegenüber allen Anspruchsberechtigten, d.h. in sämtlichen Zweipersonenverhältnissen konstruieren lässt. Das ist im Ergebnis genau die gleiche Situation wie bei der Ersetzung der Rückgewähr durch Wertersatz. Hier wie dort greift das Gesetz in das vertraglich festgelegte Austauschprogramm ein, indem es die Leistung herabzusetzen oder partiell auszuschließen ermöglicht, stellt aber für den Verteilungskonflikt hinsichtlich des Rests nur ein Wertungskriterium zur Verfügung, dass zwar für das Zweipersonenverhältnis passt, nicht aber für das Dreipersonenverhältnis, weil eben die Güter- und Interessenabwägung zwischen zwei Personen notwendig einfacher ist als zwischen drei Personen; erst wenn sich das den Verteilungskonflikt auslösende Problem, etwa die Schlechterfüllung, als unmittelbar rechtlich relevant gegenüber allen anderen Vertragsparteien darstellen lässt, ist die gesetzliche Wertung übertragbar bzw. anwendbar, weil dann auch das Wertungskriterium für alle Vertragsparteien passt. Diese Relevanz der Schlechterfüllung auch für den Dritten vermag das hier vertretene Pflichtenmodell aufzuzeigen.

Ihre Grenze hat diese Lösung allerdings dann erreicht, wenn im Falle der Minderung eine Pflicht aus tatsächlichen Gründen nicht gemindert werden kann. Hat sich etwa B gegenüber C dazu verpflichtet, ihm ein Auto zu übereignen, so lässt sich diese Pflicht schwerlich mindern, etwa dergestalt, dass er das Auto ohne Reifen übereignet. In einem solchen Fall ist die Minderung aus tatsächlichen Gründen ausgeschlossen.

Man könnte in diesem Fall deshalb daran denken, das Minderungsrecht des B oder des C auszuschließen. Aber dieser erhebliche Eingriff in die Rechte des B oder des C wäre wegen der Schutzbedürftigkeit des B oder des C – beide sollen bei einer mangelhaften Leistung sämtliche gesetzlich vorgesehenen Gewährleistungsrechte haben – nicht zu legitimieren. Auch ein Geldausgleichsanspruch des B gegen C, weil B an C die volle Leistung erbringt, obwohl er an sich nur eine geminderte Leistung erbringen müsste, dies aber aus tatsächlichen Gründen nicht möglich ist, kommt nicht in Betracht, weil C dann etwas anderes leisten müsste, als er im Vertrag versprochen hat, nämlich die geminderte Leistung an A und zusätzlich einen Geldausgleich an B. Damit bleibt als einziger Ausweg ein Geldausgleichsanspruch des B oder des C gegenüber A, des B, wenn bei einem oder sogar bei beiden die Minderung aus tatsächlichen Gründen ausgeschlossen ist.

Tatsächlich ist dieser Ausweg vorhanden, und zwar wie im Zweipersonenverhältnis durch die Anwendung des § 473 S.2 aF, weil der Schutzzweck des § 473 auch diesen Fall erfasst. Zwar wurde die Vorschrift duch das Schuldrechtsmodernisierungsgesetz ersatzlos gestrichen. Der Gesetzgeber beabsichtigte aber ausweislich der Gesetzesbegründung keine sachliche Streichung der Vorschrift, weil er ihren Regelungsgehalt fälschlicherweise in § 441 aufgehen sah; das von ihr geregelte Sachproblem ist weiterhin relevant, und am Geldersatzanspruch führt kein Weg vorbei, sodass es bei der Anwendung des Regelungsgehalts des § 473 bleibt[180]. § 473 befasst sich mit dem Fall, was zu geschehen hat, wenn das Minderungsrecht faktisch nicht ausgeübt werden kann, weil die (zusätzlich vereinbarte) Sachleistung nicht teilbar ist. Dann soll das Minderungsrecht wenigstens noch dergestalt erhalten bleiben, dass derjenige, der seine vertraglichen Pflichten nur mangelhaft erfüllt, einen Geldausgleich zu leisten hat.

Das ist für das Dreipersonenverhältnis nicht anders. Denn das Wertungskriterium, nämlich die mangelhafte Pflichterfüllung, erfasst den „Richtigen", und die übrigen Rechtsverhältnisse werden durch die gesetzliche Lösung nicht angetastet.

Grundsätzlich ist also das Minderungsrecht von B gegenüber C auszuüben, wenn A eine mangelhafte Leistung erbringt, wohingegen im Fall der tatsächlichen Unmöglichkeit ein Geldausgleichsanspruch gegenüber A besteht. Oder B mindert seine Leistung und C erhält einen Geldausgleichsanspruch gegen A, wenn er seine Leistung aus tatsächlichen Gründen nicht mindern kann.

C kann dabei frei entscheiden, ob er mindern oder wandeln bzw. zurücktreten oder Schadensersatz fordern möchte, wenn und weil er kein Interesse mehr an der Teilleistung des B hat. Denn er ist wegen der Abweichung vom ursprünglichen Leistungsprogramm nicht verpflichtet, sich mit der geminderten Leistung des B zufrieden zu geben. Das ist genau die gleiche Lösung wie im allgemeinen Leistungsstörungsrecht. Auch dort wurden zwei originäre Ansprüche gegen den Pflichtenverletzer bejaht – dann kann die Lösung im Gewährleistungsrecht nicht konstruktiv anders sein, es müssen also auch hier zwei originäre selbstständige Gewährleistungsrechte für beide Gläubiger bestehen. Die Sekundärrechte des C beruhen beidesmal, bei der allgemeinen Leistungsstörung wie auch im Falle der besonderen Leistungsstörung der Gewährleistung darauf, dass A die dem C gegenüber bestehende Pflicht auf Leistung an B nur mangelhaft erfüllt, weil er nur einen mangelhaften Leistungsgegenstand liefert[181].

Das bedeutet, dass B sich zwar für die Minderung entscheiden und seine Pflicht gegenüber C reduzieren kann, dass C aber seinerseits sämtliche Sekundärrechte mit eigenem Wahlrecht hat. Kann C mit der Teilleistung des B etwas anfangen, so wird er seinerseits seine Pflicht gegenüber A mindern. Scheitert eine Minderung bei C aus tatsächlichen Gründen, so hat C einen Geldzahlungsanspruch gegen A, da C ein eigenes Minderungsrecht gegenüber A hat und auf dieses Minderungs-

[180] Bamberger/Roth-Faust, § 441 BGB, Rn.25.

[181] Zwar hat C keinen unmittelbaren wirtschaftlichen Schaden, weil er ja nicht Leistungsempfänger ist, aber doch einen mittelbaren, wenn B die Leistung an C reduziert. Hinzu kommt, dass sich C nur für den Fall zur Leistung an A verpflichtet hat, dass er von B eine Leistung bekommt und damit notwendigerweise B von A die Leistung bekommt. Dann ist es gerechtfertigt, dem C die vollen Gewährleistungsrechte gegen A zu gewähren, obwohl er nicht Gläubiger hinsichtlich einer gegenständlichen Zuwendung ist.

recht § 473 S.2 aF anzuwenden ist. Oder C kann bei Teilunmöglichkeit Schadensersatz verlangen. Zwar muss dann A äußerstenfalls zweimal Schadensersatz leisten, nämlich erstens an B und zweitens an C. Das ist aber nicht unbillig, weil A einen Vertrag mit zwei weiteren Vertragspartnern geschlossen hat und damit auch ein doppeltes Haftungsrisiko eingegangen ist. Kann C hingegen nichts mit der berechtigten Teilleistung des B anfangen, so wird er sich für den Rücktritt entscheiden und damit seine Leistungspflicht vernichten. C hat es also alleine und selbstständig in der Hand, was mit seiner Leistungspflicht geschieht, und ist dadurch vollumfänglich geschützt.

Die Alternative der automatischen Reduzierung der Leistungspflicht des C ließe sich demgegenüber auch konstruktiv nicht begründen. Denn dazu müsste man ein inhaltliches konditionelles Synallagma annehmen, das die Leistungspflicht des C gegenüber A entsprechend der Reduzierung der Leistungspflicht von B gegenüber C gleichermaßen verringert, also ein Synallagma, das nicht bloß sämtliche Pflichten pauschal unwirksam macht, sondern das die Pflichten inhaltlich teilweise unwirksam macht. Diese Figur ist dogmatisch jedoch nicht existent und widerspricht der Interessenlage, da C zugestanden werden muss, den Vertrag endgültig zu beenden, und nicht zu einer bloßen Pflichtenreduzierung gezwungen werden kann. Es ist also daran festzuhalten, dass C eigene selbstständige Rechte hat.

Nun kann C allerdings dadurch, dass er sich für den Rücktritt entscheidet, ein Minderungsverlangen des B faktisch unmöglich machen, weil A nach einem Rücktritt des C nicht mehr zur Leistung an B, ja nicht einmal mehr zum Belassen der mangelhaften oder teilweisen Leistung an B bereit sein wird, und dann B nichts anderes übrig bleibt, als von C die Rückgewähr seiner Leistung zu verlangen statt bei der eigentlich beabsichtigten Minderung zu bleiben. Dem C vollumfänglich selbständige Rechte zu gewähren würde also die Rechte des B faktisch beschneiden. Entsprechend wird C nicht mindern, wenn B zurückgetreten ist, weil er dann von B keine Leistung erhält und also auch keine Leistung an A erbringen wird. Demnach präjudiziert also anscheinend die Sekundärrechtswahl des einen Gläubigers die des anderen. Problematisch ist damit der Unterschied zum Schadensersatz, wo ja verneint wurde, dass einer der beiden Gläubiger zum Rücktritt gezwungen ist, wenn der andere zurücktritt.

Indes liegt kein rechtlicher Unterschied vor, sondern vielmehr nur ein faktischer. Es tritt nur eine faktische Präjudizierung ein, weil sich einer der beiden Gläubiger mangels Kompensationsmöglichkeit – das ist der Unterschied zum Schadensersatz – aus wirtschaftlichen Gründen dem Rücktritt des anderen anschließen „muss“, er das Rückgewährschuldverhältnis aber rein rechtlich für sich verhindern könnte. Der entscheidende Unterschied ist also, dass der Gläubiger trotz Rücktritts des anderen wegen der Möglichkeit, Schadensersatz zu fordern und also Kompensation vom eigentlichen Störer erlangen zu können, nicht aus wirtschaftlichen Gründen an den Rücktritt des anderen gefesselt ist, wohl aber bei der Minderung, weil es dort keine Kompensationsmöglichkeit gibt. Beide Gläubiger haben prinzipiell die gleichen Leistungsstörungsrechte bzw. Gewährleistungsrechte; was B darf, darf auch C. Dem Rücktritt kommt dabei aber gegenüber der Minderung wegen der Vernichtung der Ansprüche der faktische Vorrang zu.

Dieser Vorrang ist indes gerechtfertigt, weil der Rücktritt das nicht zu beseitigende Interesse eines Vertragspartners befriedigt, sich im Fall einer mangelhaften oder nur teilweisen Leistungserbringung vom Vertrag lösen zu können, weil sich die eigene Leistungserbringung dann nicht mehr lohnt. Hinzukommt, dass beim Schadensersatz wegen Nichterfüllung / statt der Leistung und beim Rücktritt beide Gläubiger die gleichen Interessen haben, nämlich das Interesse an der Vertragsliquidierung und Schadloshaltung. Dagegen hat bei der Minderung immerhin der eine Gläubiger noch das Interesse am Vertragsfortbestand, aber mit reduziertem Leistungsaustausch, nur der andere möchte den Vertrag beenden. Wegen dieses unterschiedlichen Interesses kann es keine faktische Gleichbehandlung mit der Lage beim Schadensersatz und Rücktritt geben. Nur im Falle des Schadensersatzes bei Gewährleistung kann demgegenüber das Gleiche wie beim allgemeinen Leistungsstörungsrecht gelten; hier kommt es zu keiner faktischen Präjudizierung, weil eine Kompensationsmöglichkeit für den Nichterhalt der Leistung gegeben ist[182].

Fraglich ist allerdings, ob es nicht doch für B eine Möglichkeit gibt, den Rücktritt des C zu verhindern, um so die Leistung des A behalten zu können.

Diese Möglichkeit könnte allerdings einzig und allein darin bestehen, dass er dem C die volle Leistung erbringt, weil dann C keine Gewährleistungsrechte mehr hat. Das wiederum wird B aber nur tun, wenn er dafür eine Kompensation erhält, da er ja von A nur eine minderwertige Leistung erhalten hat.

Als eine solche Kompensation kommt nur eine Geldzahlung in Betracht. Gibt es aber keine Schadensersatzansprüche mangels Verschuldens – und nach alter Rechtslage gibt es diese für den Mangelschaden sowieso nicht – bleibt als Anspruchsgrundlage allein § 473 S.2 aF bzw. nach neuer Rechtslage der aus § 473 aF ableitbare Rechtsgedanke in Verbindung mit der Erwägung, dass der Gesetzgeber ausweislich der Gesetzesbegründung keine Streichung der Vorschrift beabsichtigte, weil er ihren Regelungsgehalt fälschlicherweise in § 441 aufgehen sah. § 473 aF gilt zwar nur für die Fälle der faktischen Unmöglichkeit. Für B ist es aber faktisch so, dass er nicht mindern kann, weil dann C zurücktritt und er, B dann faktisch an den Rücktritt gebunden ist, weil er von A keine Leistung mehr erhält bzw. diese an A zurückgeben muss, weil C zurückgetreten ist und folglich

[182] Verlangt dabei B Schadensersatz von A, so bleibt er stets zur vollen Leistungserbringung verpflichtet, sodass C keine Sekundärrechte hat. Mindert B dagegen, so kann C entweder seine Leistung voll erbringen und Schadensersatz in Höhe der Differenz verlangen oder mindern oder zurücktreten. Tritt B zurück, so kann C Schadensersatz in voller

auch A die Leistung von B zurückverlangen kann. Auch in dieser Konstellation ist dem B also die Minderung faktisch unmöglich. Demnach hat B auch dann einen Geldzahlungsanspruch gegen A, wenn C im Fall der Minderung zurücktreten würde.

Das ist auch vom Schutzzweck des § 473 her gerechtfertigt, weil demjenigen, der seine volle Gegenleistung mangels Leistungsreduzierbarkeit erbringen muss, nicht das Minderungsrecht kompensationslos versagt werden soll. Und A wird dadurch auch nicht unerträglich belastet, weil es A genausowenig in der Hand hat, dass die Minderung aus rein tatsächlichen-praktischen Gründen unmöglich ist.

B kann also den Rücktritt des C dadurch verhindern, dass er seine volle Leistung erbringt und von A Geldausgleich verlangt. Müssen tut B das aber nicht, insbesondere wenn ihm Teilleistung und Geldausgleich des A nicht genügen, um seine volle Leistung an C zu erbringen. Dann bleibt es eben dabei, dass B nur eine geminderte Leistung erbringt, mit dem Risiko, dass dann C zurücktritt.

Umgekehrt kann C aber nicht den Rücktritt des B verhindern. Denn C kann nichts tun, damit B seine volle Leistung erhält, weil nicht C, sondern A die Leistung an B erbringen muss. Und wenn C an Stelle von A die Leistung erbringen könnte, dann könnte er ja mit B einen eigenen Vertrag schließen.

Zum Schutz des A ist der Geldausgleichsanspruch auch nicht pauschal zugunsten von B und C zu gewähren, insbesondere etwa, wenn B tatsächlich mindern kann und C auch nicht zurücktreten will, B aber trotzdem lieber Geld hätte, statt eine Minderung vorzunehmen. Denn einen Geldausgleichsanspruch gewährt das Gesetz nur ausnahmsweise, nämlich nur im Fall der faktischen Unmöglichkeit. Und für C hilft auch nicht der oben angesprochene Gedanke der faktischen Unmöglichkeit für den Fall weiter, dass der andere Gläubiger zurücktreten werde. Denn C kann keinesfalls durch eine vollständige Leistungserbringung an A mit kompensierendem Geldausgleichsanspruch gegen A einen Rücktritt des B verhindern – eben im Unterschied zu B, der durch eine vollständige Leistungserbringung an C den Rücktritt des C verhindern könnte. Folglich kann C auch keinen pauschalen Geldausgleichsanspruch gegen A statt der Minderung haben. Insofern ist also das unbestreitbare Interesse des C an einer Geldzahlung zu beschränken, weil das BGB grundsätzlich die Minderung vorsieht und nur ausnahmsweise einen Geldausgleichsanspruch gewährt.

Höhe der ihm gebührenden, aber nicht erhaltenen Leistung verlangen, weil er aufgrund des Mangels und infolgedessen des Rücktritts die ihm gebührende Leistung nicht erhält. Gleiches gilt für B, wenn C zurücktritt.

bbb.) Grenzen der Drittrechte

Wie bei den Sekundärschadensersatzansprüchen und den Sekundärrückgewähransprüchen stellt sich schließlich die Frage, ob die eben angesprochenen Sekundärrechte des Dritten nicht ausgeschlossen sein können. Diese Frage stellt sich besonders deswegen, weil im Falle der Minderung der Primärleistungsanspruch nicht erlischt und also im Gegensatz zu Schadensersatz und Rücktritt, bei denen ja die Primäransprüche erlöschen, der Primärleistungsaustausch durchgeführt wird und damit die Frage nach Sekundärrechten weniger dringlich ist.

Tatsächlich hat der Dritte entsprechend zur Lösung bei den Sekundärschadensersatzansprüchen und Sekundärrückgewähransprüchen dann kein Minderungsrecht, wenn er die volle Leistung von B trotz der Mangelhaftigkeit der Leistung von A bekommt. Denn dann ist der Schutzzweck des Gewährleistungsrechts nicht mehr berührt, weil C keine Einbuße erlitten hat und also auch nicht des Schutzes durch Sekundärrechte bedarf.

Allerdings sind die Fälle, in denen C trotz Mangelhaftigkeit der Leistung von A an B von B dennoch die volle Leistung bekommt, begrenzt. Bereits gezeigt wurde, dass B einen Geldausgleichsanspruch gegen A hat, wenn B seine Leistung aus tatsächlichen Gründen nicht mindern kann. Dann kann und muss B eine vollständige Leistung an C erbringen, weil er im Ergebnis von A so gestellt wird, als habe er eine ordnungsgemäße Leistung erhalten, und C muss dann seinerseits voll an A leisten. Ebenso kann B einen Geldausgleichsanspruch gegen A geltend machen und muss dann an C die volle Leistung erbringen, wenn er den Rücktritt des C verhindern möchte. Schließlich wird B die volle Gegenleistung an C erbringen, wenn er von A Schadensersatz für den Leistungsminderwert verlangen kann, weil auch hier B im Ergebnis so steht, als habe A ordnungsgemäß erfüllt.

In diesen drei Fällen hat C keine Gewährleistungsrechte bzw. sonstigen Sekundärrechte mehr.

Grundsätzlich hat C aber die gleichen Sekundärrechte im Falle eines Sachmangels oder der Teilunmöglichkeit wie B.

cc.) Wegfall der Geschäftsgrundlage, § 313 BGB

Beim nächsten Problemkomplex im Rahmen der Pflichtenveränderung, dem Wegfall der Geschäftsgrundlage sind – allein von der Rechtsfolge her gesehen – zwei Fallgruppen zu unterscheiden. Die erste Fallgruppe liegt so, dass etwa bei A die Geschäftsgrundlage für den Leistungsaustausch wegfällt und er deswegen seine Pflicht nur noch reduziert erbringen muss, sein Anspruch aber voll erfüllt werden muss, wie das etwa bei einer Äquivalenzstörung der Fall wäre. Dann ist fraglich, wie der wirtschaftliche Verlust der reduzierten Leistung des A auf B und C zu verteilen

ist, ob ihn also B allein tragen muss, weil er der unmittelbare Empfänger der reudzierten Leistung ist oder ob er wenigstens teilweise, wenn nicht sogar vollständig auf C übergewälzt werden kann.
In der zweiten Fallgruppe darf hingegen nicht nur A, sondern auch – gemäß der Lösung im Zweipersonenverhältnis – sein Gegenüber die Leistung reduzieren, weil für beide der bisher festgelegte Leistungsaustausch unzumutbar ist[183]. Dann ist fraglich, wer der „Gegenüber“ des A ist, ob also nur B oder ob nur C seine Leistung reduzieren darf oder ob beide zusammen ihre Leistungen reduzieren dürfen.
Der Unterschied der beiden Fallgruppen liegt also allein in der Rechtsfolge, einmal in der Anpassung nur einer Leistung, das andere Mal auch in der Anpassung der Gegenleistung[184].

Nach der der zweiten Fallgruppe zugrunde liegenden rechtlichen Wertung sollen die Vertragspartner nicht mehr an den Leistungsaustausch gebunden sein, weil er sich für beide als unzumutbar erweist. Das wäre in Anlehnung an ein reichsgerichtliches Urteil[185] etwa dann der Fall, wenn sich beide Parteien über eine zu entsorgende Altmetallmenge irren, indem sie sie viel zu niedrig einschätzen, und deshalb die Leistungserbringung zu dem festgelegten Preis unzumutbar wird. Dann wäre der Preis verhältnismäßig heraufzusetzen und die zu beseitigende Abfallmenge verhältnismäßig zu reduzieren, also beide Leistungen anzupassen, weil so den Interessen beider Seiten Rechnung getragen werden würde; der gemeinsame Irrtum über die Altmetallmenge mit dem daraus resultierenden Fehlen der Geschäftsgrundlage von Anfang an wird also dadurch beseitigt, dass das Geschäft entsprechend den beiderseitigen Vorstellungen angepasst wird, allerdings nicht zu Lasten einer Partei, sondern zu Gunsten und zu Lasten beider Parteien. Das entscheidende Wertungskriterium ist damit die Unzumutbarkeit der Leistungserbringung für beide Parteien und die Möglichkeit der Beseitigung dieser Unzumutbarkeit allein durch beiderseitige Leistungsanpassung.
Diese Wertung lässt sich aufgrund ihrer Abstraktion und Offenheit von der Personenzahl loslösen und mithin auch auf drei Personen anwenden. Denn wenn der Leistungsaustausch für zwei Personen unzumutbar ist, dann ist er notwendig auch für drei Personen unzumutbar, weil sich Leistungserbringung und Leistungserhalt bei verschiedenen Personen verwirklichen und damit die Wertung, die von beiderseitiger Unzumutbarkeit ausgeht, sich in einer dreiseitigen Unzumutbarkeit fortsetzen muss, weil es nicht nur ein „Gegenüber“, sondern zwei „Gegenüber“ gibt. Damit ergibt sich genau das gleiche Ergebnis wie im Zweipersonensystem, mit dem einzigen Unterschied, dass B zwischengeschaltet ist: A reduziert seine Leistung, wenn und weil für ihn die volle Leistungserbringung unzumutbar geworden ist, und folglich reduziert sein Gegenüber, sein Gegenleis-

183 Medicus, AT, Rn.879.
184 Medicus, FS Flume I, S.642.
185 RGZ 90, 268.

tungserbringer C seine Leistung; und B muss mangels voller Anspruchserfüllung nicht die volle Leistung erbringen, sodass auch seine Leistungspflicht angepasst wird. Im Verhältnis A-C besteht auch das notwendige Gegenseitigkeitsverhältnis von Leistung und Gegenleistung aufgrund der aus dem hier vertretenen Pflichtenmodell folgenden zweiten Pflicht. Und weil A diese zweite Pflicht nicht voll erfüllt, hat C Rechte aus Wegfall der Geschäftsgrundlage bei A. Er hat damit wie im Zweipersonensystem das Recht zur Anpassung oder zum Rücktritt gegenüber A, wenn für ihn die Durchführung des Vertrages selbst bei angepasster Leistung unzumutbar ist. Und gleichermaßen hat auch B die Rechte aus Wegfall der Geschäftsgrundlage, weil auch im Verhältnis B-A ein Gegenseitigkeitsverhältnis besteht. Die Lösung für den Wegfall der Geschäftsgrundlage für das Zweipersonenverhältnis wegen beiderseitiger Unzumutbarkeit der Leistungserbringung lässt sich also entsprechend auf das Dreipersonenverhältnis übertragen, indem dort nicht nur zwei, sondern alle drei Leistungen angepasst werden.

Im Gegensatz zur Lösung bei der Minderung kann B allerdings nicht den Rücktritt des C, wenn dem C jegliche Art von Leistungserbringung unzumutbar ist, verhindern, weil er keinen Geldausgleichsanspruch gegen A statt des Anpassungsrechts hat und also keinesfalls die volle Leistung an C erbringen wird, weil er von A keine Kompensation zu erlangen vermag. Dieses Fehlen eines Geldausgleichsanspruchs im Gegensatz zur Minderung rechtfertigt sich indes daraus, dass beim Wegfall der Geschäftsgrundlage keine einseitige Risikozuweisung möglich ist, die die Interessenminderbewertung in Form einer Geldzahlungspflicht begründen könnte, wohingegen bei der Minderung die mangelhafte Leistung eine einseitige Risikozuweisung erlaubt und damit die Interessenminderbewertung in Gestalt einer Geldzahlungspflicht legitimiert.

Fraglich ist noch, wie die erste Konstellation zu behandeln ist, was also zu geschehen hat, wenn die Gegenpartei nach der Lösung im Zweipersonensystem ihre Leistung voll erbringen muss und sich mit der aufgrund Wegfalls der Geschäftsgrundlage reduzierten Gegenleistung zufrieden geben muss, ihre Leistung also nicht ihrerseits anpassen darf. Dass nur diese eine Partei und nicht auch die andere Vertragspartei ihre Leistung reduzieren darf, kann verschiedene Ursachen haben, um die es hier aber nicht geht; allein relevant ist die Beantwortung der Frage, was zu geschehen hat, wenn aufgrund tatbestandlicher Erwägungen zum Wegfall der Geschäftsgrundlage allein eine Partei ihre Leistung reduzieren darf; genauso wie der Wegfall der Geschäftsgrundlage dazu führen kann, dass beide Parteien ihre Leistungen anpassen können, kann er auch dazu führen, dass nur eine Partei ihre Leistung anpassen darf[186]. Im Zweipersonensystem wäre es dann so, dass B die volle Leistung

[186] Medicus, FS Flume I, S.642.

erbringen muss, obwohl er von A nur eine reduzierte Leistung bekommt. Im Dreipersonenverhältnis stellt sich aber das Problem, wie dieser wirtschaftliche Verlust auf B und C zu verteilen ist. Denkbar wären folgende Lösungen: B muss trotzdem an C die volle Leistung erbringen und C dann die volle Leistung an A, für C wäre es also so, als ob es bei A gar kein Problem gäbe, und B müsste die volle Last des Wegfalls der Geschäftsgrundlage bei A tragen. Zweite Möglichkeit wäre, dass B nur eine reduzierte Leistung und trotzdem C die volle Leistung erbringen muss, sodass also C die volle Last des Wegfalls der Geschäftsgrundlage bei A tragen muss. Und die dritte und letzte Möglichkeit schließlich bestände darin, den Verlust anteilig auf B und C anteilig zu verteilen.
Die Konstruktion aus der anderen Fallgruppe, wonach sowohl B als auch C ihre Leistungen reduzieren dürfen, lässt sich indes nicht übertragen, weil der Wegfall der Geschäftsgrundlage und die daraus folgenden Rechte auf A beschränkt sind und A von C die volle Leistung erhalten muss, weil sonst ein unendliches Karusell stattfinden würde: mit der Reduzierung der Gegenleistung des C würde im Fall einer Äquivalenzstörung die Geschäftsgrundlage bei A noch stärker wegfallen aufgrund der Leistungserschwerung und der geringeren „Vergütung", sodass die Pflicht noch weiter zu reduzieren wäre, sodass wiederum die Gegenpartei ihre Leistung reduzieren dürfte.
A muss die volle Gegenleistung bekommen, weil sonst die Geschäftsgrundlage bei ihm noch weiter wegfiele, und C muss also die volle Gegenleistung erbringen. Auch bei einem reinen Zweipersonenvertrag wäre er nicht davor geschützt, trotz einer reduzierten Leistung die volle Gegenleistung zu erbringen.
Daraus könnte man folgern, dass B nur noch eine reduzierte Leistung zu erbringen braucht, weil dann C im Endeffekt so steht, als ob er nur einen Zweipersonenvertrag abgeschlossen hätte, und weil auch B einen Nachteil hat, indem er eben nur eine reduzierte Leistung bekommt. Doch steht bei genauerer Betrachtung gar nicht fest, dass C der Leidtragende sein soll, der die volle wirtschaftliche Last zu tragen hat, indem sein Anspruch nur noch partiell erfüllt wird, während er die volle Leistung erbringen muss. Genauso gut könnte man auch B voll belasten, indem man ihn die volle Gegenleistung erbringen lässt. Denn das Institut des Wegfalls der Geschäftsgrundlage gibt nur vor, dass A die volle Gegenleistung erhalten muss, nicht aber, wer von den beiden potentiellen Betroffenen tatsächlich den wirtschaftlichen Schaden tragen muss. Und das Argument, der erste Lösungsvorschlag sei deswegen angemessen, weil nicht nur C den wirtschaftlichen Schaden hat, sondern auch B, weil er nur noch eine reduzierte Leistung bekommt statt der gewünschten vollen Leistung, sodass also die Schadensverteilung doch angemessen wäre, dringt deswegen nicht durch, weil B nur eine reduzierte Leistung, C dagegen die volle Leistung erbringen muss.
Weiterzuhelfen vermag deshalb nur die dieser Fallgruppe für das Zweipersonenverhältnis zugrunde liegende Wertung. Sie besteht für das Zweipersonenverhältnis darin, allein dem anderen Ver-

tragspartner den vollen wirtschaftlichen Verlust aufgrund der nur einseitigen Leistungsanpassung zuzuweisen, weil nur so der Leistungsaustausch für beide zumutbar ist und er gerade wieder unzumutbar werden würde, wenn auch die andere Partei ihre Leistung anpassen dürfte[187]. Sie enthält damit keine unmittelbar auf das Dreipersonenverhältnis übertragbare Aussage, weil sie keine Auswahlkriterien vorgibt. Doch könnte man andererseits jedenfalls sagen, dass bei zwei Vertragspartnern eben nicht nur einer, sondern diese beiden das Verlustrisiko tragen müssen. Das würde bedeuten, dass sich B und C den wirtschaftlichen Schaden teilen. Diese Lösung wäre auch interessengerecht, weil dann keiner von beiden bevorzugt oder benachteiligt wäre.

Eine solche hälftige Schadensverteilung ist dem BGB zwar im Schadensrecht unbekannt – das BGB weist den Schaden oder die Haftung in der Regel einer Person allein zu. Aber das Institut des Wegfalls der Geschäftsgrundlage ist gerade auf eine äußerst flexible und „undogmatische" Lastenverteilung hin angelegt, und ein Wertungsgrund, wonach einem der beiden der volle wirtschaftliche Schaden zuzuweisen ist, ist eben nicht ersichtlich, sodass die hälftige Schadensaufteilung gerechtfertigt ist.

Auch in anderem Zusammenhang kommt es zu einer verhältnismäßigen Anspruchsreduzierung: ist einem Schuldner die Leistung aus ein- und demselben Leistungsgegenstand gegenüber mehreren Gläubigern partiell unmöglich geworden, so werden die Ansprüche aller Gläubiger verhältnismäßig herabgesetzt. Hat also etwa X dem Y versprochen, ihm von seinen zehn Eiern vier zu liefern, und dem Z, ihm sechs Eier zu liefern, und werden dann plötzlich fünf Eier zerstört, so bekommt nicht einer der beiden Gläubiger seinen Anspruch voll erfüllt, sondern Y bekommt nur zwei und Z drei. Damit ist die hier vertretene Lösung durchaus vergleichbar: die Pflicht des A / X ist gestört, aber C / Z bekommt nicht seinen vollen Anspruch erfüllt, sondern nur gekürzt, so wie B / Y seinerseits nur seinen Anspruch nur gekürzt erfüllt bekommt.

Die genaue rechnerische Aufteilung der wirtschaftlich hälftigen Verlustzuweisung ergibt sich dann wie folgt: B muss seine Leistung nicht voll erbringen, sondern darf sie reduzieren, aber, und das ist der entscheidende Punkt, nicht im vollen Verhältnis zu seinem reduzierten Anspruch, sondern nur in halber Höhe, sodass B also mehr leisten muss, als er bekommt. Und C muss zwar die volle Leistung erbringen, erhält aber um die Hälfte mehr als die reduzierte Leistung des A an B. Das Verhältnis zwischen Leistung und Gegenleistung ist dann bei B und C gleich: B erhält etwa nur 50% seiner Forderung von A erfüllt, muss dafür aber 75% seiner Leistung an C erbringen, und C muss zu 100% an A leisten, erhält dafür aber 75% seines Anspruchs erfüllt. Beide tragen damit einen wirtschaftlichen Verlust von 25%, B, weil er noch 75% erbringen muss, obwohl er nur 50% erhält, und C, weil er 75% erhält, aber 100 % erbringen muss. Der wirtschaftliche Verlust von 50 % der

[187] Medicus, FS Flume I, S.642.

Leistung des A wird also auf B und C hälftig verteilt. Weil sich dabei Leistung und Gegenleistung immer nur nach der jeweiligen Person richten, berücksichtigt diese Lösung auch, ob B und C ein gutes oder ein schlechtes Geschäft gemacht haben. Denn wenn die von B zu erbringende Leistung weniger wert ist als sein Anspruch gegen A, dann muss er nur verhältnismäßig weniger mehr leisten, als wenn seine Mehrleistungspflicht nach dem Schaden des C aufgrund der vollen Leistungserbringung bemessen würde. Und dass C die volle Leistung erbringen muss, B aber nur eine reduzierte, beruht auf der nicht kompensierbaren Zufälligkeit, bei wem die Geschäftsgrundlage wegfällt; wenn dass bei A ist, dann muss eben C die volle Leistung erbringen – im Zweipersonenverhältnis stände er ja auch nicht besser bzw. sogar schlechter, weil er nur eine noch stärker reduzierte Leistung erhält.

Manko an dieser Lösung ist zwar, dass eine Reduzierung der Leistung in tatsächlicher Hinsicht möglich sein muss, was aber nicht immer der Fall sein wird. Diesen Mangel könnte man aber durch eine Geldzahlungspflicht wie bei der Minderung kompensieren. Hält man das für unmöglich, dann bleibt B immer noch das Recht zum Rücktritt, wie das auch im Zweipersonenverhältnis der Fall ist, wenn eine Anpassung nicht möglich oder nicht genügend ist. Tritt B tatsächlich zurück, so wird auch C zurücktreten, weil er von B keine Leistung mehr bekommt, sodass der gesamte Vertrag in ein Rückgewährschuldverhältnis umgestaltet wird.

Problematisch an dieser Lösung mit der Pflichtenreduzierung auch des B ist allerdings noch, dass nach der Lösung im Zweipersonenverhältnis gerade die Gegenleistung des Vertragspartners, an den wegen Wegfalls der Geschäftsgrundlage nur eine reduzierte Leistung erbracht wird, unangetastet bleiben soll, vielmehr voll erbracht werden soll.

Indes kann das im Dreipersonenverhältnis nicht derart absolut gelten. Denn hier geht es nicht darum, die Leistungspflicht des Schuldners des A, nämlich des C, zu reduzieren, was nach der Lösung für das Zweipersonenverhältnis unzulässig wäre, sondern allein darum, die Leistungspflicht des B zu reduzieren; B erbringt aber nicht die Leistung an A, sondern an C. Folglich kann das Anpassungsrecht des B nicht ausgeschlossen werden. B darf also seine Leistung aufgrund des Gegenseitigkeitsverhältnisses entsprechend dem oben skizzierten Verhältnis anpassen, unter Umständen sogar zurücktreten, wenn eine Anpassung aus tatsächlichen Gründen unmöglich ist. C muss hingegen seine Leistung voll erbringen, sofern nicht B zurücktritt, weil ihm Rechte aus Wegfall der Geschäftsgrundlage entsprechend der Lösung im Zweipersonenverhältnis nicht zustehen sollen und können.

Je nach Konstellation dürfen also entsprechend den Regeln im Zweipersonenverhältnis zusätzlich entweder beide anderen Gläubiger oder nur der erste Gläubiger seine Leistung anpassen, im letzteren Fall allerdings nicht im gleichen Verhältnis wie derjenige, bei dem die Geschäftsgrundlage weggefallen ist.

Nun könnte man noch unter Fortführung der Lösung zur ersten Fallgruppe in einer systematisch übergreifenden Überlegung auf den Gedanken kommen, nicht nur die originäre Situation des Wegfalls der Geschäftsgrundlage, sondern die gesamte Anpassungsproblematik im Bezug auf den Dritten über das Institut des Wegfalls der Geschäftsgrundlage zu lösen, indem im Falle einer Minderung des B oder der bloß teilweisen Leistungserbringung durch B aufgrund Teilunmöglichkeit der Leistung des A immer bei C die Geschäftsgrundlage für die vollständige Leistungserbringung an A wegfällt. Geschäftsgrundlage bei C wäre also die unveränderte Pflichtenerfüllung durch B.
Doch ist fraglich, ob die unveränderte Leistungserbringung wirklich Geschäftsgrundlage ist, wenn man sich überlegt, dass zur Geschäftsgrundlage nur solche Umstände gehören, die keinen Eingang in den Vertrag gefunden haben. Im Vertrag wurde aber gerade das Äquivalenzverhältnis festgeschrieben. Auch würde diese Lösung in Konflikt geraten mit der Situation im Zweipersonensystem, weil man dann auch dort in jeder Pflichtenanpassung aufgrund Wegfalls der Geschäftsgrundlage beim anderen einen Wegfall der Geschäftsgrundlage annehmen könnte. Ferner würde speziell für den Fall des Geschäftsgrundlagenwegfalls bei A ein „unendliches Karussell" stattfinden, nämlich dadurch, dass aufgrund der Pflichtenreduzierung des C nun die Äquivalenzstörung bei A noch größer wird und die Geschäftsgrundlage bei ihm noch stärker wegfällt, sodass A wiederum seine Pflicht gegenüber B reduziert, sodass B seine Leistung reduziert und so weiter, bis nichts mehr von der Leistung übrig ist. Und schließlich ist das Institut des Wegfalls der Geschäftsgrundlage subsidiär zu anderen gesetzlichen Instituten. Mit den Normen über die Minderung und die Teilunmöglichkeit gibt es aber gesetzliche Regelungen, die der Lösung über den Geschäftsgrundlagenwegfall vorgehen. Dabei wäre das Lösungsmuster auch nicht grundverschieden: C hätte beidesmal das Recht zur Anpassung, einmal aufgrund Minderung, das andere Mal hypothetisch aufgrund Wegfalls der Geschäftsgrundlage, § 313 I, und er hätte beidesmal das Recht zum Rücktritt, einmal aufgrund des Gewährleistungsrechts, das andere Mal wiederum aufgrund Wegfalls der Geschäftsgrundlage, § 313 III. Und dass A im Fall der Minderung oder Teilunmöglichkeit keine Rechte aus Wegfall der Geschäftsgrundlage haben kann, leuchtet unmittelbar ein, weil er die Störung verursacht hat und also bei normativer Betrachtung das Risiko der Pflichtenreduzierung tragen muss.
Die Lösung über das Institut des Wegfalls der Geschäftsgrundlage ist daher auf ihr originäres Anwendungsfeld entsprechend zum Zweipersonenverhältnis zu beschränken, eine Ausdehnung ist nicht sachgerecht.

dd.) Handelsrechtliche Rüge

Schließlich bleibt noch die etwaige Pflichtenanpassung aufgrund einer unterlassenen handelsrechtlichen Rüge, § 377 HGB, im Fall einer Zuviel- oder Zuwenig-Lieferung zu untersuchen.

In der Konstellation, dass A an B zu wenig geleistet hat, aber aufgrund der unterlassenen Rüge nicht mehr nachleisten muss, kommt es indes schon von vornherein zu keiner Pflichtenanpassung, B muss weiterhin seine volle Leistung an C erbringen, da er sich seinen Leistungsverlust allein selbst zuzuschreiben hat. Hier stellt sich also kein Problem.

Demgegenüber wäre in dem Fall, dass A zu viel an B leistet, durchaus eine Pflichtenanpassung möglich. Man könnte nämlich unter Übertragung der Argumente aus dem Zweipersonenverhältnis[188] sagen, bei einer Zuviel-Lieferung des A seien auch B (und folglich C) zu einer entsprechenden Mehrleistung verpflichtet, wenn sie nicht (rechtzeitig) gerügt haben, so wie im Zweipersonenverhältnis bei einer Zuviel-Lieferung des A auch sein Vertragspartner B entsprechend mehr an A leisten muss, wenn er nicht rechtzeitig gerügt hat. Das Risiko einer Zuviel-Leistung hätte also nicht der Leistende, sondern der Leistungsempfänger und der Dritte C zu tragen. Doch wäre schon nicht zu legitimieren, wieso C mehr leisten soll – er hat ja die Rüge nicht unterlassen. Und dass allein B an C mehr leisten muss, ohne dass A für seine Mehrleistung eine Gegenleistung bekommt, wäre aus Sicht des A untragbar und für C ein völlig ungerechtfertigter Vorteil. Es bleibt damit nur, dass es allein im Verhältnis B-A zu einer Rückabwicklung oder zu einem finanziellen Ausgleich kommt[189]. Zu einer Pflichtenanpassung kommt es (nach alter Rechtslage) also trotz des Unterlassens der handelsrechtlichen Rüge nicht.

Und nach neuem Recht stellt der Fall der Zuviel-Lieferung ohnehin keinen Gewährleisutngfall mehr dar und unterfällt mithin auch nicht der Rügeobliegenheit mit der Gegenleistungspflichterhöhung bei Unterlassen[190]. Auch hier stellt sich damit kein Problem.

Das Unterlassen der handelsrechtlichen Rüge vermag also keine Pflichtenanpassung zu begründen.

ee.) Zusammenfassung

Die Anpassung der Pflicht in einem Verhältnis ist zulässig, führt aber nicht zu einer automatischen Anpassung der Pflichten in den anderen Verhältnissen. Vielmehr sind dem anderen Gläubiger selbstständige Sekundärrechte auf Anpassung oder Vernichtung der eigenen Pflicht zuzugestehen. Beide Gläubiger müssen selbst entscheiden können, ob sie ihre Pflicht weiterhin, aber reduziert erfüllen wollen oder ob sie vom Vertrag nichts mehr wissen wollen.

---

[188] Canaris, Handelsrecht, § 31 Rn.44.

[189] s.C.II.10.b.bb.bbb.

[190] Lorenz/Riehm, Neues Schuldrecht, Rn.496.

7. Tatsächliche Realisierung der Zug-um-Zug-Leistung

Nach den Untersuchungen zur Pflichtenentstehung, zu ihrem Erlöschen und zu ihrer inhaltlichen Veränderung ist nun das Augenmerk auf die Pflichtenerfüllung zu richten. Schon im vertraglichen Zweipersonenverhältnis ist es schwierig, zwei unterschiedliche Leistungsorte mit der regelmäßigen Pflicht zur Zug-um-Zug-Leistung zu vereinbaren. Noch schwieriger wird es aber, wenn es drei denkbare Leistungsorte gibt. Problematisch ist also, wie eine Zug-um-Zug-Erfüllung durchgeführt werden soll, wenn auf Primärpflichtenebene zwei oder drei unterschiedliche Leistungsorte vereinbart wurden oder wenn – auf Sekundärpflichtenebene – die Leistungen an zwei oder drei unterschiedlichen Leistungsorten zurückzugewähren sind.

a.) Primärpflichten

Denkbar sind zwei Extremlösungen und eine sich an die zweite Extremlösung anlehnende abschwächende Lösung.
Das eine Extrem wäre, beim mehrseitigen Austauschvertrag nur einen Leistungsort bei nur einer Leistungszeit zuzulassen. Dafür spricht, dass dadurch die Abhängigkeit der Leistungspflichten voneinander bis zum äußersten der Zug-um-Zug Leistung fortgeführt wäre.
Indes ist zu bedenken, dass letzteres Argument auch für den bilateralen gegenseitigen Vertrag gelten müsste, dort aber vom Gesetz ein gemeinsamer Leistungsort nicht verlangt wird. Das Gesetz bestimmt gerade keinen einheitlichen tatsächlichen Leistungsort für gegenseitige Verträge – und könnte diesen auch gar nicht ausnahmslos bestimmen, weil ein Tausch oder die wechselseitige Vermietung von zwei unterschiedlich gelegenen Grundstücken an einem Leistungsort nicht durchführbar ist, weil die Verschaffung des tatsächlichen Besitzes bei zwei an verschiedenen Orten belegenen Grundstücken tatsächlich undurchführbar ist[191]. Daran ändert auch § 854 II nichts, weil es Fälle geben kann, in denen eine tatsächliche Besitzeinräumung notwendig ist.
Das andere Extem wäre, drei unterschiedliche Leistungsorte zuzulassen und sich in diesem Fall mit der Undurchführbarkeit der Zug-um-Zug-Leistungserbringung abzufinden. Denn beim Tausch dreier Grundstücke, die an unterschiedlichen Orten belegen sind, bleibt einer Partei nichts anderes übrig, als vorzuleisten, um das Schuldverhältnis aus der gegenseitig begrenzenden Balance der Positionen zu lösen, nämlich der jeweiligen Einrede gegen die Leistungspflicht bei Bestehen beider Parteien auf einer Zug-um-Zug Leistung[192]. Ferner spricht für diese Ansicht, dass das synallagmatische Schuldverhältnis nicht kraft seiner „Natur" fest mit dem Gedanken eines gemeinsamen, den Leistungsort für beide Verbindlichkeiten fixierenden Austauschortes verknüpft ist[193]. Den Parteien

[191]Leonhard, Erfüllungsort und Schuldort, S.114.
[192]Gernhuber, FS Raiser, S.71; Leonhard, Erfüllungsort und Schuldort, S.114; Staudinger-Otto, § 320 Rn.8.
[193]Gernhuber, FS Raiser, S.70.

einen gemeinsamen Leistungsort aufzuzwingen widerspräche schließlich dem Grundsatz der Privatautonomie, ohne dass für diese Einschränkung ein materieller Wertungsgrund zu finden ist. Auch die hier vertretene Pflichtenstruktur vermag einen einheitlichen Leistungsort nicht zu begründen: die Pflichtenstruktur hat nichts mit dem Leistungsort zu tun.

Dass es mehrere Leistungsorte gibt, lässt sich also nicht ausschließen. Die Abwicklung der Primäransprüche erfolgt in tatsächlicher Hinsicht also wie beim bilateralen gegenseitigen Vertrag, d.h. unter Umständen ohne tatsächliche Zug-um-Zug-Leistung.

Wie im Zweipersonenverhältnis lässt sich die Zug-um-Zug-Verknüpfung bei unterschiedlichen Leistungsorten aber doch wenigstens partiell realisieren, und darin liegt die vermittelnde Lösung: ist Inhalt der Leistungspflicht eine Übereignung beweglicher Sachen, so kann diese Übereignung mit der Bedingung versehen werden, dass der Übereignende vom Dritten die Leistung erhält. Denn dadurch wird wenigstens teilweise die Zug-um-Zug Leistung erreicht, weil die volle eigene Leistungserbringung, nämlich die Eigentumsübertragung, erst dann erfolgt, wenn man selbst die eigene Leistung erhält.

Bei Immobilien läge die Lösung demgegenüber darin, zum Schutz vor einer vertragswidrigen Verfügung eine Vormerkung eintragen zu lassen und zusätzlich den Veräußerer dazu zu verpflichten, an den Erwerber eine unwiderrufliche, allerdings an die Wirksamkeit des Kausalgeschäftes gekoppelte, Vollmacht zu erteilen, mit dem Inhalt, dass der Erwerber als Vertreter des Veräußernden gegenüber dem Grundbuchamt die notwendigen Erklärungen abgeben kann, sodass der Erwerber den Eigentumserwerb de facto selbst herbeiführen kann; diese Vollmachtserteilung und Abgabe der Vormerkungserklärung wäre Zug-um-Zug gegen Erbringung der Gegenleistung zu vollziehen, etwa der Besitzverschaffung an einem anderen Grundstück, das nicht übereignet, sondern nur dauerhaft vermietet werden soll; insofern würde es auch nicht genügen, dem Notar als Treuhänder für die Kaufpreiszahlung zu bestellen, sodass dieser erst dann die Eintragungsanträge stellt, wenn die Geldzahlung bei ihm erfolgt ist, weil das nur beim Kauf, nicht aber beim Tausch funktioniert.

b.) Sekundärpflichten

Auch bei den Sekundärpflichten in Form von Rückgewährpflichten stellt sich das Problem, wie eine Zug-um-Zug Rückgewähr technisch durchzuführen ist, die ja durch § 348 BGB und beim Bereicherungsrecht im Rahmen der Saldotheorie bzw. nach § 348 analog vorgesehen ist.

Weil die Rückgewährpflichten aber nur umgekehrte Primärpflichten sind, kann die Lösung nicht anders als bei diesen ausfallen: eine Zug-um-Zug-Leistung ist nur bei einem einzigen Leistungsort möglich.

Ein zusätzliches Problem wirft indes die Saldotheorie im Rahmen des Bereicherungsrechts insoweit auf, als ihrzufolge Leistung und Gegenleistung automatisch saldiert werden und dann nur ein Bereicherungsanspruch auf den Saldo übrigbleibt, sofern Leistung und Gegenleistung saldierbar sind[194]. Dieses Vorgehen setzt aber notwendigerweise ein Zweipersonenverhältnis voraus, weil nur dort ein Saldo zugunsten einer Person gebildet werden kann. Für die Lösung dieses Problems lässt sich die Einschränkung der Saldotheorie, wonach kein Saldo zu bilden ist, wenn er wegen Ungleichartigkeit der Leistungen nicht gebildet werden kann, fruchtbar machen: Statt der Unmöglichkeit wegen Ungleichartigkeit ist auf die Unmöglichkeit wegen fehlender Personenidentität abzustellen. Weil also ein Saldo zwischen drei Personen nicht gebildet werden kann, ist die Saldotheorie insoweit nicht anwendbar. Im Ergebnis sind also die jeweiligen Leistungen wie bei der modifizierten Zweikondiktionenlehre Zug-um-Zug zurückzugewähren.

8. Die Pflichten- und Anspruchsübertragung

Bei dem die Betrachtung der Vertragspflichten nun abschließenden Problemkreis der Pflichten- und Anspruchsübertragung geht es darum, wer von den drei Vertragsparteien an einer Abtretung, einer Schuldübernahme oder einer Vertragsübernahme zu beteiligen ist und wer nach erfolgter Übertragung Sekundärrechte ausüben darf. Im Unterschied zum Zweipersonenverhältnis ist das spezifische Problem beim mehrseitigen Austauschvertrag nämlich, dass zwar aus Sicht des die Verbindlichkeit oder die Forderung übertragenden Vertragspartners ihm immer nur neben dem Übernehmenden ein Vertragspartner gegenübersteht wie im Zweipersonenverhältnis, nichtsdestotrotz aber unweigerlich auch der dritte Vertragspartner von einem solchen Vorgang betroffen wird. Es stellt sich daher die Frage, ob infolgedessen auch der Dritte zu beteiligen ist.

Daran schließt sich die Frage an, ob der Übernehmende, also die vierte Person neben den drei Vertragspartnern, Sekundärrechte ausüben darf, ob die Ausübung der Sekundärrechte also wie im herkömmlichen Zweipersonenverhältnis verteilt werden kann, oder ob die Ausübung der Sekundärrechte beim Übertragenden verbleiben muss.

Nicht fraglich ist hingegen, ob eine Schuldübernahme oder eine Abtretung überhaupt möglich ist. Denn schon eine Anteilsveräußerung bei der Gesellschaft Bürgerlichen Rechts ist zulässig – vorausgesetzt, alle Gesellschafter sind einverstanden –, und also muss, da sich die Gesellschaft bürgerlichen Rechts durch eine personenrechtliche Verbundenheit und damit eine viel engere Verbun-

---

[194]BGH NJW 1988, 3011 (LS).

denheit auszeichnet, als es sie beim mehrseitigen Austauschvertrag gibt, beim mehrseitigen Austauschvertrag eine Pflichten- und Anspruchsübertragung erst recht zulässig sein.
Die Antwort auf die eigentliche Frage, wer an dieser Übertragung zu beteiligen ist, ist dagegen differenziert nach der jeweiligen Konstellation zu geben.

a.) Schuldübernahme

Ob auch der Dritte C neben dem Gläubiger B, dem Übertragenden A (im Falle des § 415) und dem Übernehmenden D an dem Vertrag über die Schuldübernahme zu beteiligen ist, beurteilt sich nach der den §§ 414, 415 BGB zugrundliegenden Wertung.
Danach ist neben dem Übernehmenden zwingend nur der Gläubiger Partei des Schuldübernahmevertrages, weil auf seinen Anspruch eingewirkt wird und er als unmittelbar Betroffener soll zustimmen müssen. Sonstige Dritte, etwa eigene Gläubiger des Gläubigers, die auf die Erfüllung der Erstverbindlichkeit zwar angewiesen sind, weil ihr Gläubiger gerade dadurch in Stand gesetzt wird, die eigene Leistung an sie zu erbringen, aber in keiner rechtlichen Beziehung zu dieser Verbindlichkeit stehen, werden hingegen nicht beteiligt, obwohl sie ein wirtschaftliches Interesse an einer Beteiligung haben, um insbesondere einen in ihren Augen unter Umständen leistungsunfähigen neuen Schuldner auszuschalten.
Für den mehrseitigen Austauschvertrag stellt sich damit die Frage, welcher der beiden Gruppen, Gläubiger oder sonstige Dritte, der Dritte C zuzuordnen ist.
Für die Zuordnung zur Gruppe der sonstigen Dritten spricht, dass C wie diese zwar auf die Erfüllung der Verbindlichkeit angewiesen ist, aber eben nur „mittelbar", weil B die Leistung des A bzw. des Übernehmenden regelmäßig nicht notwendigerweise benötigt, um überhaupt seine Leistung erbringen zu können. Doch zeigt dies bereits den entscheidenden Unterschied und damit die Notwendigkeit der Zuordnung zum Gläubiger: C ist nicht nur mittelbar, sondern unmittelbar rechtlich aufgrund des vertraglichen Synallagmas in Verbindung mit der Einrede des nicht-erfüllten Vertrages auf die Leistungserbringung angewiesen; die Leistungen sind nicht nur wirtschaftlich, sondern rechtlich miteinander verbunden. Vermittelt durch die Einrede des nicht-erfüllten Vertrages wird also die Position des C nicht nur wirtschaftlich, sondern rechtlich schwächer, wenn ein eventuell leistungsunfähiger Neuschuldner den Anspruch des B erfüllen soll, weil dann B solange die Erbringung der eigenen Leistung durch Erhebung der Einrede des nicht-erfüllten Vertrages verweigern wird, wie der Neuschuldner noch nicht an B geleistet hat. Für den Dritten steigt außerdem die Gefahr, dass sein Primäranspruch mitsamt den anderen untergeht, wenn und weil der Schuldübernehmende die Leistung nicht oder nicht ordnungsgemäß erbringt und der Gläubiger deshalb vom Vertrag zurücktritt. Gerade wegen dieser Gefahr soll der unmittelbare Zuwendungsempfänger

beteiligt werden, weil sein Anspruch von der Leistungsfähigkeit des Übernehmenden abhängt. Dann muss aber auch der Dritte beteiligt werden, weil es ihm insofern nicht anders geht, weil auch sein Anspruch von der Leistungsfähigkeit des Übernehmenden abhängt. C ist damit in der gleichen Position wie der Gläubiger. Folglich ist auch dem Dritten durch die Beteiligung am Vertragsschluss über die Übernahme ein Vetorecht hinsichtlich der Übernahme zuzubilligen. Entsprechend der Wertung der §§ 414, 415 ist also auch der Dritte an der Schuldübernahme zu beteiligen.

Die Notwendigkeit einer Beteiligung lässt sich konstruktiv auch mit dem hier vertretenen Pflichtenmodell verdeutlichen. Die zu übernehmende Schuld besteht nämlich nicht nur gegenüber B, sondern auch gegenüber C, also beiden anderen Vertragspartnern gegenüber, weil A nicht nur B, sondern auch C die Leistung versprochen hat. Damit ist auch C der vom Wortlaut der §§ 414, 415 direkt vorausgesetzte Gläubiger, sodass auch er zu beteiligen ist.

Es sind also bei einer Schuldübernahme nach § 414 insgesamt vier Personen zu beteiligen: der Schuldübertragende, der Übernehmende und die beiden Gläubiger. Konstruktiv ist ein vierseitiger Vertrag zu schließen, der allerdings kein mehrseitiger Austauschvertrag, sondern ein verfügender Vertrag ist[195]. § 414 geht zwar nach herkömmlicher Auffassung nur von einem dreiseitigen Vertrag aus; doch muss von dieser Auffassung etwa auch bei einer Gesamtgläubigerschaft abgewichen werden, weil dort zwei Gläubiger existieren und also auch beide neben dem Übertragenden und dem Übernehmenden am Vertragsschluss zu beteiligen sind. Gleiches gilt für die Schuldübernahme bzgl. einer gesamtschuldnerisch gebundenen Verbindlichkeit: Haften etwa B und C gesamtschuldnerisch dem A und möchte D die Verbindlichkeit des C übernehmen, so ist es sachgerecht, wenn D die Zustimmung des B einholen muss (neben der des A), weil der Ausgleichsanspruch unter Gesamtschuldnern nach § 426, d.h. hier der Anspruch des B gegen C, falls B den A befriedigen sollte, von der Leistungsfähigkeit des Schuldübernehmenden abhängt; also sollte man dem B ein Zustimmungsrecht gewähren, weil sein Ausgleichsanspruch wirtschaftlich geschmälert sein kann, wenn der neue zweite Gesamtschuldner wirtschaftlich weniger solvent ist. Allerdings ist dieses Zustimmungserfordernis nicht unumstritten und auch nicht so zwingend wie beim mehrseitigen Austauschvertrag, weil der Ausgleichsanspruch eben nur wirtschaftlich an den Hauptanspruch durch dessen Erfüllung gekoppelt ist, während beim mehrseitigen Austauschvertrag die Ansprüche unmittelbar rechtlich durch das Synallagmaprinzip voneinander abhängen.

An einem Vertrag über eine Schuldübernahme ist also auch der Dritte zu beteiligen, im Fall des § 414 durch einen vierseitigen Vertrag, im Fall des § 415 durch einen dreiseitigen Vertrag.

[195] S.B.III.4.

b.) Abtretung

Wie bei der Schuldübernahme ist auch bei der Abtretung die gesetzliche Wertung, hier des § 398, im Hinblick darauf zu ermitteln, ob der Dritte an der Abtretung zu beteiligen ist.

An einer Abtretung muss neben dem Erwerber nur noch derjenige mitwirken, der durch die Abtretung unmittelbar eine rechtliche Position verliert. Demzufolge ist der Schuldner nicht zu beteiligen, weil es ihm egal sein kann, an wen er leisten muss, zumal sich auch der Leistungsort nicht ändert. Sonstige Dritte werden genauso wenig beteiligt, weil sie trotz des Verlustes einer Vollstreckungsmöglichkeit nur wirtschaftlich mit dem Gläubiger verbunden und also nicht in ihrer rechtlichen Stellung betroffen sind. Es fragt sich damit, ob der Dritte C eine rechtliche Position einbüßt, wenn B seinen Anspruch gegen A an D abtritt. Denn nur dann müsste er beteiligt werden.

Der Abtretende und Schuldner des Dritten kann solange die Einrede des nicht-erfüllten Vertrages erheben, bis an den Abtretungsempfänger geleistet wurde, sodass der Dritte in seiner Rechtsstellung, nämlich der ungehemmten Anspruchseinforderung betroffen ist. Das ist zwar auch ohne Abtretung so, doch bewirkt die Abtretung zusätzliche eine Verschlechterung zu Lasten des Dritten: verhält sich der Abtretungsempfänger unredlich und leugnet den Leistungserhalt, so wird der Abtretende und Schuldner des Dritten – gutgläubig – die Leistung verweigern; das ist zwar rechtswidrig, weil A bereits seine Leistung erbracht hat, zieht aber den Leistungsaustausch jedenfalls in die Länge. Im Zweipersonensystem kann es zu einer solchen Konstellation nicht kommen, weil dort der Schuldner regelmäßig eine Zug-um-Zug-Erfüllung beanspruchen kann, sodass er seinen Leistungserhalt sicherstellen kann. Im Dreipersonensystem muss der Leistungserhalt des Dritten trotz Abtretung auf anderem Wege gesichert werden, und zwar dadurch, dass der Dritte von vornherein die Erschwerung des Leistungsaustausches durch die Abtretung verhindern kann. Dass sich aber die Stellung des Schuldners und gleichzeitig des Gläubigers des Abtretenden durch die Abtretung nicht verschlechtern soll, zeigt § 404. Danach kann sich der Schuldner auch dem Abtretungsempfänger gegenüber etwa auf die Einrede des nicht-erfüllten Vertrages berufen und damit zugleich seine Position als Gläubiger hinsichtlich des eigenen Leistungserhalts sicherstellen. Hinsichtlich dieses Leistungserhalts darf also auch der Dritte nicht schlechter stehen, sodass er davor geschützt werden muss, dass der Abtretungsempfänger den Leistungsaustausch wenigstens zeitweise sabotiert. Also ist der Dritte zu beteiligen.

Konstruktiv lässt sich das mit dem hier vertretenen Pflichtenmodell verdeutlichen. Der dritte Vertragspartner hat einen Anspruch gegen den Ersten, und Inhalt des Anspruchs des dritten Vertragspartners ist es, dass an den zweiten Vertragspartner eine Leistung vom Ersten erbracht wird. Tritt nun der zweite Vertragspartner seinen Leistungsanspruch ab, ändert er damit notwendig auch den Anspruch des Dritten, da dieser nun nicht mehr Leistung an den ursprünglichen zweiten Vertragspartner verlangen kann, sondern nur noch an den Abtretungsempfänger. Weil also der Dritte insoweit eine rechtliche Position verliert, nämlich den Anspruch auf Leistung an den ursprünglichen zweiten Vertragspartner, muss er beteiligt werden. Es sind also an der Abtretung drei Personen zu beteiligen: der Abtretende, der Erwerber und der Dritte als zweiter Gläubiger.

c.) Vertragsübernahme

Bei der Vertragsübernahme schließlich sind aufgrund der Übertragung der Stellung als Vertragspartei mit sämtlichen Rechten und Pflichten nach dem oben bei der Schuldübernahme und der Abtretung dargestellten Vorgang auch sämtliche ursprünglichen Vertragspartner zu beteiligen. Insgesamt sind an einer solchen Transaktion also insgesamt vier Personen und nicht nur drei wie bei einem Zweipersonenvertrag zu beteiligen.

d.) Ausübung der Sekundärrechte

Für den Fall der Schuldübernahme und der Abtretung ist schließlich noch zu klären, wer nach der Vornahme dieser Verfügung Sekundärrechte ausüben darf. Dabei kann man entweder der Auffassung sein, dass es für die Rechteverteilung nur auf das interne Verhältnis zwischen Übertragendem und Übertragungsempfänger wie bei einem Zweipersonenvertrag ankommt, dass der mehrseitige Austauschvertrag also keine zusätzlichen Probleme aufwirft, oder andererseits meinen, dass eine Abweichung von der Verteilung der Sekundärrechte im Zweipersonensystem geboten sei, weil im Gegensatz zum gegenseitigen Vertrag der Vierte, d.h. der Übernehmende, etwa durch einen Rücktritt nicht nur in die Position des Abtretenden, sondern auch in die Rechtsstellung des dritten Vertragspartners eingreift, da auch er über das Synallagma betroffen ist, wenn die Primärpflichten verändert werden. Deshalb ist zweifelhaft, ob dem Vierten eine solche Befugnis zugestanden werden kann, weil er nicht Vertragspartner ist und also nicht auf das fundamentale vertragliche Pflichtengefüge sollte einwirken können.

Doch hat der Dritte der Abtretung oder Schuldübernahme zugestimmt. Also ist er in keiner anderen Situation als der Abtretende bzw. die Schuld Übertragende selbst. Und aus seiner Sicht ist es außerdem gleichgültig, wer das Sekundärrecht geltend gemacht hat – relevant ist nur, dass es von einem der beiden anderen ausgeübt wurde. Der Dritte ist also insofern nicht mehr schutzbedürftig.

Es bleibt damit bei der üblichen Verteilung der Sekundärrechte wie im Zweipersonenverhältnis, der mehrseitige Austauschvertrag erfordert insofern keine Abweichung.

Bei der Vertragsübernahme stellt sich dieses Problem hingegen schon von vornherein nicht. Denn dort wird der Vertragspartner komplett ausgewechselt, sodass hier weder ein Verteilungsproblem hinsichtlich der Sekundärrechte noch ein Schutzproblem in Bezug auf den Dritten entsteht, weil sich der Dritte nicht mit mehreren Schuldnern auseinandersetzen muss, sondern weiterhin einen einzigen, aber nun anderen Schuldner hat.

e.) Anwendbarkeit des Vorkaufsrechts

Besondere Probleme wirft schließlich die Auswechselung eines Vertragspartners bei Ausübung eines Vorkaufsrechts auf. Denn beim mehrseitigen Austauschvertrag würde dies dazu führen, dass dem Dritten C ein neuer Vertragspartner aufgezwungen werden würde.

Doch kommt es für die Anwendbarkeit des Vorkaufsrechts zunächst darauf an, worin die Gegenleistung besteht – nur bei einer Gegenleistung in Geld ist nämlich das Vorkaufsrecht nach dem Gesetzeswortlaut unmittelbar anwendbar. Hat etwa A mit X ein Vorkaufsrecht an seinem Oldtimer vereinbart und veräußert er nun den Wagen an B im Rahmen eines mehrseitigen Austauschvertrages, demzufolge B an C eine Yacht leisten muss und C an A einen Hubschrauber, so könnte X sein Vorkaufsrecht nur dann ausüben (und damit an die vertragliche Stelle des B treten), wenn das Vorkaufsrecht nicht nur bei einer Geldzahlung ausgeübt werden kann.

Als Gegenleistung anzusehen ist beim Vorkaufsrecht die Leistung, die der Vertragspartner des Vorkaufsverpflichteten erbringen muss. Denn der Eintritt des Vorkaufsfalls beurteilt sich – zur Abgrenzung vom Tausch, wo es keinen Vorkaufsfall gibt – nach der Gegenleistung, die der Vertragspartner des Vorkaufsverpflichteten erbringt. Dass diese Gegenleistung beim mehrseitigen Austauschvertrag an einen Dritten erbracht wird, macht insofern keinen Unterschied, weil es um den Schutz des Vorkaufsberechtigten geht und also zu fragen ist, ob er statt des ursprünglichen Vertragspartners die Gegenleistung erbringen kann. Im obigen Beispiel ist also die für den Vorkaufsfall relevante Gegenleistung die des B an C.

Damit stellt sich die grundsätzliche Frage, ob das Vorkaufsrecht auch dann besteht, wenn die Gegenleistung nicht in Geld, sondern in einem anderen Leistungsgegenstand besteht. In der Literatur wird dazu im Zweipersonenverhältnis vertreten, dass ausnahmsweise bei Vertretbarkeit der Gegenleistung auch ein Tausch einen Vorkaufsfall auslöst[196]. Denn wenn sowohl die Leistung als auch der Vertragspartner austauschbar sind[197], kann der Vorkaufsverpflichtete keinerlei Interesse an

[196]Schurig, Vorkaufsrecht, S.135; Staudinger-Mader, § 504 Rn.17.
[197]Vgl. Bydlinski, AGBG-Kommentar, Rn.872f.; Staudinger-Mader, § 504 Rn.17.

einem Vertragsschluss mit jemand anderem als dem Vorkaufsberechtigten haben, sodass auch in diesem Fall das Vorkaufsrecht ausgeübt werden könnte.

Diese Differenzierung ermöglicht zu Recht einen Ausgleich zwischen dem spezifischen Leistungsinteresse des Vorkaufsverpflichteten und dem Interesse des Vorkaufsberechtigten am Leistungserhalt, wohingegen bei Ablehnung eines Vorkaufsfalls der Interessenausgleich völlig einseitig zu Lasten des Vorkaufsberechtigten vorgenommen werden würde. Auch beim mehrseitigen Austauschvertrag kommt daher als eine den Vorkaufsfall auslösende Gegenleistung eine vertretbare Sachleistung in Betracht, da bei Vertretbarkeit der Inhalt der Leistung eben nichts mit dem Leistungsempfänger zu tun hat.

Beim mehrseitigen Austauschvertrag wäre allerdings, und hierin liegt das spezifische Problem, bei Ausübung des Vorkaufsrechts durch den Vorkaufsberechtigten nicht nur der Vorkaufsverpflichtete in seiner Stellung betroffen, sondern es wäre auch die Position des Dritten einschneidend tangiert, weil er nun einen neuen Vertragspartner, den Vorkaufsberechtigten, aufgezwungen bekommen würde. Im Zweipersonenverhältnis ist das für den Vorkaufsverpflichteten unproblematisch, weil er sich schon durch die Vorkaufsrechtsbegründung auf diese Auswechselung eingelassen hat. Im Dreipersonenverhältnis müsste sich aber der Dritte ohne seine Zustimmung mit einem neuen Vertragspartner auseinandersetzen. Die Vorkaufsrechtsbegründung wäre insofern ein Vertrag zu Lasten eines Dritten. Folglich kann es wegen dieser Drittbetroffenheit durch einen Ringtausch nur dann zu einem Vorkaufsfall kommen, wenn der Dritte der Auswechselung seines Leistungserbringers zustimmt oder diese Zustimmung wegen rechtsmissbräuchlicher Verweigerung entbehrlich ist, was insbesondere dann der Fall wäre, wenn der Vorkaufsberechtigte die Leistung anbietet (Zug-um-Zug gegen Zustimmung), weil dann der Dritte an einer Zustimmungsverweigerung kein sachliches Interesse hat.

Die Normen über das Vorkaufsrecht sind also auf den mehrseitigen Austauschvertrag nur unter den zwei Voraussetzungen anwendbar, dass die Gegenleistung in Geld besteht oder vertretbar ist und der Dritte zustimmt.

Damit kann auch nicht von einer Umgehung des Vorkaufsrechts durch den Abschluss eines mehrseitigen Austauschvertrages die Rede sein. Denn schon im Zweipersonenverhältnis würde der Vorkaufsfall nicht eintreten, wenn die Gegenleistung (jedenfalls) eine unvertretbare Leistung wäre, und im Dreipersonenverhältnis ist die Situation für den Vorkaufsberechtigten nicht schlechter, weil er die notwendige Zustimmung des Dritten durch Anbieten der Leistung entbehrlich machen kann. Allein durch das Dreipersonenverhältnis kommt es also zu keiner Umgehung.

Dennoch will die Rechtsprechung[198] das Vorkaufsrecht gänzlich ausschließen. Die dort relevante Vertragskonstellation, nämlich eine Kombination zweier Verträge, hat allerdings nichts mit dem mehrseitigen Austauschvertrag zu tun[199], sodass die dort thematisierte Schlussfolgerung nicht auf den mehrseitigen Austauschvertrag übertragbar ist[200].

9. Zuordnung zu einem Vertragstyp

Betrachtet wurden bisher nur die einzelnen Pflichten, nicht aber der Vertrag als Ganzes. Doch gibt es auch auf dieser nächsthöheren Komplexitätsstufe ein Problem, nämlich den mehrseitigen Austauschvertrag einem bestimmten Vertragstyp zuzuordnen.

Das beinhaltet zwei verschiedene Fragestellungen: erstens ist zu untersuchen, welche Vertragstypen des Besonderen Schuldrechts des BGB überhaupt auf den mehrseitigen Austauschvertrag angewendet werden können, anders gefragt, ob es Vertragstypen des BGB gibt, die aus strukturellen Gründen von vornherein unanwendbar sind, und sodann zweitens, wie man den mehrseitigen Austauschvertrag einem bestimmten Vertragstyp des BGB zuordnet.

a.) Anwendbarkeit der die Vertragstypen kodifizierenden Normkomplexe

Die erste Frage, ob bestimmte Vertragstypen des BGB von vornherein ausscheiden, stellt sich wegen der Vertragsstruktur des mehrseitigen Austauschvertrages. Der mehrseitige Austauschvertrag ist nämlich kein einseitig verpflichtender oder zweiseitiger Vertrag, sondern ein gegenseitiger Vertrag. Damit stellt sich die Frage, ob der mehrseitige Austauschvertrag nur gegenseitigen Vertragstypen oder ob er auch einem nicht-gegenseitigen Vertragstypus zugeordnet werden kann. Hier ist zu differenzieren.

Sieht das BGB neben den nicht-gegenseitigen Verträgen entsprechend der einen Leistung inhaltsgleiche Verträge, nun allerdings mit einer Gegenleistung, also gegenseitige Verträge, vor, so scheiden die nicht-gegenseitigen Verträge von vornherein aus, weil der mehrseitige Austauschvertrag ein gegenseitiger Vertrag ist und damit allein und ausschließlich die Vorschriften über gegenseitige Verträge Anwendung finden. Demnach gibt es beim mehrseitigen Austauschvertrag keine Schen-

[198] BGHZ 49, 7-11.
[199] S.B.II.1.d.bb.
[200] aA Palandt-Putzo, § 504 Rn.2; LM 10 Nr.11 zu § 504 – Anmerkung Matten.

kung[201], weil das Pendant mit Gegenleistung der Tausch ist, keine Leihe wegen der Miete, keinen Auftrag wegen des Geschäftsbesorgungsvertrags oder Werkvertrags und kein unentgeltliches Darlehen wegen der gleichermaßen vorgesehenen Entgeltlichkeit.
Stellt dagegen das BGB keinen Komplementärvertragstyp mit einer Gegenleistung zur Verfügung, so ist der jeweilige Vertragstyp mit den für die Gegenleistung notwendigen Modifikationen anwendbar. Bei der Bürgschaft ist eine Gegenleistung nicht vorgesehen, aber durchaus vorstellbar. Die Bürgschaft ist also ein geeigneter Vertragsbestandteil im Rahmen des mehrseitigen Austauschvertrages.
Nicht-gegenseitige Vertragstypen scheiden also nur dann aus, wenn es einen inhaltsgleichen gegenseitigen Vertrag gibt, weil die gegenseitigen Verträge sachnäher dem mehrseitigen Austauschvertrag zuzuordnen sind und daher Vorrang haben vor den nicht-gegenseitigen Verträgen.

b.) Zuordnung zu einem bestimmten Vertragstyp

Damit ist aber noch nicht bewiesen, dass eine inhaltliche Zuordnung zu einem bestimmten gegenseitigen Vertragstyp überhaupt möglich ist. Denn die Bejahung der Gegenseitigkeit sagt noch nichts darüber aus, ob sich der mehrseitige Austauschvertrag einem bestimmten Vertragstyp inhaltlich zuordnene lässt. Denn der Inhalt von Leistung und Gegenleistung damit die Zuordnung zu einem bestimmten Vertragstyp hat mit der Bejahung der grundsätzlichen Gegenseitigkeit nichts zu tun.
Das BGB nimmt primär anhand der Leistung, sekundär dann anhand der Gegenleistung, wie etwa bei der Abgrenzung von Tausch und Kauf, die Zuordnung zu einem bestimmten Vertragstyp vor. Doch kommt beim mehrseitigen Austauschvertrag eine dritte (Gegen-) Leistung hinzu, die bei sämtlichen Vertragstypen des BGB nicht vorgesehen ist. Selbst wenn also etwa A dem B die Erbringung einer Werkleistung versprechen würde und B dem C dafür eine Geldleistung, so könnte man den mehrseitigen Austauschvertrag doch nicht als Werkvertrag einordnen, weil dadurch die dritte Leistung des C an A, etwa eine Sachübereignung, außer Acht gelassen werden würde. Und wenn A dem B eine Sachübereignung verspricht und B dem C dafür eine Dienstleistung (und C dem A schließlich ein Darlehen), dann liegt ohnehin in keinem von jeweils zwei betrachteten Leistungsverhältnissen eine dem BGB bekannte Leistungskombination vor.
Demzufolge soll nach einer Lösung in der Literatur der mehrseitige Austauschvertrag stets ein gemischter Vertrag sein[202]. Die Ermittlung des anzuwendenden Vertragsrechts soll dabei nach den Lösungen, die zu den gemischten zweiseitigen Verträgen entwickelt worden sind, erfolgen, aller-

[201]Huber, Leistungsstörungen II, § 45 III 5.
[202]Pfister, JZ 1971, 284, 285.

dings nur mit Einschränkungen[203]. So soll die Zuordnung des Vertragstyps nach der jeweiligen zu erbringenden Gegenleistung erfolgen. Leistet also A an B Geld und C an A eine Sache, so soll zwischen A und C Kaufrecht Anwendung finden, zwischen B und C und B und A hingegen Tauschrecht[204]. Zwischen B und C soll also kein Kaufrecht Anwendung finden, weil beide Leistungspflichten eine Sachleistung zum Inhalt haben, und zwischen A und B deshalb nicht, weil die Gegenleistung des B eine Sachleistung ist. Doch leuchtet nicht ein, warum nicht Kaufrecht Anwendung finden soll bzw. warum die Leistung B-C als Gegenleistung anzusehen ist und deswegen Kaufrecht ausscheiden soll – es kommt darauf an, ob eine Leistung in der Pflicht zur Geldzahlung besteht. Außerdem geht diese Ansicht davon aus, dass man Leistung und Gegenleistung einem bestimmten Vertragstyp zuordnen kann. Erbringt aber A eine Sachleistung und B eine Werkleistung, so entspricht dies keinem im BGB geregelten Vertragstyp. Für diesen Fall bietet diese Literaturansicht also keine Lösung an.

Doch vermag sie in anderer Hinsicht zu überzeugen: sie bezweckt nämlich nicht, den *gesamten* Vertrag einem Vertragstyp zuzuordnen, sondern nur das jeweilige Leistungsverhältnis.

Eine einheitliche Zuordnung dergestalt, den gesamten mehrseitigen Austauschvertrag etwa als einen Werkvertrag mit anderstypischer Gegenleistung zu bezeichnen, ist nämlich sinnlos, weil das weder eine Aussage dazu beinhalten würde, welche Leistung als werkvertragsbestimmend anzusehen ist, noch überhaupt eine Funktion in der Bezeichnung als solcher liegen würde.

Das entscheidende Problem ist demgegenüber vielmehr, jeweils eine einzelne Leistung einem bestimmten Vertragstyp zuzuordnen.

Die obige Literaturansicht, die diese Zuordnung anhand von Leistung und Gegenleistung vornimmt, kann insofern aber nicht überzeugen. Denn Leistung und Gegenleistung werden beim mehrseitigen Austauschvertrag nicht mit derselben, sondern mit zwei verschiedenen Personen ausgetauscht, und also sind immer auch die Gegenleistungen dieser beiden Personen zu berücksichtigen, so dass eine Zuordnung zu einem bestimmten Vertragstyp nicht möglich ist, weil es zwei mögliche Gegenleistungen gibt und keiner von beiden bei der Bestimmung des Vertragstyps der Vorzug gegeben werden kann; außerdem wird in jedem der drei Verhältnisse immer nur eine Leistung erbracht, sodass eine Vertragstypuszuordnung in diesem Verhältnis mangels gegenläufiger Leistung unmöglich ist.

Vielmehr ist die Zuordnung allein entsprechend der typenbestimmenden Leistung des jeweils zu betrachtenden Leistungsverhältnisses vorzunehmen. Auf die Gegenleistung kommt es insofern nicht an, weil das BGB stets nach der typenbestimmenden Primärleistung differenziert; und dort,

[203] Pfister, JZ 1971, 284, 285.
[204] Walter, Kaufrecht, § 15 II 2.

wo es ein einziges Mal zusätzlich nach der Gegenleistung differenziert, nämlich bei Kauf und Tausch, kommt es auf die Zuordnung nicht an, weil auf die Tauschleistung Kaufrecht Anwendung findet. Der Gegenleistung kommt also keine entscheidende Bedeutung zu, weil das BGB selbst beim Tausch für die Erfassung der Gegenleistung das Vertragsrecht anordnet, das gälte, handelte es sich um die primäre typenbestimmende Leistung, nämlich das Kaufrecht.
Die Gegenleistung bleibt also bei der Ermittlung des einschlägigen Vertragstypusses außer Betracht. Praktisch könnte man also so tun, als ob für jede Leistung die Gegenleistung Geld ist, und entsprechend dieser Leistung die Zuordnung zu einem bestimmten Vertragstyp vornehmen.
Deutlich wird dies auch anhand des hier vorgeschlagenen Pflichtenmodells. Jede Partei hat beiden anderen Parteien die Leistungserbringung versprochen: A hat nicht nur B, sondern auch C etwa eine Sachleistung versprochen, und B nicht nur C, sondern auch A etwa eine Geldleistung. Erbringt dann C eine Sachleistung an A, so ist es sinnlos, auf dieses Verhältnis Tauschrecht anzuwenden (weil A sowohl B als auch C eine Sachübereignung versprochen hat), weil ja doch nur eine Leistungspflicht betrachtet wird, nämlich die von C an A, und sich die Frage nach einer Gegenleistung gerade in diesem Verhältnis inhaltlich nicht stellt.
Damit ist also der Normenkomplex anzuwenden, der die erbrachte Leistung unter Außerachtlassung der Gegenleistung schwerpunktmäßig entsprechend den Kriterien im Zweipersonenverhältnis regelt. Das Werkvertragsrecht etwa regelt schwerpunktmäßig die Werkleistung, das Kaufrecht die dauernde Sachüberlassung und das Mietrecht die zeitweilige Sachüberlassung. Auf die jeweilige Leistungspflicht ist also dasjenige Vertragsrecht anzuwenden, das diese Leistungspflicht regelt, und zu ermitteln ist diese Leistung so wie bei der herkömmlichen Abgrenzung zu anderen Zweipersonenverträgen.

Doch bedeutet das nicht zwangsläufig, dass sämtliche Normen des den jeweiligen Vertragstypus regelnden Komplexes anwendbar sind.
Zu unterscheiden ist nämlich zwischen drei bei sämtlichen Vertragtypen bestehenden Normgruppen: erstens die Gruppe, die die typenbestimmende Leistung einschließlich Begleitpflichten und Sekundärpflichten regelt, zweitens die Gruppe, die den Zusammenhang von Leistung und Gegenleistung, etwa durch Gefahrtragungsregeln, normiert, und drittens schließlich die Gruppe, die die Gegenleistung einschließlich etwaiger Begleitpflichten regelt, etwa § 632 bzgl. der taxmäßigen Vergütung.
Die erste Gruppe von Normen ist beim mehrseitigen Austauschvertrag anwendbar, weil es ihrem Normzweck nach nur um die Regelung der typenbestimmenden Leistung geht, und gerade diese Leistung wird beim mehrseitigen Austauschvertrag betrachtet.

Auch die zweite Normgruppe ist anwendbar, da das Verhältnis von Leistung und Gegenleistung als Ausprägung des Synallagmagedankens genauso beim mehrseitigen Austauschvertrag einer Regelung zugänglich ist – und nur, weil die Leistung an einen Dritten erbracht wird, wird ja nicht das Verhältnis von Leistung und Gegenleistung aufgebrochen. Versendet also etwa A auf Verlangen des B die Sache an ihn, so geht die Gefahr mit Absendung der Ware auf B über, sodass B zur Leistung verpflichtet bleibt (und dementsprechend auch C voll leistungspflichtig ist), wenn die Leistung während der Versendung untergeht, mithin also aus Sicht des A genau das gleiche Ergebnis wie im Zweipersonenverhältnis eintritt.

Hingegen ist die dritte Normgruppe nicht anwendbar, weil es aus Sicht des Gegenleistungsgläubigers keine alleinige Gegenleistung für die typenbestimmende Leistung gibt; der mehrseitige Austauschvertrag besteht eben aus einem Leistungsdreieck und nicht aus einer Doppellinie von Leistung und Gegenleistung, sodass als Gegenleistung sowohl die Leistung des B an C als auch die des C an A anzusehen wäre. Außerdem greift der Normzweck nicht, weil die Gegenleistung in beiden Verhältnissen niemals die vom BGB vorausgesetzte Leistung sein kann, sondern jedenfalls in einem der Verhältnisse eine anderstypische Gegenleistung. Diejenigen Normen, die sich mit der Regelung der Gegenleistung beschäftigen, sind also als einzige nicht anwendbar.

Trotz dieser Einschränkung bestimmt sich aber das prinzipiell auf die jeweilige Leistungserbringung anwendbare Vertragsrecht nach der jeweils typenbestimmenden Leistung ohne Rücksicht auf die Gegenleistung.

10. Anwendbarkeit von Spezialnormen

Im Anschluss an die Frage, welche Normen des Besonderen Schuldrechts bzw. welche Vertragstypennormen generell anwendbar sind, stellt sich die Frage nach der Anwendbarkeit von handelsrechtlichen oder verbraucherschutzrechtlichen Spezialnormen.

Das ist zwar nicht für den Ausgangsfall problematisch, dass alle Beteiligten gleichermaßen Subjekt für die gleichen Spezialnormen sind - dann gelten diese Spezialnormen auch für alle oder im Falle von Verbraucherschutzvorschriften mangels Unternehmereigenschaft eben nicht.

Wohl aber ist das schon für den Fall problematisch, dass ein- und dieselbe Person etwa hinsichtlich der Leistungserbringung Adressat von Spezialnormen ist, hinsichtlich des Leistungserhalts aber nicht, wenn also beispielsweise B die Leistung durch seinen Gewerbebetrieb erbringt, die Leistung, die er von A erhält, aber für sein Privatvermögen bestimmt ist (Fallgruppe 1). Im Zweipersonen-

verhältnis lässt sich eine einheitliche Fassung ohne weiteres vornehmen: wer eine Leistung als Kaufmann oder Unternehmer erbringt, kann auch beim Leistungserhalt keine Verbraucherrechte oder bürgerlich-rechtlichen Schutzrechte haben. Dagegen ist diese Festlegung beim mehrseitigen Austauschvertrag wegen der denkbaren Aufspaltung von Leistungserbringung und Leistungsempfang aufgrund der verschiedenen Personenzuordnung nicht ohne weiteres begründbar.
Noch problematischer ist aber der Fall, dass nur einer der Beteiligten Adressat oder Nicht-Adressat von Spezialnormen ist, es sich bei den anderen beiden Vertragsparteien aber umgekehrt verhält, wenn also beispielsweise nur B seine Leistung als Kaufmann erbringt und die Gegenleistung für seinen Gewerbebetrieb erhält, A und C aber Nichtkaufleute sind, oder wenn B als Verbraucher ein Darlehen erhält und dafür aus seinem Privatvermögen eine Gegenleistung erbringt, A und C aber Unternehmer sind (Fallgruppe 2). Hier stellt sich die Frage, ob die Spezialnormen überhaupt, und wenn ja, ob nur partiell oder umfassend in allen drei Verhältnissen anwendbar sind.
Für die Lösung ist nach diesen beiden Fallgruppen zu differenzieren.

a.) Gespaltene Anwendbarkeit bei derselben Person

Gegenstand der ersten Fallgruppe ist, dass einer der Beteiligten Adressat der Spezialnorm nur hinsichtlich des Leistungserhalts ist, nicht aber hinsichtlich der Leistungserbringung, weil etwa B von A die Leistung zum privaten Gebrauch erhält, jedoch die Leistung an C durch seinen Gewerbebetrieb erbringt und also diesbezüglich als Kaufmann anzusehen ist. Im Zwei-Personenverhältnis scheidet eine solche Aufspaltung von vornherein aus, weil dort nur eine einheitliche Anwendung von Handelsrecht bzw. Verbraucherschutzrecht möglich ist, je nachdem, ob der Vertrag von einem Vertragspartner gerade in seiner Eigenschaft als Kaufmann oder Unternehmer/Verbraucher abgeschlossen wird, und weil der wechselseitige Austausch von Leistung und Gegenleistung zwischen den gleichen Personen ohnehin gegen eine Aufspaltung spricht. Dagegen liegt beim mehrseitigen Austauschvertrag eine solch aufspaltende Sichtweise bei strikt isolierter Betrachtung der Leistungspflichten deswegen, weil die Gegenleistung nicht an denjenigen, von dem die Leistung stammt, sondern an einen dritten Vertragspartner erbracht wird, näher. Konsequenz daraus wäre etwa, dass B nicht rügepflichtig nach § 377 HGB wäre, wenn und weil er die Leistung von A nicht zur Verwendung in seinem Gewerbebetrieb, sondern zur privaten Verwendung erhält – und also insoweit nicht Kaufmann ist – und nur die Leistung an C durch seinen Gewerbebetrieb erbringt. Demgegenüber wäre im reinen Zweipersonenverhältnis B auch dann rügepflichtig, selbst wenn er die Leistung zum privaten Gebrauch erhält, allein aufgrund der Tatsache, dass er die Gegenleistung durch seinen Gewerbebetrieb erbringt, weil diese Gegenleistungserbringung den B vollumfänglich zum Kaufmann macht.

Doch kann bei Betrachtung des Normzwecks der Spezialnormen die Annahme, sie seien bei derselben Person je nach betrachtetem Leistungsverhältnis unterschiedlich anwendbar, keinen Bestand haben. Denn die besondere Einordnung als Kaufmann oder als Unternehmer und damit die Anwendbarkeit von Handels- oder Verbraucherschutzrecht knüpft an die Leistungserbringung durch diese Person an, weil gerade die Leistungserbringung dem Vertrag das wesentliche Gepräge verleiht und aus Sicht des Gläubigers, um dessen Schutz es ja geht, diese Leistung die relevante Leistung ist. Demnach ist die Überlegung, ob der Leistungserhalt gewerbebetriebs- bzw. unternehmensbezogen ist oder nicht, irrelevant. Die künstliche Aufspaltung zwischen Leistungserhalt und Leistungserbringung an einen Dritten ist damit gegenstandslos.

Rechtfertigen lässt sich diese Lösung auch aus dem Sinn des mehrseitigen Austauschvertrages: Hergestellt werden soll nur die Abhängigkeit der Leistungspflichten, nicht aber zusätzlich noch eine sonstige Erleichterung für einen der Beteiligten entstehen, und zwar schon gar nicht dadurch, dass die Gegenleistung an einen Dritten erbracht wird. Es ist daher stets zu prüfen, wie die Lösung ausfallen müsste, wenn zwei Verträge geschlossen worden wären. Dann wäre die jeweilige Spezialnorm auf den Vertrag, in dem die die Spezialnorm auslösende Leistung erbracht wird, anwendbar. Daraus, dass diese beiden Verträge nun zum mehrseitigen Austauschvertrag zusammengezogen werden, kann aber dann nicht folgen, dass die Spezialnorm überhaupt nicht mehr anwendbar ist. Vielmehr muss sie, da es nur noch eine „Haupt"leistungspflicht gibt, auf diese angewendet werden und damit folglich auch auf den korrespondierenden Anspruch durchschlagen.

Bei Zugrundelegung der hier vorgeschlagenen zwei Leistungspflichten wird das noch deutlicher: B verspricht nicht nur C, sondern auch A die Leistung. Da aber auf diese Leistungspflicht gemäß dem obigen Beispiel Handelsrecht anwendbar ist - B erbringt sie ja im Rahmen seines Gewerbebetriebs – muss auch die Gegenleistung, also der Leistungserhalt, gewerbebezogen sein. Demnach kann es eine Aufspaltung in Adressat bei der Leistungserbringung und Nichtadressat beim Leistungsempfang nicht geben, weil die Anwendbarkeit der Spezialnormen in einem Verhältnis stets auf das andere Verhältnis durchschlägt. Wie im Zweipersonenverhältnis bleibt es also bei der Anwendbarkeit der Spezialnorm, wenn die Normvoraussetzungen im Leistungserbringungsverhältnis aus Sicht der betreffenden Person erfüllt sind.

Es kann also keine Aufspaltung in Leistungserbringung und Leistungserhalt mit einer unterschiedlichen Anknüpfung von Spezialnormen geben.

b.) Unterschiedliche Anwendbarkeit bei verschiedenen Vertragspartnern

Das schwierigere Problem ergibt sich denn auch in dem zweiten Fall, dass nur einer oder zwei der Beteiligten Adressaten der jeweiligen Vorschriften sind. A könnte etwa dem B und dem C gegenüber Verbraucher oder sogar nur dem B gegenüber Verbraucher sein, dagegen dem C gegenüber Unternehmer. Fraglich ist dann, wie sich das auf die Verbraucherrechtevon B und C auswirkt.

Nach einer Stellungnahme in der Literatur sollen die Spezialnormen nicht zu Lasten des dritten Nichtadressaten angewendet werden dürfen, weil beide anderen Vertragsparteien aufgrund der trilateral-synallagmatischen Leistungspflichtverknüpfung wussten, dass auch ein Vertragspartner eingebunden ist, der nicht Adressat der Spezialnormen ist[205]. Näher exemplifiziert wird das aber nicht; unklar bleibt auch, ob eine Anwendung jedenfalls zugunsten des Dritten möglich ist. Ferner vermag die Begründung auch deswegen nicht zu überzeugen, weil das Synallagma die Abhängigkeit der Pflichten betrifft und also keine Aussage dazu machen kann, inwiefern Spezialnormen anwendbar sein sollen - ein Zusammenhang ist nicht erkennbar.

Im Übrigen sind die verbraucherschutzrechtlichen und die handelsrechtlichen Normen im Einzelnen derart heterogen, dass eine pauschale Aussage von vornherein kaum möglich ist; es ist deshalb nach den jeweiligen Vorschriften zu differenzieren.

aa.) Verbraucherschutznormen

Bei den Verbraucherschutznormen[206] ist zusätzlich zwischen denjenigen Vorschriften, die Widerrufsrechte einräumen und Form- und Informationspflichten bestimmen, und den AGB-Vorschriften zu differenzieren.

Erstere sind ihrer Struktur nach durchweg gleich, indem sie Informationspflichten, Formvorschriften und Widerrufsrechte statuieren, sodass sie im Folgenden zusammen behandelt werden können. Anzumerken ist aber, dass sie nur selten thematisch einschlägig sein werden. Denn ein mehrseitiger Austauschvertrag wird kaum an der Haustür geschlossen werden und ebenso selten unter ausschließlicher Verwendung von Fernkommunikationsmitteln. Darüberhinaus sind §§ 499 ff. BGB teilweise für den mehrseitigen Austauschvertrag thematisch uninteressant, weil die Gegenleistung für einen Kredit in der Zinszahlung besteht, diese Zinszahlung aber nicht an den Dritten erfolgt, sondern zurück an den Darlehensgeber und damit also nur eine zusätzliche Leistungspflicht be-

[205]Heermann, Erwerbsgeschäfte, S.289.

[206] Die folgenden Ausführungen gelten gleichermaßen für die früheren, nicht in das BGB integrierten Verbraucherschutzgesetze, weil sich an der Grundkonzeption durch die Übernahme in das BGB nichts geändert hat.

gründet wird, die aber nicht charakteristisch für den mehrseitigen Austauschvertrag ist[207]. Nichtsdestotrotz kann der Tatbestand dieser Vorschriften doch einmal erfüllt sein, etwa wenn ein vorübergehender Wohnungstausch nur über Computer und Telephon vereinbart wird oder wenn einem der Vertragspartner eine ratenweise Erbringung der Leistung eingeräumt wird, sodass eine Untersuchung notwendig ist.

Die Probleme ergeben sich beim mehrseitigen Austauschvertrag daraus, dass es nicht nur einen, sondern zwei Verbraucher gegenüber einem Unternehmer geben kann. Sind etwa B und C Verbraucher und nur A Unternehmer, so ist zwar im Verhältnis C-A und B-A die jeweilige Verbraucherschutznorm einschlägig, scheinbar aber nicht im Verhältnis B-C, weil B und C beide Verbraucher sind. Deshalb ist problematisch, ob die jeweiligen Verbraucherschutznormen auch in diesem Verhältnis greifen.

Für die Anwendbarkeit der Formvorschriften bedeutet das, dass zu den bereits im Rahmen des Komplexes über die Willenserklärung thematisierten Fragen das Problem hinzukommt, dass die die Formpflicht auslösende Norm an sich nur im Unternehmer-Verbraucher-Verhältnis anwendbar ist. Demzufolge dürfte die Regelung der Pflicht B-C eigentlich keinem Formzwang unterliegen, weil auf das Verbraucher-Verbraucher-Verhältnis die Verbraucherschutznorm nicht anwendbar ist. Dieses Ergebnis widerspräche jedoch dem Schutzzweck dieser Kategorie von Verbraucherschutznormen: Der Verbraucher soll auch bei einfachen Geschäften davor geschützt werden, dass er ein nachteilhaftes oder unüberlegtes Geschäft gerade mit einem Unternehmer als Vertragspartner abschließt, weil der Unternehmer besonders „rücksichtslos" ist und das Bedürfnis des Verbrauchers nach der unternehmerischen Leistung „ausnutzt"[208]; umgekehrt greift selbst bei einer Zeitungsannonce und einem Kaufvertragsabschluss am Telephon zwischen zwei Verbrauchern das Fernabsatzgesetz nicht. Und geschützt werden soll der Verbraucher dabei vor der Begründung einer Leistungspflicht. Dann ist es aber gleichgültig, ob die Leistungspflicht, die der Verbraucher B nur auf sich nimmt, damit der Unternehmer A seine Leistung an ihn erbringt, gegenüber A selbst besteht oder gegenüber dem Dritten C. Denn beidesmal ist das Schutzbedürfnis für B, der Schutz vor Begründung einer Leistungspflicht, gleichermaßen gegeben. Also ist die Formvorschrift auch auf das Verhältnis B-C anwendbar.

Dagegen dient die zweite Gruppe von Verbraucherschutzinstituten, nämlich die Informationspflichten, von ihrem Schutzzweck her allein der Unterrichtung des künftigen Schuldners. Der Dritte C wird demgegenüber von der Pflichtenbegründung nicht betroffen. Also ist weder eine Ausdehnung dieser Pflicht auf den Dritten dergestalt, dass der Unternehmer A nicht nur den Verbrau-

[207] S.B.I.1.d.bb.
[208] Palandt-Heinrichs, Überbl v § 305, Rn.9.

cher B, sondern auch C über die Leistungspflicht des B informieren muss, gerechtfertigt, noch besteht sie zwischen zwei Verbrauchern wie oben die Formvorschriften dergestalt, dass der Verbraucher C den Verbraucher B informieren müsste. Denn der Schutz des B ist bereits durch die Information durch A sicher gestellt. Und dass A den B informieren muss, obwohl B nicht der unmittelbare Leistungsschuldner des A ist, weil B ja an C leistet und nicht an A, ergibt sich aus dem Schutzzweck der Informationspflichtennormen, wonach der Unternehmer dem Verbraucher die gesetzlich vorgeschriebenen Informationen zukommen lassen muss; dabei kann es keinen Unterschied machen, ob die Leistung des Verbrauchers unmittelbar dem Unternehmer zugutekommt oder ob sie mit dem Einverständnis des Unternehmers an einen Dritten erbracht wird. Folglich besteht die Informationspflicht nur zwischen einem Unternehmer und einem Verbraucher.

Wieder umgekehrt ist die Lage schließlich bei der dritten Gruppe von Verbraucherschutzrechten, den Widerrufsrechten. Wenn nur A Unternehmer ist, B und C dagegen Verbraucher, scheint B seine Willenserklärung nicht widerrufen zu können, weil C als Gläubiger und damit Adressat der Widerrufserklärung Verbraucher ist, einem Verbraucher gegenüber aber kein Widerrufsrecht besteht. Indes kann ein Verbraucher nicht dadurch, dass er einen mehrseitigen Austauschvertrag schließt, seine Verbraucherschutzrechte verlieren, weil keiner der Vertragspartner dadurch schlechter stehen soll, dass er einen mehrseitigen Austauschvertrag schließt und seine Leistungspflicht einem Dritten gegenüber besteht. Würde die Leistungspflicht des B dem A gegenüber bestehen, hätte er das Widerrufsrecht. Folglich muss er dieses auch dann haben, wenn er seine Leistung an einen Dritten erbringt. Auch der Dritte C könnte seine Willenserklärung widerrufen, weil sein Gläubiger und Adressat der Widerrufserklärung der Unternehmer A ist. Dann kann er aber nicht erwarten, dass B kein Widerrufsrecht hat.

Der Schutzzweck des Widerrufsrechts, Schutz vor der Begründung einer Leistungspflicht bei einem Vertrag mit einem Unternehmer, ist unabhängig davon, ob die Pflicht direkt gegenüber dem Unternehmer besteht oder im Einverständnis des Unternehmers gegenüber einem Dritten, weil sie beidesmal nur aufgrund der Leistung des Unternehmers begründet wird. Also sind die das Widerrufsrecht gewährenden Verbraucherschutznormen von ihrem Schutzzweck her auch dann anwendbar, wenn es (anscheinend) einem Verbraucher gegenüber auszuüben ist.

Außerdem gibt B seine Willenserklärung hinsichtlich des Vertragsschlusses nicht nur gegenüber C, sondern auch gegenüber A ab. Also widerruft er diese einheitliche Willenserklärung auch gegenüber A, was wegen der Unternehmereigenschaft des A möglich ist, und beseitigt also dadurch den Vertragsschluss. B widerruft also gegenüber A und vernichtet so die Pflichten.

Die jeweiligen Verbraucherschutzgesetze lassen sich somit sowohl von ihrem Schutzzweck als auch vom Wortlaut her auf den mehrseitigen Austauschvertrag anwenden.

Vom Ergebnis her ähnlich, in der Begründung aber anders verhält es sich bei §§ 305 ff. BGB. Denn die Anwendbarkeit dieser Normen ist prinzipiell unabhängig von der Frage der Unternehmer- oder Verbrauchereigenschaft: die Normen sind sowohl zwischen zwei Unternehmern als auch zwischen zwei Verbrauchern anwendbar. Nichtsdestotrotz weisen sie partiell doch die oben angesprochene Problematik auf, weil nach § 310 bei einer Verwendung allein zwischen zwei Unternehmern die §§ 305 ff. partiell unanwendbar sind, insbesondere §§ 308, 309 gegenüber einem Unternehmer, oder im Unternehmer-Verbraucher-Verhältnis die Normvoraussetzungen eingeschränkt werden, etwa die Verwendungsanzahl gegenüber einem Verbraucher. Insoweit ist relevant, ob nur einer der Beteiligten als Unternehmer Adressat der §§ 305ff. ist, etwa indem A als Unternehmer AGB gegenüber den Verbrauchern B und C verwendet.

Auf diejenigen Regelungen, die die Leistungspflicht A-B und die Gegenleistungspflicht C-A begleiten, finden die besonderen Bestimmungen des § 310 III schon von ihrem Wortlaut her Anwendung, weil beidesmal A als Unternehmer auftritt. Problematisch ist dagegen, ob auch die Regelungen bzgl. der Gegenleistungspflicht B-C § 310 III unterfallen, weil diese Pflicht strenggenommen nur Verbraucher betrifft und also § 310 III nicht anwendbar wäre.

A könnte dabei das Pflichtenverhältnis B-C neben A-B und C-A in seinen AGB mit der Absicht regeln, zu Lasten den C den Annahmeverzug zu erleichtern, sodass C nicht mehr die Einrede des nichterfüllten Vertrages gegenüber A erheben kann. Ein Vertrag zu Lasten Dritter läge dabei nicht vor, weil *ein* Vertrag zwischen A, B und C geschlossen wird, in dem sich A auch Regelungen für die Leistungserbringung B-C ausbedingen kann, weil B und C beteiligt sind und also ihr Einverständnis verweigern können. Fraglich ist damit, ob etwa für die Beurteilung der Unangemessenheit dieser Regelung gemäß § 310 III Nr.3 auch auf die Begleitumstände des Vertragsschlusses abgestellt werden kann, oder ob dies unterbleiben muss, weil nur eine Regelung zwischen zwei Verbrauchern vorliegt.

Die Antwort ergibt sich aus dem Schutzzweck des § 310 III. Die Norm geht davon aus, dass die Übervorteilungsgefahr für den AGB-Gegner über das ohnehin schon gegebene Maß gesteigert ist, wenn die AGB von einem Unternehmer gegenüber einem Verbraucher gestellt werden[209]. Deswegen sind zusätzliche Schutzvorkehrungen erforderlich, wie sie in § 310 zum Ausdruck gekommen sind. Dieser Schutzzweck greift aber nicht nur dann, wenn unmittelbar die Leistungsbeziehung zwischen Unternehmer und Verbraucher durch die AGB geregelt wird, sondern auch dann, wenn der Unternehmer die Leistungsbeziehung zwischen zwei Verbrauchern regelt, weil auch hier das gerade den zusätzlichen Schutz auslösende Moment, nämlich die Stellung durch einen Unterneh-

---

[209] Palandt-Heinrichs, § 310 Rn.7.

mer, erfüllt ist. Die Schutzsituation aus Sicht des Verbrauchers ist identisch: auch die Regelung der Pflicht des B gegenüber C kann die Interessen von B und C erheblich beeinträchtigen, hingegen die des A erheblich begünstigen, wenn man etwa an einen erleichterten Annahmeverzug und Schuldnerverzug denkt. Außerdem wäre es untragbar, wenn sich ein Unternehmer dadurch zusätzlicher Schutzvorschriften entziehen könnte, indem die Gegenleistung an einen Dritten erbracht wird und dadurch scheinbar das Gegenseitigkeitsverhältnis aufgehoben ist. Es widerspräche dem Schutzzweck des § 310, wenn das Schutzniveau des Verbrauchers dadurch abgesenkt werden könnte, dass er sich auf einen mehrseitigen Austauschvertrag eingelassen hat - der Umgehungsmöglichkeit wäre Tür und Tor geöffnet. Auch dem Sinn des mehrseitigen Austauschvertrages würde dies widersprechen, weil er nur die Abhängigkeit der Leistungspflichten begründen soll, nicht aber das Schutzniveau absenken soll.
Deutlich wird das auch bei Heranziehung des hier vertretenen Pflichtenmodells. Bei Annahme zweier Pflichten verspricht B nicht nur C, sondern auch A die Leistung. In letzterem Verhältnis besteht dann das von § 310 III BGB vorausgesetzte Zweipersonenverhältnis von Unternehmer und Verbraucher. Wegen der Pflichtenidentität unterfallen folglich auch die Begleitregelungen der Hauptpflicht B-C dem § 310. Somit sind auch diese Begleitregelungen nach § 310 III zu prüfen, obwohl sie nur die Leistungserbringung zwischen zwei Verbrauchern betreffen. Auch die Begleitregelungen der Pflicht zwischen zwei Verbrauchern sind, sofern sie von einem Unternehmer gestellt werden, an §§ 305 ff. BGB zu messen.

Analog gilt das für den umgekehrten Fall, dass zwei der Beteiligten Unternehmer sind, also etwa nur B Verbraucher ist.
Aus Sicht des B gilt § 310 III sowohl für den Anspruch gegen A als auch für die Pflicht gegenüber C - sofern denn A und nur A für dieses Leistungsverhältnis Begleitregelungen in den Vertrag eingeführt hat.
Gemäß § 310 I nur eingeschränkt der Kontrolle unterliegen jedoch an sich die Regelungen für das Verhältnis C-A, weil beide Unternehmer sind. Daran ist problematisch, dass auch durch diese Regelungen die Stellung des B erheblich geschwächt werden kann. Verwendet nämlich A solche AGB, durch die es praktisch unmöglich ist, dass er in Annahmeverzug gerät, so kann er B gegenüber die Einrede des nichterfüllten Vertrages erheben. B kann also auch durch Regelungen bzgl. der Gegenleistung von C an A benachteiligt werden. Weil (und sofern) sich also eine alleinige Belastung der Unternehmer durch die Regelung nicht feststellen lässt, sondern zugleich auch das durch § 310 I an sich herabgesetzte Schutzniveau des B tangiert ist, ist § 310 I unanwendbar. Denn den §§ 305 ff. liegt ein abgestuftes Schutzkonzept zugrunde, das bei einer im herkömmlichen

Zweipersonenverhältnis nicht auftretenden Kollision von Unternehmerfreiheit (durch § 310 I geschützt) und besonderem Verbraucherschutz (durch § 310 III geschützt) letzterem den Vorrang zuweist: §§ 305 ff. gelten stets zwischen zwei „Normalpersonen"; ist der AGB-Gegner dagegen ein Unternehmer, wird das Schutzniveau durch § 310 I herabgesetzt; ist der AGB-Verwender ein Unternehmer und der AGB-Gegner ein Verbraucher, wird das Schutzniveau durch § 310 III heraufgesetzt. Die notwendige Prinzipienabwägung für den mehrseitigen Austauschvertrag führt deswegen dazu, dass weder die Unternehmerregelungen pauschal aus § 310 I herausgenommen werden noch § 310 III pauschal unanwendbar ist, sondern dass § 310 I nur insoweit unanwendbar ist, als der Schutzanspruch des Verbrauchers tangiert ist und mtihin dann § 310 III (inklusive der von § 310 I ausgeschalteten Normen) anzuwenden ist, sodass beide Normen partiell zum Zuge kommen. Nur so, und zwar durch eine verhältnismäßige Prinzipieneinschränkung, lässt sich eine Prinzipienkollision auflösen[210].

Möchten die beiden Unternehmer A und C diese zusätzliche Kontrolle nicht, so müssen sie zwei selbstständige Verträge schließen; denn dann wäre auf den Vertrag A-C § 310 III niemals anwendbar, vielmehr bliebe es bei der unbeschränkten Anwendung des § 310 I.

bb.) Handelsrecht

Die Lage bei den handelsrechtlichen Vorschriften ist nicht grundsätzlich verschieden zu der bei den Verbraucherschutzvorschriften:

Sind sämtliche Beteiligten Kaufleute, so sind die handelsrechtlichen Vorschriften anwendbar. Nur in einem solchen Fall kann also etwa ein kaufmännisches Bestätigungsschreiben verwendet werden, weil der jeweilige Absender wegen der zwei Pflichten seinerseits dieses Schreiben beiden anderen Vertragspartnern zusenden muss und also beide Kaufleute sein müssen.

Weiter ist die jeweilige Vorschrift dann anwendbar, wenn die Wirkung der jeweiligen Norm auf ein Zweipersonenverhältnis, sofern sie überhaupt in diesem Zweipersonenverhältnis tatbestandlich anwendbar ist, beschränkt bleibt, wie das zum Vergleich mit den Verbraucherschutznormen bei den Informationspflichten der Fall ist. Übernimmt beispielsweise A als Kaufmann gegenüber B eine Bürgschaft, so bedarf dies keiner Form, § 350 HGB, wobei § 350 deswegen anwendbar ist, weil sich seine Regelungswirkung auf das Verhältnis A-B beschränkt. Hat A eine Gattungsschuld übernommen, so gilt dann im Verhältnis zu B § 360 HGB. Und gerät B in Annahmeverzug, so hat A das erweiterte Recht zur Hinterlegung, § 373 HGB.

---

[210] Hubmann, AcP 155 (1956), 85, 126.

Andererseits gibt es aber auch im Handelsrecht Vorschriften, deren Wirkung sich nicht auf das jeweilige Zweipersonenverhältnis beschränkt, sondern die auch Auswirkungen auf den Dritten haben. Hier ist die Situation schwieriger, weil wieder das Problem des Schutzes des Dritten besteht; die Antwort muss für die einzelnen Institute wegen ihrer Vielgestaltigkeit differenziert ausfallen.

aaa.) Erweitertes Zurückbehaltungsrecht

Beim erweiterten Zurückbehaltungsrecht nach §§ 369 ff. HGB könnte etwa A gegenüber B nicht nur wegen der Nichterbringung der Leistung durch C, sondern auch wegen solcher Verbindlichkeiten des C ein Zurückbehaltungsrecht ausüben, die nichts mit dem mehrseitigen Austauschvertrag zu tun haben, §§ 369 ff. HGB, und C letztendlich doch über den Umweg über B zur Leistung „zwingen".

Das wird aber nicht den Interessen des B gerecht, weil er mit den vertragsexternen Verbindlichkeiten des C nichts zu tun hat und das Druckmittel des A gegenüber C bei Anwendung gegen B zweckentfremdet werden würde; B würde zur „Vollstreckung" der vertragsfremden Interessen des A gezwungen. Das würde dem Schutzbedürfnis des B, der außer seinem eigenen Zurückbehaltungsrecht keinerlei Handhabe gegen C in Form eines positiven Anspruchs hat, nicht gerecht. Außerdem soll der mehrseitge Austauschvertrag nur die Abhängigkeit der Pflichten herstellen, nicht aber die Beteiligten pauschal besser stellen, als wenn zwei Verträge geschlossen worden wären. Wären aber zwei Verträge von A geschlossen worden, so könnte A keinesfalls dem B gegenüber ein Zurückbehaltungsrecht ausüben. Zwar soll durch die Zusammenziehung der Verträge verhindert werden, dass sich Einwendungen und Einreden nicht übertragen lassen, aber eben nur für den Fall, dass C nicht leistet, hingegen nicht für den Fall, dass C zwar leistet, aber noch weitere Verbindlichkeiten hat, die er nicht erfüllt. Um diesbezüglich ein Druckmittel zu sein wurde der mehrseitige Austauschvertrag nicht geschlossen und die Abhängigkeit der Pflichten nicht konstruiert.

Aus der Wertung der §§ 369 ff. lässt sich allerdings diesbezüglich unmittelbar nichts folgern. Zwar spricht § 369 II HGB ausdrücklich von der Geltendmachung des Zurückbehaltungsrechts gegenüber einem Dritten; Voraussetzung dafür ist aber, dass die Einwendungen auch dem Dritten gegenüber geltend gemacht werden können. Wann das indes der Fall ist, beantwortet § 369 II nicht – insoweit bedarf es also einer zusätzlichen Wertung. Immerhin lässt sich § 369 II aber entnehmen, dass die Geltendmachung gegenüber einem Dritten nicht pauschal zulässig ist. Und die zusätzlich notwendige Wertung folgt aus § 449 III BGB. Danach darf der Eigentumsvorbehalt (mit dem hier die Einredeerhebung vergleichbar ist, weil beides Sicherungsmittel sind) dann nicht geltend gemacht werden, wenn es um Forderungen gegen Dritte geht, die noch nicht erfüllt sind. Daraus lässt sich als grundlegende Wertung folgern, dass Forderungen, die nichts mit der zurückbehaltenen Leistung zu tun haben, wie etwa Forderungen von anderen Konzernunternehmen, nicht mit einem Sicherungsmittel durchgesetzt werden dürfen. Bei völliger Inkonnexität der Forderungen zwischen drei Personen sollen diese Forderungen nicht miteinander verknüpft werden können. Folglich dürfen auch die vertragsexternen sonstigen Forderungen gegen C nicht mit dem Sicherungsmittel des Zurückbehaltungsrechts gegenüber B geltend gemacht und mittelbar durchgesetzt werden. Vom Schutzzweck her ist also das erweiterte Zurückbehaltungsrecht der §§ 369 ff. nicht einschlägig, methodologisch gesehen sind die §§ 369 ff. HGB daher teleologisch zu reduzieren.

bbb.) Rügeobliegenheit

Zweitens stellen sich Probleme im Rahmen der Rügeobliegenheit nach § 377, § 378 aF HGB. Danach musste der Gläubiger rügen, wenn die Leistung mangelhaft war oder weniger als versprochen oder mehr als vereinbart geliefert wurde.

Im Fall des Mangels oder der Zuweniglieferung und einer Rügeunterlassung beschränkt sich indes die Wirkung auf das jeweilige Zweipersonenverhältnis, der Dritte ist nicht betroffen; es ergeben sich keine weiteren Probleme, weil der Gläubiger seine normale Leistung erbringen muss.

Anders liegt es dagegen im Fall der Zuviellieferung. Dort wird für das Zweipersonenverhältnis vertreten, dass sich im Fall der unterlassenen Rüge die Gegenleistungspflicht entsprechend der Mehrleistung erhöht[211]. Beim mehrseitigen Austauschvertrag müsste demnach B an C mehr leisten – und C dann etwa auch an A, wenn A mehr als vereinbart liefert?

Dafür spricht, dass A für seine Mehrleistung und die unterlassene Rüge nach der Wertung im Zweipersonenverhältnis eine erhöhte Gegenleistung bekommen soll. Dagegen spricht aber, dass dann der unbeteiligte C den Fehler des B – B hat ja die Rüge unterlassen, nicht C – und den des A durch die zuviel-Lieferung mitkompensieren muss, weil er plötzllich mehr als vereinbart zu leisten hat, ohne dass er sich davor schützen kann. Außerdem könnte A bei Abschluss von zwei Verträgen und Zuviellieferung an B keinesfalls eine Mehrleistung von seinem Partner des zweiten Vertrages, C, verlangen. Dann kann das beim mehrseitigen Austauschvertrag nicht anders sein, weil dieser von seinem Schutzzweck her nur die Abhängigkeit der Leistungspflichten sicherstellen soll, nicht aber die Stellung eines Vertragspartners verschlechtern soll. C muss also keinesfalls mehr leisten. Und B muss dementsprechend keine zusätzliche Leistung an C erbringen, weil C dann einen ungerechtfertigen Vorteil hätte und bei A der Nachteil der kompensationslosen Zuviellieferung an B verbleiben würde. Eine Gegenleistung von B an A schließlich, die erhöht werden könnte, ist nach dem Vertrag nicht vorgesehen, und eine Geldausgleichspflicht ordnet das Gesetz nicht an. Außer-

---

[211]Canaris, Handelsrecht, § 31 Rn.44, umstr.

dem greift der dem § 378 zugrunde liegende Zweck, den Güteraustausch durch rasche Abwicklung zu beschleunigen[212], nicht, weil der dreiseitige Austausch der Natur der Sache nach schwerfällig und umständlich ist und somit der Gedanke der Beschleunigung des Güteraustausches gar nicht vollumfänglich greifen kann.

Der Fall der Zuviellieferung lässt sich für den mehrseitigen Austauschvertrag also nur dahingehend regeln, dass der Schuldner die Zuvielleistung zurückfordern kann, nicht aber einen höheren Anspruch hat, da er gegen den Leistungsempfänger keinen Gegenleistungsanspruch hat. § 378 HGB aF ist also insoweit teleologisch zu reduzieren.

Nach neuer Rechtslage stellt sich dieses Problem ohnehin nicht mehr. Denn der Fall der Zuviellieferung wird nicht mehr als Gewährleistungsproblem mit Rügeobliegenheit angesehen, wie die Aufhebung des § 378 HGB und die Beschränkung des § 434 III auf den Fall der Zuweniglieferung zeigt. Es kommt damit nicht mehr zur Erhöhung der Gegenleistung; vielmehr kann der Schuldner das zu viel Geleistete nur noch nach Bereicherungsrecht zurückverlangen[213]. Das Unterlassen einer Rüge führt also nach neuem Recht zu keinen Problemen mehr, nach alter Rechtslage ist § 378 hingegen teleologisch zu reduzieren, was zum gleichen Ergebnis wie nach neuer Rechtslage führt.

ccc.) Relatives Fixgeschäft

Das dritte und letzte Problem ergibt sich schließlich beim relativen Fixgeschäft nach § 376 HGB[214].

Grundsätzlich können zwei Kaufleute miteinander ein relatives Fixgeschäft mit der rigorosen Schadensersatzpflicht nach § 376 HGB vereinbaren. Im Dreipersonenverhältnis kann aber eine bloße Vereinbarung zwischen den Kaufleuten A und B nicht genügen, wenn und weil A und B ein Fixgeschäft mit Wirkung gegen C vereinbaren – A geht es gerade um die Gegenleistung des C –, weil das ein „Vertrag" zu Lasten Dritter, nämlich zu Lasten des C wäre, weil dieser im Falle eines Verzuges sofort Schadensersatz wegen Nichterfüllung leisten müsste. In eine solche Vereinbarung muss C deshalb einbezogen werden, wenn sie auch ihm gegenüber wirksam sein soll. Das wiederum kann er aber nur, wenn er Kaufmann ist, wie aus dem eindeutigen Wortlaut des § 376 HGB folgt. § 376 HGB kann also nur mit der Maßgabe angewendet werden, dass der später eventuell Schadensersatzpflichtige an der Vereinbarung beteiligt ist und selbst Kaufmann ist.

---

212 Brox, HaR, Rn.7.

213 Lorenz/Riehm, Neues Schuldrecht, Rn.496.

214 Nach neuer Rechtslage besteht immerhin noch insofern ein Unterschied zur bürgerlich-rechtlichen Lage, als beim Schadensersatz keine Fristsetzung erforderlich ist.

Die handelsrechtlichen Vorschriften erfordern also eine differenzierte Betrachtung und können nicht pauschal auf den mehrseitigen Austauschvertrag angewendet werden. Demgegenüber sind die verbraucherschutzrechtlichen Vorschriften bei Beteiligung eines Verbrauchers umfassend anwendbar.

11. Insolvenz

Beim letzten Problemkomplex ist das Augenmerk schließlich weg vom Vertrag und auf die Vertragspartner selbst zu richten. Bei den Vertragspartnern kann es zwar nur ein Problem, dafür aber ein umso gravierenderes geben, nämlich das der Insolvenz.

Das Problem der Insolvenz kann auf drei Ebenen zum Tragen kommen: erstens auf der Primärebene, mithin dann, wenn der Vertrag noch nicht erfüllt ist, zweitens auf der Sekundärebene hinsichtlich der Befriedigung von Schadensersatzansprüchen und schließlich drittens auf der Sekundärebene bei der Erfüllung von Rückgewährpflichten.

Beim mehrseitigen Austauschvertrag liegt die spezifische Zusatzschwierigkeit dabei darin, dass das Insolvenzrisiko nicht wie beim Zweipersonenverhältnis allein dem jeweiligen Vertragspartner zugewiesen ist, sondern dass es zwei andere Vertragspartner gibt, aus denen derjenige ausgewählt werden muss, der die Last der Insolvenzfolgen zu tragen hat.

Die zur Lösung dieses Auswahlproblems erforderlichen Wertungen unterscheiden sich je nach den oben skizzierten Leistungsstufen und sind daher getrennt darzustellen.

a.) Die Erfüllung der Primäransprüche

Unproblematisch ist allerdings der Fall, dass die insolvente Partei ihre Leistungspflicht bereits erfüllt hat. Dann hat die Insolvenz keine Auswirkung, und der Vertrag ist auch von den beiden anderen Vertragsparteien ordnungsgemäß zu erfüllen. Insbesondere hat der Insolvenzverwalter kein Wahlrecht nach § 103 InsO, ob der Vertrag erfüllt wird oder nicht, weil die insolvente Partei ihrer Leistungsverpflichtung schon genügt hat[215].

Auch die Situation, dass die insolvente Partei ihre Leistung noch nicht erbracht hat und auch die ihr gebührende Leistung noch nicht erhalten hat, verursacht keine Schwierigkeiten. Hier hat der Insolvenzverwalter ein Wahlrecht, ob er den Vertrag erfüllen möchte oder nicht, § 103 InsO[216].

---

[215] Pfister, JZ 1971, 284, 286 zur KO.

[216] Pfister, JZ 1971, 284, 286 zur KO..

Dementsprechend muss der Schuldner der insolventen Partei nur dann an diese leisten, wenn sich der Insolvenzverwalter für die Erfüllung entschieden hat; dann muss auch die insolvente Partei ihre Leistung erbringen, und letztendlich kann der Leistungsschuldner vom Dritten die Leistungserbringung verlangen. Verweigert der Insolvenzverwalter dagegen die Erfüllung, so wird der Leistungsaustausch nicht weiter durchgeführt, die Situation ist nicht anders als im Zweipersonenverhältnis.

Problematisch ist nur die Konstellation, dass die insolvente Partei, etwa B, die ihr gebührende Leistung von A zwar bereits erhalten hat, ihre Leistungspflicht gegenüber C aber noch nicht erfüllt hat.

In diesem Fall darf sich der Insolvenzverwalter nicht mehr für die Erfüllung entscheiden. Denn nach § 103 hat der Insolvenzverwalter ein Wahlrecht nur dann, wenn der andere Teil noch nicht erfüllt hat. Das ergibt sich auch aus § 105 S.1 InsO, wo es heißt, dass der andere Teil bzgl. der Gegenforderung zu einer von ihm bereits teilweise erbrachten Leistung nur bloßer Insolvenzgläubiger ist, der Insolvenzverwalter also bzgl. dieses bereits erfüllten Teils die Gegenleistung nicht erbringen darf im Sinne einer wenigstens teilweisen insolvenzexternen Vertragserfüllung. Der Insolvenzverwalter darf also nicht mehr erfüllen.

Fraglich ist dann aber, wie das Insolvenzrisiko zu verteilen ist. Es müsste dann nämlich entweder A das Insolvenzrisiko tragen, wenn und weil er von C noch nicht die Leistung bekommen hat und auch nicht bekommen wird, weil B nicht mehr an C leistet und deswegen auch C nicht mehr an A leistet, oder C müsste das Insolvenzrisiko tragen, wenn und weil er schon an A geleistet hat, die Leistung auch nicht mehr zurückbekommt und von B keine Leistung bekommt, oder weil er trotz der unterbliebenen Leistung des B noch an A leisten muss, mit dem Argument, er sei als Gläubiger eben „ näher dran", das Insolvenzrisiko zu tragen und sich A auf den Standpunkt stellen kann, er habe seine Leistung ordnungsgemäß erbracht und also könne er von C die Gegenleistung beanspruchen.

Einen ganz anderen – dritten – Weg als die vollumfängliche Zuweisung des Insolvenzrisikos an eine Person geht demgegenüber *Heermann*. Ihmzufolge soll das Insolvenzrisiko zu gleichen Teilen unter den beiden anderen Parteien aufgeteilt werden im Sinne eines hälftigen Risikosplittings[217]. Begründet wird das damit, dass so für alle Beteiligten ein Anreiz bestehe, eine gewissenhafte Prüfung der Geschäftspartner durchzuführen und sich anderweitig abzusichern und dass zweitens die Grundsätze des trilateralen Synallagmas mit der Gleichbehandlung der Beteiligten und der Bildung einer Risikogemeinschaft sowie der Grundsatz der ausgleichenden Gerechtigkeit eine Aufteilung

[217] Heermann, Erwerbsgeschäfte, S.273ff.

des Insolvenzrisikos gebietet[218]. Dem kann jedoch nicht gefolgt werden. Zwar ist die hälftige Aufteilung des Ausfalls eine salomonisch-gerechte Lösung, aber es gibt keinen gesetzlichen Anhaltspunkt für diese Lösung. Außerdem ist nicht ersichtlich, warum die Vertragsparteien allein aufgrund des trilateralen Synallagmas eine Risikogemeinschaft bilden sollen – das tun sie im Falle der Unmöglichkeit einer Leistung, bei der es genauso um die Anwendung des konditionellen trilateralen Synallagmas bei § 326 geht, ja auch nicht. Nicht einmal bei der Gesellschaft Bürgerlichen Rechts, die sich durch eine weit stärkere personenrechtliche Verbundenheit auszeichnet, gibt es eine anteilige Ausfallhaftung der übrigen Gesellschafter für die wegen Insolvenz uneinforderbare Beitragsleistung eines Gesellschafters[219] [220], wie sich aus einem Umkehrschluss zu § 707 ergibt – wenn der Gesellschafter schon keine Beitragserhöhung mittragen muss, dann muss er erst recht nicht für die Uneinbringlichkeit der fremden Beitragsleistung haften.

Die richtige Lösung kann sich vielmehr nur aus einer Schutzzweckanalyse des § 103 InsO ergeben. § 103 (i.V.m. § 105 S.1) weist das Risiko einer Vorleistung dem Vorleistenden zu, indem die Norm dem Insolvenzverwalter verbietet, die Gegenleistung zu erbringen[221]. Damit bleibt stets der Vorleistende auf dem Schaden sitzen, weil er die Gegenleistung nicht erhält, sei es nun A, weil er von C die Leistung nicht bekommt (weil C seinerseits die Einrede des nichterfüllten Vertrages erheben kann) oder sei es C, weil er ohne die Leistung des B zu erhalten an A vorgeleistet hat.

Dem Betreffenden bleiben dann nur noch Schadensersatzansprüche gegen die Masse. Das ist aber angemessen, weil sich der Vorleistende auf eine Vorleistung eingelassen hat und damit auf den Schutz durch die Einrede des nichterfüllten Vertrages verzichtet hat; wer dieses Risiko eingeht, muss auch die Konsequenzen tragen und kann sie nicht auf den anderen Vertragspartner hälftig oder ganz abwälzen. Im Falle einer Insolvenz muss also der Vorleistende allein das Insolvenzrisiko tragen.

b.) Die Erfüllung der Schadensersatzansprüche

Ein schadensersatzrechtliches Problem im Insolvenzfall könnte sich nur dahingehend stellen, dass einer der Vertragsparteien verpflichtet ist, Schadensersatz zu leisten, etwa C an A, und diese Schadensersatzleistung dann seinerseits vom Dritten, also B, im Regresswege als Schadensersatz soll liquidieren können, B aber insolvent ist und C also keinen Regress nehmen kann. Beispielsweise

---

218 Heermann, Erwerbsgeschäfte, S.277, 279.

219 MK-Ulmer, § 706 Rn.21.

220 Das ist bei juristischen Personen zwar anders, zwischen diesen und dem mehrseitigen Austauschvertrag besteht aber keine hinreichende Vergleichsbasis mehr, zumal dort die Ausfallhaftung zur Kapitaldeckung angeordnet ist, also keinesfalls als weiteres Argument für diese Literaturauffassung angeführt werden kann.

221 Braun-Kroth, § 105 InsO, Rn.9.

könnte B mit seiner Leistung in Verzug gekommen sein, sodass C seinerseits nur verpätet die Leistung an A erbringt und deswegen dem A schadensersatzpflichtig wäre, dann aber den an A gezahlten Schadensersatz bei B aufgrund des eigenen Verzugsschadensersatzanspruchs erstattet bekommen möchte. Allein in diesem Fall wäre fraglich, wie sich die Insolvenz des B auf den Regress auswirken würde. Eine solche Regresskonstruktion besteht aber beim mehrseitigen Austauschvertrag nicht und ergibt sich insbesondere auch nicht aus der hier vorgestellten Konzeption, bei der jeder Vertragspartner einen direkten Schadensersatzanspruch gegen den unmittelbaren Pflichtverletzer hat. Damit gibt es im Falle der Insolvenz kein für den mehrseitigen Austauschvertrag spezifisches insolvenzrechtliches Problem. Die Insolvenz führt nur dazu, dass sich der Schadensersatzanspruch wie im herkömmlichen Zweipersonenverhältnis nicht realisieren lässt; eine Auswirkung auf das Dreipersonenverhältnis hat das jedoch nicht.

c.) Die Erfüllung der Rückabwicklungsansprüche

Bei der Rückabwicklung ist schließlich das spezifisch insolvenzrechtliche Problem, ob nach vollständigem Leistungsaustausch eine allseitige Rückgewähr der Leistungen selbst dann durchgeführt werden muss – aus welchem Grund auch immer –, wenn eine der Parteien insolvent ist. Entscheidend ist also, dass die Leistungen bereits ausgetauscht wurden; hat die insolvente Partei die ihr gebührende Leistung dagegen noch nicht erhalten, stellt sich kein insolvenzrechtliches Problem, weil dann die Insolvenz mangels zurückzugewährender Leistung keine Auswirkung auf die Rückgewähr hat.

Da es hier wieder um einen Leistungsaustausch, nun aber in umgekehrter Richtung geht, hat der Insolvenzverwalter das Wahlrecht nach § 103 InsO, entweder die Rückgewährpflicht zu erfüllen, das heißt die Leistung zurückzugewähren, oder aber die Erfüllung der Rückgewährpflicht zu verweigern, d.h. die Leistung zu behalten. Entscheidet er sich für die Rückerbringung, entsteht kein Problem. Problematisch wird es aber, wenn der Insolvenzverwalter sein Einverständnis verweigert. Dann könnte man entweder die Rückgewährpflichten insgesamt für nicht bestehend erachten, sodass das Insolvenzrisiko bei der insolventen Vertragspartei verbliebe, oder man würde die beiden anderen Vertragsparteien trotzdem für zur Rückgewähr gezwungen halten, sodass dass Insolvenzrisiko beim Rückgewährgläubiger der insolventen Partei liegen würde.

Diese Ausgangslage erinnert an das Problem, was zu geschehen hat, wenn die zurückzugewährende Leistung untergegangen ist. Denn ob die Rückgewährpflicht aus tatsächlichen Gründen unerfüllbar ist oder aus rechtlichen Gründen, nämlich der Verweigerung der Zustimmung zur Verfü-

gung durch den Insolvenzverwalter, ist wertungsmäßig identisch, weil beidesmal der Rückgewährgläubiger die Leistung nicht zurückbekommt und § 275 BGB nicht zwischen der tatsächlichen und der rechtlichen Unmöglichkeit differenziert.
Folglich kann auch das Ergebnis nicht unterschiedlich ausfallen: Wenn eine der Parteien zur Rückgewähr außerstande ist, kann es nicht zu einer Rückgewähr kommen. Denn nur dann bleibt das Risiko der Rückgewährunmöglichkeit im weiteren Sinn bei der Partei, bei der die Unmöglichkeit eingetreten ist, weil sie ihre Leistung nicht mehr zurückerhält, die beiden anderen Parteien aber ihre Leistung behalten können. Die Sachlage ist nicht anders als beim Untergang einer Leistung, sodass auch hier wieder das Argument der vermögensmäßigen Entscheidung der Parteien für den durchgeführten Leistungsaustausch[222] durchdringt.
Das folgt auch hier wieder aus dem Schutzzweck des § 103. § 103 soll den Vertragspartner der insolventen Partei davor schützen, dass er gemäß seiner vertraglichen Pflicht die Leistung erbringen muss, ohne dass er dafür die volle geschuldete Gegenleistung bekommt. Diese Wertung auf der Primärleistungsebene gilt aber gleichermaßen für die Rückgewährebene: auch hier muss der Schuldner davor geschützt sein, dass er zur Leistung verpflichtet ist, nämlich zur Rückgewähr, ohne dass er die Gegenleistung, nämlich seine Leistung zurückbekommt; und dass die Leistung jeweils an einen Dritten erbracht wird, macht wertungsmäßig keinen Unterschied. Also kommt es nur dann zu einer Rückgewähr, wenn der Insolvenzverwalter mit der Rückgewähr einverstanden ist; eine partielle Rückgewähr in einzelnen Verhältnissen kann es hingegen nicht geben.
Sollte es hingegen so sein, dass C insolvent ist und B seine Leistung bereits an C erbracht hat, nicht aber schon A an B, so muss B das Insolvenzrisiko tragen, weil er vorgeleistet hat, ohne dass sein Anspruch erfüllt wurde. Denn der Insolvenzverwalter darf gemäß § 103 nur dann einer Erfüllung bzw. entsprechend einer Rückgewähr zustimmen, wenn er noch keine Leistung erhalten hat; andernfalls darf er nicht mehr die Gegenleistung erbringen oder zurückgewähren. Also muss B das Insolvenzrisiko tragen, wenn er zwar an B, C aber noch nicht an A geleistet hat, weil dann der Insolvenzverwalter gemäß § 103 nicht mehr dem Rückgewährverlangen des B zustimmen darf, sodass B seine Leistung nicht von C zurückbekommt und seinen Anspruch gegen A nicht durchsetzen kann. Da das Insolvenzrisiko damit auf B verlagert ist aufgrund der Vorleistung, besteht kein Anlaß mehr, die Parteien durch einen Ausschluss der Rückgewährpflicht zu schützen. Die Verlagerung des Insolvenzrisikos von der insolventen Partei auf eine andere rechtfertigt sich dabei eben aus der Vorleistung, anders gewendet durch die noch nicht endgültig vollzogene vermögensmäßige Entscheidung des Dritten, hier A.

---

[222]Flume, NJW 1970, 1161, 1163.

Hingegen soll nach einer einzigen Literaturauffassung auch im Fall der Rückgewähr das Insolvenzrisiko zu gleichen Teilen unter den beiden anderen Parteien aufgeteilt werden im Sinne eines hälftigen Risikosplittings[223]. Begründet wird das auch hier wieder damit, dass so für alle Beteiligten ein Anreiz bestehe, eine gewissenhafte Prüfung der Geschäftspartner durchzuführen und sich anderweitig abzusichern und dass zweitens die Grundsätze des trilateralen Synallagmas mit der Gleichbehandlung der Beteiligten und der Grundsatz der ausgleichenden Gerechtigkeit eine Aufteilung des Insolvenzrisikos gebietet[224]. Dem kann indes aus den schon oben dargelegten Gründen nicht gefolgt werden, zumal eine hälftige Verteilung bei einem Ringtausch mit vier Personen (dann Drittelung?) schon aus Praktikabilitätsgründen wenig einleuchtend ist.

Der mehrseitige Austauschvertrag bereitet also auch in der Insolvenz wie bei sämtlichen anderen materiellrechtlichen Fragestellungen keine unlösbaren Probleme.

---

[223]Heermann, Erwerbsgeschäfte, S.273ff.

[224]Heermann, Erwerbsgeschäfte, S.279.

III. Das grundsätzliche Pflichtengefüge des mehrseitigen Austauschvertrages

Die Darstellung der Einzelprobleme ist neben dem ihr immanenten Erkenntniszweck zugleich die Grundlage und Voraussetzung gewesen für die Überlegung, ob der hier verfolgte und eingangs dargestellte Arbeitsansatz, das Modell der zwei Pflichten pro Vertragspartner, für die Lösung förderlich und damit als systematischer Ansatz brauchbar ist, ob also das hier vorgestellte Pflichtengefüge als Lösungsgrundlage herangezogen werden kann.

1. Das grundsätzliche Pflichtengefüge als Lösungsgrundlage

Dazu ist zu rekapitulieren, wie sich dieses Modell auf die Lösung ausgewirkt hat.

Zunächst vermochte es über den Zweifel hinwegzuhelfen, ob sich die BGB-Normen, die primär auf ein Zweipersonenverhältnis zugeschnitten sind, auch auf ein Dreipersonenverhältnis anwenden lassen, indem mehrere Zweipersonenverhältnisse konstruiert werden konnten. Dass die Leistungspflicht gegenüber einem Dritten und nicht gegenüber dem eigenen Leistungserbringer besteht, war deswegen kein Grund mehr zu zweifeln, ob trotzdem ein Synallagma vorliegt, sei es auf Primärerfüllungs- oder auf Rückgewährebene als genetisches, konditionelles oder funktionelles Synallagma, ob trotzdem § 108 BGB, grundsätzlich handelsrechtliche Normen oder § 103 InsO anwendbar sind oder ob die Drittleistung als Gegenleistung etwa im Rahmen des § 138 auffassbar ist, weil stets das vom Gesetz herkömmlicherweise vorausgesetzte Zweipersonenverhältnis konstruiert werden konnte.

Zum zweiten machte es die aus dem Gesetz gefundene Lösung inhaltlich nachvollziehbarer und einleuchtender, indem es aufzeigte, dass auch der dritte Vertragspartner Gläubiger des ersten Vertragspartners ist und nicht nur Gläubiger des zweiten Vertragspartners ist. Relevant wurde dies bei der Frage des Zugangs einer Willenserklärung und bei der Anfechtung, weil diese gegenüber dem Dritten möglich wurden, beim Vertragsschluss, weil so auch der Dritte als Gläubiger miteinzubeziehen war, und schließlich bei der Pflichtenübertragung, weil auch der Dritte als Gläubiger an ihr zu beteiligen war.

Schlußendlich bildete dieses Modell sogar die rechtliche Grundlage der Lösung, indem es zeigte, dass auch dem Dritten ein eigener Anspruch gegen den Ersten zusteht. Das ist erstens die Voraussetzung dafür, dass der Dritte seinen Schuldner daran hindern kann, dauerhaft die Einrede des nichterfüllten Vertrages zu erheben, indem er den säumigen ersten Schuldner zur Leistung an seinen Schuldner veranlassen kann, und zweitens Grundlage für einen vertraglichen Sekundäranspruch des Dritten gegen den ersten Vertragspartner, weil ein vertraglicher Sekundäranspruch die Verletzung einer vertraglichen Primärpflicht erfordert.

Das Modell der zwei Pflichten hat damit die Lösung dreistufig gefördert, angefangen bei der Verdeutlichung der methodologischen Normanwendbarkeit auch auf ein Dreipersonenverhältnis, fortschreitend über die Präzisierung der inhaltlichen Normanwendung bis hin zur Rechtsbegründung. Es weist damit ein „Leistungsspektrum" auf, das für einen grundlegenden systematischen Ansatz charakteristisch und notwendig ist. Die hier vorgestelllte Pflichtenstruktur des mehrseitigen Austauschvertrages bildet also ein problemübergreifendes Lösungskonzept und ist folglich als systematische Lösungsbasis geeignet und notwendig.

Demgegenüber hat die Lehre vom trilateralen Synallagma als dem einzigen weiteren problemübergreifenden Lösungsansatz entscheidende Nachteile: Erstens ist das Lösungskonzept nicht so umfassend, wie das vorgegeben wird. Denn eine Lösung etwa für die Anwendbarkeit von Form- oder Verbraucherschutzvorschriften vermag die Lehre vom trilateralen Synallagma schon ex nomine nicht zu bieten, da aus der Abhängigkeit der Leistungspflichten nichts für diese Probleme gefolgert werden kann. Zweitens ist diese Lösung selbst für das Leistungsstörungsrecht nur eine Scheinlösung, weil das Synallagma ohne gesetzliche Ausgestaltung nicht mehr aussagt, als die Parteien wollen, also gar keine übergeordnete rechtliche Instanz begründet wird; für die Übertragung der gesetzlichen Regelung aus dem Zweipersonenverhältnis werden jedoch keine Argumente vorgetragen. Und nur weil es dem Parteiwillen entspricht, kann man nicht einfach die gesetzliche Konzeption verlassen und sie an den Parteiwillen anpassen. Mit guten Gründen macht man das bei der Sicherungsgrundschuld bezüglich des Interesses an der Forderungsverbindung auch nicht. Gründe, die eine Anpassung in Übereinstimmung mit dem Parteiwillen legitimieren würden, lassen sich aus dieser Theorie selbst aber nicht ableiten. Und schließlich ist auch die Funktion des trilateralen Synallagmas nicht sachgerecht. Denn es verbleibt immer nur passiv-negativ, indem es eine Abhängigkeit festlegt und damit eine Blockade oder Vernichtung der Pflichten: wenn eine Pflicht untergeht, sollen alle anderen Pflichten mit untergehen. Diese Theorie kann jedoch dem unbeteiligten Dritten keinen positiven Anspruch auf die Leistung des Ersten an den Zweiten geben. Das ist indes von erheblicher Bedeutung: Leistet A an B nicht, so wird sich B weigern, an C zu leisten. Wenn sich dann B auch nicht die Mühe macht, A zu verklagen, ist C in einer ausweglosen Lage. Denn gegenüber A hat er keinen Anspruch, und B kann er nicht wirtschaftlich erfolgreich verklagen, weil der die Einrede des nichterfüllten Vertrages hat. Allenfalls kann C seine Leistungspflicht negativ passiv gegenüber A vernichten. Wenn aber seine Pflicht bzw. sein Anspruch vom Verhalten des Dritten abhängig ist, dann soll er nicht nur passiv-negativ verharren müssen, sondern auch positiv-aktiv gegen den Dritten vorgehen können dürfen. Der Lehre vom trilateralen Synallagma ist daher weder hinsichtlich der Pflichtenstruktur noch hinsichtlich der Konstruktion der Abhängigkeit zu folgen.

2. Inhaltliche Präzisierung des Modells der zwei Pflichten

Bisher war der Arbeitshypothese entsprechend von zwei Pflichten die Rede, wobei die zweite Pflicht allerdings nicht als „vollwertige" Leistungspflicht verstanden werden sollte, weil ihr Gläubiger keine eigene Leistung erhält, sondern nur Leistung an den anderen Vertragspartner verlangen kann. Die damit gestellte – und bisher offengebliebene – Frage nach dem Wesen der zweiten Pflicht erfordert einen grundsätzlichen Blick auf das Wesen der Pflicht bzw. des korrespondierenden Anspruchs.

Dem römischen Recht war die Differenzierung zwischen materiell-rechtlichem Anspruch und prozessualer Klage unbekannt. Vielmehr wurde nur von einer „actio" ausgegangen als rein prozessualem Institut, also nicht vom materiellen Recht, sondern vom Prozess her gedacht[225]. Erst im 19. Jahrhundert wurde maßgeblich von *Windscheid* aus dem Begriff der actio des römischen und gemeinen Rechts die heutige Differenzierung zwischem dem Anspruch auf materiellrechtlicher Ebene und der Klage als prozessualer Durchsetzung dieses Anspruchs entwickelt[226]. Doch erwies sich diese strikte Differenzierung als überzogen, weil sie außeracht ließ, dass die Durchsetzung des Anspruchs ein Teil des Anspruchs ist. Deshalb blieb das BGB und die ZPO bei dieser Aufteilung nicht stehen. Vielmehr wurde beim materiellrechtlichen Anspruch eine erneute Aufteilung vorgenommen, die die ursprünglich scharfe Unterscheidung zwischen Anspruch und Klage(-recht) wieder einschränkte: differenziert wurde nochmals zwischen dem Recht selbst und der Rechtsausübung als Anlehnung an die prozessuale Seite, etwa in §§ 859, 860, 1059, 1092 BGB oder § 857 III, IV ZPO. Auch in der Rechtswissenschaft fand eine dualistische Auffassung des Rechts ihre Anhänger, das subjektive Recht wurde als Zweiheit aufgefasst aus dem abstrakten Recht und der konkreten Rechtsausübung, wobei unter Rechtsausübung die Geltendmachung des abstrakten Rechts zu verstehen ist[227].

Am deutlichsten findet sich die Rückbeziehung des subjektiven Rechts auf die prozessuale Durchsetzung indes bei *Rimmelspacher.* Ihmzufolge besteht der Anspruch im herkömmlichen Sinn einerseits aus der Rechtsposition, die die Erwerbsaussicht auf und den Behaltensgrund für die Vermögensmehrung darstellt und als Sachanspruch bezeichnet werden kann[228], und andererseits den vielfältigen Rechtsbehelfen, die der Sicherung und Durchsetzung der Rechtsposition dienen und als Schutzansprüche beschrieben werden können[229]. Die Rechtsposition ist gleichsam das statische

[225] Medicus, AT, Rn. 74.
[226] Medicus, AT, Rn. 74.
[227] etwa Hirsch, Rechtsausübung, S.179f.
[228] Rimmelspacher, Streitgegenstandsprobleme, S.103.
[229] Rimmelspacher, Streitgegenstandsprobleme, S.113.

Element des Anspruchs im herkömmlichen Sinn, wohingegen die Rechtsbehelfe die dynamischen Elemente des Anspruchs kennzeichnen.

Die Vorstellung von den Rechtsbehelfen erweist sich dabei als deutlich präziser als diejenige von der Rechtsausübung, weil sie genauer differenziert zwischen dem statischen Element des Ergebnisses der Vermögenszuordnung und dem prozeduralen Element der Herbeiführung der Vermögensübertragung als Vorstufe der prozessualen Durchsetzung, die sich jedoch nicht in der Rechtsausübung erschöpft, sondern noch weitere Befugnisse umfasst und deshalb begriffsschärfer als Rechtsbehelf zu bezeichnen ist.

Entsprechend gelten diese Auffassungen, die das subjektive Recht, d.h. den Anspruch in den Mittelpunkt ihrer Betrachtung stellen, für die jeweilige Pflicht, weil die Pflicht nur die Kehrseite der Medaille ist, auf deren anderer Seite das Recht steht. Jedem Anspruch korrespondiert grundsätzlich eine Pflicht[230]. Dementsprechend sind zu den differenzierenden Auffassungen vom subjektiven Recht entsprechende Komplemtärinstitute innerhalb der Pflicht zu entwickeln. So heißt es bei bei *Gernhuber* zur Ausübung des Rechts im Rahmen der Einziehungsermächtigung, dass der Schuldner gegenüber dem zur Einziehung Ermächtigten *gehalten* ist, die Leistung zu erbringen[231]. Noch deutlicher formuliert *Rimmelspacher*: „Die Kehrseite des Schutzanspruchs (gleichbedeutend mit Rechtsbehelf; Anm.d.Verf.) bildet, von dem Rechtssubjekt aus gesehen, gegen das der Schutzanspruch gerichtet ist, eine entsprechende Verhaltenspflicht"[232]. Festzuhalten ist demnach, dass der Schuldner korrespondierend zum Rechtsbehelf eine Verhaltenspflicht hat – so, wie die Leistungspflicht das Komplementärinstitut zum Leistungsanspruch ist, ist die Verhaltenspflicht das Komplementärinstitut zum Rechtsbehelf. Demzufolge treffen den Schuldner zwei Verhaltenspflichten, wenn der Rechtsbehelf verdoppelt wird, also zusätzlich zum Leistungsanspruch im herkömmlichen Sinn zugunsten eines Dritten ein weiterer Rechtsbehelf besteht – eine Verhaltenspflicht als Bestandteil der Leistungspflicht gegenüber dem Gläubiger, an den die Leistung zu erbringen ist, und eine isolierte Verhaltenspflicht gegenüber demjenigen, zugunsten dessen der zweite Rechtsbehelf besteht.

Darüber hinaus gibt es auch ein Komplementärinstitut zur Rechtsposition[233], das den Rechtsgrund für den Vermögensverlust auf Seiten des Schuldners darstellt und als Verlust- oder Selbstenteignungselement bezeichnet werden kann. Es kennzeichnet also nicht die Anwartschaft und den Behaltensgrund für die Leistung, sondern den Rechtsgrund für die Vermögensminderung. Dieses

[230] Gernhuber, Schuldverhältnis, S.16.

[231] Gernhuber, Schuldverhältnis, S. 506.

[232] Rimmelspacher, Streitgegenstandsprobleme, S.113.

[233] Anklang bei Rimmelspacher, Streitgegenstandsprobleme, S.113: „Ist der Wert, den es zu verschieben gilt, eine vermögenswerte Größe, so ist der Bereich, aus dem er herauszulösen ist, selbst ein vermögenswerter."

Komplementärinstitut steht allerdings in keiner Beziehung zur Rechtsposition[234], weil es einen Zustand allein bei einem Rechtssubjekt beschreibt, also keine Verbindung zwischen zwei Vertragspartnern schafft.

Die Vorstellung von einer (zweiten) Verhaltenspflicht des Schuldners gegenüber demjenigen, zugunsten dessen ein (weiterer) Rechtsbehelf besteht, und dem Verlustelement als Bestandteil der Pflicht erleichtert auch die materiellrechtliche Erfassung etwa der Tätigkeit des Insolvenzverwalters. Dieser ist zwar berechtigt, etwa eine vertragliche Leistung einzufordern, darf diese Leistung aber nicht behalten. Mithin besteht zwar zu seinen Gunsten ein Rechtsbehelf, weil er die Leistung einfordern darf, er hat aber keine Rechtsposition, weil er die Leistung nicht behalten darf; und der insolvente Vertragspartner hat aufgrund der Insolvenz seinen Rechtsbehelf auf Durchsetzung der vertraglichen Rechtsposition verloren. Hinsichtlich des korrespondierenden Leistungspflicht des insolventen Vertragspartners besteht keine Leistungspflicht des Insolvenzverwalters im herkömmlichen Sinn, weil der Insolvenzverwalter nicht verpflichtet ist, die Leistung aus seinem Vermögen zu erbringen. Fordert der andere Vertragspartner aber die Leistung, so muss der Insolvenzverwalter erfüllen (wenn er sein Wahlrecht nach § 103 InsO entsprechend ausgeübt hat). Dieses Erfüllenmüssen ist die oben aufgezeigte Verhaltenspflicht. Es fehlt aber bei ihm am Verlustelement, weil der Insolvenzverwalter die Leistung nicht aus seinem Vermögen erbringen muss, so dass er nicht selbst einen eigenen Vermögensbestandteil verliert; vielmehr bleibt das Verlustelement beim insolventen Vertragspartner, weil die Leistung aus dessen Vermögen erbracht wird.

Genauso lässt sich mit der Vorstellung von Rechtsposition und Rechtsbehelf die Pflichtensituation beim mehrseitigen Austauschvertrag präzisieren: Der zweite Vertragspartner, B, hat gegen A einen „vollwertigen“ Leistungsanspruch, weil er die Leistung einfordern kann und sie behalten kann, also eine Rechtsposition und diese flankierende Rechtsbehelfe hat. Der dritte Vertragspartner hat hingegen keinen eigenen Anspruch im herkömmlichen Sinn, weil er die Leistung nicht behalten darf und also keine Rechtsposition hat, sondern nur einen eigenen Rechtsbehelf, also einen Schutzanspruch auf Leistung an den zweiten Vertragspartner. Entsprechend hat der Schuldner, der erste Vertragspartner A, eine vollwertige Leistungspflicht gegenüber dem zweiten Vertragspartner und eine weitere isolierte Verhaltenspflicht gegenüber dem dritten Vertragspartner. Dies sind die zwei in der Arbeitshypothese postulierten Pflichten. Grund für die Gewährung dieses Rechtsbehelfs ist, dass auch der Dritte den Leistungsaustausch soll durchsetzen können. Die „Beschränkung“ auf einen Rechtsbehelf bzw. die „Beschränkung“ der zweiten Pflicht auf eine bloße Verhaltenspflicht

[234] Rimmelspacher, Streitgegenstandsprobleme, S.103.

rechtfertigt sich demgegenüber daraus, dass der Dritte keine Leistung an sich selbst fordern kann und dass es bei ihm damit nicht auf das Element, dass die Anwartschaft und den Behaltensgrund für eine Leistung darstellt, nämlich die Rechtsposition, ankommt. Auch der Schuldner muss keine eigene Leistung an den Dritten erbringen, sodass es auch bei ihm an dem oben angesprochenen Verlust- oder Selbstenteignungselement gegenüber dem Dritten fehlt, weil er eben nur einmal eine Leistung erbringen muss, nämlich an B, nicht aber ein zweites Mal eine Leistung gegenüber C. Sinn der in der Arbeitshypothese konstruierten zweiten Pflicht ist es nur, dem Dritten zu ermöglichen, den ersten Vertragspartner zur Leistung an dessen Gläubiger zwingen zu können, um so den Leistungsaustausch insgesamt durchsetzen zu können. Dafür genügt aber die Verdoppelung des Rechtsbehelfs bzw. aus Schuldnersicht die Verdoppelung der Verhaltenspflicht – eine Rechtsposition zugunsten des Dritten ist demgegenüber sachlich-inhaltlich nicht vorhanden. Bei der zweiten Pflicht handelt es sich also nicht um eine umfassende Leistungspflicht – wie sie die erste Leistungspflicht gegenüber dem zweiten Vertragspartner darstellt –, sondern „bloß" um eine Verhaltenspflicht als Komplementärinstitut zum Rechtsbehelf.

Die jeweiligen konstruktiven Einzellösungen lassen sich dabei auch unter Zugrundelegung „nur" einer Verhaltenspflicht als zweiter Pflicht aufrechterhalten. Die Konstruktion eines Zweipersonenverhältnisses durch Anspruch und Gegenleistungsanspruch verlangt es nämlich nicht, dass eine Rechtsposition besteht; es genügt vielmehr das Bestehen eines Schutzanspruchs, eines Rechtsbehelfs, weil diesem eine Verhaltenspflicht gegenübersteht und die darüber hinaus bestehende Rechtsposition auf Seiten des einen Gläubigers in keiner Beziehung zum Schuldner steht[235] und also mit der Begründung der Zweiseitigkeit nichts zu tun hat. Auch an der Stellung der dritten Vertragspartei als Gläubiger der ersten Vertragspartei ändert dies nichts, da der der Dritte qua seines eigenen Rechtsbehelfs die Leistung vom Ersten erzwingen kann und insofern Gläubiger der ersten Vertragspartei ist; Leistung an sich konnte er ohnehin nicht verlangen, so dass es auch hier auf das Bestehen der Rechtsposition nicht ankommen konnte. Schließlich lassen sich auch die vertraglichen Sekundäransprüche auf die Verletzung der zweiten Verhaltenspflicht des Schuldners stützen, weil gerade die Leistungshandlung notwendig ist zur Befriedigung des Sachinteresses und damit gerade die Verletzung der Verhaltenspflicht die Grundlage für einen Schadensersatzanspruch bildet, zumal die Rechtsposition in keiner Beziehung zm Schuldner steht und also von ihm auch nicht verletzt werden kann.

Beim Schuldrecht geht es um den Leistungsaustausch, sodass Anknüpfungspunkt der Normen das dynamische Element der Verhaltenspflicht sein muss, nicht hingegen das statische Element der

[235] Rimmelspacher, Streitgegenstandsprobleme, S.103.

Rechtsposition. Letzteres rechtfertigt nur das Ergebnis des Leistungsaustausches, die Güterzuordnung, hingegen nicht den Vorgang des Güteraustausches und kann also nicht primärer Regelungsgegenstand der Schuldrechtsnormen sein.
Folglich ist das Zweipflichtenmodell auch in seiner Ausgestaltung als echte Leistungspflicht einerseits und zusätzlicher Verhaltenspflicht andererseits als konstruktives Modell brauchbar für die Lösung der Einzelprobleme.

3. Die zweite Verhaltenspflicht – der zusätzliche Rechtsbehelf zugunsten des Dritten

a.) Rechtsgrund und Zulässigkeit der zweiten Pflicht

Rechtsgrund der zweiten Pflicht ist der Vertrag. Denn die zweite Pflicht, die Verhaltenspflicht bringt keine zusätzliche wirtschaftliche Last mit sich und wird deswegen redlicherweise konkludent mitversprochen, weil sie der Ausgestaltung der Rechtsverhältnisse dient und jedem der Beteiligten nützt, da jeder der Beteiligten Gläubiger einer solchen Pflicht wird. Dass sie regelmäßig nicht ausdrücklich versprochen wird, sondern nur die unmittelbare Zuwendungspflicht vereinbart wird, schadet nicht, weil sie sich allein durch Auslegung des Leistungsversprechens gewinnen lässt. Auch beim Handkauf wird eine einzige tatsächliche Erklärung aufgrund des Trennungsprinzips dahingehend ausgelegt, dass damit sowohl die Willenserklärung bzgl. des Verpflichtungsvertrages als auch die Willenserklärung bzgl. des Erfüllungsgeschäftes abgegeben wird[236]. Die Rechtsordnung vermag also ohne weiteres an ein einziges Geschehen einen doppelten Tatbestand, hier die jeweilige Willenserklärung zum Verpflichtungsgeschäft und zum Verfügungsgeschäft, dort das Versprechen der Leistungspflicht und der zweiten Verhaltenspflicht, zu knüpfen, seien sie vom Erklärenden auch so nicht bedacht[237]. Die fehlende ausdrückliche Vereinbarung ist also kein Problem.
Wegen der vertraglichen Fundierung könnte man es indes für erforderlich halten, dass auch die zweite Pflicht formgerecht etwa in einer Urkunde erfasst wird, wenn der Vertrag formpflichtig ist. Dafür spricht, dass beide den gleichen Inhalt haben (wenngleich auch die „vollständige" Leistungspflicht darüber hinaus geht) und folglich auch dem etwaigen Formzwang unterliegen. Dagegen spricht aber, dass den Formzwecken bereits durch die formgerechte Fassung der ersten Pflicht genügt wurde, weil die zweite Pflicht keine zusätzliche wirtschaftliche Last begründet und also auch nicht die Beweis- oder Warnfunktion eingreift.

---

[236]Habermeier, AcP 195, 283, 287.
[237]Habermeier, AcP 195, 283, 294.

Jedenfalls lässt sich mit Hilfe der Andeutungstheorie[238] begründen, dass kein Formmangel vorliegt, weil in der ersten formgerecht niedergelegten Pflicht bereits die zweite angedeutet ist und somit der Formvorschrift genügt wurde. Die zweite Pflicht kann also nicht aufgrund eines Formmangels unwirksam sein.

Die Fundierung im Leistungsversprechen ist darüber hinaus der Grund für die Zulässigkeit der zweiten Verhaltenspflicht. Denn die Vereinbarung eines solchen zusätzlichen Rechtsbehelfs ist ein Akt privatautonomer Gestaltung der Rechtsbeziehungen, und eine gesetzliche Norm, die die privatautonome Gestaltung in dieser Hinsicht einschränken könnte, ist nicht vorhanden. Entsprechend verhält es sich bei der Einziehungsermächtigung. Auch dort hat ein Dritter neben dem ursprünglichen Gläubiger die Befugnis, die Leistung zu fordern. Er darf sie aber nicht behalten, sondern muss sie an den Ermächtigenden abführen. Er hat also zwar keine Rechtsposition, aber einen eigenen Rechtsbehelf, mit dem er die Leistung, gegenständlich sogar an sich selbst, erzwingen kann. Dabei ist es unschädlich, dass es Inhalt der weiteren Verhaltenspflicht ist, an einen anderen zu leisten, wie der Vergleich mit dem Vertrag zugunsten Dritter zeigt. Auch dort verpflichtet sich der Versprechende, nicht an seinen Gläubiger, den Versprechensempfänger, sondern an einen Dritten zu leisten.

An alledem ändert auch die in der Literatur gefürchtete Verdoppelung der Gläubigerstellung nichts[239]. Denn die Verdoppelung des Rechtsbehelfs ergibt sich bereits aus dem Vertragsabschluss und beruht damit auf dem Willen sämtlicher Parteien – die Verdoppelung der Gläubigerstellung wird demgegenüber nur wegen eines einseitigen Handelns des Gläubigers für unzulässig gehalten.

b.) Abgrenzung dieser Konstruktion von ähnlichen Instituten

Der zweite zusätzliche Rechtsbehelf zugunsten des Dritten bzw. die zweite zusätzliche Verhaltenspflicht zu Lasten des ersten Vertragspartners bewirkt keine Gesamtgläubigerschaft und stellt auch keinen Vertrag zugunsten Dritter dar.

An eine Gesamtgläubigerschaft könnte man deswegen denken, weil es zwei Gläubiger für eine inhaltlich gleiche Pflicht gibt. Doch ergibt sich die Abgrenzung zur Gesamtgläubigerschaft schon bei genauerer Betrachtung des Inhalts der zweiten Pflicht. Denn bei der Gesamtgläubigerschaft kann jeder der beiden Gläubiger die Leistung an sich selbst verlangen, § 428 BGB. So liegt es hier aber nicht: C kann nicht Leistung an sich, sondern nur Leistung an B verlangen. Außerdem hat der zweite Gesamtgläubiger eine eigene Rechtsposition, weil er gerade Leistung an sich selbst fordern

---

[238]Medicus, AT, Rn.328ff.

[239] etwa Medicus, AT, Rn.1008.

und diese Leistung (wenigstens teilweise) behalten kann; beim mehrseitigen Austauschvertrag hat der Dritte aber gerade keine eigene Rechtsposition. Und schließlich trifft B und C keine Ausgleichungspflicht untereinander, wie das bei der Gesamtgläubigerschaft der Fall wäre, § 430. Folglich sind B und C nicht Gesamtgläubiger.

Die Abgrenzung zum Vertrag zugunsten Dritter ist dagegen problematischer. Denn hier hat der Versprechende eine Leistungspflicht gegenüber dem Zuwendungsempfänger und eine Pflicht gegenüber dem Versprechensempfänger, nämlich an den Zuwendungsempfänger zu leisten, siehe §§ 334, 335. Von der Pflichtenanordnung her ist die Situation also gleich.

Indes bestehen von der Vertragsstruktur her erhebliche Unterschiede: Einen Vertrag im Verhältnis A - C als dem eigentlichen Vertrag zugunsten Dritter in Form des Deckungsverhältnisses gibt es nicht. Außerdem mangelt es an einem Valutaverhältnis im Verhältnis C-B. C will sich auch gar nicht bei A die Leistung beschaffen, um eine etwaige Leistungspflicht im Valutaverhältnis zu B zu erfüllen oder B etwas zu schenken. Eine solche Konstruktion stellte die Interessenlage auf den Kopf. Und schließlich entspricht es nicht der Auffassung der Parteien, dass sich A primär gegenüber C verpflichtet, also hier der Vertrag zugunsten Dritter geschlossen wird, und B nur einen abgeleiteten Anspruch, § 331 BGB, haben soll, wie es ja die Konstruktion beim Vertrag zugunsten Dritter wäre.

Und die andere Konstruktionsmöglichkeit, einen Vertrag zugunsten Dritter im Verhältnis A-B sich anzunehmen, scheidet deswegen aus, weil dann der Vertrag im Zuwendungsverhältnis bestehen würde, was gerade nicht der Lage beim Vertrag zugunsten Dritter entspricht.

Damit bestehen von der Vertragsstruktur her durchgreifende Unterschiede zwischen dem mehrseitigen Austauschvertrag und dem Vertrag zugunsten Dritter. Die hier vorgeschlagene Pflichtenkonstruktion fußt also weder auf einem Vertrag zugunsten Dritter noch bewirkt sie eine Gesamtgläubigerschaft. Das zeigt zugleich, dass eine eigene Lösung beim mehrseitigen Austauschvertrag berechtigt und erforderlich ist, weil die bisher vorhandenen ähnlichen Institute nicht sachgerecht sind und also eine neue Lösung notwendig ist.

c.) Verhältnis der Verhaltenspflicht zur Leistungspflicht

Die beiden Pflichten, d.h. die „vollumfängliche“ Leistungspflicht des A gegenüber B und die zusätzliche weitere Verhaltenspflicht des A gegenüber C, sind zwar rechtlich selbstständig, da sie gegenüber zwei verschiedenen Gläubigern bestehen, teilen aber exakt das gleiche rechtliche Schicksal. Würde man nämlich annehmen, dass sich die Pflichten unterschiedlich entwickeln können, führte das zu untragbaren Ergebnissen: Es könnte dann nämlich dazu kommen, dass zwar B nicht mehr von A die Leistung verlangen kann, wohl aber noch C von A verlangen kann, dass er, A, an B leistet, weil ihm, C, gegenüber die Pflicht nicht erloschen sein soll. Doch ist es nicht die Funktion der zweiten Pflicht, dem inhaltlich Begünstigten reflexartig einen zusätzlichen Vorteil zu verschaffen; wenn der Zuwendungsbegünstigte seinen Anspruch verloren hat, dann soll er ihn auch nicht auf dem Umweg über den Dritten geltend machen können. Es ist nicht Sinn der zweiten Verhaltenspflicht, dass der Schuldner zweimal auf Leistung in Anspruch genommen werden kann, sondern nur einmal, aber von zwei verschiedenen Personen. Bei der Erfüllung der Leistungspflicht im Zuwendungsverhältnis durch Erbringen der Leistung muss dementsprechend auch die zweite Verhaltenspflicht erlöschen, weil es hier geradezu absurd wäre, wenn die zweite Pflicht noch fortbestehen würde. Es wäre auch widersprüchlich, wenn man zwischen den verschiedenen Leistungspflichten der drei verschiedenen Schuldner eine Abhängigkeit annehmen, diese aber hinsichtlich der beiden Verhaltenspflichten auf Seiten ein- und desselben Schuldners verneinen würde. Schließlich leitet sich die Verhaltenspflicht gegenüber dem dritten Vertragspartner von der Leistungspflicht gegenüber dem zweiten Vertragspartner her. Aus Gläubigersicht formuliert: Weil der Rechtsbehelf nur verdoppelt und damit ein Abbild des Rechtsbehelfs des zweiten Vertragspartners ist, kann er kein anderes rechtliches Schicksal haben als der Ursprungsrechtsbehelf.

Das bedeutet letztendlich, dass die zweite Pflicht gleichzeitig mit der ersten entsteht, beide gleichzeitig erlöschen[240], auch und gerade wenn der Erlöschensgrund nur in einem der beiden Verhältnisse angelegt ist, und beide gleichzeitig gehemmt sind. Das, was Auswirkungen auf eine Pflicht hat, hat die identischen Auswirkungen auf die andere Pflicht und umgekehrt, gleichviel, in welchem der beiden Verhältnisse der Ursprung liegt. Es vermag also sogar ein Mangel bei der zweiten Pflicht, der Verhaltenspflicht, die (erste) „vollwertige“ Leistungspflicht im Zuwendungsverhältnis zu beeinflussen. Denn hinsichtlich des Elements des Verhaltenspflicht stimmt die Leistungspflicht des A gegenüber B mit der bloßen Verhaltenspflicht des A gegenüber C überein, sodass die Verhaltenspflicht, wenn sie in einem Verhältnis erlischt, nicht im anderen Verhältnis fortbestehen kann. Erhebt etwa A gegenüber B die Einrede aus § 320, weil C noch nicht geleistet hat, so ist seine Verhaltenspflicht gegenüber C gehemmt, weil in diesem Verhältnis die Leistung unterblieben ist und ein Gegenseitigkeitsverhältnis besteht. Nichts anderes kann dann für das Verhältnis zu B gelten, sodass auch B gegenüber die Verhaltenspflicht gehemmt ist. Entsprechend gilt das für die jeweiligen Rechtsbehelfe. Beide Rechtsbehelfe haben die gleiche Funktion, nämlich die Rechtsposition eines Gläubigers durchzusetzen, und also können sie sich nicht unterschiedlich entwickeln.

[240]so auch Larenz, § 15 II.

d.) Der Umfang des zweiten Rechtsbehelfs

Bei der Frage nach dem Umfang des zweiten Rechtsbehelfs geht es darum, inwieweit der Dritte nach Vertragsschluss auf die Pflicht einwirken kann und inwieweit dieses Tun dem anderen Gläubiger zurechenbar ist. Fraglich ist also, ob auch der Dritte Sekundärrechte ausüben, etwa Schadensersatz statt der Leistung verlangen, mahnen, eine Frist mit Ablehnungsandrohung setzen, handelsrechtlich rügen oder die Leistung annehmen und also das Erlöschen der Pflicht qua Erfüllung herbeiführen kann. Es geht also letztlich um das Verhältnis der beiden Gläubiger zueinander – Gläubiger insofern, als beide qua ihres Rechtsbehelfs den Anspruch durchsetzen können.

Das entscheidet sich danach, ob der Dritte ein eigenes Interesse an einem solchen Handeln hat und ob der Zuwendungsempfänger vor dem Handeln des Dritten geschützt werden muss.

Ein eigenes Interesse hat der Dritte dann, wenn ihm durch das Unterlassen einer Handlung oder deren vorschnelles Ausüben durch den anderen Vertragspartner ein Rechtsverlust droht. Im Falle des Annahmeverzugs oder der Rügeunterlassung droht dem Dritten aber schon kein Rechtsverlust, diese Fälle sind nicht geeignet, die Rechtsstellung des Dritten irgendwie zu berühren[241]. Und auch beim Schadensersatzverlangen wegen Nichterfüllung und dem daraus resultierenden Erlöschen der Primärpflichten lässt sich bezweifeln, ob dadurch die Rechtsstellung des Dritten verschlechtert wird, da das Erlöschen der Primärpflichten schon auf einem vorgelagerten Grund und nicht erst auf dem Schadensersatzverlangen beruht. Aber selbst wenn man eine Verschlechterung bejahen würde, hat der unmittelbar Zuwendungsberechtigte in diesem Fall doch ein höheres Interesse an der Entscheidung über das weitere Vorgehen als der Dritte, sein Interesse an einem eigenen unbeeinflussten Handeln überwiegt das Interesse des anderen, weil gerade er warten oder mit der schlechten Leistung zurechtkommen muss. Es kann dem Zuwendungsempfänger nicht zugemutet werden, auf seine Entscheidungsfreiheit zu verzichten, wann und wie der eigene Anspruch einzufordern ist, wenn er sich schon auf eine dreifache Pflichtenabhängigkeit eingelassen hat. Das Interesse des Dritten unterliegt also dem des unmittelbaren Zuwendungsempfängers, der Dritte ist nicht vor dem Handeln des Zuwendungsempfängers zu schützen, sondern vielmehr umgekehrt der unmittelbare Zuwendungsempfänger vor einem voreiligen Handeln des Dritten. Sein Interesse an einer Entscheidung, ob eine Frist gesetzt wird und damit der Primäranspruch verloren geht, ist wegen des Interesses an der Sachleistung höher einzustufen als das Interesse des Dritten. Das bedeutet, dass das Handeln und Unterlassen des Zuwendungsempfängers vorrangig vor dem des Dritten ist, der Dritte also nicht selbstständig und vor dem Dritten auf die Pflicht einwirken kann. Der Dritte kann also nicht selbstständig und unabhängig eine Frist setzen oder mahnen oder die Leistung für den unmittelbaren Zuwendungsempfänger annehmen. Insofern sind seine Rechtsbehelfe eingeschränkt.

[241] Heermann, Erwerbsgeschäfte, S.184.

Die Lösung bei der Minderung mit dem faktischen Vorrang desjenigen, der Rückgewähr verlangt, ist diesbezüglich kein Widerspruch. Denn wenn sich C genauso wie B für eine Minderung entscheidet, ändert er die Lage des B sowieso nicht. Entscheidet sich C hingegen für den Rücktritt bzw. die Wandelung, so verschlechtert er zwar dadurch die Lage des B, weil B sich nur für die Minderung und damit Aufrechterhaltung der Primärpflicht entschieden hat, A aber seine Leistung aufgrund des Rücktritts / des Wandelungsverlangens des C seinerseits zurückverlangen wird. Jedoch hat B bereits Gewährleistungsrechte bzw. Leistungsstörungsrechte ausgeübt (zumal B auch eine Geldausgleichsanspruch gegen A hat und damit gar nicht auf die tatsächliche Minderung gegenüber C angewiesen ist) und dadurch die Pflichtenreduzierung veranlasst, und C tut mit der Sekundärrechtsausübung mithin nichts anderes als B. B kann auch nicht erwarten, dass sich C stets mit der reduzierten Leistung zufrieden gibt. Insofern ist der Dritte schutzwürdiger als der unmittelbare Zuwendungsempfänger, da auch ihm ein Rechtsverlust droht. Folglich respektiert C den Vorrang des B, da er erst nach ihm Sekundärrechte ausübt; C könnte keine Sekundärrechte ausüben, wenn B keine ausgeübt hat und sich mit der mangelhaften Leistung des A zufrieden gegeben hat, weil er dann von B die volle Leistung bekommt und also nicht des Schutzes durch Sekundärrechte bedarf.

e.) Begründung

Notwendig ist schließlich noch eine materielle dogmatische Begründung für die Annahme einer zweiten Verhaltenspflicht. Dass sie vom Ergebnis her zweckmäßig ist, weil sie den Dritten in den Stand versetzt, den Leistungsaustausch auch gegenüber dem ersten Vertragspartner durchzusetzen, genügt als Begründung nämlich noch nicht. Vielmehr ergibt sie sich erstens aus zwei Vergleichen, weil der Vergleich Gemeinsamkeiten mit einem anderen Institut aufzeigt und es dadurch ermöglicht, die Lösung eines neuen Problems auf bereits gesichertes Wissen aufzubauen, indem die Konstruktionen des anderen Instituts hinsichtlich der Gemeinsamkeiten übernommen werden, weil eben Gleiches gleich zu behandeln ist. Zweitens ergibt sie sich aus der Analyse der Interessenlage und des Schutzzwecks des mehrseitigen Austauschvertrags und schließlich drittens aus einer rechtsmethodologischen Betrachtung.

aa.) Vergleich mit dem Vertrag zugunsten Dritter

Der Vertrag zugunsten Dritter ist ein Verpflichtungsvertrag, der auf Leistung an einen Dritten abgeschlossen wird[242], mit seiner Drittbegünstigung also eine atypische inhaltliche Gestaltung auf-

---

[242] MK-Gottwald, § 328 Rn. 19.

weist[243], indem der Schuldner die Leistung nicht wie üblich an seinen Gläubiger, sondern an einen vom Gläubiger verschiedenen Dritten zu erbringen hat[244]. Der Dritte hat dabei einen eigenen Anspruch, der originär in seiner Person entsteht. Daneben ist regelmäßig auch der Versprechensempfänger nach § 335 berechtigt, die Leistung an den Dritten zu verlangen. Aus Sicht des Versprechenden bestehen also zwei Leistungspflichten, eine gegenüber dem Dritten und eine gegenüber dem Versprechensempfänger. Die Leistungspflicht gegenüber dem Versprechensempfänger ist indes keine „vollwertige" Leistungspflicht, sondern nur eine Verhaltenspflicht. Denn der Versprechensempfänger erhält keine Leistung, sodass es aus seiner Sicht an einer Rechtsposition fehlt, weil bei ihm kein Behaltensgrund mangels Leistung an ihn bestehen kann. Folglich steht ihm „nur" ein Rechtsbehelf zu, sodass es aus Sicht des Schuldners auch nur eine Verhaltenspflicht geben kann[245]. Von der Pflichtenstruktur her sind also beide Institute vergleichbar

Darüberhinaus ist aber auch die Interessenlage – und hierin liegt die eigentliche Argumentationskraft für den Vergleich –vergleichbar mit der des mehrseitigen Austauschvertrages. A als Versprechensempfänger erbringt regelmäßig eine Leistung an B als dem Versprechenden, damit B eine Leistung an C als dem Dritten erbringt, damit sich A so von einer Verbindlichkeit gegenüber dem Dritten C befreien kann[246]. Zwar bricht die Leistungskette damit bei C ab, bis hierher stimmt die Interessenlage mit der beim mehrseitigen Austauschvertrag aber überein. Oder A möchte, dass C eine Leistung zugute kommt, die er nicht selbst erbringen kann und also sich der Leistung des B bedient. Oder es kann schließlich so sein, dass der Vertrag zugunsten Dritter den Leistungsanspruch des Dritten gegenüber den Gläubigern des Versprechensempfängers sichern soll[247]. Der Dritte wird nämlich vom Versprechensempfänger dadurch gesichert, dass er ihm für seine Gegenleistung einen Anspruch gegen den Versprechenden verschafft und sich so der Dritte nicht allein auf die Leistungsfähigkeit seines eigentlichen Vertragspartners verlassen muss und auch nicht fürchten muss, dass die Gläubiger diesen Anspruch pfänden, sondern den sicheren Anspruch gegen den aus seiner Sicht Dritten, d.h. den Versprechenden, hat, den die Drittgläubiger seines Vertragspartners nicht pfänden können, weil er originär in seiner Person entsteht und also die Gläubiger keinen Zugriff auf diesen Anspruch haben[248]. Eigentlicher Sinn der Sicherung des Dritten durch den Versprechensempfänger ist dabei regelmäßig, dass sich der Dritte nur so dem Versprechensempfänger gegenüber zu einer Gegenleistung verpflichtet, weil er ohne Sicherung nicht leistungsbereit wäre. Der Versprechensempfänger wird sich ferner ein eigenes „Forderungsrecht" ausbedin-

---

[243] MK-Gottwald,§ 328 Rn.20.
[244] Palandt-Heinrichs, Einf v § 328 Rn.1.
[245] Rimmelspacher, Streitgegenstandsprobleme, S.122.
[246] Staudinger-Jagmann, § 335 Rn.2
[247] MK-Gottwald, § 328 Rn.10.
[248] Staudinger-Jagmann,Vorbem zu §§ 328 ff. Rn.4

gen, da er ein elementares Interesse daran hat, dass der Versprechende an den Dritten leistet, weil er sich dadurch von seiner aufgrund eines weiteren Vertrages bestehenden Verbindlichkeit gegenüber dem Dritten befreien will[249].

Gerade in dieser Konstellation stimmen also die Zwecke der beiden Institute überein: Versprechensempfänger erbringt an den Versprechenden eine (Gegen)Leistung, damit dieser an den Dritten eine Leistung erbringt, damit der so gesicherte Dritte schließlich eine Gegenleistung an den Versprechensempfänger erbringt. Das ist der gleiche Leistungskreis wie beim mehrseitigen Austauschvertrag, und es bestehen auf Seiten des Versprechenden und des Versprechensempfängers zwei Pflichten.

Da nun die juristische Konstruktion nur ein Mittel zur Verwirklichung der Interessen der Beteiligten ist, kann sie bei gleicher Interessenlage nicht verschieden sein, sie muss also fruchtbar gemacht werden für das andere Institut. Folglich hat auch der jeweilige Leistende beim mehrseitigen Austauschvertrag zwei Pflichten, wie der Leistende beim Vertrag zugunsten Dritter, sprich der Versprechende, zwei Pflichten hat, nämlich eine Leistungspflicht gegenüber dem Dritten und eine Verhaltenspflicht gegenüber dem Versprechensempfänger.

bb.) Vergleich mit der Lage bei Fehlen eines mehrseitigen Austauschvertrages

Der zweite Vergleich als erster großer Pfeiler der Begründung ist mit der Lage bei Fehlen eines mehrseitigen Austauschvertrages zu ziehen.

Bereits klargestellt wurde, dass dann die Verbindung der sonst an sich zur Erzielung des gleichen wirtschaftlichen Ergebnisses zwischen A und B und A und C zu schließenden Verträge zu einer Einheit nicht adäquat zu leisten ist, und dass gerade deswegen ein mehrseitiger Austauschvertrag geschlossen wird.

Genauerer Analyse bedarf jedoch noch die Pflichtenstruktur bei zwei Verträgen. Bei Fehlen eines mehrseitigen Austauschvertrages wäre es so, dass den „Initiator“, etwa A, zwei Leistungspflichten treffen würden, nämlich die erste gegenüber B, mit deren Erfüllung er sich die Gegenleistung von B verschafft, und die zweite gegenüber C, damit er durch deren Erfüllung von C dann die eigentlich gewünschte Gegenleistung erhält. A würden also aufgrund der beiden Verträge zwei Leistungspflichten mit zwei wirtschaftlichen Belastungen treffen, und zwar sowohl gegenüber B als auch gegenüber C.

Der mehrseitige Austauschvertrag soll ferner die Abhängigkeit der Pflichten voneinander herstellen, nicht mehr und nicht weniger. Dann ist aber nicht ersichtlich, warum der mehrseitige Austauschvertrag den A durch Reduzierung der eigentlich bestehenden zwei Pflichten auf nunmehr

[249] Staudinger-Jagmann,§ 335 Rn.2.

eine entlasten sollte. Denn dass die Pflichten nun voneinander abhängen, spricht geradezu für ein gesteigertes, intensiveres Pflichtengefüge, sprich zwei Pflichten, und nicht dagegen. Außerdem verpflichtet sich A nicht dazu, dass B seine Leistung erbringen wird, sondern er verpflichtet sich nur gegenüber C zur Erbringung der eigenen Leistung an B, weil eben seine Leistung an B Voraussetzung für die Transformation des Leistungsgegenstandes von A nach C eben bei B in Form der Leistung von B an C ist. Diese zweite Pflicht verschlechtert also keineswegs die Stellung des A, weil sie keine zusätzliche wirtschaftliche Last begründet, und ist damit immer noch milder als die ohne mehrseitigen Austauschvertrag bestehenden zwei Zuwendungs-Leistungspflichten. A verspricht nicht zwei verschiedene Leistungen, wie das bei zwei Verträgen der Fall wäre, ja nicht einmal die gleiche Leistung zweimal zu erbringen, sondern nur, ein einziges Mal eine Leistung zu erbringen, jedoch nicht gegenüber einem Gläubiger allein, sondern gegenüber zwei verschiedenen Gläubigern. Dagegen lässt sich auch nicht einwenden, die Annahme zweier Pflichten sei deswegen nicht gerechtfertigt, weil A nur eine Leistung (von C) erhält, sodass nur eine Leistungspflicht angemessen ist, während er bei Fehlen eines mehrseitigen Austauschvertrages zwei Leistungen erhält und deswegen zwei Leistungspflichten adäquat sind. Denn A erhält auch bei Fehlen eines mehrseitigen Austauschvertrages per saldo nur eine Leistung, weil er die erste, von B erhaltene Leistung an C weiterreicht, um so die eigentlich gewünschte, aber nur von C zu erlangende Leistung zu erhalten. Um diese eine, für ihn allein entscheidende Leistung geht A zwei Leistungspflichten ein, ohne dass zwei Gegenleistungen in seinem Vermögen verbleiben. Das wirtschaftliche Ergebnis ist also nicht anders als beim mehrseitigen Austauschvertrag, sodass die Annahme zweier Pflichten gerechtfertigt ist.

Aus dem Institut des mehrseitigen Austauschvertrages ist somit nicht zu erklären, warum A nur noch eine Pflicht haben soll; vielmehr spricht dieses sogar dagegen. Und die oberflächliche Anknüpfung an die Zuwendung – dort, wo eine tatsächliche Zuwendung erfolgt, gibt es auch eine Pflicht, und sonst nirgends – vermag keinesfalls zu überzeugen, weil das weder beim Vertrag zugunsten Dritter – hier gibt es mehrere Pflichten, die Leistungspflicht gegenüber dem Dritten und die Verhaltenspflicht gegenüber dem Versprechensempfänger entsprechend zu seinem Rechtsbehelf gegenüber dem Versprechenden – noch beim sachenrechtlichen Geheißerwerb – hier gibt es im Zuwendungsverhältnis, dort wo die tatsächliche Vollziehung stattfindet, gerade keine Pflicht – so gehandhabt wird.

Zwar könnte man noch einwenden, dass dieses Argument nur für den eigentlichen Initiator passt, der sonst zwei Verträge schließen müsste. Es ist aber zu bedenken, dass alle drei ein Interesse am Austausch haben, sonst würden sie sich ja nicht auf dieses Manöver einlassen, und also ist es berechtigt, jeden als Initiator mit zwei Pflichten zu behandeln, weil jeder das gleiche Interesse am

Vertragsschluss hat, zumal keineswegs sicher ist, dass A zwei Verträge mit B und C abschließen würde, wenn sich B und C nicht auf den mehrseitigen Austauschvertrag einlassen sollten.
Auch der Vergleich mit der Lage bei Fehlen eines mehrseitigen Austauschvertrages zeigt also, dass die Annahme zweier Pflichten gerechtfertigt ist.

cc.) Interessenlage und Wertungen

Die nächste Begründung fußt auf einer Analyse der Interessenlage und der Wertungen im mehrseitigen Austauschvertrag. Das fundamentalste und bereits mehrfach angesprochene Interesse der Parteien ist das an der Abhängigkeit der Pflichten voneinander[250]. Hinzukommt, dass aus Sicht des jeweiligen Leistungsempfängers, etwa C, der Erhalt der Leistung nicht nur von der Erbringung der eigenen Leistung an A abhängt, sondern auch fast immer von der Leistungserbringung des Dritten A an den eigenen Leistungsschuldner B, weil B sonst nicht zur Leistung bereit sein wird. Wenn also der Anspruch des C vom Handeln eines anderen, nämlich das des A abhängig ist, dann soll er nicht nur passiv negativ verharren und sich damit zufrieden geben müssen, dass er wegen der Abhängigkeit wenigstens nicht leisten muss, wenn er schon keine Leistung bekommt (und allenfalls Schadensersatz bekommt), sondern dann soll er auch positiv-aktiv handeln dürfen und einen eigenen Anspruch im Sinne eines Rechtsbehelfs gegen den anderen, A, bekommen, von dessen Verhalten sein eigener Anspruch abhängt, um dessen Pflicht durchzusetzen und so letztlich seinen eigenen Primäranspruch erhalten zu können. C hat also ein vitales Interesse daran, auch gegen A vorgehen zu können, weil er seinen Anspruch gegen B ohne die Leistung des A an B nicht durchsetzen kann und auch B nicht zu einer Klage gegen A zwingen kann, allein die Leistungsverweigerung gegenüber A den A aber nicht zur Leistungserbringung an B zwingt.
Außerdem gilt auch beim mehrseitigen Austauschvertrag eines der tragenden Grundprinzipien in Dreipersonenverhältnissen, dass Einwendungen aus einem fremden Rechtsverhältnis nicht hergeleitet werden dürfen. Nimmt man aber nur eine Pflicht an, so ist es keineswegs selbstverständlich, dass B gegenüber C die Leistung verweigern darf, wenn A gegenüber B in Verzug gerät. Denn man könnnte das durchaus als eine Einwendung des B gegenüber C aus einem fremden Rechtsverhältnis, nämlich dem zwischen A und B, bezeichnen. Nimmt man hingegen zwei Pflichten, eine Leistungspflicht und eine Verhaltenspflicht, an, so gibt es kein fremdes Rechtsverhältnis mehr, da dann jeweils wechselseitige Pflichten bestehen und sich ein Mangel von der einen Pflicht auf die andere überträgt. Diese Konstruktion verhindert also schon im Ansatz den wegen des einheitlichen Vertrages ohnehin verfehlten Einwand, bei der vorgebrachten Einwendung handele es sich um eine

---

[250]Gernuber, Schuldverhältnis, § 13 V 1.

unzulässige Einwendung aus einem fremden Rechtsverhältnis. Sie vermag also auch die grundlegenden Wertungen im Dreipersonenverhältnis zu erklären.

dd.) Rechtsmethodologische Betrachtung

Gegenstand der Untersuchung ist ein Dreipersonenverhältnis. Nach völlig unbestrittener Meinung in der Literatur und der Rechtsprechung werfen Dreipersonenverhältnisse besondere Probleme auf, weil sie den Betrachter vor ein Geflecht von Rechtsbeziehungen stellen, das mitunter nur schwierig zu entwirren ist. Trotz ihrer inhaltlichen Divergenz[251] weisen sie jedoch rechtstheoretisch gesehen alle die gleiche Struktur auf: Die rechtlichen Beziehungen zweier Personen sind verschränkt mit denen zu einer dritten Person, sodass ein verworrenes Bündel von Rechtsbeziehungen entsteht. Dieses Geflecht ist zu komplex, um unentwirrt die Basis für die jeweilige Problembearbeitung zu bieten. Folglich lautet die einhellige methodische Anweisung, dass das Dreipersonenverhältnis in mehrere Zweipersonenverhältnisse aufzuspalten ist und diese Zweipersonenverhältnisse dann getrennt jeweils für sich zu untersuchen sind[252]. Erst dann sei nämlich die nötige Einfachheit und Klarheit für die Problembearbeitung erreicht[253].

Dieses Vorgehen wirft jedoch zwei grundsätzliche Fragen auf: Erstens fragt sich, wie es überhaupt zu rechtfertigen ist, und zweitens, ob diese Auflösung in Zweipersonenverhältnisse nicht schlussendlich doch wieder der Rückankoppelung an das ursprüngliche Dreipersonenverhältnis bedarf.

Die Antwort auf die erste Frage ergibt sich aus einer methodologischen und rechtstheoretischen Analyse des Dreipersonenverhältnisses.

Das Zivilrecht folgt dem Anspruchsdenken und ist, da ein Anspruch nach der gesetzlichen Definition des § 194 BGB nur in einem Zweipersonenverhältnis besteht, notwendigerweise auf eben ein solches Zweipersonenverhältnis festgelegt[254]. Dann kann es aber von Gesetzes wegen keine Ansprüche in einem Dreipersonenverhältnis geben[255], und also ist es nur folgerichtig, ein Dreipersonenverhältnis zur Anspruchsprüfung in Zweipersonenverhältnisse zu zerlegen. Aufgrund dieser gesetzlichen Fixierung des Anspruchs auf ein Zweipersonenverhältnis und der grundsätzlichen Pflicht zur Rechtsfindung secundum legem ist also die Aufspaltung methodologisch zwingend.

---

[251]Siehe nur die Vielgestaltigkeit der Erscheinungen bei der systematischen Abgrenzung.

[252]Belke, Prüfungstraining, S.52; Diederichsen, BGB-Klausur, S.27; Früh, Bürgerliches Recht, Rn.2; Medicus, BR, Rn.6.

[253]Früh, Bürgerliches Recht, Rn.2.

[254]Früh, Bürgerliches Recht, Rn.2.

[255] Daran ändern auch die §§ 2212, 2213 nichts, weil auch hier eigene Rechtsbeziehungen jeweils zum Erben und zum Testamentsvollstrecker bestehen, sodass auch hier nicht von einem Anspruch in einem Dreipersonenverhältnis gesprochen werden kann, sondern nur von einer zusätzlichen Rechtsbeziehung zum Testamentsvollstrecker, die – in der Terminologie von Rimmelspacher – als Rechtsbehelf bzw. als Verhaltenspflicht und auf prozessualer Ebene als Klagerecht bzw. als Klagelast charakterisiert werden kann.

Das gleiche Ergebnis folgt aus einer Betrachtung des Zivilprozessrechts[256]. Auch hier stehen sich nur zwei Hauptparteien - die Erweiterung durch Nebenparteien spielt hier eben wegen deren Eigenschaft als bloße *Neben*partei keine Rolle - gegenüber. Streiten aber drei Kontrahenten miteinander, so können nicht alle drei Parteien gemeinsam verhandeln, sondern der Streit ist auf mehrere Zweipersonenprozesse aufzuteilen[257]. Aus Gründen der konstruktiven Übereinstimmung ist es also auch hier methodologisch zwingend, ein Dreipersonenverhältnis in mehrere Zweipersonenverhältnisse aufzugliedern.

Das Gesetz gibt also das Zweipersonenverhältnis vor. Methodologisch gesehen muss somit das Dreipersonenverältnis in mehrere Zweipersonenverhältnisse zerlegt werden.

Rechtstheoretisch gesehen steckt hinter diesem Vorgehen eine der grundlegendsten Vorgänge der Rechtswissenschaft überhaupt steckt: die Reduzierung von Komplexität[258]. Diese Funktion wohnt erstens dem Rechtssystem selbst inne, weil es die Komplexität der Gesellschaft reduzieren muss, will es nicht den Überblick und die adäquate Distanz verlieren[259]. Die Vielgestaltigkeit der Lebensverhältnisse muss durch vergröbernde Herausarbeitung von Gemeinsamkeiten und die Vertypung von Regeln vereinfacht werden[260]. Sie setzt sich fort bei der Beurteilung eines Sachverhalts, wo der Urteilende die zunächst vielen Einzelbegebenheiten und Umstände, die für die spätere rechtliche Beurteilung bedeutungslos sind, ausscheiden muss[261], also eine Auslese der Fakten betreiben muss[262] und die sich dann daraus ergebenden Probleme in mehrere Fragen „aufsplittern" muss[263]. Auch hier geht es also um die Reduzierung von Komplexität. Und ihren Abschluss findet sie schließlich in der Bewältigung der Komplexität eines Dreipersonenverhältnisses. Es ist eben nicht als Konglomerat in seiner ganzen Dichte rechtlich zu erfassen, sondern, gleichsam von der Dreidimensionalität auf die wesentlich einfachere Zweidimensionalität zurückstufend, in Zweipersonenverhältnisse aufzugliedern. Auch aus rechtstheoretischer Sicht muss also ein Dreipersonenverhältnis in mehrere Zweipersonenverhältnisse zerlegt werden.

In dieser Reduzierung von Komplexität und damit Vereinfachung liegt aber zugleich eine erhebliche Gefahr. Es droht nämlich der gravierende Mangel, dass bei der isolierten Betrachtung von Zweipersonenverhältnissen der Blick für das Ursprungsverhältnis und die in ihm liegende besondere Interessenlage verloren geht, indem nur das jeweilige Zweipersonenverhältnis betrachtet wird.

---

[256] Medicus, BR, Rn.6.

[257] siehe dazu näher Teil D.

[258] Haft, Juristisches Lernen, S.101; Larenz/Canaris, Methodenlehre, S.53; Luhmann, Das Recht der Gesellschaft, S.225f.

[259] Luhmann, Das Recht der Gesellschaft,S.225f.

[260] Luhmann, Das Recht der Gesellschaft, S.354.

[261] Larenz/Canaris, Methodenlehre, S.100.

[262] Larenz/Canaris, Methodenlehre,101.

[263] Adomeit, Rechtstheorie, S.81.

So soll zwar beispielsweise die Auflösung eines bereicherungsrechtlichen Dreipersonenverhältnisses dadurch erfolgen, dass anhand der Definition des Leistungsbegriffs zu ermitteln ist, wer Leistender und wer Leistungsempfänger ist, dass also ein Zweipersonenverhältnis zu schaffen ist, das aus dem Leistungsbegriff ermittelt wird und durch ihn gekennzeichnet ist[264]. Dennoch soll in manchen Fällen, etwa wenn die begehrte Sache abhanden gekommen ist, § 935, entgegen der Leistungszuordnung und dem so gefundenen Zweipersonenverhältnis eine Direktkondiktion gegen den Dritten möglich sein[265], weil der Leistungsbegriff und die dementsprechende Aufspaltung in Zweipersonenverhältnisse zu einem wertungsmäßig falschen Ergebnis führen würde. Deshalb soll stets zusätzlich, also in einem zweiten nachfolgenden Schritt, das entprechend der Definition gefundene Ergebnis einer wertungsmäßigen Kontrolle zugeführt werden, nämlich anhand der „Wertungskriterien im bereicherungsrechtlichen Dreipersonenverhältnis"[266], die das „Zwischen"-Ergebnis abzuändern vermögen und den Bereicherungsausgleich doch gegen oder durch den anderen Nichtleistenden zulassen[267]. Der Sache nach geht es also um eine Rückanbindung des im Zweipersonenverhältnis gefundenen Ergebnisses an das Dreipersonenverhältnis, nämlich an dessen spezifische Wertungskriterien und Interessen.

Dieses Beispiel zeigt bei abstrakt-deduktiver Betrachtung, dass man bei isolierter Betrachtung der Zweipersonenverhältnisse zu wertungsmäßig falschen Ergebnissen kommen würde, dass also trotz der methodologisch völlig gerechtfertigten Aufspaltung in Zweipersonenverhältnisse der Blick für das übergeordnete Dreipersonenverhältnis nicht verloren gehen darf. Es muss immer eine Rückanbindung des Zweipersonenverhältnisses an das Dreipersonenverhältnis erfolgen, bei Drittbetroffenheit ist stets eine Berücksichtigung der Wertungen zugunsten Dritter erforderlich[268]. Denn andernfalls würde man ein Dreipersonenverhältnis wie ein originäres Zweipersonenverhältnis behandeln, obwohl ein fundamentaler Unterschied besteht.

Erforderlich ist damit aus Gründen der Anknüpfung an den Anspruchsbegriff und der Reduzierung von Komplexität, den mehrseitigen Austauschvertrag grundsätzlich in mehrere Zweipersonenverhältnisse aufzuspalten. Dabei darf aber nicht übersehen werden, dass die einzelnen Verhältnisse Bestandteil eines einheitlichen Vertrages sind. Es ist also nachfolgend gleichsam auf übergeordneter Ebene sicherzustellen, dass die einzelnen Verhältnisse nicht ihren Bezug zueinander verlieren, sondern dass stets die Einbettung in das Dreipersonenverhältnis gewährleistet ist.

---

[264] Larenz/Canaris, SR II/2, § 70 VI 5.
[265] Medicus, BR, Rn.730.
[266] Larenz/Canaris, SR II/2, § 70 VI 1; Medicus, BR, Rn.667.
[267] Larenz/Canaris, SR II/2, § 70 VI 5; Medicus, SRBT, Rn.727.
[268] Petersen, Wertungsjurisprudenz, S.95f.

Genau dies vermag nun die Annahme von jeweils zwei Pflichten – und die Ablehnung eines dreiseitigen Synallagmas –, indem es bei der gewohnten Betrachtung von jeweils zwei Zweipersonenverhältnissen etwa aus Sicht des A bleibt. Durch die Gleichheit der Pflichten hinsichtlich des Elements Verhaltenspflicht und damit des automatischen Übergreifens eines Mangels auf das andere Pflichtenverhältnis ist andererseits aber auch die erforderliche Gesamtbetrachtung des Dreipersonenverhältnisses sichergestellt. Somit ist auch aus methodologischer Sicht das Zweipflichtenmodell angemessen.

Demgegenüber genügt die Lehre vom trilateralen Synallagma auch diesen Anforderungen nicht, weil sie durch die Konstruktion eines dreiseitigen Instituts eben die Aufspaltung in Zweipersonenverhältnisse und die Reduktion von Komplexität vermissen lässt, und vermag also auch aus diesem Grund nicht zu überzeugen.

f.) Zusammenfassung

Der mehrseitige Austauschvertrag weist hinsichtlich seiner Pflichtenstruktur entgegen der herrschenden Auffassung und der Rechtsprechung nicht nur drei, sondern insgesamt sechs Pflichten auf: drei in den jeweiligen Zuwendungsverhältnissen, wie das auch die Literatur annimmt, und zusätzlich drei weitere Pflichten, die jeweils gegenüber dem dritten Vertragspartner bestehen. Bei diesen drei zusätzlichen Pflichten handelt es sich um Verhaltenspflichten, denen Rechtsbehelfe des jeweiligen Gläubigers korrespondieren und die keine vollständigen Pflichten im herkömmlichen Sinn darstellen, weil es am Verlustelement bzw. aus Sicht des Gläubigers an der Rechtsposition fehlt, da der Dritte keine zusätzliche eigene Leistung erhält. Inhalt ist also nur die Leistung an den eigentlichen Zuwendungsbegünstigten. Diese zusätzliche zweite Pflicht beruht auf dem Vertrag und teilt genau das gleiche Schicksal wie die „Haupt“pflicht gegenüber dem Zuwendungsberechtigten. Sinn dieser zweiten Pflicht ist die Herstellung eines Gegenseitigkeitsverhältnisses in jedem der drei Zuwendungsverhältnisse, weil die Pflicht mit einem Anspruch korrespondiert und mithin ein Gegenseitigkeitsverhältnis wie beim gegenseitig-zweiseitiger Vertrag entsteht, sodass die bei der Definition bestimmte Abhängigkeit der drei Zuwendungs-Leistungspflichten dogmatisch konsequent durch ein Zweipersonenverhältnis erklärbar ist. Ihre Rechtfertigung findet sie in der von der Pflichtenstruktur her vergleichbaren Lage beim Vertrag zugunsten Dritter und bei Fehlen eines mehrseitigen Austauschvertrages sowie in der Interessenlage und den Wertungen in jedem Dreipersonenverhältnis mitsamt den diesbezüglichen methodologischen Anforderungen.

IV. Schlussfolgerung: Das Wesen des mehrseitigen Austauschvertrages

Zum Abschluss des materiellrechtlichen Teils ist eine Reflexion über das Wesen des mehrseitigen Austauschvertrages angezeigt, zumal dadurch ein endgültig vollständiges Bild vom mehrseitigen Austauschvertrag gewonnen werden kann. Gemeint ist damit, die Stellung des mehrseitigen Austauschvertrages im System der Rechtsordnung zu erforschen.

Zugrundegelegt werden kann dazu entweder das äußere System oder das innere System der Rechtsordnung[269]. Beim äußeren System geht es um die gegenständliche Erfassung des gesamten Rechtsstoffs, indem anhand der abstrakten Begriffe die verschiedenen juristischen Konstruktionen zueinander in Bezug gesetzt werden und in ihrer Stellung analysiert werden[270]. Dieses äußere System wurde bereits bei der systematischen Einordnung angesprochen. Der mehrseitige Austauschvertrag steht demnach als Vertragsart zwischen Zweipersonenvertrag und Gesellschaftsvertrag, weil es nicht nur zwei Vertragsparteien gibt, andererseits aber auch nicht der umfassende gemeinschaftliche Aspekt der Gesellschaft vorliegt, sondern das für die meisten Verträge typische Interesse an der raschen Abwicklung und anschließenden Trennung der Interessenspähren vorherrscht.

Demgegenüber betrifft das innere System die Frage, wie sich die verschiedenen Prinzipien und Wertungsgrundlagen der Rechtsordnung zusammenfügen und sich zueinander in Beziehung setzen lassen[271]. Ziel dieser Systematisierung ist es, die Rechtsordnung frei von Wertungswidersprüchen zu halten. Speziell beim mehrseitigen Austauschvertrag stellt sich damit die Frage, wie sich dieser in die Lehre vom Schuldverhältnis als dem inneren Ordnungsprinzip des Allgemeinen Schuldrechts einfügt. Herkömmlicherweise wird dieses definiert als ein rechtliches Band zwischen Gläubiger und Schuldner[272]. Doch greift diese Definition bei Beteiligung eines Dritten zu kurz; ein Schuldverhältnis, das ausschließlich ex definitione den Gläubiger mit dem Schuldner verbindet, ist verengt und realitätsfern[273]. So sehr, wie ein Schuldverhältnis eine Mehrzahl unterschiedlicher Leistungspflichten, Gestaltungsrechte und Obliegenheiten umfassen kann, so sehr kann es auch mehr als zwei Beteiligte schuldrechtlich miteinander verbinden[274]. An mehrseitigen Schuldverhältnissen, zu denen etwa auch die Schuldner- und Gläubigermehrheit und der Vertrag zu Rechten Dritter gehören[275], führt also kein Weg vorbei. Der mehrseitige Austauschvertrag gehört damit nicht zu den herkömmlichen bilateralen Schuldverhältnissen, sondern zu den mehrseitigen Schuldverhältnissen. Vom inneren System des Schuldrechts her lässt sich der mehrseitige Austauschver-

---

[269] Terminologie nach Larenz/Canaris, Methodenlehre, S.264ff.,304.
[270] Larenz, Methodenlehre, S.327, 369.
[271] Larenz, Methodenlehre, S.369.
[272] Gernhuber, BR, S.146.
[273] Gernhuber, BR, S.146.
[274] Hadding, FS Gernhuber, S.166.
[275] Hadding, FS Gernhuber, S.165ff.

trag also nicht als ein Schuldverhältnis auf wechselweiser Gegenseitigkeit der Pflichten erfassen, sondern nur als ein multilaterales Pflichtenverhältnis, das zwar immer noch auf wechselweiser Gegenseitigkeit der Pflichten beuht, die Wechselseitigkeit aber von der Person des Pflichtigen abgelöst ist.

D. Zivilprozessualer Teil

Eine Darstellung des mehrseitigen Austauschvertrages bliebe unvollständig, würde die prozessuale Lage ausgespart bleiben. Denn auch wenn die entscheidenden Wertungen und Lösungen der im vorherigen Teil skizzierten Einzelprobleme auch für nicht juristisch beratene Vertragsparteien einleuchtend und handhabbar sind, zu einem Prozess kommen, so werden sich trotzdem die Parteien in einer Vielzahl von Fällen nicht außergerichtlich einigen können.

I. Die möglichen Klagekonstellationen

Klagen der drei Vertragspartner sind dabei in zweierlei Richtung denkbar: Zum einen kann es ihnen um die Durchsetzung ihres auf Leistung an sich selbst gerichteten Anspruchs gehen. Das ist die typische Klage wie beim Zweipersonenvertrag. Zum anderen kann aber auch der jeweils dritte Vertragspartner beabsichtigen, den Anspruch des anderen Vertragspartners auf Leistung an diesen durchzusetzen.

Im materiell-rechtlichen Teil wurde nachgewiesen, dass dem Dritten ein eigener (materiell-rechtlicher) Rechtsbehelf zusteht, mittels dessen er vom Schuldner die Leistung an den anderen Vertragspartner verlangen kann. Diese materiell-rechtliche „Befugnis" wäre aber nur von eingeschränktem Nutzen, könnte der Dritte nur außergerichtlich vorgehen und nicht auch Klage erheben. Damit der Dritte den Leistungsaustausch in jeder Hinsicht durchsetzen kann, und das soll er ja gerade tun können, um seinem Schuldner die Erhebung der Einrede aus § 320 BGB abschneiden zu können, muss ihm die Möglichkeit zur Klage an die Hand gegeben werden. Tatsächlich ist er denn auch prozessführungsbefugt, weil ihm materiell-rechtlich gesehen ein Rechtsbehelf zusteht, der sich prozessrechtlich gesehen als Prozessführungsbefugnis darstellt – was der Rechtsbehelf auf materiell-rechtlicher Ebene ist, ist die Prozessführungsbefugnis auf prozessualer Ebene. Ein eigenes vollständiges „Klagerecht" hat er hingegen nicht, da es dem Dritten an der Rechtsposition fehlt, erst die Zuweisung einer Rechtsposition aber das eigene, originäre Klagerecht vermitteln würde.

Auch beim Vertrag zugunsten Dritter hat der Versprechensempfänger einen dem Schutzanspruch korrespondierenden Klaganspruch, weil seinem Interesse an der Erfüllung der Rechtsposition des Dritten erst dann genügt ist, wenn er Klage erheben kann[276]. Nicht anders ist es beim mehrseitigen Austauschvertrag.

Die drei Vertragspartner können also eine Klage mit dem Ziel, die Leistung an sich selbst durchzusetzen, oder mit dem Ziel, die Leistung an den anderen Vertragspartner zu erzwingen, anstrengen.

II. Die grundsätzliche Prozessstruktur

Diese mehrfachen Klagemöglichkeiten werfen indes eine umfangreiche Problematik auf, nämlich die der grundsätzlichen Prozessstruktur. Dabei geht es um die Frage, wie man das vertragliche Dreipersonenverhältnis des mehrseitigen Austauschvertrages in das prozessuale Zweipersonenverhältnis von Kläger und Beklagtem einpasst – entsprechend der im materiell-rechtlichen Teil gestellten Frage nach der grundsätzlichen Vertragsstruktur und der Pflichtenstruktur.

1. Die Ausgangsproblematik

Vertragliches Dreipersonenverhältnis und prozessuales Zweipersonenverhältnis passen nämlich prima vista nicht zusammen. Ist Prozessauslöser etwa die Leistungsverweigerung des A und klagt somit B gegen A auf Vertragserfüllung, so hat C damit zunächst nichts zu tun, er ist ja von der Leistungsverweigerung des A nicht unmittelbar betroffen, sondern allenfalls durch eine folgende Leistungsverweigerung des B; nur dann könnte er gegen B vorgehen, wozu er allerdings einen eigenen neuen Prozess anstrengen müsste. Streitigkeiten zwischen den drei Vertragspartnern müssten also auf mehrere Zweipersonenprozesse aufgeteilt werden, einer der drei Vertragsparteien muss immer „vor der Tür stehen“.

a.) Das Problem widersprüchlicher Entscheidungen

Diese Aufteilung wirft aber ein gravierendes Problem auf: durch die Zulassung mehrerer Prozesse kann es zu widersprüchlichen Entscheidungen kommen, sei es, dass die Prozesse parallel geführt werden oder sei es, dass diese nacheinander nach Abschluss des ersten Prozesses geführt werden. Klagt nämlich etwa B gegen A erfolglos auf Leistung, klagt dann aber C gegen B auf Leistung, so könnte B in diesem zweiten Prozess zur Leistung verurteilt werden, obwohl er seinen Prozess gegen A verloren hat. Ebenso könnte C den B erfolgreich auf Leistung verklagen und dann in einem zweiten Prozess den A auf Rückgewähr seiner bereits an ihn erbrachten Leistung; das ist zwar praktisch unwahrscheinlich, theoretisch aber möglich und also bei der Lösung zu bedenken. Und schließlich könnte A bei einer Klage des B zur Leistung an B verurteilt werden, umgekehrt aber dann seine Klage gegen C auf Leistung verlieren. Fraglich ist damit, ob die Parteien wenigstens die Möglichkeit haben, sich vor solchen widersprüchlichen Entscheidungen zu schützen.

[276] Rimmelspacher, Streitgegenstandsprobleme, S.123.

b.) Das Problem einer Bindungslösung mit Beteiligung des Dritten

Sollte man zur Vermeidung widersprüchlicher Entscheidungen eine Bindung des Dritten an bisherige Prozessergebnisse postulieren, so droht dem Dritten allerdings eine Entscheidung über seinen Kopf hinweg, wenn und weil er an dem Prozess zwischen den beiden anderen nicht beteiligt wäre. Es müsste also neben und zur Ermöglichung der Bindung eine Gelegenheit für den Dritten geben, sich an dem Prozess zu beteiligen. Dabei ist aber zu bedenken, dass der Dritte eventuell an einem fremden Gerichtsstand, nämlich dem des Beklagten, tätig werden müsste. Das wiederum wäre ebenso wenig zweifelsfrei.

c.) Das Problem der umfassenden Streitbeilegung

Zuguterletzt wäre es umgekehrt aber auch äußerst prozessunökonomisch, wenn die Parteien nur mehrere Prozesse führen und nicht vor demselben Richter zur umfassenden Streitbeilegung über ihre sämtlichen Streitigkeiten verhandeln könnten, selbst wenn an sich unterschiedliche Gerichtsstände bestehen; im Falle der Ablehnung einer Bindungslösung wäre die umfassende Streitbeilegung daneben auch die einzige Möglichkeit für die Parteien zum Schutz vor widersprüchlichen Entscheidungen.

Eigentlich kann sich C nicht in den Prozess zwischen B und A dergestalt einmischen, dass er seinerseits B auf Leistung verklagt, sondern muss einen eigenen Prozess womöglich auch noch an einem anderen Gerichtsort anstrengen, und auch A kann nicht im Prozess des B gegen ihn den C verklagen. Denn die ZPO kennt – jedenfalls auf den ersten Blick – keine Klage von drei Personen gegeneinander, sodass also die Streitigkeiten zwischen den drei Vertragspartnern auf mehrere Zweipersonenprozesse aufgeteilt werden müssen.

d.) Die Probleme im reinen Zweipersonenverhältnis

Diese Probleme im Dreipersonenverhältnis im Bezug auf den Dritten stellen sich entsprechend im originären prozessualen Zweipersonenverhältnis zwischen Kläger und Beklagtem. An sich scheint jedoch das Problem, ob A und B untereinander mehrere parallele Prozesse führen können oder an das Ergebnis eines bereits zwischen ihnen geführten Prozesses gebunden sind, kein spezifisches Problem beim mehrseitigen Austauschvertrag zu sein – es stellt sich gleichermaßen bei den herkömmlichen Zweipersonenverträgen. Ob also B den A auf Vertragserfüllung und parallel dazu vor einem anderen Gericht oder nach Abschluss dieses ersten Verfahrens in einem zweiten Verfahren auf Schadensersatz wegen Nichterfüllung verklagen kann, scheint genauso zu beurteilen zu sein wie bei der prozessualen Durchsetzung der Ansprüche aus einem Kaufvertrag, mithin im reinen Zweipersonensystem. Jedoch könnten auch hier spezifische Wertungen aus dem Dreipersonensystem des mehrseitigen Austauschvertrages für das darin eingebettete Zweipersonensystem von Kläger und Beklagtem bestehen, nämlich insbesondere der Schutz des Dritten, sodass auch die prozessuale Lage bei mehreren Prozessen stets zwischen den beiden gleichen Parteien – und nicht zwischen drei verschiedenen Parteien – angesprochen werden muss.

e.) Prozessuale Einkleidung der besonderen Pflichtenstruktur

Schließlich muss eine prozessrechtliche Lösung für die Probleme, die die besondere Pflichtenstruktur des mehrseitigen Austauschvertrages aufwirft, gefunden werden. Betrachtet wurde bisher nur der Fall, dass die Parteien wirtschaftlich gesehen verschiedene Ansprüche, nämlich ihre eigenen Zuwendungsansprüche zu ihren Gunsten geltend machen. Es ist aber auch möglich, dass der Dritte neben oder nach dem Hauptkläger dessen Schuldner auf Leistung an ihn zu verklagen beabsichtigt. Auch solche Prozesse müssten möglicherweise koordiniert werden.

f.) Schlussfolgerung

Aus dem Blickwinkel der ZPO – und nicht wie eben aus dem des mehrseitigen Austauschvertrages – geht es abstrakt gewendet damit um die Schwierigkeit, dass die ZPO auf ein Zweipersonenverhältnis von Kläger und Beklagtem zugeschnitten ist. Das zeigt sich vor allem daran, dass die ZPO nur von einer „Beteiligung Dritter“, nicht aber von einer aktiven Parteienstellung spricht und dass die Parteienstellung „Dritter“ dort, wo die ZPO davon spricht, nämlich bei der Streitgenossenschaft, gar keine Stellung Dritter, sondern nur die Hinzuverbindung und Zusammenfassung mehrerer eigenständiger Prozesse auf einer Parteiseite ist.

Doch muss das nicht bedeuten, dass die Eingliederung eines Dreipersonenverhältnisses unmöglich ist. Entscheidend dafür sind nur die gesetzlichen Wertungen im jeweiligen prozessualen Einzelfall, und keine generelle abstrakte Überlegung zur Stellung des Dreipersonensystems in der ZPO.

2. Keine zwingende Verfahrensbündelung zu einem Prozess, sondern Zulassung mehrerer Prozesse

Erste grundlegende Weichenstellung für die Lösung ist die Entscheidung zwischen der Zusammenziehung der mehreren denkbaren Prozesse zwingend zu einem einzigen Prozess in Form eines obligatorischen Gesamtprozesses einerseits und andererseits der Beibehaltung der Möglichkeit, mehrere Prozesse führen zu können. Ersteres[277] hätte den Vorteil, das Problem widersprüchlicher Entscheidungen gar nicht erst entstehen zu lassen sowie allen drei Parteien eine umfassende Klagemöglichkeit in einem Prozess zu gewähren. Der Gesamtprozess entspräche dem Idealfall, dass an einem Prozessort in einem einzigen Prozess alle Streitfragen auf einmal geklärt werden, Erfüllung, Schadensersatz, Leistungsanpassung und Rückgewähr.

Indes ist aus dem Idealfall der Streitbeilegung in einem Verfahren kein Zwang ableitbar; vielmehr kann daraus nur gefolgert werden, dass die Rechtsordnung diese Möglichkeit zur Verfügung stellen sollte. Ferner bestehen schon rein tatsächliche Schwierigkeiten für einen einzigen Prozess, etwa des bei einem Vertragspartner noch nicht absehbaren Schadensumfangs, der einem endgültigen abschließenden Urteil im Wege steht und also das Verfahren durch deren Berücksichtigung für den Dritten unerträglich in die Länge ziehen würde; Teil-, Zwischen-, Grund- oder Vorbehaltsurteile stünden dabei als Ausweg nicht zur Verfügung, da sie den Zweck des einheitlichen Prozesses konterkarieren würden. Außerdem führte ein solcher Gesamtprozess zu einer formalen Zuständigkeitskonzentration, alle Parteien müssten an einem Ort vor einem Gericht verhandeln, was bei einem Leistungsaustausch an verschiedenen Leistungsorten § 29 ZPO und bei unterschiedlichen Wohnsitzen § 12 ZPO widersprechen würde. Viertens stört die unklare Prozessrollenverteilung, wann nun der jeweilige Vertragspartner als Kläger und wann als Beklagter agiert. Und schließlich wäre ein solcher Zwang zur Klage nicht mit dem im Zivilprozess geltenden Dispositionsgrundsatz, wonach jede Partei allein darüber befinden soll und darf, ob und wann sie ihren Anspruch durchsetzen will, in Einklang zu bringen[278]; jede Partei müsste dabei ja nicht nur ihren Hauptanspruch, sondern auch noch etwaige Nebenansprüche, also sämtliche Ansprüche einklagen, nur um der Gefahr zu begegnen, sie später nicht mehr einklagen zu können.

Demgegenüber entspricht der zweite Weg dem üblichen ZPO-System des Zweiparteienprozesses, indem er mehrere Prozesse zwischen den einzelnen Parteien zulässt. Er erzeugt keinen Zwang zur Prozessführung und bietet die flexiblere Lösung, indem er je nach Streitstand zwischen den Parteien die Durchführung eines oder mehrerer Prozesse hintereinander ermöglicht.

---

[277] dafür ohne konkreten Bezug zum mehrseitigen Austauschvertrag anscheinend Otte, Streitbeilegung, Teil 1 Abschn.1 Kap.5 Fn.469 („Verfahrensbündelung bei ... Mehrpersonenverhältnissen“).

[278] Lüke, Beteiligung, S.461.

Auch aus methodologischer Sicht ist diese zweite Alternative vorzugswürdig. Im materiellrechtlichen Teil wurde begründet, dass die Aufspaltung des Dreipersonenverhältnisses in mehrere Zweipersonenverhältnisse mit der anschließenden Rückanbindung an das Dreipersonenverhältnis der Betrachtung eines einzigen komplexen Dreipersonenverhältnisses vorzuziehen ist. Demzufolge sollte auch im Prozessrecht nicht ein umfassender Dreipersonenprozess erzwungen werden, sondern die Durchführung mehrerer Prozesse zugelassen werden, wobei die Rückanbindung an das Dreipersonenverhältnis durch die jeweilige Beteiligung des Dritten, die Bindung der Parteien und die Möglichkeit der umfassenden Streitbeilegung in einem Prozess (siehe näher das gleich Folgende) gewährleistet wäre. Durch diese Modifikationen lassen sich auch die gleichen Vorteile wie bei einem obligatorischen Gesamtprozess erzielen, die Nachteile blieben hingegen außen vor; dann sollte aber nicht von der bewährten Prozessstruktur der ZPO abgewichen und extra legem eine neue Prozessform entwickelt werden.
Somit kommt als grundsätzliche Prozessgestaltung ein zwingender Dreipersonenprozess nicht in Betracht; vielmehr sind mehrere verschiedene Zweipersonenprozesse zulässig.

3. Möglichkeit zur umfassenden Streitbeilegung

Dass soeben der Zwang zu einem Gesamtprozess verworfen und stattdessen die Zulassung mehrerer Einzelprozesse befürwortet wurde, wirft andererseits die Frage auf, ob damit selbst die bloße Möglichkeit zur umfassenden Streitbeilegung ausgeschlossen ist, auch wenn alle drei Parteien dies von sich aus wünschen.
Gemeint wäre damit, dass alle drei Parteien, insbesondere auch der Dritte, in einem Prozess vor ein- und demselben Richter sämtliche Ansprüche gegeneinander einklagen können, selbst wenn an sich kein gemeinsamer Gerichtsstand bestände, und dass der Richter einheitlich entscheiden muss, also etwa den Vertrag nicht in einem Verhältnis für wirksam und im anderen Verhältnis für unwirksam erachten darf.

a.) Gesetzliche Wertung und Konstruktion

Ob dies möglich ist, beantwortet sich anhand von zwei gesetzlichen Instituten, nämlich der Verfahrensverbindung nach § 147 und der Widerklage (nach § 33 ZPO).

aa.) Verfahrensverbindung nach § 147

Sinn der Verfahrensverbindung nach § 147 ist es, eine einheitliche Beweisaufnahme und Beweiswürdigung zu ermöglichen und eine kostenerhöhende Doppelarbeit und unter Umständen sich widersprechende Urteile zu vermeiden[279]. Die verbundenen Verfahren müssen auch nicht zwischen denselben Parteien anhängig sein[280], sodass die Prozesssituation beim mehrseitigen Austauschvertrag mit den Klagen zwischen drei Personen kein Hindernis wäre. Auch die Voraussetzung des rechtlichen Zusammenhangs[281] wäre wegen des einheitlichen Anspruchsgrundes des mehrseitigen Austauschvertrages erfüllt. Die Verfahren müssen aber wenigstens bei ein- und demselben Gericht anhängig sein[282], weil durch § 147 nicht die Zuständigkeitsordnung der Gerichte ausgeschaltet werden kann. Nur bei einem gemeinsamen Gerichtsstand vermag die Verfahrensverbindung daher weiterzuhelfen, bei miteinander unvereinbaren Gerichtsständen dagegen nicht[283]. Und selbst bei einem gemeinsamen Gerichtsstand haben die Parteien keine Möglichkeit, die Verfahrensverbindung zu erzwingen. § 147 ist damit zwar wertend zu entnehmen, dass das Gesetz die Möglichkeit der umfassenden Streitentscheidung fördert, macht dazu aber einen gemeinsamen Gerichtsstand zur Voraussetzung. Als umfassender Lösungsansatz ist § 147 daher nicht geeignet.

bb.) Widerklage

Zum zweiten stellt das Gesetz für die Möglichkeit der umfassenden Streitbeilegung die Widerklage zur Verfügung.

Bezogen auf den mehrseitigen Austauschvertrag böte sich im Rahmen der Widerklage folgendes an: Verklagt B den A auf Erfüllung, dann kann der Beklagte A allein gegen den Dritten C Widerklage auf Erfüllung und der Dritte C gegen den Kläger B eine Widerklage auf Erfüllung erheben, also der Beklagte eine Widerklage allein gegen einen Dritten und allein der Dritten ohne Beklagten gegen den ursprünglichen Kläger anstrengen. Das wäre eine praktikable Lösung für die umfassende Streitbeilegung.

Voraussetzung dafür wäre aber, dass die einzelnen Voraussetzungen der Widerklage auch bei dem hier in Rede stehenden Dreipersonenverhältnis erfüllt sind.

---

[279] MüKo-Peters, § 147 Rn.1.
[280] vgl. BGH NJW 69, 699 (LS).
[281] MK-ZPO-Peters, § 147 Rn.5.
[282] MK-ZPO-Peters, § 147 Rn.3; Lüke, Beteiligung, S.403.
[283] Lüke, Beteiligung, S.415.

aaa.) Konnexität

Umstritten ist zunächst schon, ob die Parteien die Möglichkeit zur umfassenden Streitbeilegung über Klage und Widerklage nur dann nutzen können, wenn die beiden Verfahren konnex sind, oder ob prinzipiell jedwede Klagen unabhängig von ihrer Konnexität mittels Klage und Widerklage geltend gemacht werden können (sofern ein gemeinsamer Gerichtsstand ohne die Anwendung von § 33 gegeben ist). Verlangt wird die Konnexität von der Rechtsprechung[284], für entbehrlich gehalten dagegen von einem großen Teil der Literatur[285].

Konnexität läge nach beiden Ansichten (einmal als Widerklagevoraussetzung, nach der anderen Ansicht lediglich als Voraussetzung des Gerichtsstandes aus § 33) insbesondere dann vor, wenn die beiderseits geltend gemachten Forderungen aus demselben Rechtsverhältnis resultieren[286]. Demnach kann der Streit für den mehrseitigen Austauschvertrag unentschieden bleiben, weil die geltend gemachten vertraglichen Ansprüche stets auf dem gleichen Rechtsverhältnis des mehrseitigen Austauschvertrages beruhen. Unter diesem Blickwinkel ist eine einheitliche Streitbeilegung also möglich.

bbb.) Zusätzlicher Gerichtsstand nach § 33

Zweitens lässt das Gesetz im Gegensatz zu § 147 eine einheitliche Streitbeilegung selbst dann zu, wenn für die „Gegenklage“ an sich kein Gerichtsstand am Gericht der Erstklage bestände – sonst könnten die Verfahren schon nach § 147 verbunden werden –, indem das Gesetz durch § 33 einen solchen Gerichtsstand zur Verfügung stellt, sofern die Klagen konnex sind (was aber beim mehrseitigen Austauschvertrag zu bejahen wäre). Das rechtfertigt sich daraus, dass der Kläger bei konnexen Klagen aufgrund seiner bereits angestrengten Verhandlung nicht vor einer Erweiterung der „Verhandlungsmasse“ geschützt zu werden braucht, weil das öffentliche Interesse und das Interesse des Beklagten an einer umfassenden Streitbeilegung gerade bei konnexen Klagen überwiegt.

Es stellt sich damit die Frage, inwieweit § 33 auch auf das Dreipersonenverhältnis des mehrseitigen Austauschvertrages von seiner Wertung her anwendbar ist. Dazu sind zwei Konstellationen zu unterscheiden, unter der Annahme, dass die Erstklage eine Klage des B gegen A ist:

Einerseits könnte C versuchen, eine „Widerklage“ gegen B zu erheben, um gleichzeitig mit der Klage des B gegen A auch seinen Anspruch gegen B durchzusetzen.

Nun könnte B sowieso im reinen Zweipersonenverhältnis mit einem Zweipersonenvertrag einer Widerklage ausgesetzt werden, und dass diese nun von C erhoben wird und nicht vom Beklagten

---

[284] BGH NJW 1975, 1228.
[285] MüKo-Patzina, § 33 Rn.2.
[286] MüKo-Patzina, § 33 Rn.20.

A, macht aus Sicht des Erstklägers B keinen Unterschied, zumal kein wesensmäßig verschiedener neuer Prozessstoff eingeführt wird, es bleibt bei der Gegenleistung im (mehrseitigen) Austauschvertrag – genau wie bei der Widerklage im ausschliesslichen Zweipersonenverhältnis. B ist also nicht schutzwürdig, weil er genauso einer Widerklage im reinen Zweipersonenvertrag nicht widersprechen könnte. Und C erhebt freiwillig am Gerichtsstand des A Widerklage gegen B, sodass er auf den für ihn eventuell vorteilhafteren Gerichtsstand aus §§ 12 ff. ZPO gegenüber B verzichtet. Auf eine solche Widerklage ist § 33 von seinem wertungsmäßigen Gehalt also anwendbar, weil hier der Sinn der Widerklage mit ihrem einheitlichen Gerichtsstand greift.

Und hat dann C bereits gegen B Widerklage erhoben, dann kann A gegen C eine Widerklage anstrengen. Denn C verhandelt bereits zum mehrseitigen Austauschvertrag am Gerichtsstand des A aufgrund seiner Widerklage (s.soeben), und also ist nicht ersichtlich, warum C vor einer Klage des A geschützt werden sollte. Er befindet sich in der Rolle des Klägers, und der Kläger ist wie im Zweipersonenverhältnis nicht vor einer Widerklage geschützt, zumal er an den Beklagten die Gegenleistung erbringen muss, was wieder die typische Situation für eine Widerklage im Zweipersonenverhältnis wäre. Bei dieser Konstellation wäre § 33 also auch in diesem Verhältnis anwendbar.

Schwieriger wird es dagegen in der zweiten Konstellation, in der A, also der Beklagte eine Widerklage gegen den Dritten C anstrengen möchte, ohne dass C seinerseits Widerklage erheben möchte (und deshalb wieder Konstellation eins einschlägig wäre). Hier scheint C bei Anwendung des § 33 in einen Gerichtsstand gezogen zu werden, nämlich den des A, den er sich nicht aufzudrängen lassen bräuchte.

Gegen einen Gerichtsstand nach § 33 zu Lasten des C spricht denn auch, dass § 33 nur die Interessenminderbewertung zu Lasten gerade des Klägers rechtfertigt. C ist aber nicht Kläger. Also kann aus § 33 allein die örtliche Zuständigkeit nicht folgen.

Es fragt sich damit, ob es nicht eine andere gesetzliche Wertung gibt, die es ermöglichen würde, dass ein Dritter an einem für ihn fremden Gerichtsstand verhandeln muss. Hier fällt der Blick auf die Streitverkündung.

Bei der Streitverkündung sind die Parteien des Hauptprozesses berechtigt, einen Dritten in den Prozess zu „zwingen“, indem das Prozessergebnis in weiten Teilen auch für den Dritten bindend wird, sodass der Dritte tunlichst Einfluss auf dieses Prozessergebnis nehmen, sprich sich am Prozess beteiligen sollte. Das bedeutet aber letztlich, dass er wirtschaftlich gesehen einen eigenen Prozess führt, weil er in einem anschließenden zweiten Prozess an seinem Gerichtsstand grundsätzlich nichts mehr am Prozessergebnis ändern kann, weil bereits eine Bindung aus dem anderen Prozess besteht. Zwar besteht rechtlich zur hier behandelten Konstellation insofern ein Unterschied, als der Dritte bei der Streitverkündung nicht Partei wird, sondern eine bloße Nebenrolle hat; aber das ändert nichts an der Wertung, dass ein Dritter an einen für ihn fremden Gerichtsstand gezwungen werden kann und de facto gegen ihn ein Urteil ergeht, weil er grundsätzlich das Prozessergebnis in einem zweiten Verfahren nicht mehr ändern kann und also die wirtschaftliche Tragweite der Bindung mit einem Urteil vergleichbar ist; ein Urteil ergeht aber nur gegen eine *Partei*. Und dass die Bindung bei der Streitverkündung nur zu Lasten des Dritten besteht, macht keinen Unterschied, weil der Zwang, an einem fremden Gerichtsstand verhandeln zu müssen, erst recht legitimierbar wäre, wenn eine Bindung sogar zu Gunsten des Dritten bestehen würde. Schließlich spricht auch die Wertung der Streitverkündung für die Übertragung auf den mehrseitigen Austauschvertrag: der Streitverkündende soll sich davor schützen können, dass er zwei Prozesse verliert, obwohl er einen gewinnen müsste[287]. Das ist indes auch der Sinn der Widerklage des A gegen C – A will verhindern, dass er nicht nur die Klage des B gegen ihn auf Leistung an B verliert, sondern dann auch noch seine Klage gegen C auf Erbringung der Gegenleistung an sich.

Aus dem Institut der Streitverkündung lässt sich also folgern, dass ein Dritter dazu gezwungen werden kann, an einem für ihn fremden Gerichtsstand verhandeln zu müssen.

Gleiches ergibt sich auch aus der Wertung des § 856 III ZPO. Auch dort kann etwa der Schuldner nach § 856 III ZPO die übrigen potentiellen Gläubiger an dem an seinem Gerichtsstand geführten Prozess beteiligen, um den Streit untereinander insgesamt erledigen zu können[288].

Demnach ist § 33 auch in der zweiten Konstellation, also einer Widerklage des A gegen C am Gerichtsstand des A anwendbar, weil nach der Wertung der Streitverkündung C ohnehin an diesen Gerichtsstand gezwungen werden könnte und sich seine „härtere“ Parteistellung aus den größeren Vorteilen einer Beklagtenstellung gegenüber einer bloßen Stellung als Streitverkündeter rechtfertigt, zumal beide Institute wirtschaftlich gesehen das gleiche Endergebnis haben.

Es ist also ein einheitlicher Gerichtsstand am Gerichtsstand des Erstbeklagten für die Möglichkeit der umfassenden Streitbeilegung anzunehmen. § 33 ist umfassend selbst im Bezug auf den Dritten anwendbar.

ccc.) Parteiidentität

Weitere Voraussetzung der Widerklage ist grundsätzlich die Parteiidentität, die Widerklage ist auf das Verhältnis Beklagter-Kläger beschränkt.

Erweiterungen schließt das aber nicht aus. So hat der BGH die Möglichkeit des Beklagten zu einer parteierweiternden Drittwiderklage in gefestigter Rechtsprechung bejaht[289], etwa die Drittwider-

[287] BGH JZ 1987, 1033, 1034.
[288] Lüke, Beteiligung, S.210.
[289] BGHZ 131, 76, 76 (LS), 79; BGH NJW 1981, 2642.

klage gegen den Zessionar zugelassen[290], was auch in der Literatur Zustimmung findet[291]. Das kann auch nicht anders sein, betrachtet man etwa einen Prätendentenstreit: Angenommen, ein bestimmter Betrag wurde vom Schuldner hinterlegt, auf den A, B und C einen Anspruch (etwa wegen mehrfacher, evtl. unwirksamer Abtretung) geltend machen. A kann nun B und C auf Einwilligung in die Herausgabe des hinterlegten Geldes verklagen, und diese können zusammen oder getrennt Widerklage gegen A erheben. Soweit ist das nichts Ungewöhnliches. Nicht geklärt ist damit aber das Verhältnis von B und C. Denn wenn C mit seiner Widerklage siegt, erhält er zwar die Zustimmung von A, aber noch nicht die von B, sodass er nun nochmals klagen müsste mit der Gefahr widersprechender Entscheidungen. Also muss C seine Widerklage streitgenössisch erweitern und B mitverklagen, sodass er nun auch von B im selben Prozess die Zustimmung erlangen kann[292]. Die Möglichkeit zur parteierweiternden Widerklage muss es also geben.

In konsequenter Fortsetzung dieses Gedankens hat der BGH dann sogar ausnahmsweise die Möglichkeit des Beklagten, allein einen Dritten widerzuverklagen, zugelassen[293], was allerdings in der Literatur weithin abgelehnt wird[294]. In der Konsequenz dieser Rechtsprechung liegt dann die Möglichkeit, dass ein Dritter zusammen mit dem Beklagten oder letztlich sogar allein eine Widerklage gegen den Kläger erheben könnte[295]. Das hätte also zur Folge, dass sich mehrere Parteien in einem Verfahren gegenüberstehen.

Nun kennt der deutsche Zivilprozess zwar kein Mehrparteiensystem in dem Sinne, dass am Prozess mehr als zwei Parteien auf mehr als zwei einander gegenüberstehenden Parteiseiten beteiligt sind[296]. Er wird vielmehr beherrscht vom Zweiparteiengrundsatz, wonach es in einem Prozess nicht mehr als zwei Parteien geben darf[297]. Dieser Zweiparteiengrundsatz folgt dabei aus der materiell-rechtlichen Anspruchsstruktur[298], nach der es nur einen Berechtigten und einen Verpflichteten gibt. Jedoch verlangt die Anspruchsstruktur nicht, dass das gesamte Verfahren nur von Personen geführt wird, die einem der beiden Lager abschließend zugeordnet werden können. Denn das Zweiparteienschema ist immer nur in Relation zum jeweiligen Prozessrechtsverhältnis zu sehen; ein Prozess kann aber aus mehreren Prozessrechtsverhältnissen bestehen entsprechend den mehreren Anspruchsbeziehungen, und also können die Parteien unterschiedliche Rollen haben[299]. Der Zweiparteiengrundsatz steht damit einem Prozess, in dem dieselbe Person sowohl Kläger als auch

[290] BGHZ 69, 37, 42.
[291] MK-ZPO-Patzina § 33 Rn.27 (sofern Dritter bereits beteiligt); Nieder, ZZP 84, 455, 469ff.
[292] Lüke, Beteiligung, S.431f.
[293] BGH NJW 2001, 2094; offengelassen in BGH NJW 1993, 2120.
[294] MK-ZPO-Patzina, § 33 Rn.27; Thomas/Putzo, § 33 Rn.8.
[295] ablehnend aber OLG München MDR 84, 498f.
[296] Pfister, JZ 1971, 284 Fn.6; Roth, FS Großfeld, S.917.
[297] Lüke, Beteiligung, S.430.
[298] Lüke, Beteiligung, S.433; Pfister, JZ 1971, 284 Fn.6.
[299] Lüke, Beteiligung, S.433.

Beklagter ist, nicht entgegen, zumal auch bei der Widerklage im Zweipersonensystem der Kläger zugleich Beklagter, nämlich Widerbeklagter ist. Aufgrund der Ausdifferenzierung der Prozessrechtsverhältnisse läge also kein echtes Mehrparteiensystem vor, das „Verbot des Mehrparteienprozesses“ stände mithin einer solchen Drittwiderklage nicht entgegen.
Die Zulässigkeit einer solchen isolierten Drittwiderklage ist nichtsdestotrotz umstritten. Doch soll hier nicht der umfangreiche Streitstand dazu wiederholt werden[300], sondern vielmehr nur analysiert werden, ob die Entscheidung für oder gegen die Zulässigkeit der isolierten Drittwiderklage gerade aufgrund des mehrseitigen Austauschvertrages in Verbindung mit der gesetzlichen Wertung zur Widerklage anders ausfallen muss. Denn wie bereits in der Einleitung formuliert, eignet sich ein Dreipersonenverhältnis besonders, um Theorien zu formulieren und zu überprüfen, und also könnte sich anhand der bisher im Prozessrecht noch nicht aufgetauchten Konstellation des mehrseitigen Austauschvertrages für die Theorie der isolierten Drittwiderklage etwas Neues ergeben.
Zunächst zeigt sich, dass der Sinn der „isolierten Drittwiderklage“ beim mehrseitigen Austauschvertrag dem originären Sinn der Widerklage entspricht. Denn die Widerklage dient unter anderem dazu, aus einem gemeinsamen Rechtsverhältnis resultierende Ansprüche einheitlich vor einem Gericht zu verhandeln, um eine Vervielfältigung und Partikularisierung von Prozessen zu vermeiden[301]. Dann ist für den mehrseitigen Austauschvertrag eine Beschränkung auf die ursprünglichen Prozessparteien aus der Funktion der Widerklage heraus aber nicht gerechtfertigt, weil es in allen hier in Rede stehenden Prozessen um die Ansprüche aus dem gleichen Vertrag geht.
Darüber hinaus zeigt sich aber zweitens, dass hier kein Fall vorliegt, der als typische Situation der isolierten Drittwiderklage aufzufassen ist. Es geht nicht darum, dass irgendein Dritter unter „missbräuchlicher“ Verwendung der Widerklagemöglichkeit in den Prozess eingreift oder in ihn hineingezogen wird. Vielmehr geht es beim mehrseitigen Austauschvertrag um die prozessuale Durchsetzung von vertraglichem Anspruch und Gegenanspruch: derjenige, der auf die Erbringung einer vertraglichen Leistung verklagt wurde, soll zugleich im selben Prozess auch seine vertragliche Gegenleistung einklagen können bzw. soll derjenige, der seine vertragliche Leistung einklagt, damit rechnen müssen, dass von ihm die Erbringung der Gegenleistung eingeklagt wird. Damit wird die Widerklage genau dazu eingesetzt, wozu sie für das Zweipersonenverhältnis geschaffen wurde, nur eben in der besonderen Konstellation des mehrseitigen Austauschvertrages.
Deswegen kann auch das am häufigsten vorgetragene Argument für die Ablehnung der isolierten Drittwiderklage, die Lösung entferne sich zu sehr vom Gesetz, vielmehr seien §§ 59,60 und §§ 145, 147 heranzuziehen[302], für den mehrseitigen Austauschvertrag nicht überzeugen, weil die

[300] siehe etwa die Dissertation von Uhlmannsiek, Die Zulässigkeit der Drittwiderklage.
[301] BGH NJW 1993, 2120; MK-ZPO-Patzina, § 33 Rn.31.
[302] MK-ZPO-Patzina, § 33 Rn.28; Thomas/Putzo, § 33 Rn.11ff.

„isolierte Drittwiderklage" gerade im typischen sachlichen Anwendungsbereich der Widerklage angewendet wird und sich demgegenüber die Lösung über §§ 59, 60, 145, 147 zu sehr von der sachlichen Problemstellung entfernte. Dass dabei die Widerklage nicht gegen den Kläger, sondern gegen einen Dritten erhoben wird, macht hinsichtlich des sachlichen Anwendungsbereichs keinen Unterschied. Und hinsichtlich des personalen Anwendungsbereiches wurde bereits bei § 33[303] gezeigt, dass es zulässig ist, dass der Dritte am fremden Gerichtsstand tätig werden muss und aufgrund der Vorteile der Widerklage auch seine Stellung als Partei gerechtfertigt ist.

Außerdem ist der Dritte wegen der eventuellen Streitverkündung[304] ohnehin am Prozess beteiligt, um zu den einzelnen Punkten Stellung zu nehmen; dann kann man ihm aber nicht die Möglichkeit verwehren, gleich selbst Klage zu erheben. Denn der Dritte hat ein erhebliches Interesse daran, seine etwaigen Streitigkeiten gleich mitverhandeln zu lassen, wenn er sich denn schon am Prozess beteiligen muss, und die beiden anderen Vertragspartner haben kein schutzwürdiges Interesse daran, von einer Klage des Dritten verschont zu bleiben, wenn sie ihre Leistung nicht erbringen. Und weil ferner nicht nur der Beklagte, sondern auch der Dritte schon am Prozess beteiligt ist, belastet aus Sicht der beiden ursprünglichen Parteien kein Fremder den Prozess mit zusätzlichen Problemen.

Erkennt man diese Klagemöglichkeit des Dritten aber an, so kann man auch dem Beklagten nicht mehr die Möglichkeit verwehren, den Dritten zu verklagen.

Auch der Prozessstoff wird durch die Zulassung der Widerklage für die zwei Ursprungsparteien nicht unzumutbar erweitert. A und B dürfen bei einer Klage von B gegen A ohnehin nicht nur auf ihr beschränktes Rechtsverhältnis eingehen, sondern können auch vortragen, dass im (an sich fremden) Rechtsverhältnis zu C etwa ein Unwirksamkeitsgrund für den Vertrag liege; und B muss beispielsweise in einem Schadensersatzprozess vortragen können, er habe seine Leistung an C erbracht. Das beruht auf dem einheitlichen und zusammenhängenden Rechtsverhältnis des mehrseitigen Austauschvertrages, sodass auch diese an sich prozessexternen Rechtsverhältnisse zum Dritten eingeführt werden können müssen; richtigerweise kann ohnehin nicht von zusätzlichen externen Rechtsverhältnissen gesprochen werden, weil stets der einheitliche Gegenstand des mehrseitigen Austauschvertrages zugrundeliegt. Wenn sich aber das Gericht sowieso schon mit dem gesamten Vertrag, also mit allen Beziehungen zwischen den drei Vertragsparteien beschäftigen muss, dann kann es auch gleich umfassend in der Sache entscheiden; der Prozessstoff bleibt also im Wesentlichen gleich.

---

303 s.D.II.3.a.bb.bbb.

304 s.D.II.4.b.aa.

Weiter ergibt sich die Zulässigkeit aus einem Vergleich mit der Situation, die ohne den mehrseitigen Austauschvertrag bestände. Dann hätte etwa A zwei Verträge geschlossen, den einen mit B und den anderen mit C, um die von B erhaltene Gegenleistung an C weiterreichen zu können und dadurch die eigentlich gewollte Leistung von C zu erhalten; wird A dann von B verklagt, so könnte er ohne weiteres mit einer Widerklage die Leistung von B erzwingen. Nur weil er die Gegenleistung nicht von B, sondern von C bekommt, kann und soll er aber keinesfalls schlechter stehen, weil der mehrseitige Austauschvertrag alle drei Parteien hinsichtlich ihrer Leistungsverpflichtung durch die Abhängigkeit besser, nicht aber schlechter stellen soll, indem einer der drei prozessual zur Leistungserbringung verpflichtet wird, ohne gleichzeitig prozessual seinen Anspruch durchsetzen zu können.

Schließlich bestände im Hinblick auf das eingangs skizzierte Problem der widersprüchlichen Entscheidungen für die Parteien immerhin eine Ausweichmöglichkeit, indem sie gleich alle Rechtsprobleme in einem Verfahren klären könnten, sodass eine Bindung und Folgeprozesse nicht erforderlich wären. Diese Lösung wäre gleichsam die „goldene Mitte“ zwischen den beiden grundsätzlichen Prozesswegen: kein Zwang zu einem einzigen Prozess, umgekehrt aber auch nicht allein die Möglichkeit mehrerer Prozesse, sondern die Wahl zwischen mehreren Prozessen einerseits und einem einzigen Prozess andererseits.

Folglich ist die Möglichkeit zur „isolierten Drittwiderklage“ zu bejahen. Ob damit die Bezeichnung „isolierte Drittwiderklage“ im Vergleich zu den anderen darunter subsumierten Fällen wirklich passt und ob damit auch die isolierte Drittwiderklage in allen üblicherweise diskutierten Fällen zulässig ist, kann hier nicht entschieden werden. Jedenfalls muss es sie für den mehrseitigen Austauschvertrag geben.

Dem stehen auch nicht die weiteren spezifischen Vorteile einer Widerklage für den Widerkläger, die sich (anscheinend) gerade aus dem Grundsatz der Parteiidentität ergeben, entgegen, nämlich Kostenvorteile nach § 19 GKG und die Möglichkeit der mündlichen Klageerhebung gemäß § 261 II. Denn § 19 GKG rechtfertigt sich allein aus dem geringeren Arbeitsaufwand für das Gericht und dem Anerbieten eines Anreizes für die Parteien, ihre Streitigkeiten möglichst umfassend zu klären, selbst bei Inkonnexität der Klage. Dieser Zweck gilt aber gleichermaßen auch für den mehrseitigen Austauschvertrag, sodass § 19 GKG keinen ungerechtfertigten Vorteil bietet. Hingegen setzt § 261 II voraus, dass der Widerbeklagte bereits Partei ist und am Prozess teilnimmt. Sofern C gegen B Widerklage erhebt, ist diese Voraussetzung auch erfüllt. Erhebt A hingegen Widerklage gegen C, so scheidet eine mündliche Klageerhebung aus. Denn C ist noch nicht Partei des Prozesses, sodass § 261 II auf ihn keine Anwendung finden kann; zweifeln daran könnte man nur, wenn der Dritte schon als Streithelfer am Prozess beteiligt ist. Diese Einschränkung ist aber kein grundsätzlicher Mangel der Lösung, weil § 261 II nicht zwingend vorschreibt, dass eine Widerklage *immer* mündlich erhoben werden kann. Auch insofern wird durch die Ausweitung des Adressatenkreises der Widerklage kein unangemessener Vorteil begründet.

Auch der Grundsatz der Parteiidentität steht damit bei wertender Betrachtung einer umfassenden Streitbeilegung im Dreipersonenverhältnis nicht entgegen.

„Isolierte Drittwiderklagen" sind daher das geeignete Mittel zur dogmatischen Ausformung der Möglichkeit der umfassenden Streitbeilegung. Die ZPO bietet also ein geeignetes Instrumentarium zur Bewältigung des Problems der umfassenden Streitbeilegung.

b.) Lösungsalternative Mehrparteienprozess

Denkbare Lösungsalternative wäre ein Mehrparteienprozess, also der bereits oben angesprochene - allerdings nun fakultative und nicht obligatorische – Gesamtprozess, in dem mehrere Parteien auf mindestens drei und nicht nur zwei Seiten miteinander streiten.

Der Zweiparteiengrundsatz stände einem solchen Mehrparteienprozess nicht im Wege[305]. Ein solcher Mehrparteienprozess wäre auch nicht ein reines Unikat allein für den mehrseitigen Austauschvertrag. Denn das Problem, dass eine Partei gegen einen Dritten oder ein Dritter gegen die Partei vorgehen will, besteht nicht allein beim mehrseitigen Austauschvertrag. So kann es auch beim Vertrag zugunsten Dritter dazu kommen, dass der Dritte den Versprechenden auf Leistung an ihn verklagt; dann sollte aber der Versprechende die Möglichkeit haben, den Versprechensempfänger auf dessen Leistungserbringung an ihn (so sie denn vereinbart wurde) aufgrund des Deckungsverhältnisses zu verklagen. Ebenso sollte der Dritte, der von einer Personengesellschaft auf Vertragserfüllung verklagt wird, diese und die Gesellschafter wegen § 128 HGB auf Erbringung der Gegenleistung verklagen können[306]. Die Integrierung des Dritten ist also kein singuläres Problem des mehrseitigen Austauschvertrages.

Im Gesellschaftsrecht wird deshalb mitunter die Möglichkeit eines mehrseitigen Prozesses bejaht[307]: In den Fällen der §§ 117, 127, 133, 140 HGB sollen alle Gesellschafter, also zustimmende und ablehnende, in ein gemeinsames Verfahren eingebunden werden, mithin etwa beim Ausschluss des Gesellschafters A aus der OHG nach § 140 HGB der auszuschließende Gesellschafter A, die die Maßnahme ablehnenden Gesellschafter B und C und die den Ausschluss betreibenden

[305] s.D.II.3.b.
[306] Nieder ZZP 85, 437, 456.
[307] K.Schmidt, Mehrseitige Gestaltungsprozesse, S.185.

Gesellschafter D und E in einem Gesamtverfahren den Ausschluss ausfechten. Es sollen also nicht erst D und E die Gesellschafter B und C auf die wegen des Einstimmigkeitserfordernisses beim Ausschluss notwendige Zustimmung zum Ausschluss des A verklagen müssen und dann erst in einem zweiten Prozess den Ausschluss des A betreiben; sie sollen vielmehr durch ein einheitliches Prozessrechtsverhältnis untereinander verbunden sein, da den mehrseitig miteinander verbundenen materiell-rechtlichen Rechtsverhältnissen die Verknüpfung der Prozessrechtsverhältnisse entspreche[308].

Für den Zivilprozess im Allgemeinen wird ferner eine sog. „Einmischungsklage" befürwortet[309]. Darunter sei die Möglichkeit des Dritten zu verstehen, einen eigenen Anspruch, nicht einmal notwendig gegen eine der Hauptparteien, in einem bereits rechtshängigen Verfahren geltend zu machen[310], vorausgesetzt, ein Sachzusammenhang oder rechtlicher Zusammenhang[311] bestehe. Der Zweiparteiengrundsatz wäre dadurch nicht verletzt, weil diese Klage lediglich zu gemeinsamer Verhandlung und Entscheidung zweier oder mehrerer Prozesse führen würde[312].

An sich eigneten sich beide Ansätze zum Mehrparteienprozess für eine Übertragung auf den mehrseitigen Austauschvertrag.

Doch erübrigt sich eine solche rechtsfortbildende Lösung hier deswegen, weil es beim mehrseitigen Austauschvertrag an der für eine solche Rechtsfortbildung notwendigen Gesetzeslücke bzw. wertungsmäßigen Systemkonformität fehlt – die „isolierte Drittwiderklage" steht wesentlich näher am Gesetz und ist von der Funktion her sachbezogener. Die ZPO stellt bereits de lege lata ein adäquates Instrumentarium zur Verfügung, sodass eine Rechtsfortbildung nicht in Betracht kommt.

c.) Grenzen der Widerklagelösung

Die Widerklage dient nach hier vertretener Lösung dazu, Prozesse auch zwischen verschiedenen Parteien zu ermöglichen, also C gegen B und A gegen C neben dem Hauptprozess B gegen A. Demnach kann die Lösung über die Widerklage dann nicht herangezogen werden, wenn der Dritte C genauso wie B den A, und nicht den B als Beklagten wählt, also zwei Kläger gegen den gleichen Beklagten vorgehen. Denn dann handelt es sich bei der Klage des C nicht um eine „Gegenklage" gegen den Kläger (oder einen Dritten), sondern um eine zur Hauptklage des B gegen A parallele gleichgerichtete Klage, für die die Widerklage nicht zur Verfügung stehen kann.

---

[308]K.Schmidt, Mehrseitige Gestaltungsprozesse, S.129, 163f.
[309]Lüke, Beteiligung, S.426.
[310]Lüke, Beteiligung, S.426.
[311]Lüke, Beteiligung, S.447.
[312]Lüke, Beteiligung, S.448.

Praktisch relevant ist das, wenn etwa A verschuldet die Leistung unmöglich geworden ist oder er nur mangelhaft oder verspätet die Leistung erbracht hat. Dann können sowohl B als auch C gegenüber A Leistungsstörungsrechte, etwa beide Schadensersatz statt der Leistung oder wegen Verzugs geltend machen, weil eine beiden gegenüber bestehende Leistungspflicht verletzt wurde[313] und darüber hinaus ihre Ansprüche parallel einklagen. Denn die Anspruchsvoraussetzungen für die jeweiligen Ansprüche der beiden Gläubiger sind abgesehen vom Schadenserfordernis identisch, sodass auch der Dritte ein Interesse daran hat, für sich ein bindendes Ergebnis aus dem Prozess des B gegen A erlangen zu können. Verklagt etwa B den A auf Verzugsschadensersatz, so müsste auch C, der ebenso einen Verzugsschaden aufgrund der Leistungsverzögerung bei A erlitten hat, für sich die Erfüllung der Schadensersatzvoraussetzungen bei A bindend feststellen lassen können im Prozess des B, weil die Tatbestandsvoraussetzungen für B und C aufgrund der gleichen Pflichtverletzung identisch sind. Im Dreipersonenverhältnis können eben anders als im Zweipersonenverhältnis zwei Gläubiger schadensersatzberechtigt sein[314], sodass sie auch zusammen klagen können sollten. Eine Widerklage kommt aber für die prozessuale Geltendmachung dieser Rechte nicht in Betracht. Denn C schließt sich mit seiner Schadensersatzklage dem Kläger an im Vorgehen gegen einen gemeinsamen Beklagten und richtet seine Klage nicht gegen den ersten Kläger.

Dafür kommt vielmehr die einfache Streitgenossenschaft gemäß § 59 ZPO in Betracht. Bei ihr klagen mehrere Personen zusammen[315], wenn und weil sie aus demselben tatsächlichen oder rechtlichen Grund berechtigt sind, §§ 59, 60. Da etwa die Schadensersatzpflicht des A gegenüber B und C auf der gleichen tatsächlichen Pflichtverletzung (der Verletzung der Leistungspflicht gegenüber B und der Verhaltenspflicht gegenüber C) und dem gleichen rechtlichen Grund des mehrseitigen Austauschvertrages beruht, ist die Voraussetzung der subjektiven Klagehäufung erfüllt. Rechtsfolge und Vorteil davon ist unter anderem, dass ein unterschiedliches Ergebnis gegenüber den einzelnen Streitgenossen bei der Beweiswürdigung und der rechtlichen Würdigung (bei gemeinsamer tatsächlicher und rechtlicher Basis) ausgeschlossen ist[316], es also zu keiner unterschiedlichen Entscheidung dem Grunde nach kommen kann. Vom Ergebnis her ist das das, was C will und nützt, nämlich die gleiche Entscheidung zu bekommen, wie sie B für sich erstreitet, weil eine unterschiedliche Beweiswürdigung und eine unterschiedliche rechtliche Würdigung ausgeschlossen ist. Allerdings kann C seine Hände nicht einfach in den Schoß legen und den B alleine den Prozess führen lassen, weil das Handeln des B dem C nicht zugerechnet wird, sofern B nicht von C vereinbarungsgemäß bevollmächtigt wurde. Er muss vielmehr den kompletten Prozess für sich bestrei-

[313] s.C.II.3.a.bb.,cc.
[314] S.C.II.3a.cc.
[315] oder werden verklagt
[316] MK-ZPO-Schilken, § 61 Rn.9.

ten. Aber das ist nur sachgerecht, weil sich aus der Verletzung der Verhaltenspflicht nur der gleiche Sekundäranspruch begründen lässt, nicht aber, dass der Dritte nun keine Klagelast für seine Sekundäransprüche mehr haben soll.
Die einfache Streitgenossenschaft ist daher zulässig und das geeignete Mittel für C, wenn er zusammen mit B den A verklagen will.

Allerdings ist noch problematisch, dass bei einem nachträglichen Beitritt auf Klägerseite das Einverständnis beider Parteien erforderlich sein soll[317]. Aus Beklagtensicht macht das aber keinen Sinn, weil der Beklagte ohnehin keine andere zusätzliche Möglichkeit der Verteidigung gehabt hätte, mithin der Einwand, er hätte sich mehr angestrengt, wenn er von vornherein gegen zwei Kläger zu kämpfen gehabt hätte, nicht tragbar ist; äußerstenfalls könnte man mit der Zulassung einer erneuten Klageerwiderung helfen[318]. Auf das Einverständnis des Beklagten kann es also nicht ankommen[319].
Dagegen ist das Einverständnis des Klägers zu Recht grundsätzlich nötig, weil sich der Dritte zunächst nicht am Prozess- und Kostenrisiko beteiligt und sich also auch nicht erst dann, wenn „alles klar" ist, dem Prozess anschließen kann. Insofern ist das Erfordernis eines grundsätzlichen Einverständnisses gerechtfertigt[320].
Dennoch ist eine Einschränkung für den mehrseitigen Austauschvertrag geboten.
Normalerweise hat nämlich der Erstkläger keinerlei derart intensive Beziehung zu den weiteren potentiellen Streitgenossen, dass er sie vom Prozessbeginn zu unterrichten hätte. Beim mehrseitigen Austauschvertrag widerspricht es aber dem aufgrund des gemeinsamen Vertrages bestehenden gegenseitigen Vertrauensverhältnis, dem anderen Vertragspartner die Früchte des eigenen Prozesses vorzuenthalten – das ist der entscheidende Unterschied etwa zu den Fällen, wo beide Gläubiger schadensersatzberechtigt nach § 823 I BGB sind. Der Vertrag begründet ein Vertrauensverhältnis, wonach der Kläger gehalten – nicht aber verpflichtet – ist, den Dritten von seinem beabsichtigten Prozess zu unterrichten, weil sich der Dritte dem nachvollziehbarerweise anschließen wollen könnte und der Kläger das zu verhindern kein schutzwürdiges Interesse hat. Unterlässt der Kläger trotzdem die Unterrichtung, so ist die Verweigerung seines Einverständnisses bei einem aufgrund verspäteter Kenntniserlangung erst nachträglich erfolgenden Beitritt missbräuchlich und damit irrelevant. Beginnt dagegen im Falle der Unterrichtung der Dritte nicht zusammen mit dem Kläger den Prozess, so bleibt es dabei, dass er dessen späteres Einverständnis braucht.

---

[317]BGHZ 65, 264, 267f.; s.a. MK-ZPO-Lüke, § 263 Rn.84.
[318]Zöller-Greger, § 263 Rn.26.
[319]Blomeyer, Zivilprozeßrecht, § 115 IV 2a; RSG, ZivilprozessR, § 42 III 3b; Thomas/Putzo, ZPO, vor § 50 Rn.25.
[320] Blomeyer, Zivilprozessrecht, § 115 IV 2a; Rosenberg / Schwab, Zivilprozessrecht, § 42 III 3b.

Somit kann sich der Dritte durch eine einfache Streitgenossenschaft auch an einem Prozess, der gegen den gleichen Beklagten geführt werden wird, sachgerecht beteiligen und eine umfassende Streitbeilegung erreichen.

d.) Ergebnis

Beim mehrseitigen Austauschvertrag ist also die Möglichkeit zur umfassenden Streitbeilegung je nach Klageziel entweder im Wege der Drittwiderklage oder im Wege der subjektiven Streitgenossenschaft gegeben.

4. Die Probleme bei Durchführung mehrerer Prozesse im Bezug auf den Dritten

Sollten die Parteien hingegen nicht die Möglichkeit zur umfassenden Streitbeilegung nutzen, kann es unter Umständen zur Durchführung mehrerer Prozesse kommen, weil es keinen verpflichtenden Gesamtprozess gibt.

Das würde vor allem zum Problem der widersprüchlichen Entscheidungen führen. Klagt B gegen A und verliert er diesen Prozess, weil das Gericht den Vertrag für unwirksam hält, so könnte es B dennoch passieren, dass eine Klage des C gegen ihn erfolgreich ist, weil das dortige Gericht den Vertrag für wirksam hält. Umgekehrt könnte die Klage des A gegen C trotz einer erfolgreichen Erstklage des B gegen ihn erfolglos sein, weil das zweite Gericht anders als das erste den Vertrag für unwirksam hält. Ebenso könnte B mit einer Klage gegen A nur teilweise erfolgreich sein, weil A die Leistungserbringung teilweise unmöglich geworden ist, er aber trotzdem bei einer Klage des C gegen ihn zur vollen Gegenleistung verpflichtet werden, weil sich das zweite Gericht von einer Teilunmöglichkeit bzgl. der Leistung des A an B nicht überzeugen kann.

Damit fragt sich, ob die ZPO solche widersprüchlichen Entscheidungen zulässt oder ob sie sie ex lege oder wenigstens durch eine parteiabhängige Schutzmaßnahme unterbindet. Zu untersuchen ist also, ob die Parteien nach der Wertung der ZPO überhaupt vor widersprüchlichen Entscheidungen zu schützen sind, und wenn ja, ob das entweder durch eine automatische Bindung oder durch eine auf Parteihandlung beruhende Bindung erfolgt.

a.) Die gesetzlichen Wertungen

Bei der Untersuchung der Bindung des Dritten ist in zweierlei Hinsicht zu differenzieren. Zu unterscheiden ist die Bindung dem Grunde nach, d.h. ob der Dritte überhaupt gebunden sein kann, von der Bindung dem Inhalt nach, d.h. inwieweit er gebunden sein kann, ob also einerseits nur zu

Lasten und /oder nur zu Gunsten und andererseits in welchem inhaltlichen Umfang hinsichtlich des Prozessstoffes und des Prozessergebnisses.

aa.) Bindung des Dritten dem Grunde nach an das Ergebnis eines fremden Prozesses

Als gesetzliche Regelungen, die die Frage beantworten, ob ein Dritter überhaupt an die Ergebnisse eines Prozesses zwischen zwei anderen Parteien gebunden sein kann, kommen die §§ 325 ff. ZPO und die Beteiligungsvorschriften, nämlich Streitverkündung und Nebenintervention, in Betracht.

aaa.) Die Wertung der Vorschriften über die Urteilswirkung im Sinne einer subjektiven Rechtskrafterstreckung, §§ 325 ff. ZPO

Grundsätzlich ist die Rechtskraftwirkung des Urteils auf die Parteien begrenzt, wie sich aus einem Umkehrschluss zu § 325 ergibt[321]. Es bedarf daher einer gesetzlichen Anordnung, die die Rechtskrafterstreckung legitimiert. Denn die Rechtsordnung hat sich „beim Widerstreit zwischen dem Interesse Dritter, nicht mit den Folgen eines zwischen anderen Parteien geführten Rechtsstreits belastet zu werden, und dem öffentlichen Interesse daran, eine wiederholte Befassung der Gerichte mit demselben Streitfall zu ersparen und widersprechende Entscheidungen zu vermeiden, dafür entschieden, dass in der Regel die Rechtskraft sich auf die Parteien beschränkt“[322], also nur ausnahmsweise kraft gesetzlicher Anordnung eine Bindung des Dritten zulässig ist. Eine Rechtskrafterstreckung kommt also nur in Betracht, wenn die gesetzliche Regelung entweder schon vom Wortlaut her oder jedenfalls wertungsmäßig anwendbar ist, um wertungsmäßige Inkonsequenzen zu vermeiden.

§ 325 regelt den Fall der Rechtsnachfolge und bestimmt, dass der Rechtsnachfolger, der vom Prozess Kenntnis hatte, an das Prozessergebnis gebunden ist; § 326 bestimmt eine Rechtskrafterstreckung auf den Nacherben und § 327 schließlich auf den Erben bei Testamentsvollstreckung.

Vom Wortlaut her sind diese Normen nicht für das Problem beim mehrseitigen Austauschvertrag einschlägig. Damit fragt sich, welche Wertung diese Normen enthalten.

Nach der Literatur soll § 325 im Interesse der Rechtssicherheit und Prozesswirtschaftlichkeit davor schützen, dass der Vorgänger nicht den Prozessgegner durch Veräußerung der Streitsache um seinen Prozesserfolg bringt[323], § 325 sei „eine notwendige Folgerung aus der in § 265 getroffenen Regelung, nach der eine Partei auch nach Veräußerung des Streitgegenstandes weiterhin prozessführungsbefugt bleibt (Fall einer gesetzlichen Prozessstandschaft)“[324]. Indes besteht die Prozess-

[321]Otte, Streitbeilegung, S.62.
[322]BGHZ 3, 385, 389.
[323] MK-ZPO-Gottwald. § 325 Rn.11.
[324] Musielak, ZPO, § 325 Rn.1.

führungsbefugnis nicht notwendigerweise fort, wie § 265 III zeigt. Außerdem greift § 325 nicht ein, wenn der Rechtsnachfolger gutgläubig ist – damit passt aber nicht zusammen, dass sich § 325 aus § 265 legitimiere, weil dann § 325 stets gelten müsste, also nicht nur bei Bösgläubigkeit. Außerdem sieht diese Ansicht den Normzweck nur in einer systematischen Folgerichtigkeit, deckt aber nicht auf, worin die die systematische Folgerichtigkeit tragende Wertungsgrundlage zu sehen ist.

Die wertungsmäßige Analyse der §§ 326, 327 durch die Literatur beschränkt sich darauf, dass die Rechtskrafterstreckung im Interesse des Nacherben als auch der Gegenpartei liege[325] bzw. dass die Rechtskrafterstreckung aus der Parteistellung kraft Amtes folge[326]. Das ist indes keine annähernd präzise Normzweckanalyse – so lässt sich praktisch jede Rechtskrafterstreckung legitimieren.

Weiter wird in der Literatur aus §§ 325 ff. als generalisierende Wertung für eine Rechtskrafterstreckung auf Dritte entnommen, dass sich eine Rechtskrafterstreckung aus prozessualen Gründen, insbesondere im Fall der gewillkürten Prozessstandschaft, oder aus Gründen der materiell-rechtlichen Abhängigkeit, insbesondere wenn die Bindungswirkung gegen den Dritten auch rechtsgeschäftlich herbeigeführt werden könnte[327], legitimiere.

Richtig daran ist zwar, dass eine bestimmte materiell-rechtliche Abhängigkeit ein notwendiger Grund für eine Rechtskrafterstreckung ist; hinreichend ist er aber nicht[328]. Diese Ansicht überdeckt und übergeht nämlich das zusätzliche die Rechtskrafterstreckung legitimierende und die §§ 325 ff. wertungsmäßig verbindende Kriterium: Gemeinsamkeit von Einzelrechtsnachfolge, Vor-/ Nacherbschaft und Testamentsvollstreckung ist bei wirtschaftlicher Betrachtung, dass der vom Prozessergebnis *wirtschaftlich Hauptbetroffene* ein anderer ist, als derjenige, der den Prozess begonnen hat: der Rechtsnachfolger, der Nacherbe, der Erbe trägt die vollen wirtschaftlichen Folgen eines Prozessverlustes. Juristisch gefasst bedeutet das, dass immer dann eine Bindung eintritt, wenn ein materiell Verfügungsbefugter einen Prozess führt und prozessual gesehen sein Prozessführungsrecht dasjenige des Dritten verdrängt; immer dann, wenn zwar kraft der wirtschaftlichen und rechtlichen Betroffenheit der Dritte an sich (irgendwann) nach der ersten Partei eine Prozess anstrengen könnte oder gegen ihn ein Prozess geführt werden könnte, nicht aber beide gemeinsam klagen oder verklagt werden könnten, ordnet das Gesetz eine Bindung an. Denn sonst hätte der Prozessgegner den Prozess gegen den Ersten bis zum Auftreten des prozessführungsbefugten Dritten umsonst geführt, weil er ihn nicht gleich mitverklagen konnte oder Drittwiderklage gegen ihn erheben konnte. Nur so kann das Gesetz verhindern, dass der (spätere) Rechtsinhaber nochmals Klage er-

[325] MK-ZPO-Gottwald, § 326 Rn.1, Musielak, ZPO, § 326 Rn.1.
[326] MK-ZPO-Gottwald, § 327 Rn.1, Musielak, ZPO, § 327 Rn.1.
[327] Bettermannn, Vollstreckung, S.61ff., insb. 88ff.; Blomeyer, ZZP 75, 1ff.; ähnlich Huber, JuS 72, 621, 625.
[328] MK-ZPO-Gottwald, § 325 Rn.3; Schack, NJW 1988, 865, 868.

heben kann oder nochmals nun gegen ihn geklagt werden kann kraft seiner dann bestehenden wirtschaftlichen und rechtlichen Betroffenheit, obwohl kein sachlicher Grund diesen neuen Prozess legitimiert – das Recht geht nur über oder die Beschränkung durch die Testamentsvollstreckung fällt weg, ohne dass sich an seiner bereits getroffenen prozessualen Feststellung etwas ändert, zumal der Kläger oder Beklagte mangels eigener dauernder wirtschaftlicher Betroffenheit kein fortdauerndes Prozessführungsrecht zu seinen Gunsten haben kann.

Im Fall der Rechtsnachfolge oder der Nacherbfolge ist der Rechtsvorgänger bzw. der Vorerbe materiell-rechtlich verfügungsbefugt, und der Rechtsnachfolger bzw. der Nacherbe hat im Zeitpunkt des Prozessbeginns durch den Vorgänger kein eigenes Prozessführungsrecht; der Testamentsvolllstrecker ist materiell-rechtlich verfügungsbefugt, weil die Entscheidungen des Testamentsvollstreckers nach materiellem Recht für den Erben bindend sind, §§ 2212, 2213 BGB, der Erbe hat kein paralleles aktives Prozessführungsrecht; das passive Prozessführungsrecht ist zwar demgegenüber vorhanden, wie sich aus § 2213 I 1 BGB und § 748 ZPO ergibt, es besteht aber nicht parallel zum Prozessführungsrecht des Testamentsvollstreckers, da nur einer von beiden verklagt werden kann, entweder der Erbe oder der Testamentsvollstrecker.

Den §§ 325 ff. ist also als einheitliche Wertung zu entnehmen, dass der von einem Prozess wirtschaftliche Betroffene die Prozessfolgen gegen sich gelten lassen muss und nicht darauf verweisen kann, dass ein rechtlich getrenntes Subjekt den Prozess geführt hat, wenn kumulativ im Bezug auf die prozessführende Partei auf materiell-rechtlicher Ebene Verfügungsbefugnis – das ist das präzisere Kriterium für die Abhängigkeit – und auf prozessualer Ebene eine verdrängende Prozessführungsbefugnis – der prozessuale Grund der Bindung – bestehen[329].

Deswegen gibt es bei Mitgläubigerschaft, Miteigentum und Miterbenstellung keine Bindung. Denn Mitgläubiger, -eigentümer oder –erben sind nicht verfügungsbefugt zu Lasten der anderen und haben auch keine verdrängende Prozessführungsbefugnis, sodass es nach der Wertung der §§ 325 ff. keine Rechtskrafterstreckung geben kann.

Die demgegenüber bei der Bürgschaft gegenüber dem Bürgen und bei der Gesellschaft gegenüber den Gesellschaftern teilweise bejahte Bindung beruht auf rein materiell-rechtlichen Erwägungen, nämlich einem Einwendungsübergriff gemäß § 767 BGB bzw. § 129 HGB, und hat deshalb mit den §§ 325 ff. nichts zu tun.

Und dass der BGH die Rechtskrafterstreckung im Falle der gewillkürten Prozessstandschaft auf den Rechtsinhaber zugelassen hat[330], erklärt sich daraus, dass die Prozessführungsbefugnis des

---

[329] Darüber hinaus folgt aus §§ 325, 327, dass bei einem Wechsel in der Person eines Amtswalters, etwa des Testamentsvollstreckers, auch der neue Amtswalter gebunden ist, zumal der neue Amtswalter keine neue Partei im Sinne der §§ 325 ff. ist, MüKo-ZPO-Gottwald, § 325, Rn. 41.

[330] BGH NJW 1988, 1586.

Dritten nur dann zugelassen werden kann, wenn der Rechtsinhaber kraft seiner Ermächtigung an das Prozessergebnis gebunden ist, weil sonst die Prozessstandschaft eine zusätzliche Klagemöglichkeit eröffnen würde; auf §§ 325 ff. lässt sich dies indes nicht stützen, weil der Prozessstandschafter keine materielle Verfügungsbefugnis hat. In der umgekehrten Konstellation ist hingegen eine Bindung auf §§ 325 ff. rückführbar. Erhebt der Rechtsinhaber eine Klage, so ist der spätere Prozesstandschafter gebunden, weil der Rechtsinhaber materiell verfügungsbefugt und prozessführungsbefugt ist; der Prozessstandschafter kann keine eigene Klage mehr erheben, wenn der Rechtsinhaber bereits einen Prozess geführt hat[331]. Entsprechend gilt das generell für das Verhältnis von Rechtsinhaber und Partei kraft Amtes; klagt der Rechtsinhaber noch bevor die Partei kraft Amtes ihr Amt antritt, so ist Letztere gebunden[332], weil der Rechtsinhaber vor Amtsantritt materiell verfügungsbefugt und prozessführungsbefugt ist.

§§ 325 ff. lässt sich also eine einheitliche, auf andere Fälle übertragbare Wertung entnehmen: ein Dritter ist prinzipiell an ein fremdes Prozessergebnis gebunden, damit keine neuen Klagen erhoben und eventuell widersprüchliche Entscheidung getroffen werden können, wenn die Prozesspartei materiell verfügungsbefugt ist und ein verdrängendes Prozessführungsrecht hat bzw. der Dritte bei Prozessbeginn noch kein Prozessführungsrecht hat.

bbb.) Die Wertung der Beteiligungsvorschriften

Zum zweiten ermöglicht die ZPO eine Bindung des Dritten im Wege der Streitverkündung und Nebenintervention.

Bei der Nebenintervention beteiligt sich der Dritte auf Seiten einer Partei am Hauptprozess aufgrund eigener Initiative. Sinn der Nebenintervention ist es, dass der Dritte auf einen zwischen zwei anderen Parteien geführten Prozess Einfluss nehmen kann, wenn er einen Prozess des Verlierers des ersten Prozesses gegen sich fürchten muss oder der Prozessgewinn für ihn von Vorteil ist. Dann soll er gleich im ersten Prozess unmittelbar verhandeln können und nicht erst den zweiten Prozess gegen sich abwarten müssen, er soll also gleichsam die Gefahr im Keim ersticken dürfen bzw. an der für ihn vorteilhaften Entscheidung schon bei ihrer Grundlegung mitwirken können. Daraus folgt die Wertung für die Bindung bei der Nebenintervention: sie beruht auf dem Gedanken, dass derjenige, der bereits in einem Verfahren die Gelegenheit zur Verteidigung seiner Position wahrgenommen hat, nicht nochmals eine zweite Verfahrenschance zur Verteidigung bekommen

[331] BGH NJW-RR 1988, 126f.

[332] MK-ZPO-Gottwald, § 325 Rn.41, 18. Hinsichtlich des Testamentsvollstreckers ist das allerdings sehr zweifelhaft, da die Rechtswirkungen der Testamentsvollstreckung nicht erst mit dem Amtsantritt, sondern bereits mit dem Erbfall eintreten, MüKo-Brandner, § 2202 Rn.4.

soll, wenn er im zweiten Prozess selbst wirtschaftlich direkt betroffen ist. Wie bei § 322 wird die Möglichkeit versagt, nochmals das Gleiche oder das genaue Gegenteil vortragen zu dürfen, wenn dies alles bereits in einem ersten Prozess getan wurde. Daraus rechtfertigt sich auch die Einschränkung der Bindungswirkung für den Fall, dass sich der beigetretene Dritte mit seinen Handlungen in Widerspruch zur Hauptpartei setzen würde: hier hat er eine zweite Chance zum Vortrag in seinem Prozess verdient, weil er im Erstverfahren gar keine Gelegenheit hatte, seinen Standpunkt vorzutragen.

Sinn und Zweck der Streitverkündung ist demgegenüber, dass eine Partei den Dritten in ihren Prozess hineinziehen kann, wenn sie im Falle des Prozessverlustes einen Regressanspruch zu haben glaubt oder einen zusätzlichen Anspruch nun des Dritten befürchtet; sie kann sich so vor der Gefahr schützen, dass sie auch den zweiten Prozess verliert, obwohl sie ihn nach dem Ergebnis des ersten Prozesses gewinnen müsste. Die Partei soll sich also davor schützen können, dass sie zwei Prozesse verliert, obwohl sie einen, präziser gesagt wenigstens den zweiten, gewinnen müsste.

Auch nach diesem Normenkomplex ist also die Bindung eines Dritten von der ZPO prinzipiell vorgesehen.

Die Möglichkeit, dass ein Dritter an ein Prozessergebnis, unabhängig davon, wie weit man im einzelnen die bindenden Feststellungen fasst, gebunden ist oder gebunden werden kann, erkennt die ZPO also grundsätzlich an.

bb.) Die gesetzliche Wertung bzgl. der Bindung dem Inhalt und dem Umfang nach

Damit bleibt jetzt zu untersuchen, inwieweit die ZPO diese Bindung dem Inhalt und dem Umfang nach zulässt.

aaa.) Bindung nach § 325 i.V.m. § 322

Nach §§ 325, 322 tritt eine Bindung nur insoweit ein, als die in Rechtskraft erwachsenden Feststellungen betroffen sind. In Rechtskraft erwächst aber nur die unmittelbare Entscheidung über den Streitgegenstand, bei einer Leistungsklage auf Vertragserfüllung also nur die Entscheidung über den Anspruch. Nach überwiegender Meinung und BGH-Rechtsprechung gibt es demnach nach § 322 keine Bindung an die Beurteilung der Vertragswirksamkeit bzw. des Gegenleistungsanspruchs bei einer Leistungsklage bzgl. eines vertraglichen Anspruchs[333]. Falls der Beklagte des

[333]BGH NJW 2003, 3058, 3059; BGHZ 150, 377, 383; Baumbach/Lauterbach/Albers/Hartmann, § 322 ZPO, Rn.72; MüKo-ZPO/Gottwald, § 322 Rn.48ff.; Stein/Jonas/Leipold, § 322 ZPO, Rn.89 ff., 212 ff., 217; Musielak, § 322 ZPO, Rn. 26; Thomas-Putzo, § 322 Rn.29; Zöller-Vollkommer, Vor § 322 Rn.28; Rosenberg/Schwab/Gottwald, Zivilprozessrecht, § 154 IV; Otte, Streitbeilegung, S. 47 ff.; Batschari/Durst, NJW 1995,1650.

Erstprozesses also erst in einem zweiten Prozess seine Forderung einklagt, so steht die Vertragswirksamkeit bzw. die grundsätzliche Wirksamkeit des Gegenleistungsanspruchs für das zweite Gericht nicht bindend fest, sondern nur, dass der Kläger des Erstprozessses einen Anspruch auf Leistung gegen den jetzigen Kläger hatte.

Begründet wird das zunächst damit, dass der Vertrag nur ein präjudizielles Rechtsverhältnis sei, das gerade nicht an der Rechtskraft des Urteils über das Rechtsverhältnis „Anspruch" gemäß § 322 teilnehme[334]; der objektiven Rechtskraft fähig sei nur die Entscheidung über den prozessualen Anspruch[335], der Vertrag sei demgegenüber nur ein präjudizielles Rechtsverhältnis, das dem Rechtsverhältnis „Anspruch" vorgelagert ist[336]. Eine Rechtskraftbindung sei also mit dem Streitgegenstandsbegriff unvereinbar. Doch ist die Unvereinbarkeit nur ein Scheinargument und eigentlich zirkulär, weil der Rechtskraftumfang nicht notwendig mit dem Streitgegenstand zusammenhängt, jedenfalls der Streitgegenstandsbegriff nach § 322 anders definiert werden könnte als etwa der bei § 263.

Als weiteres Argument wird angeführt, dass sich die Parteien ausreichend durch § 322 BGB selbst schützen können, sodass es einer Bindung im Sinne einer Rechtskrafterstreckung von Amts wegen nicht bedürfe[337]. Doch vermag § 322 BGB keinen ausreichenden Schutz zu verschaffen. Denn der Schutz davor, dass der Beklagte nicht die ihm gebührende Gegenleistung bekommt, besteht zwar insofern, als das Urteil den Beklagten zur Leistung nur bei Erhalt der Gegenleistung zwingen kann, also es zu keiner Zwangsvollstreckung bzgl. der Leistung ohne Anbieten der Gegenleistung kommen kann; er besteht aber nicht bei einer „freiwilligen" Vorleistung zur Abwendung der Zwangsvollstreckung. Dabei muss diese freiwillige Leistungserbringung nicht einmal leichtsinnig gewesen sein; bei der Unmöglichkeit einer Zug-um-Zug Leistung bleibt sogar nichts anderes, als dass eine Partei freiwillig vorleistet. Und bei einer Vorleistungspflicht schützt § 322 BGB von vornherein nicht. Dabei hat die Vereinbarung einer Vorleistungspflicht nichts mit dem Schutz vor widersprüchlichen Entscheidungen zu tun – ein Zusammenhang ist nicht erkennbar. § 322 BGB allein schützt also nicht adäquat, weil er nicht vollumfänglich sicherstellen kann, dass der Beklagte die Leistung erbringen muss, ohne dass er seinen Gegenleistungsanspruch durchsetzen kann.

Immerhin könnte der Beklagte aber seinen Anspruch einklagen. Hält er den Vertrag jedoch für unwirksam, so ist es ihm nicht zumutbar, nur deshalb Klage zu erheben, um widersprüchliche Ergebnisse zu verhindern.

---

[334]Blomeyer, ZivilprozeßR, § 89 V 4a; Bruns, Zivilprozeßrecht, Rn.234; Grunsky, Verfahrensrecht, § 47 IV 2b; Jauernig, Zivilprozessrecht, § 63 III 2; Zeuner, Grenzen der Rechtskraft, S.75ff.

[335]Thomas/Putzo, ZPO, Einl II Rn.1, § 322 Rn.17.

[336]Blomeyer, ZivilprozeßR, § 89 V 4a; Bruns, ZivilprozeßR, Rn.234; Jauernig, Zivilprozessrecht, § 63 III 2; Zeuner, Grenzen der Rechtskraft, S.75ff.

[337] MK-ZPO-Gottwald, § 322 Rn.51; Musielak, ZPO, § 322 Rn.16.

Möglich und geboten wäre in diesem Fall vielmehr eine Zwischenfeststellungsklage gemäß § 256 II ZPO. So lautet denn auch ein weiteres Argument der Literatur gegen die Rechtskrafterstreckung: Die Parteien können sich durch § 256 II ja ausreichend selbst schützen[338]. Indes ist schon fraglich, ob eine anderweitige Schutzmöglichkeit den zusätzlichen Schutz durch die Bindung unnötig machen kann. Mit diesem Argument könnte man genau so gut jegliches gerichtliches Handeln von Amts wegen, etwa die Anordnung der vorläufigen Vollstreckbarkeit oder die Kostenauferlegung (jedenfalls soweit sie die Rechtsverfolgungskosten der Partei betrifft) für überflüssig halten mit dem Hinweis, die Parteien könnten dasselbe Ergebnis durch einen eigenen Antrag erreichen, und also bedürfe es einer gesetzlichen Anordnung nicht. Außerdem ist der Verweis auf § 256 II ZPO insofern nicht überzeugend, als das Vorgehen nach § 256 II einen Streit über die Vertragswirksamkeit voraussetzt[339], indes aber mitnichten ein Streit im Erstprozess bestehen muss; der Kläger könnte sogar die Vertragswirksamkeit behaupten, aber dann im zweiten Prozess des Erstbeklagten gegen ihn doch die Vertragsunwirksamkeit anführen. Und rein prophylaktisch eine Zwischenfeststellungsklage zu erheben wäre im Hinblick auf den Grundsatz der Prozessökonomie kaum angemessen, auch wenn keine höheren Kosten entstehen, § 5 ZPO.

Ferner wird darauf hingewiesen, eine Rechtskrafterstreckung auf die Beurteilung des Gegenleistungsanspruchs bzw. der Vertragswirksamkeit verstoße gegen den ne-ultra-petita Grundsatz, weil dann eine Bindung auch ohne extra erhobene Zwischenfeststellungsklage eintrete[340]. Doch trifft dies nicht zu, weil die Bindung aus dem Gesetz (§ 322 ZPO) folgen würde, und also von einem Verstoß gegen diesen Grundsatz keine Rede sein kann – auf einen Parteiantrag kommt es ja nicht an. Im Übrigen beruht die Bindung aus § 322 ohnehin auf einem Parteiantrag, weil bindende Feststellungen nur hinsichtlich der gestellten Anträge getroffen werden können, sodass eine umfassendere Bindung keinesfalls gegen den ne-ultra-petita-Grundsatz verstoßen würde.

Viertens wird vorgebracht, eine Rechtskraftbindung, die sich nicht auf die unmittelbaren Feststellungen zum Parteiantrag beschränkt, hätte nur unklare Grenzen, sei unvorhersehbar und bringe die Gefahr mit sich, die Parteien zu überraschen[341], weil im Gesetz aufgrund der Abstraktion nicht bestimmt genug festgelegt wäre und festgelegt werden könnte, welche Feststellungen in Rechtskraft erwachsen. Doch ist dieses Problem mit Hilfe von typisierenden Fallgruppen im Rahmen der gesetzlichen Regelung (hier des § 322 I ZPO) zu lösen[342]. Bei der Fallgruppe des gegenseitigen Vertrages würde sich die Rechtskraft auf die Beurteilung des Gegenanspruchs bzw. der Vertrags-

---

[338] Blomeyer, ZivilprozeßR, § 89 V 4a; Bruns, ZivilprozeßR, Rn.234; Jauernig, Zivilprozessrecht, § 63 III 2; Zeuner, Grenzen der Rechtskraft, S.75ff.
[339] entgegen dem Wortlaut des § 256 II kann der Streit schon vor Prozessbeginn bestehen, BGH NJW-RR 1990, 318.
[340] Batschari/Durst, NJW 1995, 1650, 1651.
[341] MK-ZPO-Gottwald, § 322 Rn.49.
[342] Vgl. Larenz/Canaris, Methodenlehre, S.295.

wirksamkeit erstrecken. Es ist also in diesem Fall nicht ersichtlich, warum die Bindung unklaren Grenzen unterworfen oder unvorhersehbar sei. Die Parteien würden keineswegs von einer Bindung überrascht werden, sie wissen ja, dass sie um Ansprüche aus einem gegenseitigen Vertrag streiten und dass nur insoweit eine Bindung eintreten kann; daraus ergibt sich auch das Prozessrisiko, das die Rechtskraftwirkung rechtfertigt[343].

Tatsächlich durchschlagend sind alle diese Argumente also nicht. Deshalb finden sich auch mehrere Ansichten in der Literatur[344], die für eine Bindung hinsichtlich der Beurteilung der Vertragswirksamkeit eintreten.

Der Zusammenhang von Anspruch und Gegenanspruch dürfe nämlich durch getrennte Prozesse nicht zerrissen werden, weil zu einem Anspruch auch der andere Anspruch gehört[345]. Der Vertrag ist der die beiden Prozesse verbindende Entscheidungsgrund[346], es besteht eine gegenseitige Bedingtheit[347] bzw. eine wechselseitige Abhängigkeit[348], sodass die Entscheidung einheitlich ausfallen muss. Es könne nicht sein, dass die Klage etwa des Y gegen X wegen Vertragsunwirksamkeit abgewiesen wird, obwohl die vorherige Klage des X gegen Y erfolgreich war. Die Vertragsunwirksamkeit als Verteidigungsmittel gegen die Klage des Y vorzubringen wäre aufgrund der Gegenseitigkeit der Leistungen ein derart widersprüchliches Verhalten, dass es nicht mehr hingenommen werden könne[349].

Hinsichtlich der dogmatischen Ausformung dieser Bindung ist allerdings umstritten, ob die Beurteilung der Vertragswirksamkeit ausnahmsweise an der Rechtskraft teilhabe[350]. Bejaht wird das zwar nach einem Meinungskomplex mit dem Argument, dass die Rechtskraft prinzipiell die Frage der Bindung regelt und also auch in diesem Fall gelten muss und eine andere dogmatische Herleitung entweder nicht ersichtlich oder nicht überzeugend ist[351]. Die Ausdehnung der materiellen Rechtskraft sei ferner wegen der materiell-rechtlichen Abhängigkeit geboten[352].

Dagegen wird aber vorgebracht, dass die Rechtskraftbindung zu unflexibel sei, weil sie starr an das Prozessergebnis anknüpfe[353]. Doch lässt sich auch die Rechtskraftbindung je nach Urteilsinhalt relativieren, es muss nicht stets pauschal zu einer Rechtskrafterstreckung kommen. Richtig daran

---

343 Blomeyer, ZivilprozeßR, § 89 V 4a.
344 Blomeyer, ZivilprozeßR, § 89 V 4a; Bruns, ZivilprozessR, Rn.234; Grunsky, VerfahrensR, § 47 IV 2b; Jauernig, ZivilprozessR, § 63 III 2; Rosenberg / Schwab, ZivilprozessR, § 155 III 2, 14.Aufl., anders nun die 15.Aufl. § 154 IV; Zeiss, arglistige Prozesspartei, Kap.E IV 1, S.111; Zeuner, Grenzen der Rechtskraft, S.75ff.
345 Zeuner, Grenzen der Rechtskraft, S.75.
346 Foerste, ZZP 108, 167, 190.
347 Zeiss, arglistige Prozesspartei, S.111.
348 Bruns, ZivilProzessR, Rn.234.
349 Jauernig, ZivilprozessR, § 63 III 2.
350 so Blomeyer, ZivilprozeßR, § 89 V 4a; Bruns, ZivilprozeßR, Rn.234; Grunsky, VerfahrensR, § 47 IV 2b; Zeuner, Grenzen der Rechtskraft, S.75ff.
351 Zeuner, Grenzen der Rechtskraft, S.75ff.
352 Grunsky, VerfahrensR, § 47 IV 2b; Zeuner, Grenzen der Rechtskraft, S.75ff.

ist aber, dass diese Lösung allein auf den objektiven Zusammenhang von Anspruch und Gegenanspruch und auf die Urteilsfeststellungen, mithin nur auf objektive Elemente abstellt. Sie berücksichtigt damit nicht, dass dem Behaupten des Gegenteils auch ein subjektives Element innewohnen muss, nämlich das Inkaufnehmen des Widerspruchs zum eigenen Vortrag im ersten Prozess.

Deshalb soll die Bindung nach den anderen Auffassungen, die zwar für eine Bindung eintreten, die dogmatische Fassung über eine Rechtskrafterstreckung nach § 322 aber ablehnen, auf dem Verbot widersprüchlichen Verhaltens beruhen: dem X als Beklagtem des Zweitprozesses ist der Einwand, der Vertrag sei unwirksam, auf prozessualer Ebene durch das Verbot widersprüchlichen Verhaltens abzuschneiden[354], bzw. dem Kläger Y die anspruchsbegründende Behauptung, der Vertrag sei wirksam, zu versagen, wenn und weil er im Erstprozess das Gegenteil behauptet hat. Bei der Prüfung durch das Gericht, ob sich X widersprüchlich verhält, steht dabei für dieses aufgrund der Rechtskraft des Erstprozesses X-Y bindend fest, dass X einen Anspruch auf Leistung der Sache hat. Folglich muss es rechtsfehlerfrei zu der Schlussfolgerung kommen, X verhalte sich widersprüchlich. Nach dieser Auffassung liegt also nur eine „Quasi"-Rechtskraft vor, indem die Rechtskraft des Leistungsanspruchs mit dem Verbot widersprüchlichen Verhaltens kombiniert wird. Die Kombination aus Rechtskrafterstreckung und widersprüchlichem Verhalten sei deswegen nötig, weil der eigentlich relevante Umstand, nämlich die Beurteilung der Vertragswirksamkeit, nicht in Rechtskraft erwachse. Das Verbot widersprüchlichen Verhaltens dient also dazu, den fehlenden Rechtskraftumfang zu kompensieren, wobei das widersprüchliche Verhalten aufgrund der Rechtskraft des Ersturteils bereits feststeht.

Begründet wird diese dogmatische Fassung damit, sie sei elastischer als die Rechtskraftlösung, indem sie keine zwingende Bindung an bloß beiläufige Urteilsgründe erzeuge, wie dies die Rechtskraftlösung tue, sondern ein flexibles Urteil je nach Umfang des Streits der Parteien über die Vertragswirksamkeit erlaube[355]. Anders als die Lösung über § 322 erfordert diese Lösung also den Einwand des Klägers, der Beklagte verhalte sich widerspüchlich, hält also das Gericht nicht schon prozessrechtlich im Wege der Rechtskrafterstreckung für gebunden. Ersteres kann bei einem Versäumnisurteil streitentscheidend sein. Die dogmatische Ausformung, also ob das Gericht prozessrechtlich gebunden ist oder erst aufgrund einer materiell-rechtlichen Schlussfolgerung die Bindung der Parteien vollziehen muss, ist dagegen im Ergebnis einerlei - beidesmal kann es richtig oder falsch handeln, die Richtigkeitsgewähr der prozessrechtlichen Lösung ist insofern nicht höher.

---

[353] Jauernig, ZivilProzessR, § 63 III 2.

[354] Jauernig, Zivilprozessrecht, § 63 III 2; unklar Arens/Lüke, ZivilProzessR, Rn.365; früher auch Blomeyer, FS Lent, S.55 Fn.57; wohl auch RG JW 1936, 2859, 2861; dieser Vorschlag auch bei Zeiss, arglistige Prozesspartei, S.100, 109 und Zeuner, Grenzen der Rechtskraft, S.78 (beide aber ablehnend).

[355] Jauernig, Zivilprozessrecht, § 63 III 2.

Problematisch ist jedoch, dass es nach dieser Lösung auf den Streit im Verfahren und auf die Urteilsbemerkungen ankommen soll, weil eine starre Bindung eben unangemessen sei, vielmehr eine Bindung nur bei explizitem Streit der Parteien und bei Aufnahme in die tragenden Urteilsgründe angebracht sei. Doch müssen die Parteien, auch wenn sie übereinstimmend von der Vertragswirksamkeit ausgegangen sind, genauso gebunden sein, wie wenn sie heftig darum gestritten haben; ersteres, nämlich die Übereinstimmung bei der Beurteilung der Vertragswirksamkeit, spricht gerade für eine Bindung. Auch bei einer Widerklage gäbe es an dem Ergebnis nichts mehr zu rütteln, wenn beide Parteien aufgrund der übereinstimmend bejahten Vertragswirksamkeit zur Leistung verurteilt wurden. Diese Einschränkung kann also nicht überzeugen.
Weiter wird in der Literatur gegen diese Lösung über § 242 vorgebracht, sie sei ein Weg in die Rechtsunsicherheit, weil unklar ist, inwieweit sie die Rechtskraftgrenzen aushöhlt[356] und weil eine Generalklausel schlicht zu unpräzise sei[357]. Dieser Einwand lässt sich jedoch durch die Bildung von typisierenden Fallgruppen ausschließen.
Ferner wird eingewendet, die Lösung über das Verbot widersprüchlichen Verhaltens gebe zunächst ein Band preis, nämlich das des Synallagmas, um dann doch wieder ein inhaltsgleiches Band zu knüpfen, nämlich über das widersprüchliche Verhalten[358]. Sie ignoriere den inneren Widerspruch zwischen den beiden Entscheidungen aufgrund der beiden aufeinander angelegten Rechtspositionen, sie übersehe, dass die synallagmatische Beziehung der eigentliche Angriffspunkt ist, nicht der Verstoß gegen Treu und Glauben[359]. Die Lösung über § 242 verkennt tatsächlich, dass der eigentliche Angriffspunkt der objektive Zusammenhang von Leistung und Gegenleistung ist, der die Bindungserweiterung rechtfertigt, und nicht das darauf aufbauende subjektive widersprüchliche Verhalten. So wie die eine Auffassung zu stark auf objektive Elemente abstellt, so stellt diese Auffassung zu stark auf subjektive Elemente ab.

Doch bleibt schließlich noch eine differenzierende Ansicht in der Literatur[360]. Ihrzufolge soll es insbesondere bei Erhebung der Einrede nach § 320 BGB zu einer vollen Bindung nach § 322 ZPO kommen – insoweit gilt nichts anderes als eben. Dies folge insbesondere aus § 322 II ZPO und daraus, dass in diesem Fall die Parteien und das Gericht zur Frage, ob Anspruch und Gegenanspruch in einem Verhältnis der Gegenseitigkeit stehen, Stellung genommen haben[361]. Wird diese Einrede hingegen nicht erhoben, aus welchen Gründen auch immer, so gibt es keine umfassende

[356] Zeiss, arglistige Prozesspartei, S.111.
[357] Grunsky, Verfahrensrecht, § 47 IV 2b.
[358] Zeuner, Grenzen der Rechtskraft, S.79.
[359] Zeiss, arglistige Prozesspartei, S.77ff.
[360] Rimmelspacher, Streitgegenstandsprobleme, S.196ff., 218ff.
[361] Rimmelspacher, Streitgegenstandsprobleme, S.218ff.

Bindung aufgrund Rechtskraft, weil das Urteil ohne Rücksicht auf den materiell-rechtlichen Zusammenhang ergeht, sondern nur in Bezug auf einen Anspruch, und also eine Rechtskraftbindung nicht gerechtfertigt sei[362]; das zweite Gericht kann dann die Vertragswirksamkeit völlig selbstständig und mithin auch anders als das Erstgericht beurteilen. Allerdings soll es die Leistungsklage abweisen müssen, wenn und weil das Erstgericht den Vertrag entgegen der Meinung des Zweitgerichts für unwirksam gehalten hat, weil nämlich der Gegenleistungsanspruch wegen der Abweisung der Erstklage aufgrund Unmöglichkeit erloschen sei, §§ 275, 323 (nun § 326) BGB; und hält es den Vertrag entgegen der Meinung des Erstgerichts für unwirksam, dann darf es zwar die Klage abweisen, der Erstbeklagte und jetzige Kläger darf dann aber seine Leistung verweigern, notfalls über § 767, oder zurückverlangen nach § 812, weil der in der Erstklage geltend gemachte Anspruch nach §§ 275, 323 erloschen sei, weil sich der Gegenleistungsanspruch nicht durchsetzen lässt.

Im Ergebnis wird der Leistungsaustausch also im Fall des Unterlassens der Einrede nach § 320 BGB stets hinfällig, wenn ein Gericht den Vertrag für unwirksam erachtet, es gibt also gleichsam nur eine negative „Bindung“, nicht aber eine positive Bindung.

Problematisch daran ist zwar, dass dann der Erstbeklagte eine weitere Prozessmöglichkeit hätte, um die Vertragsunwirksamkeit durchzusetzen: angenommen, der Erstbeklagte konnte das Erstgericht nicht davon überzeugen, der Vertrag sei unwirksam; dann könnte er nach dieser Ansicht eben Klage auf Erbringung der Gegenleistung erheben, und in der Klageschrift die seiner Meinung nach bestehende Vertragsunwirksamkeit ausführlich begründen und dann mit anderen Argumenten doch wieder ablehnen, um den Schein zu wahren, dass er von einem wirksamen Vertrag ausgeht, in der Erwartung allerdings, das Zweitgericht werde den Vertrag für unwirksam halten, sodass er doch die Erbringung der Gegenleistung verweigern könne. Also hat er eine weitere ihm an sich nicht zustehende Möglichkeit, die Vertragsunwirksamkeit durchzusetzen – und passieren kann ihm ja nichts, denn entweder er gewinnt den Prozess, dann bekommt er „wenigstens“ die Gegenleistung, oder er verliert ihn, dann braucht er wie gewünscht seine Leistung nicht zu erbringen oder er kann sie wenigstens zurückfordern; allerdings erkauft er sich diese zusätzliche Chance immerhin um den Preis, eventuell die Prozesskosten tragen zu müssen.

Entscheidend spricht aber für diese Ansicht, dass sie nicht pauschal von einer Bindung ausgeht, sondern nur dann, wenn sich die Parteien auch tatsächlich mit der Frage, ob Leistung und Gegenleistung bestehen, auseinander gesetzt haben und damit die wirtschaftliche Bedeutung der Beurteilung der Vertragswirksamkeit, nämlich die entscheidende Voraussetzung für die Einforderung von

[362] Rimmelspacher, Streitgegenstandsprobleme, S.195ff.

Leistung und Gegenleistung zu sein, in den Prozess eingeführt und zum Prozessgegenstand gemacht haben.

Zweifelhaft ist zwar hinsichtlich des materiell-rechtlichen Teils der Lösung, ob der im Erstprozess eingeklagte Anspruch wirklich unmöglich geworden ist oder ob er nicht vielmehr nur prozessual nicht durchsetzbar ist, sodass auch der zweite Anspruch nicht für unmöglich gehalten werden sollte, sondern nur für bloß nicht durchsetzbar, zumal eine Gerichtsentscheidung keine materiell-rechtlich bedeutsame Tatsache darstellt[363] . Und auf ein dauerndes Ausbleiben der Leistung für die Unmöglichkeit abzustellen erscheint deswegen nicht sachgerecht, weil dann genauso bei anhaltender Zahlungsunfähigkeit oder bei Verjährung – auch hier wird die Leistung für immer ausbleiben – der Anspruch erlöschen müsste. Doch kann dies hier offen bleiben, weil es nur um die zivilprozessuale Bindung geht.

Festzuhalten ist demnach, dass nach dieser Ansicht die Beurteilung der Vertragswirksamkeit dann an der Rechtskraft teilnimmt, wenn die Parteien die wirtschaftliche Bedeutung dieser Feststellung zum Prozessgegenstand gemacht haben, indem sie Leistung und Gegenleistung über § 320 in den Prozess eingeführt haben.

Für diese Auffassung spricht weiter, dass dann, wenn eine Partei den Nutzen aus dem Urteil und dem Vertrag gezogen hat, sie sich daran festhalten lassen und dieses Ergebnis anerkennen muss; das ist die positive Wendung der von *Flume* begründeten Formel von der vermögensmäßigen Entscheidung: wenn eine Partei die Leistung nicht mehr zurückgewähren kann, dann darf sie ihre Leistung auch nicht mehr zurückfordern, weil sie den Zusammenhang von Leistung und Gegenleistung bereits realisiert hat[364] – und wenn eine Partei ihren Leistungsanspruch mit Erfolg durchgesetzt hat, wobei auf die Gegenleistung Bezug genommen wurde, dann muss sie auch ihre Leistung erbringen.

Außerdem würde man sonst eine Obliegenheit zur Widerklage- oder wenigstens Zwischenfeststellungsklageerhebung im Erstprozess konstruieren, weil sich sonst der Beklagte der Gefahr widersprüchlicher Entscheidungen aussetzen würde, obwohl die Verantwortung für die widersprüchliche Entscheidung beim Erstkläger liegt, sodass diese Obliegenheit keine Rechtfertigung hat. Auch wäre es prozessunökonomisch, vorsorglich Widerklage erheben zu müssen, nur um widersprüchliche Entscheidungen zu vermeiden, selbst wenn der Kläger fest versprochen hat, er werde leisten, wenn er seine Leistung bekommt; gleiches gilt für die Zwischenfeststellungsklage, wenn über die Vertragswirksamkeit gar nicht gestritten wird, vielmehr beide Parteien von der Vertragswirksamkeit ausgehen, der Beklagte aber trotzdem die Einrede des nichterfüllten Vertrages erhebt.

---

[363]Zeuner, Grenzen der Rechtskraft, S.77.
[364]Flume, NJW 70, 1161, 1163.

Vom Inhalt her ist also die Beurteilung der Vertragswirksamkeit von der Rechtskraft umfasst, nach hier bevorzugter Ansicht allerdings nur für den Fall, dass nach dem Inhalt des Beklagtenvortrags der Zusammenhang von Anspruch und Gegenanspruch, mithin die gemeinsame Grundlage „Vertrag" in seiner vollumfänglichen wirtschaftlichen Bedeutung von Leistung und Gegenleistung zum Prozessgegenstand gemacht wurde.

bbb.) Bindungsumfang nach § 68 ZPO

Nach § 68 ZPO ist der Dritte nicht nur wie bei § 325 in Verbindung mit § 322 an die in Rechtskraft erwachsenden Feststellungen gebunden, sondern auch an sämtliche das Urteil tragenden tatsächlichen und rechtlichen Feststellungen, einschließlich der Beurteilung präjudizieller Rechtsverhältnisse[365]. Diese weitgehende Bindung sowohl für den Fall der Streitverkündung als auch den Fall der Nebenintervention rechtfertigt sich aus der Erwägung, dass der Zweitprozess mit dem Streitverkündeten bzw. Nebenintervenienten nur noch eine Fortsetzung des Erstprozesses ist, weil der Dritte bereits als wirtschaftlich Betroffener im Erstprozess agiert hat, jedenfalls agieren konnte, sodass der Prozesstoff in seinen wesentlichen im Urteil zum Ausdruck gekommenen Elementen übergeleitet werden kann.

Eine Bindung gegenüber der Hauptpartei tritt allerdings dann nicht ein, wenn der Dritte aufgrund des Zeitpunkts seines Eintritts Angriffs- oder Verteidigungsmittel nicht geltend gemacht hat oder wenn sie ihm unbekannt waren und die Hauptpartei diese absichtlich oder grob fahrlässig nicht geltend gemacht hat, § 68 HS.2. Ferner gibt es nach überwiegender Meinung keine Bindung des Dritten *zu Lasten* der Hauptpartei[366], und gegenüber der anderen Partei fehlt die Bindung schon von vornherein[367].

Denn der Dritte soll nur insofern gebunden sein, als er die Chance hatte, die für ihn nachteiligen bindenden Ergebnisse inhaltlich zu bekämpfen. Konnte er aber aufgrund verspäteteten Eintritts oder aufgrund von Fehlern der Hauptpartei auf bestimmte Ergebnisse keinen Einfluss mehr nehmen, dann ist eine Bindung nicht gerechtfertigt, weil er insofern keine Gelegenheit im Verfahren hatte, dieses Ergebnis zu verhindern[368]. Wenn er im ersten Prozess keine Chance hatte, seinen Standpunkt vorzutragen, dann muss er sie wenigstens im zweiten Prozess haben. Dabei ist die Begrenzung des Umfangs an Handlungsbefugnissen für den Dritten, die die Einschränkung der Bindung zum Teil verursacht, notwendig, weil es nicht Schutzzweck der Streitverkündung bzw. Nebenintervention ist, dass sich der Dritte unter allen Umständen vor einem für ihn schlechten Pro-

---

[365] Thomas/Putzo, § 68 Rn.5, 7.

[366] BGH NJW 1997, 2385, 2386; BGH NJW 1987, 2874; RGZ 153, 271, 274; MK-ZPO-Schilken, § 68 Rn.9; RSG, ZivilprozessR, § 50 V 2; Schellhammer, Zivilprozessrecht, Rn.1633; Thomas/Putzo, § 68 Rn.1.

[367] MK-ZPO-Schilken, § 68 Rn.8.

zessergebnis schützen kann, sondern dass er der Hauptpartei zur Seite steht, damit aber ihr grundsätzliches Prozessvorgehen respektiert, also gleichsam ihre „Richtlinienkompetenz“ anerkennt.
Dass der Dritte nur zu seinen Lasten gebunden ist, beruht demgegenüber darauf, dass er sich in einem Interessenkonflikt befinden kann[369]. Befürchtet er nämlich einen Regressanspruch desjenigen, dem er beigetreten ist, so wird er zwar alles tun, um die Regresssituation schon von vornherein nicht entstehen zu lassen, er wird aber gleichzeitig auch versuchen, den Schaden als möglichst gering darzustellen, damit der ihm drohende Regreß möglichst gering ausfällt. Der Dritte wendet sich also gleichzeitig gegen seine Hauptpartei, die er eigentlich unterstützen soll – er erweist sich gleichsam als trojanisches Pferd. Deswegen wird der Dritte nur zu seinen Lasten gebunden, weil es dann unerheblich ist, ob der Dritte den Schaden der Hauptpartei als möglichst gering darzustellen versucht, weil er sich sowieso nicht auf das Urteil zu seinen Gunsten berufen kann und also im Regressprozess die Frage der – über die Feststellung im Erstprozess eventuell hinausgehenden – Schadenshöhe von neuem geklärt wird.
Und dass schließlich gegenüber der anderen Partei keinerlei Bindung eintritt, rechtfertigt sich daraus, dass der Dritte in keiner spezifischen materiellrechtlichen Beziehung zur anderen Partei steht, die aber gerade der Anknüpfungspunkt für Nebenintervention und Streitverkündung ist, und weil er außerdem sonst entweder dieser Partei beitreten könnte und würde oder die andere Partei dem Dritten den Streit verkünden könnte[370]. Folglich ist kein Rechtfertigungsgrund für eine Bindung ersichtlich.

cc.) Ergebnis

Nach der Wertung der §§ 325 ff. ZPO ist eine Bindung des Dritten möglich, wenn die Erstpartei materiell verfügungsbefugt und ausschließlich prozessführungsbefugt ist. Vom Inhalt her ist dabei der Dritte wie die Prozessparteien nicht nur an die gemäß § 322 nach allgemeiner Ansicht in Rechtskraft erwachsenden Feststellungen gebunden, sondern auch an die Beurteilung der Vertragswirksamkeit, wenn der Zusammenhang von Leistung und Gegenleistung und mithin die gemeinsame vertragliche Grundlage explizit zum Prozessgegenstand gemacht wurde.
Nach § 72 (in Verbindung mit § 68) ist der Dritte gebunden, wenn der Streitverkünder Gefahr läuft, auch den Prozess gegen den Dritten zu verlieren, obwohl er ihn entsprechend dem Ausgang des Erstverfahrens gewinnen müsste, nach § 64, wenn der Dritte die Chance zur Verteidigung bereits im Erstprozess genutzt hat. Vom Inhalt her ist der Dritte dabei nach § 68 deutlich umfassen-

[368] Ziegert, Interventionswirkung, S.42f.
[369] BGH JZ 1987, 1033, 1034.
[370] Ziegert, Interventionswirkung, S.181f.

der gebunden, weil auch die wesentlichen das Prozessergebnis tragenden Feststellungen bindende Wirkung gegenüber dem Dritten entfalten.

b.) Anwendung auf den mehrseitigen Austauschvertrag

Damit stellt sich nun die Frage nach der Übertragbarkeit der gesetzlichen Wertung und der Anwendbarkeit der einzelnen Institute auf die Prozesssituation beim mehrseitigen Austauschvertrag.

aa.) Hinsichtlich der Bindung des Dritten dem Grunde nach

Eine Übertragung der Wertung aus §§ 325 ff. für die Bindung dem Grunde nach könnte sich aus dem hier vertretenen Zweipflichtenmodell rechtfertigen: C und B haben beide einen Anspruch gegen A auf Leistung an B, B einen vollen Leistungsanspruch, C einen „reduzierten" Schutzanspruch, einen Rechtsbehelf; der eigentlich wirtschaftlich Betroffene ist dabei B, weil ihm die Leistung zugutekommt, und B kann durch die Verfügung über seinen Anspruch gegen A zugleich über den Anspruch des C gegen A verfügen. Weil C bzgl. seines Hilfsanspruchs schon materiell-rechtlich im Bestehen des Anspruchs voll von B abhängig ist, B kann mitsamt seinem Anspruch auch den Schutzanspruch des C vernichten, muss er erst recht bei der Geltendmachung dieses Anspruchs, mithin bei der prozessualen Durchsetzung abhängig, mithin gebunden sein. Das ist die Wertung des § 325: der Dritte ist an das Ergebnis des vom materiell Verfügungsbefugten geführten Prozesses gebunden. Klagt also B seinen Anspruch ein, so ist C bzgl. seines „Hilfs"anspruchs an die Entscheidung aus der Erstklage B gegen A gebunden.
Doch fragt sich, ob sich daraus auch folgern lässt, dass C bzgl. seiner Leistungspflicht gegenüber A und bzgl. seines Gegenleistungsanspruchs gegen B gebunden ist, und also nicht nur bzgl. seines Schutzanspruchs gegen A auf Leistung an B. Entscheidend und hier allein fraglich ist, ob der Dritte bzgl. seines eigenen wirtschaftlichen Anspruchs und seiner Pflicht und nicht nur bzgl. des Hilfsanspruchs gebunden ist.
Aus dieser Bindung bzgl. des Hilfsanspruchs lässt sich jedoch nichts für die Bindung bzgl. des eigenen Anspruchs und der eigenen Pflicht folgern. Denn der im materiell-rechtlichen Teil herangezogene Gedanke des Synallagmas zur Verbindung von Hilfsanspruch und eigenem Anspruch bzw. eigener Pflicht sagt nichts darüber aus, ob auch in der prozessualen Situation eine Verklammerung möglich ist; diese Argumentation lässt sich also nicht übertragen. Eine andere Argumentation, die an die Stelle des im materiell-rechtlichen Teil verwendeten Synallagmas treten könnte, ist aber nicht ersichtlich.

Unmittelbar und direkt für den Fall, dass C seinen eigenen Anspruch gegen B geltend macht, läßt sich die Wertung aus §§ 325ff. indes nicht übertragen, weil keiner von beiden der wirtschaftlich eigentlich Betroffene ist, sondern sie beide gleichermaßen wirtschaftlich betroffen sind, und keiner von beiden materiell verfügungsbefugt über den Anspruch des anderen ist. Diesbezüglich ist § 325 also keine eigenständige Wertung zu entnehmen.
Die Wertung der §§ 325 ff. ist also auf das hier fragliche Problem beim mehrseitigen Austauschvertrag nicht übertragbar.

Es bleibt aber noch die Wertung der Nebeninterventions- und der Streitverkündungswirkung.
Erstere ist rein verfahrensbezogen: wenn sich der Dritte bereits an einem Verfahren beteiligt hat, dann soll er nicht noch einmal die Chance zu einer zweiten Verteidigung bekommen. Aufgrund dieser Verfahrensbezogenheit und damit der Loslösung vom inhaltlichen Streitgegenstand ist die Nebenintervention damit gleichermaßen auf den mehrseitigen Austauschvertrag anwendbar. Wenn sich also der Dritte C am Prozess zwischen B und A beteiligt, ist er in seinem Prozess gegen B oder im Prozess des A gegen ihn gebunden.
Dabei ist die Nebenintervention auch von den Anwendungsvoraussetzungen her einschlägig, da ein rechtliches Interesse bereits dann besteht, wenn der Dritte in seiner Rechtsstellung betroffen ist. Hält das Gericht des Prozesses zwischen B und A den Vertrag für unwirksam, so ist auch C davon betroffen, weil er seine vertraglichen Ansprüche verlieren würde. Also hat er ein rechtliches Interesse, diese Entscheidung zu beeinflussen, sprich sie möglichst hinsichtlich der Vertragsunwirksamkeit zu verhindern. Der Dritte C kann sich also im Wege der Nebenintervention am Prozess zwischen B und A beteiligen. In diesem Fall ist er nach § 68 gebunden.
Die Streitverkündung soll demgegenüber den Streitverkündenden davor bewahren, dass er zwei Prozesse verliert, obwohl er einen Prozess gewinnen müsste. Beim mehrseitigen Austauschvertrag will sich B davor schützen, dass er nicht in einem zweiten Verfahren zur Leistung an C verurteilt wird, obwohl er seinen Anspruch gegen A in seinem ersten Verfahren nicht durchsetzen konnte. Und A will sich davor schützen, dass er in einem zweiten Prozess gegen C die Leistung von ihm nicht erzwingen kann, obwohl er im ersten Prozess des B gegen ihn zur Leistung an B verurteilt wurde. Das ist genau die Situation, vor der die Streitverkündung eine Partei bewahren will. Die Wertung ist mithin übertragbar.
Das spiegelt sich in der Voraussetzung der Streitverkündung wider: Nach § 72 Alt.1 ist eine Streitverkündung möglich, wenn der Streitverkünder einen Regressanspruch gegen den Dritten zu haben glaubt – der auch in einem vertraglichen Erfüllungsanspruch bestehen kann –, nach § 72 Alt.2, wenn der Streitverkünder einen Anspruch des Dritten gegen sich befürchtet. Diese letzte Alternati-

ve umfasst dabei auch Fälle, in denen dem Streitverkünder allgemein und nicht nur wegen mangelhafter Prozessführung eine Inanspruchnahme durch den Dritten droht, da es in § 68 nur „für den Fall“ und nicht „wegen“ heißt[371].

Beim mehrseitigen Austauschvertrag will sich der Kläger B davor schützen, dass er nicht nur den Prozess gegen A auf Erbringung der Leistung verliert, sondern auch noch als Beklagter den Prozess, den C gegen ihn auf Erbringung der Leistung angestrengt hat, verliert, weil das Zweitgericht entgegen der Auffassung des Erstgerichts den Vertrag für wirksam hält. Oder der Beklagte A will sich davor schützen, dass er im Erstprozess zur Leistung an B verurteilt wird, aber den zweiten Prozess, den er gegen C auf Leistungserbringung an sich führt, verliert, obwohl er diesen Prozess nach dem Ergebnis des ersten Prozesses gewinnen müsste, ihn jedenfalls nicht wegen Unwirksamkeit des Vertrages nach Meinung des Zweitgerichtes verlieren dürfte. Der Kläger B befürchtet also einen Anspruch des Dritten C gegen sich, oder der Beklagte A möchte einen Anspruch gegen den Dritten C geltend machen.

Zwar ist der Gegenleistungsanspruch des Beklagten A gegen den Dritten kein Regressanspruch, aber man kann ihn doch insofern als den in § 72 genannten Anspruch auf Schadloshaltung bezeichnen, als sich A für die Verpflichtung zur Leistung an B dadurch bei C schadlos hält, dass er die Gegenleistung von C erzwingt. Und dass der drohende Anspruch des C gegen den Kläger B unter § 68 fällt, ergibt sich daraus, dass B gerade wegen des Prozessverlusts gegenüber A eine Klage des C befürchten muss, weil er sich wegen des Prozessverlusts weigern wird, seinerseits an C eine Leistung zu erbringen.

Auch die Voraussetzungen des § 72 sind also erfüllt.

Nebenintervention und Streitverkündung sind folglich dem Grunde nach auf den mehrseitigen Austauschvertrag anwendbar, was auch in der Literatur jedenfalls für die Nebenintervention vorgeschlagen wird[372], eine Bindung des Dritten ist also prinzipiell möglich.

bb.) Hinsichtlich der Bindung des Dritten dem Inhalt nach

Doch fragt sich noch, inwieweit der Dritte gebunden ist.

Da die Lösung über § 325 bereits dem Grunde nach ausgeschieden ist, erübrigt sich eigentlich die Überlegung, ob das Ergebnis zu § 322 wertungsmäßig übertragbar ist. Doch würde eine wertungsmäßige Übertragung insofern die allein verbleibende Lösung über §§ 64 ff. stützen, als § 68 im Grundsatz, mithin sofern nicht die beiden Ausnahmeklauseln des § 68 greifen, die nach § 322 in

---

[371] Ziegert, Interventionswirkung, S.124.

[372] Pfister, JZ 1971, 284 Fn.6, allerdings ohne nähere Ausführung und Begründung und ohne konkreten Bezug zum hier angesprochenen Problemkreis.

Rechtskraft erwachsenden Festsstellungen erfasst und damit insofern eine weitere Wertungsgrundlage für die Lösung nach § 68 gefunden wäre.

Dass von § 322 auch die Beurteilung der Vertragswirksamkeit erfasst ist, beruht darauf, dass nur so die Abhängigkeit von Leistung und Gegenleistung zur Geltung gebracht werden kann, jedenfalls dann, wenn die Abhängigkeit zum Prozessgegenstand gemacht wurde[373]. Um die Abhängigkeit von Leistung und Gegenleistung geht es aber gleichermaßen auch beim mehrseitigen Austauschvertrag. Also wäre auch hier die Beurteilung der Vertragswirksamkeit von der Rechtskraft erfasst im Bezug auf den Dritten (sofern die Rechtskraft auch auf den Dritten erstreckt wäre). Wertungsmäßig wäre § 322 damit auf den mehrseitigen Austauschvertrag anwendbar – es fehlt allerdings an einer Rechtskrafterstreckung auf den Dritten nach §§ 325 ff.

Da § 68 demgegenüber dem Grunde nach konstruktiv und wertungsmäßig anwendbar ist, fragt sich, ob auch der Umfang der Bindung nach § 68 wertungsmäßig für den mehrseitigen Austauschvertrag passt.

Prinzipiell ist der Dritte an sämtliche wesentlichen rechtlichen und tatsächlichen Feststellungen gebunden, weil der Prozess mit dem Dritten gleichsam nur eine Fortsetzung des Erstprozesses sein soll. Nicht anders verhält es sich beim mehrseitigen Austauschvertrag – auch hier sollen etwaige Folgeprozesse hinsichtlich der inhaltlich überhaupt übertragbaren Ergebnisse, nämlich die Beurteilung der Vertragswirksamkeit und des Leistungsumfangs, nur eine Fortsetzung des Erstprozesses sein. Die umfassende Bindung ist also gerechtfertigt.

Auch die lediglich partielle Bindung für den Fall, dass der Dritte bestimmte Verteidigungsmittel nicht geltend machen konnte, ist gerechtfertigt, weil sich die Bindung allein aus der Möglichkeit, den Prozessausgang zu beeinflussen, rechtfertigt und mithin dann nicht eintreten kann, wenn es an dieser Möglichkeit der Beeinflussung fehlt. Diese Wertung ist aufgrund ihrer Verfahrensbezogenheit losgelöst vom unmittelbaren Prozessgegenstand und damit auf den mehrseitigen Austauschvertrag übertragbar, weil es auf den Prozessgegenstand nicht ankommt.

Problematisch ist allerdings, dass der Dritte nur zu seinen Lasten gebunden wäre. Das führt in bestimmten Prozesssituationen zu erheblichen Problemen: Hat B den A erfolgreich auf Leistung verklagt, wobei A dem C den Streit verkündet hat, dann wäre an sich C zu seinen Lasten gegenüber A gebunden, sodass A erfolgreich die Leistungserbringung von C einklagen könnte. Hat dann aber C den B verklagt hat und diesen Prozess verloren – er wäre ja nicht zu seinen Gunsten an das Ergebnis des ersten Prozesses B gegen A gebunden, selbst wenn ihm nicht von A, sondern von B der Streit verkündet worden wäre oder er dem B von sich aus beigetreten wäre –, müsste C trotzdem noch an A die Leistung erbringen, ohne dass er von B die Gegenleistung bekommt; würde man

[373] S.D.II.4.a.bb.aaa.

umgekehrt meinen, C müsste nicht mehr die Leistung an A erbringen, weil er von B die Gegenleistung nicht bekommt, hätte A das Problem, dass er die Gegenleistung von C nicht bekommt, obwohl er an B die Leistung urteilsgemäß erbracht hat, sodass er entweder den Verlust voll zu tragen hätte oder jedenfalls das Rückforderungsrisiko bzgl. seiner Leistung tragen müsste. Das alles ließe sich nur dadurch vermeiden, dass es zu einer Bindungswirkung zu Gunsten des Dritten kommt.

Die Wertung bei § 68 schließt dies auch nicht aus. Dass die Bindung bei § 68 limitiert ist, rechtfertigt sich nämlich allein daraus, dass ein Interessenkonflikt zu befürchten ist, wenn der Dritte eine Bindung auch zu seinen Gunsten herbeiführen könnte[374]. Ein solcher Interessenkonflikt besteht aber nicht, wenn es um eine reine entweder-oder-Entscheidung geht, die die Parteien jeweils gegenteilig herbeizuführen beabsichtigen. Denn dann erweist sich der Dritte nicht als Gefahr, weil er nur die ihm richtig erscheinende „Linie" einer von beiden Hauptparteien mitzuvertreten braucht und also die jeweilige Hauptpartei vollumfänglich unterstützt. Eine Bindung zu Gunsten des Dritten ist also dann möglich, wenn ein Interessenkonflikt nicht besteht, zumal die Bindung nur zu Lasten des Dritten kein wesensnotwendiges Element der Streitverkündung / Nebenintervention ist. Geht es dagegen um eine graduelle Entscheidung, geht es also etwa um die Höhe der Leistung und nicht um die entweder-oder-Frage der Wirksamkeit des Rechtsgrundes der Leistung, ist ein Interessengegensatz zu befürchten, weil hier der Dritte versucht sein könnte, etwa einen Mangel der Leistung als möglichst geringfügig darzustellen, um den potentiellen Regress gegen ihn gering zu halten. Insoweit kann keine Bindung zu Gunsten des Dritten bestehen; das ist aber bei einem Streit um vertragliche Ansprüche auch gar nicht notwendig, weil es genügt, dass das präjudizielle Rechtsverhältnis des Vertrages und die etwaige Tatsache des Mangels und der Minderung überhaupt festgestellt wird. § 68 ist also unter Zugrundelegung seiner Wertung insofern berichtigend auszulegen, als eine Bindung zugunsten des Dritten dann besteht, wenn kein Interessenkonflikt auf Seiten des Dritten besteht und die diesbezüglichen Feststellungen eindeutig isolierbar sind[375].

Das ist beim mehrseitigen Austauschvertrag immer dann der Fall, wenn es um die entweder-oder-Entscheidung der Vertragswirksamkeit oder Vertragsunwirksamkeit geht, weil sich hier der Dritte immer auf eine von beiden Parteiseiten stellen kann, wenn diese Frage unter den Parteien überhaupt umstritten ist[376], und also insofern kein „trojanisches Pferd" ist; ein Interessengegensatz be-

---

[374] s.D.II.4.a.bb.bbb.

[375] Häsemeyer, ZZP 84, 179, 195.

[376] Schwierig wird es nur, wenn der Dritte den Vertrag für unwirksam hält, Kläger und Beklagter dagegen den Vertrag übereinstimmend für wirksam halten und der Beklagte nur aufgrund einer Einrede nicht leisten will. Dann könnte der Dritte, weil er sich mit seinen Handlungen nicht in Widerspruch zur Hauptpartei setzen darf, auf keiner Seite seine Annahme der Vertragsunwirksamkeit vortragen. In diesem Fall ist der Dritte dann aber auch nicht gebunden, § 68 aE. Der Beklagte könnte sich also nicht gegenüber dem Dritten auf die Vertragswirksamkeit mit bindender Wirkung berufen. In diesem Fall müsste der Beklagte Drittwiderklage gegen den Dritten erheben, um seinen Anspruch gegen den Dritten sicher durchzusetzen; das rechtfertigt sich daraus, dass weder der Kläger noch der Beklagte auf die Interessen

steht nur dann, wenn es etwa um die Höhe der Leistungsreduzierung geht, weil hier der Dritte versucht sein könnte, diese Reduzierung möglichst gering zu halten, damit er eine möglichst hohe Gegenleistung bekommt. Diese Fälle sind aber klar unterscheidbar, sodass eine Differenzierung, wann der Dritte nur zu seinen Lasten und wann er auch zu seinen Gunsten gebunden ist, möglich ist. Die Interventionswirkung tritt also auch zugunsten des Dritten ein.

Der Dritte ist ferner nur gegenüber der Hauptpartei, die ihm den Streit verkündet hat oder der er als Nebenintervenient beigetreten ist, gebunden, nicht aber gegenüber der gegnerischen Partei. Das erscheint für den mehrseitigen Austauschvertrag auf den ersten Blick insofern zweifelhaft, als die Gefahr widersprüchlicher Entscheidungen mangels umfassender Bindung des Dritten doch nicht vollumfänglich gebannt ist. Dem ist aber bei genauerer Betrachtung nicht so: Angenommen, B verklagt A auf Leistung. Wenn keiner von beiden dem C den Streit verkündet, verzichten sie auf den Schutz durch Bindung, und also ist diese auch nicht nötig. Verkündet hingegen etwa nur A dem C den Streit, dann ist C nur gegenüber A gebunden, nicht aber gegenüber B; wenn dann B seinen Prozess gegen A verliert, kann trotzdem die Klage des C gegen ihn Erfolg haben – aber das ist gerechtfertigt, weil B auf den Schutz durch die Streitverkündung verzichtet hat; und wenn C die Möglichkeit der Nebenintervention bei B nicht nutzt, dann ist er zu seinen Gunsten nicht gegenüber B gebunden (C kann selbst dann dem B beitreten, wenn er wie A den Vertrag für unwirksam hält, weil er den B nicht unterstützen muss, sondern einfach das Prozessergebnis abwarten kann).

Und wenn schließlich sowohl A als auch B dem C den Streit verkünden, dann ist C gegenüber beiden gebunden. Zwar liegt die spezifische Gefahr der Doppelstreitverkündung darin, dass sich die beiden Streitverkündungen neutralisieren, also keine Bindung mehr besteht, weil der Dritte jeweils einwenden könnte, er konnte die für ihn positiven Tatsachen nicht vortragen, weil er sich damit in Widerspruch zum Vortrag jeweils einer Partei gesetzt hätte[377]. Indes kommt es nur auf den konkreten Beitritt an – nur so lässt sich bestimmen, mit welchem Vortrag der Dritte tatsächlich ausgeschlossen ist[378]. Das schließt aber die Bindung gegenüber der jeweils anderen Partei nicht aus, wenn und weil sich der Dritte zu deren Ausführungen nicht in Widerspruch setzen konnte, insbesondere etwa im Fall der Beurteilung der Vertragswirksamkeit, weil hier der Dritte nur eine von zwei möglichen Positionen einnehmen kann. Außerdem rechtfertigt die hier vertretene Bindung des Dritten auch zu seinen Gunsten den Nachteil der Bindung gegenüber der anderen Partei. Die Parteien des Erstprozesses können sich mithin adäquat durch eine Doppelstreitverkündung schützen, wobei der Dritte gegenüber beiden gebunden ist.

---

des Dritten Rücksicht nehmen, sodass sie auch nicht erwarten können, dass der Dritte an das Prozessergebnis gebunden ist.

[377] Ziegert, Interventionswirkung, S.172.

[378] Ziegert, Interventionswirkung, S.172ff.

Damit ist die Bindung auch dem Inhalt nach gemäß § 68 wertungsmäßig übertragbar. Widersprüchliche Entscheidungen lassen sich also durch die Bindung über § 68 vermeiden. Zwar führt diese Bindung an ein eventuell ungünstiges Ergebnis zu einer Quasi-Pflicht zur Prozessführung auch des Dritten, selbst wenn er mit dem Prozess nichts zu tun haben möchte. Denn er wird an ein für ihn negatives Ergebnis gebunden, sodass er tunlichst am Prozess teilnehmen sollte, um dieses Ergebnis zu verhindern. Außerdem bewirkt diese Bindung mit der Quasi-Pflicht zur Prozessführung des Dritten eine Zuständigkeitskonzentration, d.h. eine Einebnung der unterschiedlichen örtlichen Zuständigkeiten, weil alle drei Vertragspartner zur Vermeidung von Nachteilen am Erstklageort verhandeln müssen. Aber das rechtfertigt sich gerade aus der gesetzlich vorgesehenen Möglichkeit der Streitverkündung.

Diese Bindung führt andererseits aber auch nicht dazu, dass eine abweichende Entscheidung aufgrund einer Veränderung der Sach- und Rechtslage nicht mehr möglich wäre. Denn bei einer Veränderung der Sach- und Rechtslage nach Abschluss des ersten Prozesses wird die dortige Entscheidung gar nicht negiert, weil sich die Entscheidungsbasis verändert hat und also die Erstentscheidung „unter anderen Vorzeichen" erging. Deshalb tritt etwa dann, wenn B aufgrund eines Sachmangels eine Minderung einklagt, keine Bindung für C dergestalt ein, dass er nun nicht mehr wie im materiellrechtlichen Teil postuliert[379] zurücktreten kann. Denn in einem zweiten Rückforderungsprozess wird nicht die Vertragswirksamkeit von C negiert, sondern er macht ein eigenes Gewährleistungsrecht geltend, das zu einer neuen Rechtslage, nämlich zu einer Zerstörung des Synallagmas, geführt hat; dann ist auch A nicht mehr an das Prozessergebnis gegen B gebunden, weil sich aufgrund des Rücktritts die Sach- und Rechtslage geändert hat. Insoweit greift die Bindungswirkung also nicht.

cc.) Vergleich mit der Situation im Zweipersonenverhältnis

In der Möglichkeit der Streitverkündung und Nebenintervention liegt zugleich auch ein Vorteil im Dreipersonensystem, das den Nachteil, dass bestimmte Schutzmöglichkeiten im Zweipersonensystem nicht gleichermaßen im Dreipersonensystem passen, aufwiegt:

Im Zweipersonensystem hat der Beklagte die Möglichkeit, seinen Gegenleistungsanspruch im Wege der Widerklage einzuklagen[380], wobei er sogar die Widerklage unter die Bedingung stellen kann, dass die Erstklage des Widerbeklagten und ursprünglichen Klägers erfolgreich ist[381]. Oder er

[379] s.C.II.6.b.bb.aaa.
[380] BGH FamRZ 1984, 878, 878 (LS), 879.
[381] BGH NJW 1996, 2306 (LS); Schellhammer, ZivilprozessR, Rn.1580.

kann wenigstens die Vertragswirksamkeit im Wege der Zwischenfeststellungsklage nach § 256 II feststellen lassen[382], um sich so vor der widersprüchlichen Entscheidung, nämlich Klageabweisung wegen Vertragsunwirksamkeit, im zweiten Prozess zu schützen. Der Kläger hat andererseits die Möglichkeit, im Wege der Zwischenfeststellungsklage die Vertragswirksamkeit feststellen zu lassen, um sich so im Fall der Unbegründetheit der Klage wenigstens davor zu schützen, dass der Beklagte als Kläger des zweiten Prozesses doch erfolgreich die Leistung durchsetzt, obwohl das Erstgericht entgegen der Meinung des Klägers davon ausgegangen ist, dass der Vertrag unwirksam ist.

Im Dreipersonenverhältnis hat der Beklagte dagegen die Möglichkeit zur bedingten Widerklageerhebung nicht, weil gegen einen Dritten eine bedingte Klageerhebung nicht möglich ist, da für den Dritten dann nicht klar wäre, ob er in ein Prozessrechtsverhältnis eingebunden ist oder nicht[383]; also müsste der Beklagte hier das volle Prozess- und Kostenrisiko einer unbedingten Klage gegen den Dritten tragen.

Genausowenig steht dem Beklagten eine Zwischenfeststellungsklage offen, weil gegen den Dritten kein Prozess anhängig ist, sodass eine *Zwischen*feststellungsklage ausscheidet. Und bei einer eigenständigen Feststellungsklage besteht das Problem der unterschiedlichen Gerichtsstände und der widersprüchlichen Entscheidungen. Diese Probleme fielen zwar bei einer Feststellungswiderklage weg. Dann bliebe aber immer noch das Kostenproblem, entweder für den Widerkläger oder für den Widerbeklagten, weil im Gegensatz zur Zwischenfeststellungsklage eine eigene selbständige Widerklage erhoben wurde, die nicht in den degressiven Gebührenstreitwert miteinbezogen werden kann.

Auch der Kläger könnte keine Zwischenfeststellungsklage erheben, weil gegen den Dritten C kein Prozess anhängig ist und also auch nicht der Klageantrag erweitert werden kann, sodass eine *Zwischen*feststellungsklage ausscheidet. Eine Feststellungswiderklage würde zwar das gleiche Ergebnis herbeiführen. Aber erstens müsste diese unbedingt mit dem möglichen Kostenrisiko erhoben werden. Und zweitens ist äußerst fraglich, ob der Kläger eine Feststellungswiderklage gegen den Dritten C erheben kann – eine Widerklage setzt eine Klage voraus, an der es hier aber beim Dritten fehlt. Falls man deshalb eine Feststellungswiderklage für unzulässig hält, bleibt nur noch eine normale Feststellungsklage, bei der aber das Problem der unterschiedlichen Gerichtsstände und der widersprüchlichen Entscheidungen bestände.

Schließlich wäre aus Sicht des Dritten das Schutzniveau niedriger, wenn es für ihn nur eine Widerklage- und Feststellungsklagelösung wie im Zweipersonensystem gäbe:

---

[382]BGH FamRZ 1984, 878, 878 (LS), 879.

[383]MK-ZPO-Patzina, § 33 Rn.32; Stein/Jonas-Bork, Vor § 59 Rn.3; Zöller-Vollkommer, § 60 Rn.10.

Die Zwischenfeststellungsklage ist nämlich für den Dritten nicht gleich geeignet. Denn der Dritte könnte diese nur als Feststellungs*wider*klage erheben, anders kommt er nicht in den Prozess, weil er keine originäre Prozesspartei ist, sodass er keine bloße *Zwischen*feststellungsklage erheben kann. Dann muss er wegen der Eigenart der Klage als Widerklage aber eventuell das Gegenteil von dem einklagen, was er eigentlich will, weil er diese gegen den Kläger des Erstprozesses erheben muss, obwohl er vielleicht wie der Beklagte von der Unwirksamkeit des Vertrages ausgeht. Darüberhinaus ist der aus seiner Sicht Dritte, also der ursprüngliche Beklagte, neben dem Widerbeklagten und ursprünglichen Kläger, nicht an das Prozessergebnis der Widerklage gegen den ursprünglichen Kläger gebunden. Eine Feststellungswiderklage könnte aber nicht gegen den Erstbeklagten A gerichtet werden, weil weder B noch C von A verklagt wurden, sodass eine *Wider*klage gegen A ausscheidet.

Das alles zeigt, dass es eine weitere Schutzmöglichkeit geben muss für das Dreipersonensystem, und zwar die Möglichkeit zur Nebenintervention und Streitverkündung, sodass die Nachteile der Widerklage und Zwischenfeststellungsklage aufgewogen sind.

dd.) Verhältnis zur Möglichkeit der umfassenden Streitbeilegung über Widerklage und Streitgenossenschaft

Macht der Dritte von der ihm zur Verfügung stehenden Möglichkeit der Streitbeilegung durch Widerklageerhebung Gebrauch oder wird er vom Beklagten widerverklagt, so bedarf es der („milderen“) Nebenintervention nicht, weil er dann bereits als Partei am Prozess mitwirkt und also eine Extrabeteiligung überflüssig wäre.

Eine Streitverkündung ist dennoch nicht ausgeschlossen, weil Streitverkündeter nur nicht sein kann, wer zugleich Partei des Verfahrens ist. Die Widerklage schafft aber im Bezug auf den jeweiligen anderen Dritten einen eigenen Prozess, sodass insofern unter dem Blickwinkel der Klage keine Parteistellung vorliegt und also eine Streitverkündung möglich bleibt. Hat also C gegen B Widerklage erhoben, kann A weiterhin im Prozess des B gegen ihn dem C den Streit verkünden, und hat A Widerklage gegen C erhoben, so kann C dem B in diesem Prozess den Streit verkünden, um sich so vor widersprüchlichen Entscheidungen zu schützen.

Doch fragt sich damit zugleich, ob die Möglichkeit des Dritten zur Nebenintervention bzw. die Möglichkeit des Erstbeklagten zur Streitverkündung überhaupt eine eigene Existenzberechtigung in Anbetracht der Möglichkeit zur umfassenden Streitbeilegung haben. Man könnte nämlich der Auffassung sein, der Beteiligung des Dritten in Form eines eigenen Instituts bedürfe es nicht, da Widerklage erhoben werden kann und also eine zusätzliche Beteiligung überflüssig ist.

Dagegen spricht jedoch, dass es nicht zu rechtfertigen wäre, dem Dritten oder dem Beklagten eine Klage zuzumuten statt einer bloßen Beteiligung in Form der Nebenintervention bzw. Streitverkündung. Denn dass der Dritte anders als bei der Beteiligung das Prozess- und Kostenrisiko einer Klage soll tragen müssen, allein um durch die Teilnahme am Prozess eine für ihn günstige Entscheidung zu erlangen, ist unter dem Gesichtspunkt der Prozessökonomie und der Ökonomischen Analyse des Rechts, wonach durch die Rechtsordnung nicht zielinkonnexe Kosten und unnötiger Aufwand verursacht werden sollte, kaum einleuchtend. Außerdem kann wegen dieses zusätzlichen Aufwands nicht von einer Äquivalenz der Institute gesprochen werden, zumal die Widerklage keine das Kostenrisiko rechtfertigende Vorteile bieten muss, wenn nämlich die Leistungspflicht zwischen Widerbeklagtem und Widerkläger je nach Erstprozessausgang unstreitig ist und also keine Klage erforderlich wäre, sondern Bindung und Beteiligung völlig genügten. Und der Kläger hätte ohne die Möglichkeit der Streitverkündung sowieso keine Möglichkeit, eine Bindung gegenüber dem Dritten herbeizuführen.

Aufgrund dessen ist es nicht gerechtfertigt, auf die Beteiligungslösung zu verzichten und den Dritten und den Beklagten allein auf die Möglichkeit der Widerklage zu verweisen. Streitverkündung und Nebenintervention haben also trotz der Möglichkeit der Drittwiderklage eine eigene Existenzberechtigung.

ee.) Voraussetzung für die Bindung: Beteiligung

Da sich die Bindung des Dritten aus der Nebenintervention bzw. Streitverkündung ergibt, ist zugleich die Voraussetzung für eine Bindung erfüllt, nämlich die Möglichkeit für den Dritten zur Beteiligung am die Bindungswirkung entfaltenden Prozess. Die Bindung setzt nämlich die Mitwirkungsmöglichkeit des Dritten im Erstprozess voraus[384], weil eine Bindung ohne Beteiligung grundsätzlich eine nicht gerechtfertigte Verletzung des Anspruchs auf rechtliches Gehör wäre[385]. Der Dritte muss auf das Prozessergebnis Einfluss nehmen und in das Prozessgeschehen eingreifen können, um einen auch für ihn nachteiligen Ausgang zu verhindern, weil der Dritte an dieses Prozessergebnis gebunden sein wird. Mithin ist auch diese Voraussetzung durch die Handlungsbefugnisse der Nebenintervention bzw. Streitverkündung gewahrt.

Im Bezug auf den Dritten ist also eine Bindungserstreckung durch Nebenintervention und Streitverkündung möglich.

[384]Lüke, Beteiligung, S.201ff..
[385]Lüke, Beteiligung, S.201ff.

c.) Koordination paralleler Prozesse

In den beiden vorherigen Punkten unter 4.a) und 4.b) wurde die Frage behandelt, ob und wie die Prozessergebnisse auf einen zukünftigen, also erst nach Rechtskraft des Ersturteils begonnenen Prozess des Dritten übergeleitet werden können. Hier ist demgegenüber zu untersuchen, inwiefern Prozesse parallel betrieben werden dürfen, ob also der Dritte einen eigenen Prozess gegen einen anderen Vertragspartner beginnen darf, solange dieser bereits als Kläger oder Beklagter einen anderen Prozess führt, und ob der Dritte parallel zu einem laufenden Prozess vom Kläger oder Beklagten dieses ersten Prozesses in einem neuen separaten Verfahren verklagt werden darf.

Als problematisch erweist sich bei solchen parallelen Prozessen nämlich zunächst, dass dadurch eine doppelte Tatsachen- und Rechtslagenprüfung notwendig ist, die bei fehlender Bindungswirkung die Gefahr widersprüchlicher Entscheidungen beinhaltet; erkennt man – wie hier – eine Bindung an, so stellt diese doppelte Tatsachenprüfung qua Beweisaufnahme und die doppelte Rechtslagenprüfung eine Zeit- und Geldverschwendung dar, weil das Zweitgerich die Entscheidung des zuerst entscheidenden Gerichts seinem Urteil zugrunde zu legen hat und also aus Sicht des Zweitgerichts seine bisherige Beweisaufnahme und seine Rechtslagenprüfung überflüssig geworden ist. Dennoch ist ein Schutz vor widersprüchlichen Entscheidungen bei parallelen Verfahren nicht nötig. Denn in beiden Prozessen wäre eine Streitverkündung möglich, sodass der zuerst entschiedene Prozess Bindungswirkung entfaltet. Im Übrigen steht die Möglichkeit der Widerklageerhebung zur Verfügung, sodass sich keine der Parteien mit der bloßen Bindungswirkung qua Streitverkündung begnügen muss. Und das Argument der Mittelverschwendung und der Vermeidung von Zeit- und Geldaufwand kann den Rechtsschutzausschluss zu Lasten des zweiten Klägers nicht rechtfertigen. Denn auch bei einer Aufrechnung steht einer weiteren Klageerhebung bzgl. dieser im parallelen Prozess aufgerechneten Forderung vor einem anderen Gericht nichts im Wege[386], da die Aufrechnung keine Rechtshängigkeit begründet, sodass auch hier zweimal über das Bestehen dieser Forderung verhandelt werden muss[387]. Ebenso können zwei Vertragsparteien vor verschiedenen GErichten ihre jeweiligen Leistungsansprüche einklagen, sodass beide Gerichte über die identischen Streitfragen, insbesondere die Wirksamkeit des Vertrages und das Bestehen des jeweiligen anderen Anspruchs (wegen § 323 und § 326 BGB), entscheiden müssen. Schließlich ist der beklagte Schuldner nicht davor geschützt, dass er vor jeweils anderen Gerichten von zwei verschiedenen Klägern verklagt wird, die sich jeweils für den Inhaber der eingeklagten Forderung halten, der Schuldner aber beidesmal die identisch eingeklagte Forderung für nicht bestehend erachtet.

---

[386] Thomas/Putzo, § 322 Rn.14.

[387] Dieses Argument trägt freilich nur, wenn man der zweifelhaften Auffassung folgt, dass trotz Aufrechnung eine eigene Klage möglich ist.

Zum zweiten ist scheinbar im Hinblick auf die Interessenlage kein legitimes Interesse der Parteien für das Führen paralleler separater Prozesse zu erkennen. Denn die Parteien haben die Möglichkeit zur umfassenden Streitbeilegung in Form der Widerklagenerhebung, sodass nicht ersichtlich ist, warum der Beklagte des Erstprozesses als Kläger an einem fremden Gerichtsstand, nämlich dem des Dritten, klagen sollte, wenn er auch an seinem eigenen Gerichtsstand (!) Widerklage erheben könnte – warum sollte er an einem anderen Gericht prozessieren wollen, wo er doch ohnehin schon an seinem Gerichtsstand zur Klage des B verhandelt? Auch das Interesse an einer anderen sachlichen Zuständigkeit, nämlich der höheren Instanz des Landgerichts, spricht nicht für die Zulassung einer parallelen Klagemöglichkeit, weil auch bei einer Widerklage zunächst vor dem Amtsgericht, bei der im Falle einer selbstständigen Klage an sich das Landgericht zuständig wäre, der Prozess in toto an das Landgericht zu verweisen ist, § 504 ZPO, und also der Beklagte und potentielle Widerkläger auch insofern keinen Nachteil durch Erhebung der Widerklage statt einer eigenen separaten Klage hätte.

Doch wäre gerade der Dritte C mit einer Widerklage nicht ebenso gut gestellt wie mit einer eigenen separaten Klage, weil bei der Erstklage von B gegen A der C am Gerichtsstand des A Widerklage erheben müsste, bei einer separaten Klage C den B aber an dessen Gerichtsstand verklagen könnte, was durchaus vorteilhaft für C sein kann, bedenkt man, dass etwa A in Hamburg wohnen könnte und dort von B verklagt wurde, C und B aber in München wohnen könnten.

Und auch der Beklagte kann ein legitimes Interesse daran haben, an einem anderen Gerichtsstand Klage zu erheben: ist er nämlich von B am Gerichtsstand des (angeblichen) Erfüllungsortes verklagt worden, hält er diesen aber für nicht gegeben und damit die Klage für unzulässig, ist nicht ersichtlich, warum er trotzdem Widerklage erheben soll – an einem in seinen Augen nicht gegebenen Gerichtsstand. Wenn also der Beklagte des Erstprozesses die Klage wegen fehlenden Gerichtsstandes für unzulässig hält, ist es ihm nicht zumutbar, an diesem Gerichtsstand Widerklage erheben zu müssen; vielmehr ist es legitim, wenn er an einem anderen Gerichtsstand Klage gegen C erheben kann.

Wäre man demgegenüber der Auffassung, parallele Prozesse wären unzulässig oder müssten jedenfalls ausgesetzt werden, würde man eine „Pflicht" zur Widerklageerhebung konstruieren, weil der Erstbeklagte oder der Dritte sonst keine Möglichkeit hätte, zeitnah seinen Anspruch durchzusetzen. Doch ist eine solche „Pflicht" der ZPO unbekannt, ganz abgesehen von dem eben skizzierten Problem der etwaigen Unzuständigkeit des Erstgerichts. Doch ließe sich weiter zugunsten einer Koordinierungslösung in Form der Unzulässigkeit oder Aussetzungsnotwendigkeit eines zweiten parallelen Verfahrens vorbringen, dass unter Umständen der Dritte und der Beklagte des Erstprozesses bei Zulassung einer parallelen Klagemöglichkeit schlechter ständen als im Zweipersonensystem. Denn der Dritte müsste dann in zwei Prozessen tätig werden: erstens in dem Prozess, an dem er sich aufgrund der etwaigen Streitverkündung beteiligen muss, und zweitens in dem Prozess, in dem er verklagt wurde. Doch ist niemand davor geschützt, mehrmals verklagt zu werden, und also ist erst recht kein Schutz davor nötig, einmal als bloßer Streitverkündeter und zum zweiten als Beklagter handeln zu müssen. Außerdem gibt es eben zwei weitere Vertragspartner, und das begründet die Gefahr, dass mehrere Prozesse geführt werden.

Schließlich könnte man noch gegen die Zulässigekeit paralleler Verfahren anführen, dass der Beklagte des Erstprozesses, etwa A, insofern schlechter zu stehen scheint, als dann, wenn der Dritte C seinen Kläger, d.h. B, verklagt, B die Möglichkeit zur umfassenden Streitbeilegung nutzen könnte und den Prozess gegen ihn, A, beenden und dann im Prozess des Dritten gegen sich Widerklage gegen A erheben könnte, sodass sich A an einem anderen Gerichtsstand gegen die Klage wehren muss. Er könnte also anscheinend gegen seinen Willen aus dem Gerichtsstand des Erstprozesses gerissen werden. Doch kann B gar nicht den Prozess gegen den Willen des A beenden; er braucht vielmehr zur Klagerücknahme das Einverständnis des Beklagten, § 269 ZPO. Folglich steht auch der Beklagte nicht schlechter.

Eine Koordinierung paralleler Prozesse in Form der Unzulässigkeit des zweiten Prozesses oder der Aussetzungsbedürftigkeit lässt sich also nicht legitimieren, mehrere Klagen können parallel betrieben werden.

Der Ansatz für eine Koordinierung ließe sich ohnehin nur darin finden, dass in beiden Prozessen über die gemeinsame Vorfrage der Wirksamkeit und des Fortbestehens des mehrseitigen Austauschvertrages gestritten wird – gerade über diese Frage soll nicht mehrmals verhandelt werden. Die ZPO kennt aber keine Prozesskoordinierung bei gemeinsamen Vorfragen: § 261 greift nur, wenn der Streitgegenstand identisch ist, § 148 nur, wenn die Vorfrage des einen Prozesses „Hauptfrage" des anderen Prozesses ist; genauso wenig gibt es eine Rechtskrafterstreckung der Entscheidung über eine Vorfrage auf einen zweiten Prozess, § 322. Folglich spricht auch die gesetzliche Wertung gegen eine Verfahrenskoordination.

Das hat zwar zur Konsequenz, dass in dem Verfahren als erstes ein Urteil mit bindender Wirkung gefällt wird, in dem das Gericht am schnellsten (und am oberflächlichsten?) arbeitet, nicht aber in dem Verfahren, das als erstes begonnen wurde. Es wird mithin zu einem Wettlauf um die erste Entscheidung kommen – aber das ist im Hinblick auf die Prozessförderungspflichten der Parteien kein unangemessenes Ergebnis.

Und wenn die Möglichkeit der Verfahrensverbindung nach § 147 besteht, sind parallele Klagen bei ein- und demselben Gericht ohnehin zur gemeinsamen Entscheidung zu verbinden. Prozesse, die schon von vornherein gemeinsam begonnen wurden oder die zwar unabhängig voneinander begonnen wurden, aber vor demselben Gericht rechtshängig sind, können nämlich gemäß § 147 zur gemeinsamen Entscheidung verbunden werden, zumal beim mehrseitigen Austauschvertrag eine gemeinsame beide Prozesse verbindende Entscheidungsgrundlage besteht. Wenigstens insoweit ist also eine Verfahrenskoordinierung möglich.

5. Rechtslage bei mehreren Prozessen zwischen denselben Parteien

Bisher wurde erörtert, inwiefern der Dritte an das Ergebnis eines zwischen den beiden anderen Vertragsparteien geführten Prozesses gebunden ist und wie parallele Prozesse von ihm oder gegen ihn zu koordinieren sind. Nun ist das Augenmerk weg vom Dritten darauf zu richten, wie es um mehrere Prozesse zwischen den gleichen Parteien – und nicht zwischen drei verschiedenen Parteien – steht. Die Frage, ob dieselben Parteien an die Ergebnisse bereits zwischen ihnen geführter Prozesse gebunden sind und ob parallele Prozesse zwischen ihnen zu koordinieren sind, stellt sich im Rahmen der Untersuchung des mehrseitigen Austauschvertrages allerdings nur dann, wenn der mehrseitige Austauschvertrag ein spezifisches zusätzliches Problem gegenüber dem reinen Zweipersonenverhältnis aufwerfen würde. Das ist getrennt für die beiden soeben angesprochenen Fallgruppen zu untersuchen.

a.) Bindung bzgl. nacheinander geführter Prozesse

Nach bereits oben[388] entwickelter Lösung sind die Parteien nicht nur an die streitgegenständlichen Feststellungen im herkömmlichen Sinn, sondern auch an die Beurteilung von Leistungs- und Gegenleistungsanspruch gebunden, wenn sie deren Zusammenhang zum Prozessgegenstand gemacht haben.

Für die Richtigkeit dieser Lösung scheint neben den schon oben vorgetragenen Argumenten weiter zu sprechen, dass der Dritte im Fall einer widersprüchlichen Entscheidung im zweiten Prozess vor einem unlösbaren Widerspruch steht: hat etwa B den A zunächst erfolgreich auf Zahlung von Verzugsschadensersatz verklagt, dann aber vor einem anderen Gericht erfolglos auf Erbringung der Leistung, weil das zweite Gericht anders als das erste Gericht den Vertrag für unwirksam hält, so wüsste C nicht, ob er von B die Erbringung der Leistung verlangen kann in Anlehnung an das erste Urteil oder ob er unter Zugrundelegung des zweiten Urteils keine Klage gegen B anstrengen sollte und auch nicht an A leisten sollte.

---

[388] S.D.II.4.a.bb.aaa.

Doch steht C in Wahrheit vor keinem Dilemma: wenn nur einer der beiden Prozesse Bindungswirkung qua Streitverkündung oder Nebenintervention entfaltet, ist er ohnehin nur an dieses Urteil gebunden. Und wenn er an beiden Prozessen qua Nebenintervention oder Streitverkündung beteiligt war, dann hebt sich die Bindungswirkung gemäß § 68 auf, weil der Dritte nicht an zwei sich kontradiktorisch widersprechende Feststellungen gebunden sein kann. Im Hinblick auf den Dritten ist also eine Bindung zwischen denselben Parteien (über § 322 hinaus) nicht erforderlich.

Festzuhalten ist demnach, dass sich die Notwendigkeit einer Bindung zwar nicht speziell im Hinblick auf den Schutz des Dritten ergibt, wohl aber aus Gründen der Widerspruchsfreiheit gerichtlicher Entscheidungen.

b.) Koordinierung paralleler Prozesse

Anders verhält es sich hingegen bei der Frage, ob parallele Prozesse zwischen den gleichen Parteien koordiniert werden müssen. A könnte den B etwa auf Rückgewähr einer schon an ihn erbrachten Teilleistung verklagen, weil er den Vertrag für unwirksam hält, während B den A vor einem anderen Gericht auf Erbringung der restlichen Teilleistung verklagen könnte, weil er, B, den Vertrag nach wie vor für wirksam hält. Dann stellt sich die Frage, ob solche parallelen Prozesse zwischen denselben Parteien zulässig sind.

Dagegen spricht, dass sich der Dritte an beiden Prozessen aufgrund einer etwaigen Streitverkündung beteiligen müsste, weil weder die beiden Parteien noch der Dritte weiß, in welchem Prozess als erstes eine bindende Entscheidung ergeht und also beide Parteien in beiden Verfahren dem Dritten den Streit verkünden werden, damit der Dritte an das Prozessergebnis gebunden ist, jedenfalls der Dritte von sich aus beitreten wird. Das bedeutet für den Dritten einen erheblichen Zeit- und gegebenenfalls Geldaufwand. Aber der Dritte hat sich auf einen Vertrag mit zwei Vertragspartnern eingelassen, der die Gefahr mehrerer Prozesse in sich trägt. Und zum Schutz des Dritten die Rechtsschutzmöglichkeiten der beiden anderen Parteien zu beschneiden, ist wertungsmäßig nicht zu rechtfertigen, weil ein Vorrang des Dritten vor dem anderen Kläger nicht besteht, zumal ein zweiter Prozess des zweiten Klägers vor einem anderen Gericht aus seiner Sicht nicht unsinnig oder schikanös sein muss, etwa wenn der Kläger dieses zweiten Prozesses den ersten Prozess wegen Unzuständigkeit des Gerichts für unzulässig hält (und deswegen keine Widerklage erhoben hat).

Außerdem unterbindet § 261 nur die Möglichkeit, zwei Prozesse mit dem gleichen Streitgegenstand anzustrengen, indem der zweite Prozess unzulässig ist – § 261 ist insofern die Komplementärnorm zu § 322 für nacheinander geführte Prozesse[389]. Ein gleicher Streitgegenstand liegt dabei vor, wenn der gleiche Anspruch oder dessen kontradiktorisches Gegenteil eingeklagt wird, also etwa erneut der gleiche Erfüllungsanspruch oder Nebenanspruch geltend gemacht oder umgekehrt eine negative Feststellungsklage erhoben wird. Dann greift die Rechtshängigkeitssperre des § 261, sodass sich der Dritte an einem solchen Prozess nicht beteiligen muss. Alle anderen Prozesse sind hingegen parallel zulässig, wie sich aus einem Umkehrschluss zu § 261 ergibt.

Damit sind parallele Klagen insbesondere bzgl. der wechselseitigen Hauptleistungsansprüche zulässig. Das gilt selbst dann, wenn der Beklagte die Einrede aus § 322 BGB erhoben hat. Nach hier vertretener Auffassung macht er damit zwar das Bestehen seines Anspruchs über § 322 BGB zum Prozessgegenstand mit der Folge der Bindung nach § 322 ZPO. Das bedeutet aber nicht, dass damit zugleich § 261 erfüllt wäre. Denn das würde bedeuten, den Beklagten vor die Wahl zu stellen, entweder die Einrede aus § 322 zu erheben (und dann nicht vor einem anderen Gericht Klage erheben zu können bzw. vor einem – in seinen Augen möglicherweise unzuständigen – Gericht Widerklage erheben zu müssen) oder auf die Einredeerhebung zu verzichten und dafür vor einem anderen – in seinen Augen zuständigen – Gericht Klage erheben zu können. Für diesen partiellen Rechtsschutzausschluss ist kein Wertungsgrund ersichtlich, zumal es zu keinen widersprüchlichen Entscheidungen kommen kann, weil die Entscheidung des Erstgerichts das Zweitgericht bindet.

Im Übrigen können schikanöse oder offensichtlich unsinnige Prozesse schon wegen fehlendem Rechtsschutzbedürfnis als unzulässig abgewiesen werden, sodass es auch hier nicht zu einer umfangreichen zweiten Verhandlung und aktiven Beteiligung des Dritten käme.

Und schließlich besteht die Möglichkeit der Verfahrensverbindung nach § 147, wenn der zweite Prozess zwar vor dem gleichen Gericht, nicht aber im Wege der Widerklage angestrengt wird.

Diese drei Möglichkeiten bieten hinreichend Schutz für den Dritten vor der Beteiligung an unsinnigen Prozessen, berücksichtigen umgekehrt aber auch das Interesse der anderen Partei an einem zweiten parallelen Prozess vor einem anderen Gericht.

6. Zusammenfassung

Zum Abschluss des Kapitels über die Prozessstruktur im Bezug auf den Fall, dass die drei Vertragspartner ihre jeweiligen verschiedenen wirtschaftlichen Ansprüche auf Zuwendung an sich geltend machen, seien die Ergebnisse nochmals zusammenfassend dargestellt:

[389] MK-ZPO-Lüke, § 261 Rn.56.

Einen Zwang zu einem mehrseitigen Gesamtprozess gibt es nicht. Es bleibt vielmehr bei der Möglichkeit, dass mehrere separate Prozesse geführt werden können. Daneben besteht nichtsdestotrotz die Möglichkeit zur umfassenden Streitbeilegung über die Drittwiderklage und subjektive Streitgenossenschaft. Das hier vorgeschlagene Lösungskonzept ist damit zweispurig: entweder die Parteien fassen ihre Streitigkeiten umfassend in einem Prozess zusammen oder sie entscheiden sich, da es gerade keinen Zwang zu einem Gesamtprozess gibt, für die Durchführung mehrerer separater Prozesse.

Werden mehrere Prozesse zwischen drei verschiedenen Parteien nacheinander geführt, kann der Dritte durch Streitverkündung bzw. Nebenintervention sowohl zu seinen Lasten als auch zu seinen Gunsten an den Prozessinhalt gebunden werden. Parallele Prozesse bleiben grundsätzlich zulässig. Prozesse zwischen den gleichen Parteien entfalten speziell unter dem Gesichtspunkt des mehrseitigen Austauschvertrages keine besondere Bindungswirkung untereinander und können parallel geführt werden.

7. Prozessuale Geltendmachung der Doppelpflichten beim mehrseitigen Austauschvertrag

Übriggeblieben ist damit als letzte Fragestellung innerhalb des Kapitels über die Prozessstruktur, wie sich die besondere Pflichtenstruktur des mehrseitigen Austauschvertrages, wonach nicht nur etwa B von A, sondern auch C von A Leistung an B verlangen kann, prozessual umsetzen lässt. Es geht also nicht mehr darum, ob C neben B seinen eigenen Anspruch auf Leistung an sich einklagen kann, sondern darum, ob C neben B allein dessen Anspruch auf Leistung an sich, B, einklagen kann. Es geht mithin um die prozessuale Bewältigung der Situation, die sich aus der Geltendmachung der doppelten Ansprüche (des „vollwertigen" Leistungsanspruchs des Gläubigers und des Schutzanspruchs, des Rechtsbehelfs des Dritten) auf Leistung an ein- und denselben Gläubiger. ergibt

Festgestellt wurde bereits (S.184 f.), dass auch der Dritte Klage erheben kann, weil auch er den Leistungsaustausch soll durchsetzen können. Solange dann die andere Partei nicht ihrerseits Klage erhebt, entsteht kein Problem. Problematisch wird es erst dann, wenn die Parteien nacheinander klagen, also etwa C erst nach Abschluss des Prozesses des B Klage gegen A erhebt, oder wenn beide parallel Klage erheben. Ob das jeweils möglich ist, ist im Folgenden getrennt danach zu untersuchen, wer von beiden Gläubigern zuerst Klage erhoben hat.

a.) Koordinierung des Erstprozesses B-A mit einem Zweitprozess C-A

Klagt zunächst B gegen A und erhebt dann nach Abschluss dieses Prozesses C gegen A Klage, etwa und insbesondere weil B verloren hat, so fragt sich, ob eine zweite Klage überhaupt zulässig ist oder ob C wenigstens an das Prozessergebnis des Prozesses B-A gebunden ist.

Für eine Bindung jedenfalls spricht, dass von beiden Gläubigern wirtschaftlich das gleiche Ziel verfolgt wird, es geht beidesmal nur um die Leistungserbringung an B. Außerdem entspricht die Bindung dem Schutzzweck der zweiten Verhaltenspflicht – sie soll nicht dazu dienen, dem unmittelbar Zuwendungsberechtigten eine zweite Chance auf Erhalt der Leistung einzuräumen, obwohl er seinen Anspruch bereits erfolglos eingeklagt hat. Wirklich entscheidend für die Bindung ist aber allein die Wertung der §§ 325 ff. ZPO. Wie oben gezeigt[390] ist der Dritte gebunden, wenn die Erstpartei materiell-rechtlich verfügungsbefugt und mit verdrängender Wirkung prozessführungsbefugt ist. B kann über den Anspruch des C gegen A mitsamt seinem Anspruch gegen A verfügen, er ist der wirtschaftlich Begünstigte, und C erleidet keinen Nachteil, wenn er keinen Anspruch mehr gegen A hat, weil dann genauso auch B keinen Anspruch mehr hat und er also materiellrechtlich kein Zurückbehaltungsrecht gegen C ausüben kann. B ist also in materiellrechtlicher Hinsicht verfügungsbefugt.

Schwieriger zu entscheiden ist aber die Frage, ob B ein verdrängendes Prozessführungsrecht gegenüber C hat. An sich soll C den A verklagen können, wenn und weil B nicht bereit ist, seinen Anspruch gegen A klageweise durchzusetzen, umgekehrt aber gegenüber C die Einrede des nichterfüllten Vertrages erhebt, sodass C den B nicht erfolgreich auf Leistungserbringung verklagen kann, wenn er nicht A zur Leistung an B veranlasst. Dieser Schutzzweck der Klagebefugnis ist aber nicht mehr erfüllt, wenn B bereits den A auf Leistung verklagt. Denn dann sorgt bereits B dafür, dass A an ihn leisten muss, sodass C nicht mehr als „Gehilfe" des B den Leistungsaustausch, beginnend bei A an B, durchsetzen muss. Der Schutzzweck der C zugestandenen Prozessführungsbefugnis ist also nicht mehr erfüllt, was bedeutet, dass er keine Prozessführungsbefugnis mehr hat. Damit hat B eine verdrängende Prozessführungsbefugnis.

Beim mehrseitigen Austauschvertrag ist C also nach der Wertung der §§ 325 ff. an das Prozessergebnis aus dem Prozess B-A gebunden.

Es kommt damit zu einer Bindung im Wege der subjektiven Rechtskrafterstreckung auf den Dritten.

Fraglich ist damit allein noch in Konsequenz dieser Rechtskrafterstreckung, ob der Prozess des C nicht schon unzulässig ist. Im Zweipersonenverhältnis wäre ein Prozess bzgl. eines bereits in identischer Weise geltend gemachten Anspruchs unzulässig, § 322. Nichts anderes kann dann für den

[390] s.D.II.a.aa.aaa.

zweiten Prozess des C im Dreipersonenverhältnis gelten. Denn § 322 ist auch auf den Fall anwendbar, dass ein nach §§ 325ff. gebundener Dritter einen zweiten Prozess anstrengt. Denn es wäre kaum einleuchtend, wenn über den gleichen Streitgegenstand von einer qua Rechtskrafterstreckung gebundenen dritten Partei ein zweiter Prozess angestrengt werden könnte, dessen Ergebnis aber von vornherein feststände. Da C nach §§ 325 ff. gebunden ist, ist mithin ein von ihm nach Abschluss des ersten Prozesses angestrengter Prozess unzulässig.

Diese Unzulässigkeit folgt auch daraus, dass C bei einer abgeschlossenen Klage des B seine Prozessführungsbefugnis verloren hat: C braucht nämlich nicht mehr zu klagen, wenn bereits B den A verklagt hat, weil B sich dann nicht mehr auf die Einrede des nichterfüllten Vertrages berufen kann. Denn entweder hat B von A die Leistung bekommen, oder es steht auch gegenüber C fest, dass B keinen Anspruch mehr gegen A hat[391], sodass C in seinem Prozess gegen B dem B die Erhebung der Einrde aus § 320 mit dem Argument abschneiden kann, B habe keine Anspruch mehr gegen A. Nichts anderes ist die Lage im Zweipersonensystem: Hat etwa der Käufer den Verkäufer erfolglos auf Lieferung verklagt, etwa weil der Leistungsgegenstand untergegangen ist, verklagt dann aber der Verkäufer den Käufer auf Zahlung, weil die Preisgefahr schon nach § 447 BGB übergegangen ist, so kann der Käufer nicht die Einrede des nichterfüllten Vertrages erheben, weil nach § 322 ZPO bereits bindend zwischen den Parteien feststeht, dass der Käufer keinen Anspruch mehr hat.

Der Schutzzweck des zweiten Rechtsbehelfs, nämlich die Durchsetzung des Leistungsaustausches zu ermöglichen, greift nicht mehr, weil B bereits den Leistungssaustausch durchgesetzt hat, sodass C nicht mehr zur Klage imstande ist, weil er keine Prozessführungsbefugnis mehr hat.

Demzufolge ist auch ein parallel betriebener Prozess des Dritten gemäß § 261 III Nr.1 unzulässig: wenn B bereits Klage gegen A erhoben hat, ist der Anspruch auf Leistung bereits rechtshängig, und eine Parteiidentität ist hinsichtlich des Streitgegenstandes nicht notwendig, wenn der Dritte qua Rechtskrafterstreckung gebunden ist[392]. C ist gebunden[393], und also ist ein zweiter Prozess unzulässig. Das ist auch bei der gewillkürten Prozessstandschaft nicht anders – auch dort kann der Prozessstandschafter keinen Prozess parallel neben dem Rechtsinhaber führen[394], und die Anspruchslage des mehrseitigen Austauschvertrages und die gewillkürte Prozessstandschaft sind von ihrem wirtschaftlichen Ergebnis her identisch, sodass eine Ergebnisübertragung möglich ist.

---

[391] s.D.II.7.a.
[392] Thomas/Putzo, § 261 Rn.8.
[393] s.D.ii.7.a.
[394] BGH NJW-RR 1988, 126f.

Außerdem folgt die Unzulässigkeit auch hier wieder aus der fehlenden Prozessführungsbefugnis: C darf nur klagen, um den A zur Leistung an B zu zwingen, um so ein etwaiges Zurückbehaltungsrecht des B gegenüber ihm auszuschalten. Hat B aber bereits Klage erhoben, so entfällt dieser Schutzzweck. Deswegen scheidet auch ein Parteibeitritt oder eine streitgenössische Klageerhebung aus, weil C nicht neben B prozessführungsbefugt ist.

Wenn also B bereits Klage erhoben hat, kann C keinen zweiten Prozess mehr anstrengen.

b.) Koordinierung des Erstprozesses C-A mit einem Zweitprozess B-A

Die zweite Konstellation, wonach der Erstprozess zwischen C und A geführt wird oder wurde, erfordert deswegen eine getrennte Untersuchung, weil hier nicht derjenige, der die Leistung bekommen soll, die Erstklage angestrengt hat, sondern „nur" der Zweitgläubiger.

C mag deswegen als erster eine Klage angestrengt haben, um den Leistungsaustausch ohne weiteres Abwarten durchzusetzen, wenn und weil sich B noch nicht selbst zur Klageerhebung durchgerungen hat, gegenüber C aber die Einrede des nichterfüllten Vertrages erhebt. Dieses Interesse des C kollidiert sowohl mit dem Interesse des A an nur einem einzigen Prozess bzgl. der gleichen Leistungspflicht als auch dem Interesse des B an der Vermeidung einer schlechten oder vorschnellen Prozessführung durch C: Hat C erfolglos gegen A geklagt, so wäre für B eine Bindung aus dem ersten Prozess für seinen zweiten Prozess verheerend – er könnte seinen Leistungsanspruch nicht mehr durchsetzen, obwohl C den Prozess eventuell mangelhaft geführt oder verfrüht angestrengt hat. Demgegenüber wäre es für A sehr nachteilhaft, wenn er zwar den Prozess gegen C gewonnen hätte, nun aber einen zweiten Prozess über sich ergehen lassen müsste, und diesen Prozess gegen B eventuell auch noch verlieren würde, weil das zweite Gericht den Anspruch für bestehend erachtet. Aus seiner Sicht wäre also eine Bindung angemessen.

Gegen eine Bindung des B spricht jedoch zunächst der Schutzzweck des Rechtsbehelfs und der Klagebefugnis des C. C soll den A zur Leistung an B und infolgedessen auch den B zur Erbringung der Leistung an ihn zwingen können. Der Rechtsbehelf dient also allein dazu, die Interessen des C zu schützen. Er dient hingegen nicht dazu, die Stellung des B zu verschlechtern – es ist nicht sein Zweck, dass C durch eine voreilige oder mangelhafte Prozessführung, etwa sogar durch ein Versäumnisurteil, den Anspruch des B undurchsetzbar machen kann. Deshalb und insofern besteht ein deutlicher Unterschied zur Lage bei §§ 325ff. ZPO, weil das dortige Prozessführungsrecht zugleich die notwendige Befugnis beinhaltet, den „Hintermann" zu belasten, weil sonst die Prozessführung durch den „Vordermann" nicht legitimierbar wäre. Diese Befugnis zur Prozessführung zu Lasten des „Hintermanns", d.h. hier des B, ist aber beim mehrseitigen Austauschvertrag in der hier untersuchten Konstellation anders als in der unmittelbar zuvor unter 7.a.) untersuchten nicht begründbar. Nach der gesetzlichen Wertung des § 325 ist also eine Bindung nicht zu rechtfertigen. Dass B nicht automatisch nach § 325 ZPO an das Prozessergebnis C-A gebunden ist, schließt andererseits aber auch nicht aus, dass der Schuldner und Beklagte A eine Bindung des B auf Eigeninitiative selbst herbeiführen kann.

In Betracht käme dazu § 72 Alt.2 ZPO. Danach kann einem Dritten der Streit verkündet werden, wenn der Streitverkünder befürchtet, bei Prozessverlust von dem Dritten in Anspruch genommen zu werden[395]. So ist etwa eine Streitverkündung seitens des verklagten Schuldners im Prätendentenstreit nach § 75 möglich, wenn ein Dritter die vom Kläger geltend gemachte Forderung in Anspruch nimmt[396]. Doch ist damit die hier vorliegende Situation nicht vergleichbar: Beim Prätendentenstreit muss A befürchten, dass er zweimal in Anspruch genommen werden wird, und zwar von beiden angeblichen Gläubigern. Hier hat A demgegenüber nur zu befürchten, dass er schlimmstenfalls einmal in Anspruch genommen werden wird, nämlich dann, wenn er zwar eine Klageabweisung gegenüber C erreicht, dann aber von B erfolgreich verklagt wird, etwa weil das zweite Gericht den Vertrag doch für wirksam hält. Eine Streitverkündung scheidet demnach aus.

Als zweite Möglichkeit kommt eine negative Feststellungsklage in Betracht. Wird A von C verklagt, so könnte A gegen B negative Feststellungsklage erheben mit dem Ziel, dass die seiner Meinung nach bestehende Unwirksamkeit des Anspruchs gegenüber B festgestellt wird. Damit wäre A hinreichend geschützt. Problematisch ist allerdings, dass diese Klage unter Umständen vor einem anderen Gericht erhoben werden müsste. Es wäre also nicht sichergestellt, dass die beiden Gerichte, einerseits das der Klage C-A und andererseits das der Klage A-B, zum gleichen Ergebnis kommen. Dieses Problem ließe sich indes durch eine negative Feststellungswiderklage umgehen. Denn dann könnte A an dem Gerichtsstand, an dem er von C verklagt wurde, negative Feststellungswiderklage gegen B erheben, § 33 ZPO, und beide Prozesse würden gemeinsam verhandelt und entschieden. Fraglich ist damit, ob A eine negative Feststellungswiderklage erheben kann. Das Problem liegt hier nicht darin, dass Gegenstand der Widerklage eine negative Feststellungsklage ist – das ist durchaus möglich[397]. Das Problem liegt vielmehr darin, dass die Widerklage nicht gegen einen Kläger, sondern gegen einen Dritten erhoben werden soll. Doch wurde bereits gezeigt[398], dass eine solche isolierte Drittwiderklage nicht prinzipiell ausgeschlossen ist: wenn B den A verklagt, kann A gegen C Drittwiderklage auf Leistung erheben. Modifiziert man nun diese Konstellation, indem man statt der Primärleistungsansprüche Rückgewähransprüche zugrundelegt, so ent-

[395] MK-ZPO/Schilken, § 72 Rn.14.
[396] MK-ZPO/Schilken, § 72 Rn.14.
[397] s. Thomas/Putzo, § 33 Rn.21.
[398] s.D.II.3.a.bb.ccc.

steht genau die gleiche Klagekonstellation, wie sie hier zu untersuchen ist: Wurden bereits alle Leistungen ausgetauscht und tritt C zurück, so kann gegebenenfalls C gegen A Klage auf Leistung erheben, nämlich auf Rückgewähr der Leistung an ihn; und dann muss A wie bei den Primärleistungsansprüchen Widerklage erheben können, und zwar nun gegen B auf Rückgewähr der Leistung – C klagt also gegen A, und A erhebt Widerklage gegen B. Wenn also die Widerklage schon bei wirtschaftlich verschiedenen Ansprüchen erhoben werden kann, dann muss sie erst recht bei dem wirtschaftlich identischen Anspruch, Leistung von A an B, erhoben werden können; der Unterschied, dass es sich hier um eine negative Feststellungsklage bzgl. des gegenläufigen Anspruchs handelt, während es dort um eine Leistungsklage geht, ist insofern irrelevant, weil die Leistungsklage stets ein feststellendes Element beinhaltet. Die negative Feststellungswiderklage ist also zulässig. Damit kann sich A hinreichend selbst gegenüber B schützen.

Zwar ist diese Möglichkeit des A, negative Feststellungswiderklage gegen B erheben zu können, für B insofern misslich, als er in einen Prozess (des C gegen A) gezwungen werden wird, der ihm ohne die Klageerhebung durch C aller Wahrscheinlichkeit nach nicht gedroht hätte, auch wenn niemand davor geschützt ist, verklagt zu werden. Aber erstens könnte B den Prozess des C schon von vornherein verhindern, indem er dem C die ihm gebührende Leistung erbringt[399]. Denn der Schutzzweck des zweiten Rechtsbehelfs ist lediglich, dem C die Anspruchsdurchsetzung zu ermöglichen. Wenn aber sein Leistungsanspruch wenigstens vorläufig in Anbetracht des Rückforderungsvorbehalts erfüllt ist, kann er den Anspruch des B gegen A nicht mehr klageweise durchsetzen, weil er sogar schon dann nicht mehr klagen könnte, wenn B bereits Klage erhoben hat[400], sodass er mit der Leistungserbringung sogar besser steht. Also kann für den Fall, dass C die ihm gebührende Leistung erhalten hat, dem C die Prozessführungsbefugnis nicht mehr zugestanden werden, weil der Schutzzweck des Rechtsbehelfs im Hinblick auf die Prozessführung nicht mehr erfüllt ist. Folglich wäre die Klage des C von vornherein unzulässig, sodass keine Sachentscheidung erginge, an die B gebunden wäre. B könnte also vermeiden, dass C voreilig eine Klage erhebt, an deren Ergebnis er im Falle einer negativen Feststellungsklage durch A gebunden wäre.

B ist also an das Prozessergebnis C-A nicht gebunden; A kann aber eine Bindung über die negative Feststellungswiderklage herbeiführen.

---

[399] dabei muss er sich nicht einmal die Rückforderung vorbehalten, weil nach § 814 die Rückforderung nur dann ausgeschlossen ist, wenn die Leistung in Kenntnis der Nichtschuld erbracht wird, hier aber B auf den seiner Meinung nach wirksamen Vertrag leistet; wenn er den Vertrag dagegen für unwirksam hielte, bräuchte er den Prozess des C nicht zu verhindern versuchen, weil dann ein Prozessverlust des C ohnehin nur das Ergebnis bestätigen würde, von dem B ausgeht..

[400] s.D.II.7.a.

Daraus folgt auch die Lösung für den Fall, dass B gegen A vor einem anderen Gericht parallel zum Prozess des C gegen A eine Klage erhebt.

Vor einer solchen zweiten Klage kann sich A schon dadurch schützen, dass er gleich nach Klageerhebung durch C negative Feststellungswiderklage gegen B erhebt, weil dann bei einer nachfolgenden Klage des B der gleiche Streitgegenstand (kontradiktorisches Gegenteil) vorläge, sodass die Klage des B unzulässig wäre, § 261 III ZPO. Im Übrigen ist nicht einmal der Beklagte bei der Gesamtgläubigerschaft davor geschützt, dass er von beiden Gesamtgläubigern vor verschiedenen Gerichten verklagt wird – erhebt also A nicht rechtzeitig Feststellungswiderklage, so muss er sich eben mit zwei Prozessen auseinandersetzen. Klagt allerdings B vor dem gleichen Gericht wie C, können die Verfahren immerhin nach § 147 verbunden werden, sodass es nur zu einer Verhandlung käme und nur eine gemeinsame Entscheidung getroffen werden würde.

Demgegenüber wäre es nicht möglich, den Prozess des B zum Schutz des A für unzulässig zu halten, nur weil C schon Klage erhoben hat. Denn dadurch würden die Rechtsschutzmöglichkeiten des B unverhältnismäßig beschnitten.

Genausowenig kann der bereits laufende Prozess des C mit Klageerhebung des B oder mit Leistungserbringung des B an C unzulässig werden – mit dem Argument, das bereits zum Auschluss des Prozesses des C angeführt wurde[401], der Schutzzweck der Prozessführungsbefugnis sei nicht mehr erfüllt, wenn B eine Klage erhebt oder wenn B an C die Leistung erbringt. Denn in dem Fall, dass C bereits einen Prozess begonnen hat, würden die bisherigen Prozessergebnisse zu Lasten von A und C unverwertbar werden. Wenn und weil also bereits Prozessergebnisse erzielt wurden, ist eine Klage des B oder die Leistungserbringung des B an C weder für C noch für A ebenso gut, wie den Prozess zu Ende zu führen, weil schon Prozessergebnisse erzielt wurden. Darin liegt der Unterschied zu der Konstellation, dass B dem C das Prozessführungsrecht noch vor dessen Prozessbeginn nimmt, indem er ihm die Leistung erbringt oder vor ihm Klage erhebt. Sind also bereits verwertbare Prozessergebnisse, etwa eine abgeschlossene Beweisaufnahme, erzielt worden, bleibt der Prozess des C zulässig. Sind demgegenüber noch keine Prozessergebnisse vorhanden, so wird der Prozess unzulässig; aber das ist weder aus Sicht des C noch aus Sicht des A unbillig, weil noch nichts vorhanden ist, das zugunsten von C oder A erhalten bleiben muss.

Zwar wäre aus Sicht des C ein von ihm geführter paralleler Prozess auch im Fall bereits erzielter Prozessergebnisse nicht mehr zwingend erforderlich, weil C dann, wenn B Klage gegen A erhebt, seinen eigenen wirtschaftlichen Anspruch gegen B im Wege der Widerklage gegen B durchsetzen könnte, sodass er nicht erst den A zur Leistung an B zwingen muss, damit er dann B erfolgreich verklagen kann (und zuvor durch die Klage gegen A verhindern musste, dass B die Einrede des

---

[401] s.D.II.7.b.

nichterfüllten Vertrages erhebt). Aber aus Sicht des A könnten zu seinen Lasten Prozessergebnisse verloren gehen. Sollte C nicht mehr klagen wollen, kann er, allerdings nur mit dem Einverständnis des A, die Klage zurücknehmen, § 269.

Diese Lösung steht auch nicht im Widerspruch zur prozessualen Lage bei der Einziehungsermächtigung. Dort ist zwar ein zweiter Prozess des Ermächtigenden unzulässig, wenn der zur Einziehung Ermächtigte bereits einen Prozess geführt hat[402], und zu parallelen Prozessen kann es nicht kommen, weil der Ermächtigende den vom Ermächtigten bereits begonnenen Prozess übernehmen muss[403], möchte er selbst einen Prozess führen. Aber der Unterschied zum mehrseitigen Austauschvertrag liegt darin, dass der Ermächtigte auf Veranlassung des Ermächtigenden in dessen Interesse tätig wird. Demgegenüber strengt der Dritte beim mehrseitigen Austauschvertrag die Klage im eigenen Interesse und gerade ohne Veranlassung durch den zweiten Vertragspartner an. Eine Rechtskrafterstreckung kann demgegenüber nur bejaht werden, wenn und weil der prozessführungsbefugten Partei die Wahrnehmung des Interesses des Rechtsträgers übertragen ist, nicht aber dann, wenn die Prozessführung in erster Linie dem eigenen Interesse dient, das neben dem Interesse des Rechtsträgers steht[404]. Die von der Interessenlage her vom anderen Vertragspartner stärker losgelöste und selbständigere Stellung rechtfertigt die Verneinung einer Bindung und die Zulässigkeit paralleler Klagen.

Hat also C als Erster einen Prozess angestrengt, so entfaltet dieser keine Bindungswirkung gegenüber B, sofern nicht A negative Feststellungswiderklage erhoben hat, und C kann diesen Prozess auch dann noch betreiben, wenn er nach Prozessbeginn von B die ihm gebührende Leistung erhalten hat oder wenn B seinerseits eine zulässige parallele Klage anstrengt, sofern bereits Prozessergebnisse erzielt wurden.

---

[402] st.Rspr. seit RGZ 73, 306, 309; BGH NJW-RR 1988, 126f.
[403] BGH ZZP 107, 524, 525f.
[404] Stein/Jonas-Leipold, § 325 ZPO, Rn. 54.

III. Verurteilung und Zwangsvollstreckung bei der Zug-um-Zug-Leistung

Allein bei der Verpflichtung zur Zug-um-Zug-Leistung ist fraglich, wie das Urteil abzufassen ist und wie die anschließende Zwangsvollstreckung abläuft; ohne Zug-um-Zug-Verurteilung bleibt es hingegen dabei, dass nur der einzelne Leistungsanspruch tenoriert wird und folglich nur dieser ohne weitere Probleme vollstreckt wird.

1. Ausgangsproblematik

Im herkömmlichen Zweipersonenverhältnis wirft die Urteilstenorierung und Vollstreckung keine Schwierigkeiten auf: der Beklagte wird zur Leistung Zug-um-Zug verurteilt, sofern er die entsprechende Einrede erhoben hat, und die Vollstreckung erfolgt nach §§ 726 II, 756, eventuell in Verbindung mit § 765.

Dagegen ist die Lage im Dreipersonenverhältnis komplizierter. Klagt etwa B gegen A erfolgreich auf Vertragserfüllung, so muss bei Erhebung der Einrede aus § 320 BGB durch A im Urteil mindestens zum Ausdruck kommen, dass A nur dann zur Leistung verpflichtet ist, wenn er die Leistung von C bekommt; und eventuell muss ebenso deutlich werden, dass B nur dann die Leistung fordern darf, wenn er an C seine Leistung erbringt, weil auch B sein Scherflein zum Leistungsaustausch beitragen muss, nämlich an C die ihm gebührende Leistung erbringen. Im Zweipersonensystem bedeutet die Verurteilung zur Zug-um-Zug Leistung nämlich, dass der Kläger nur dann seine Leistung bekommt, wenn er dem Beklagten die ihm gebührende Leistung erbringt. Übertragen auf den mehrseitigen Austauschvertrag bedeutete das, dass B nur dann die Leistung bekommen kann, wenn er an C und C an A die Leistung erbringt.

Bei der Urteilsabfassung müsste demnach nicht nur wie im Zweipersonensystem allein darauf geachtet werden, ob eine Vorleistungspflicht des Beklagten vereinbart wurde, sondern auch, wie es sich mit der Pflicht beim Dritten verhält. Auf Vollstreckungsebene würde das weiter bedeuten, dass B nur dann bei A vollstrecken kann, wenn er dem A die ihm von C gebührende Leistung anbietet (oder A sich bereits in Annahmeverzug befindet) und sogar dem C die diesem gebührende Leistung anbietet.

2. Lösung

Die Meinungen in der Literatur zur Bewältigung des Problems der Zug-um-Zug-Leistung sind dreigeteilt.

Nach einer Auffassung soll § 322 BGB nicht anwendbar sein und stattdessen nur eine Verurteilung des Beklagten zur Leistung an den Kläger unter der Bedingung, dass er die ihm zustehende Leistung vom Dritten erhält, erfolgen, weil es ein Urteil nach § 322 für das Dreipersonenverhältnis nicht geben könne[405].

Überwiegend wird hingegen § 322 für anwendbar gehalten. Dabei soll im Urteil allerdings nur zum Ausdruck gebracht werden, dass der Beklagte die Leistung vom Dritten erhalten muss, nicht aber, dass auch der Kläger seine Leistung erbringen muss; es hat also nur eine Verurteilung des Beklagten zur Leistung Zug-um-Zug gegen die vom Dritten an den Beklagten zu erbringende Leistung zu erfolgen[406].

Unterschiedlich wirken sich die Auffassungen nur insofern aus, als sich bei der Zwangsvollstreckung die Rechtsgrundlagen ändern, §§ 726 II, 756, 765 ZPO einerseits (wobei an die Stelle des dort genannten Gläubigers die dritte Partei tritt, deren Mitwirkung herbeizuführen Sache des vollstreckenden Gläubigers ist[407]) und § 726 I ZPO andererseits. Vorzugswürdig ist die zweite Meinung, weil § 322 BGB wertungsmäßig auch auf das Dreipersonenverhältnis anwendbar ist. Denn durch § 322 BGB wird insofern die Zwangsvollstreckung eingeschränkt, als dem Kläger aufgrund des nach § 322 BGB abgefassten Urteils eine zwangsweise Durchsetzung seines Leistungsanspruchs nur möglich ist, wenn der Zwangsvollstreckungsschuldner die ihm gebührende Leistung erhält. Dann ist es aber einerlei, ob der Schuldner die Leistung vom Zwangsvollstreckungsgläubiger zu erhalten hat oder von einem Dritten – entscheidend ist nur, dass der Schuldner überhaupt die Gegenleistung erhält.

Einer dritten Literaturansicht zufolge vernachlässigen indes diese beiden Meinungen die beim mehrseitigen Austauschvertrag im Verhältnis der wechselseitigen Abhängigkeit zu den anderen Leistungen stehende Leistung des Klägers an den Dritten[408]. Diese dritte Leistung werde völlig ausgeblendet. Deshalb soll nach dieser Literaturansicht auch die dritte Leistungspflicht mit in das Urteil aufgenommen werden, indem entweder A zur Leistung an B Zug-um-Zug gegen Leistung des C an A Zug-um-Zug gegen Leistung des B an C verurteilt wird oder A zur Leistung an B unter der Bedingung, dass C an A und B an C leistet[409]. Dementsprechend soll die Vollstreckung entweder mit Rückbezug auf die Literaturmeinung, die sich für eine Zug-um-Zug Verurteilung und Zwangsvollstreckung ausspricht, analog §§ 726 II, 756, 765, oder mit Bezug auf die andere Literaturmeinung analog § 726 I erfolgen[410]. Eine Entscheidung, welche der beiden von der ersten Meinungsgruppe übertragenen Ansichten vorzugswürdig ist, wird also schon nicht getroffen.

---

405 Larenz, SRAT, § 15 II (210f.).
406 Gernhuber, Schuldverhältnis, § 13 V 3.
407 Gernhuber, Schuldverhältnis, § 13 V 3.
408 Heermann, Erwerbsgeschäfte, S.196f.
409 Heermann, Erwerbsgeschäfte, S.197.
410 Heermann, Erwerbsgeschäfte, S.197.

Diese dritte Literaturansicht vermag aber auch grundsätzlich nicht zu überzeugen. Denn sie verkennt den Schutzzweck des § 322 BGB.

Prinzipiell führt die Erhebung einer Einrede durch den Schuldner zur Klageabweisung. Davor soll jedoch § 322 BGB den Kläger schützen, indem § 322 BGB anordnet, dass die Klage nicht abzuweisen ist, sondern lediglich zur Leistung Zug-um-Zug zu verurteilen ist[411]. Zweck des § 322 BGB ist also der Schutz des Klägers durch Einschränkung der prinzipiellen Einredewirkung, was sich gerade aus dem Wortlaut des § 322 BGB „nur die Wirkung", also nicht die prinzipielle Einredewirkung, ergibt. Dann kann es aber nicht angehen, dass im Urteil zum Ausdruck kommen muss, dass der Kläger eine Leistung an den Dritten erbringen muss. Das wäre eine Last für den Kläger, die nicht mit dem Schutzzweck des § 322 BGB vereinbar wäre.

Die Durchsetzung des Anspruchs des B gegen A ist auch nicht deswegen nach § 320 BGB gehemmt, weil B seine Leistung noch nicht an C erbracht hat, sondern nur deswegen, weil C noch nicht an A geleistet hat und A deswegen die Einrede des nichterfüllten Vertrages erhebt. Also ist auch nicht im Urteil auszuführen, dass B nur gegen Leistungserbringung an C von A die Leistung fordern darf. Es genügt vielmehr, dass deutlich gemacht wird, dass der Beklagte seine Leistung bekommen muss, um insofern den erforderlichen Schutz des Beklagten, den er durch die Einredeerhebung beansprucht hat, zu gewährleisten.

Die Leistungspflicht des Klägers ist also nicht in das Urteil über die Zug-um-Zug-Leistung aufzunehmen.

Das Urteil ist mithin entsprechend zum Zweipersonenverhältnis nach § 322 dahingehend abzufassen, dass der Schuldner zur Erfüllung Zug-um-Zug (gegen Erbringung der Leistung des Dritten) zu verurteilen ist.

Die etwaige Zwangsvollstreckung erfolgt demgemäß nach §§ 726 II, 756, 765.

In praktischer Hinsicht ist diese allerdings nicht einfach durchzuführen. B muss ja dem Urteil entsprechend dafür sorgen, dass A die Leistung bekommt. Am einfachsten ist es für B dann, bereits im Erkenntnisprozess gegen A den A in Annahmeverzug zu setzen, sodass bei einer Zwangsvollstreckung A keine tatsächliche Leistung angeboten werden braucht, § 765; diesen Weg sollte B auch bei tatsächlichen Schwierigkeiten hinsichtlich einer Zug-um-Zug-Leistung am Wohnort des A eingeschlagen. Indes kann B allein den A nicht in Verzug setzen, weil er die geschuldete Leistung nicht erbringen kann. Er müsste also den C zu einem Angebot bringen, und dann den Annahmeverzug feststellen lassen (ausnahmsweise ist der Annahmeverzug feststellungsfähig[412], weil

---

[411] Palandt-Heinrichs, § 274 Rn.2.

[412] BGH JZ 2001, 198, 199f.; BGH WM 1987, 1498; RG JW 1909, 463; OLG-Düsseldorf, NJW-RR 1993, 1088; Dieckmann, GS Arens, 43, 46; Rosenberg/Gaul/Schilken, Zwangsvollstreckungsrecht, § 16 V 1 b bb; Schibel, NJW 1984, 1945.

sonst die korrespondierende vollstreckungsrechtliche Norm sinnlos wäre, und dass Feststellungsinteresse erwächst aus dem Interesse an der Zwangsvollstreckung).
Hat es B allerdings nicht geschafft, den A in Annahmeverzug zu versetzen, so muss A tatsächlich die Leistung bekommen. Das kann am einfachsten dadurch geschehen, dass C an A leistet, zumal auch B von C verlangen kann, dass dieser an A leistet; oder B lässt sich von C die Gegenleistung für A aushändigen, was C in der Regel allerdings erst tun wird, wenn er von B die ihm dafür gebührende Gegenleistung erhalten hat, und bietet sie dann A an.
Im schlimmsten Fall, nämlich bei einer Leistungsverweigerung des C trotz des Leistungsangebots von B bleibt dem B nur, den C auf Leistung an A zu verklagen, sodass er dann bei C vollstrecken kann; der Gerichtsvollzieher darf die beschlagnahmte Sache allerdings nicht an B aushändigen, ihm steht sie ja nicht zu, sondern muss sie A Zug-um-Zug gegen die Leistung an B übergeben.

IV. Der Prozessvergleich

Beim Prozessvergleich, dem letzten Problem im Bezug auf den mehrseitigen Austauschvertrag, ist allein fraglich, ob entweder nur Kläger und Beklagter oder aber zusätzlich auch der dritte Vertragspartner Partei des Prozessvergleichs sein muss.
Von dem im materiell-rechtlichen Teil vorgezeichneten Ergebnis her ist indes nicht zweifelhaft, dass auch der Dritte C dann Partei des Vergleichs sein muss, wenn auf seinen Anspruch gegen B auf Leistung an ihn eingewirkt wird, wenn sich also bezogen auf die Prozesssituation der Kläger B eine Reduzierung seiner Leistungspflicht gegenüber C ausbedingt, weil der Beklagte A etwa den vollen Anspruch nicht erfüllen kann, oder wenn die Pflicht des Dritten umgestaltet oder erhöht wird; einer Beteiligung bedarf es hingegen nicht, wenn sich der Kläger mit einer geringeren Leistung des Beklagten ohne eigene Leistungsreduzierung zufrieden gibt, und erst recht dann nicht, wenn im Vergleich geregelt wird, dass der Beklagte vom Dritten nur noch eine geringere Leistung fordern darf. Denn in beiden Fällen ist nicht ersichtlich, warum der Dritte an diesem Vergleich mitwirken soll, ihm geschieht kein Nachteil, sofern nicht – und das ist die einzige Ausnahme – der Dritte ein vertragliches Interesse an der vollen Leistungserbringung hat, etwa weil er sein Lager leeren möchte; nur in einem solchen Fall muss er auch an einer Reduzierung seiner Pflicht mitwirken. Wenn er aber, wie regelmäßig, kein solches Interesse hat, trotzdem aber unbedingt mehr leisten möchte, dann kann er das ja tun – sein Gläubiger wird ihn gewiss nicht daran hindern.

Die Frage nach der Zahl der Vertragsparteien ist also dahingehend zu beantworten, dass auch der Dritte Partei des Vergleichsvertrages sein muss, wenn auf seinen Anspruch eingewirkt wird oder seine Pflicht erhöht oder umgestaltet, unter Umständen sogar reduziert wird.
Fraglich ist nur, ob sich dies prozessual auch umsetzen lässt. Grundsätzlich wird nämlich der Prozessvergleich wegen seines Charakters als doppelfunktionaler Prozessvertrag nur zwischen den Parteien des Rechtsstreits geschlossen[413], und das sind hier nur Kläger und Beklagter, nicht aber der Dritte, wenn die drei Vertragspartner nicht die Möglichkeit der umfassenden Streitbeilegung gewählt haben. Doch zeigt schon § 794 I S.1 Nr.1 ZPO, dass ein Dritter dem Prozess „beitreten" kann[414], um sich am Prozessvergleich beteiligen zu können. Es können also beide Parteien mit einem Dritten einen Prozessvergleich schließen, weil sich nur so zugleich die Prozessbeendigung und die vom Gesetz erlaubte Beteiligung des Dritten verwirklichen lassen[415]. Nach dem Sinn des Prozessvergleichs geht es ja auch um eine gütliche Beilegung des Rechtsstreits, den gemäß § 279 auch der Richter stets anstreben soll, sodass nicht begründbar wäre, warum ein Prozessvergleich deswegen unzulässig sein soll, weil sich ein Dritter beteiligen muss, andererseits der Prozessvergleich ohne den Dritten wegen des Verbots des Vertrages zu Lasten Dritter aber auch nicht geschlossen werden kann.
Der Prozessvergleich kann also zwischen den Prozessparteien und einem Dritten geschlossen werden[416]. Folglich kann er auch zwischen den drei Vertragsparteien des mehrseitigen Austauschvertrages geschlossen werden, wenn durch ihn die Rechtsstellung des Dritten beeinträchtigt wird.
Verweigert der Dritte allerdings seine Mitwirkung, weil er die ihm angesonne Anspruchsminderung nicht hinnehmen will – nur dann muss er ja regelmäßig überhaupt beteiligt werden – so hat dies unterschiedliche materiellrechtliche und prozessuale Wirkungen: In materiellrechtlicher Hinsicht entfaltet der Vergleich keine Wirkung gegenüber dem Dritten, sodass insbesondere eine im Vergleich vorgesehene Anspruchsminderung nicht greift; zwischen den Prozessparteien entfaltet er nur eine Wirkung, wenn diese ihn auch für den Fall geschlossen haben, dass der Dritte dem Vergleich nicht zustimmt. In prozessrechtlicher Hinsicht wird der Prozess dementsprechend durch den Vergleich beendet.

---

413 BLAH-Hartmann, Anh § 307 Rn.18.
414 BGHZ 86, 160 mwN, Thomas/Putzo, § 794 Rn.12.
415 BGHZ 86, 160; Thomas/Putzo, § 794 Rn.10.
416 BLAH-Hartmann, Anh § 307 Rn.18.

E. Schluss

Sämtliche Probleme um den mehrseitigen Austauschvertrag lassen sich also in den Griff bekommen – auch ohne historische Vorbilder und ohne pauschale Rechtsfortbildungen praeter oder sogar contra legem. Einem verstärkten wirtschaftlichen Einsatz steht damit eigentlich nichts im Wege. Jedenfalls ist aber das Schattendasein in der Rechtsdogmatik, das der mehrseitige Austauschvertrag bisher geführt hat, nicht berechtigt.

F. Zusammenfassung

1. Der mehrseitige Austauschvertrag ist ein Vertrag, der zwischen mindestens drei Personen geschlossen wird und der mindestens drei Hauptleistungspflichten aufweist, die drei- oder mehrecksförmig angeordnet sind und voneinander abhängen. Hauptanwendungsfall ist der Ringtausch zwischen drei Personen. Die Alternative zum Abschluss eines mehrseitigen Austauschvertrages zwischen A, B und C ist der Abschluss von zwei Verträgen zwischen A und B und A und C; diese beiden Verträge können allerdings nicht adäquat aneinander gekoppelt werden. Nur der mehrseitige Austauschvertrag vermag die Abhängigkeit der Leistungspflichten voneinander sicherzustellen; darin liegt sein spezifischer Sinn. (Abschnitt B)

2. Adressat einer Willenserklärung ist auch der dritte Vertragspartner, wenn auf dessen Pflicht durch die Willenserklärung eingewirkt wird. Dann kommt es bei der Auslegung auch auf sein Verständnis an. Ein Minderjähriger bedarf für einen wirksamen Vertragsschluss der Zustimmung des gesetzlichen Vertreters; die Aufteilung von Anspruch und Pflicht auf verschiedene Vertragspartner führt nicht zu einer gesonderten Betrachtung von Anspruchserwerb nach § 107 und Pflichtenbegründung des Minderjährigen nach § 108. Auch wenn der dritte Vertragspartner den zweiten Vertragspartner getäuscht hat, kann dieser gegenüber dem ersten Vertragspartner nach § 123 I anfechten; § 123 II findet keine Anwendung. Hinsichtlich der Anwendbarkeit von Formvorschriften ergibt sich kein Unterschied gegenüber dem Zweipersonenverhältnis. (Abschnitt C II 1)

3. Der Vertragsschluss erfolgt wie beim Gesellschaftsvertrag durch eine einzige Einigung zwischen allen drei Vertragspartnern; es gibt keine separierten Teileinigungen zwischen jeweils zwei Vertragspartnern entsprechend der jeweiligen zu begründenden Pflicht.
Die Leistungspflichten sind voneinander abhängig, das genetische, konditionelle und funktionelle Synallagma findet wie beim Zweipersonenvertrag Anwendung. Ausnahmsweise bleibt der dritte Vertragspartner zur Leistung verpflichtet, wenn er vom zweiten Vertragspartner die ihm gebührende Leistung erhält. (Abschnitt C II 2)

4. Nach einer Leistungsstörung kann sowohl der unmittelbar von der gestörten Leistung betroffene Vertragspartner als auch der dritte Vertragspartner Schadensersatz verlangen. Der dritte Vertragspartner hat allerdings dann keinen Schadensersatzanspruch, wenn ihm der zweite Vertragspartner trotz der Leistungsstörung die Leistung ordnungsgemäß erbringt. Hat der dritte Vertragspartner C dem ersten Vertragspartner A die Leistung an den zweiten Vertragspartner B unmöglich gemacht,

so haftet er dem B auf Schadensersatz statt der Leistung. Hat einer der Vertragspartner seine Willenserklärung angefochten, haftet er unter den Voraussetzungen des § 122 beiden anderen Vertragspartnern auf Schadensersatz.
Im Unterschied zu den Primärpflichten sind die Sekundärschadensersatzpflichten nicht voneinander abhängig. (Abschnitt C II 3)

5. Erklärt einer der Vertragsparteien den Rücktritt, wird der ganze Vertrag in ein Rückgewährschuldverhältnis umgewandelt. Ist allerdings eine der zurückzugewährenden Leistungen untergegangen, so gilt dieser Grundsatz nur eingeschränkt: zum Ausschluss des Rückgewähranspruchs des Rücktrittsberechtigten kommt es erstens dann gemäß § 351 aF, wenn die Leistung beim Rücktrittsberechtigten untergegangen ist, und zweitens dann, wenn die Leistung des Rücktrittsgegners untergegangen ist und der Rücktrittsberechtigte vorgeleistet hat.
Ansprüche aus § 812 bestehen nur, sofern die entsprechende Leistungspflicht unwirksam ist. (Abschnitt C II 4)

6. Bei der Ermittlung der relevanten Gegenleistung kommt es auf den Schutzzweck der Norm an, die die Ermittlung der Gegenleistung verlangt. Bezweckt sie den Schutz des Gläubigers, wie etwa eine Schadensersatznorm, ist als Gegenleistung diejenige Leistung anzusehen, die der Gläubiger an den Dritten erbringt. Bezweckt sie den Schutz des Schuldners, wie etwa § 138 II, ist die Gegenleistung die Leistung, die der Schuldner bekommt. (Abschnitt C II 5)

7. Nachträgliche vertragliche Änderungen der Leistungspflichten sind nur mit Zustimmung aller Vertragspartner möglich. Eine Minderung der Leistungspflicht aufgrund Sachmangels, Teilunmöglichkeit oder Verlangens des stellvertretenden commodums ist möglich. Entsprechend hat aber auch der dritte Vertragspartner das Recht zur Minderung und darüber hinaus das Recht zum Rücktritt. Beim Wegfall der Geschäftsgrundlage kommt es darauf an, ob nach dem Rechtsfolgensystem im Zweipersonenverhältnis nur eine Leistung angepasst wird oder ob beide Leistungen angepasst werden. Im letzteren Fall werden entsprechend alle drei Leistungen beim mehrseitigen Austauschvertrag angepasst. Im ersteren Fall wird der wirtschaftliche Verlust durch die reduzierte Leistung auf die beiden anderen Vertragspartner hälftig umgelegt. (Abschnitt C II 6)

8. Zug-um-Zug-Leistungen werden wie beim Zweipersonenvertrag abgewickelt. (Abschnitt C II 7)

9. Eine Schuldübernahme erfordert die Zustimmung auch des dritten Vertragspartners. Gleiches gilt für die Abtretung. Die Vertragsübernahme ist ohnehin nur durch einen Vertragsschluss auch mit dem dritten Vertragspartner möglich. Das Vorkaufsrecht als ein Fall der Vertragspartnerauswechselung ist anwendbar, wenn die Gegenleistung eine vertretbare Leistung ist; die an sich erforderliche Zustimmung des dritten Vertragspartners kann durch das Anbieten der Leistung ersetzt werden. (Abschnitt C II 8)

10. Auf den mehrseitigen Austauschvertrag finden die Vorschriften über gegenseitige Verträge Anwendung, allerdings immer nur bezogen auf eine Leistungspflicht. Die Vorschriften über nichtgegenseitige Verträge sind nur anwendbar, wenn es keine entsprechenden Normen zu gegenseitigen Verträgen gibt. (Abschnitt C II 9)

11. Verbraucherschutzrechtliche Normen sind nicht nur auf das jeweilige, von ihrem Wortlaut vorausgesetzte Zweipersonenverhältnis anwendbar, sondern auch auf die beiden anderen Verhältnisse, wenn eine normspezifische Gefährdungslage besteht. Die handelsrechtlichen Vorschriften über das erweiterte Zurückbehaltungsrecht finden keine Anwendung, diejenigen über das relative Fixgeschäft nur bei vorheriger Zustimmung des dritten Vertragspartners zu dieser Vereinbarung und alle anderen handelsrechtlichen Institute nur, wenn sie über das jeweilige Zweipersonenverhältnis hinaus keine Auswirkung haben. Eine gespaltene Anwendbarkeit aller dieser Normen bei ein- und derselben Person je nach Leistungsverhältnis ist im Übrigen nicht gegeben. (Abschnitt C II 10)

12. Fällt eine der Vertragsparteien in Insolvenz, kommt es für die weitere Erfüllung der vertraglichen Primärpflichten darauf an, ob die Partei ihre Leistung schon erbracht hat und ob an die insolvente Partei die Leistung schon erbracht wurde. Hat die insolvente Partei schon erfüllt, muss auch die Leistung an sie erbracht werden. Ansonsten hat der Insolvenzverwalter ein Wahlrecht hinsichtlich der Erfüllung. Wurde die Leistung hingegen bereits an die insolvente Partei erbracht, darf der Insolvenzverwalter nicht mehr erfüllen. Ist der insolventen Partei im Falle der Vertragsrückabwicklung die Rückgewähr der Leistung mangels Zustimmung des Insolvenzverwalters unmöglich, ist die Rückgewähr insgesamt ausgeschlossen. Bei den Schadensersatzansprüchen gibt es im Dreipersonenverhältnis keine insolvenzrechtlichen Besonderheiten. (Abschnitt C II 11)

13. Der mehrseitige Austauschvertrag hat hinsichtlich seines grundsätzlichen Pflichtengefüges eine komplexe, aus insgesamt sechs Pflichten bestehende Struktur: Jeder Vertragspartner hat neben der Zuwendungspflicht gegenüber dem einen Vertragspartner eine zweite Pflicht gegenüber dem drit-

ten Vertragspartner, deren Inhalt es allerdings nur ist, an den Gläubiger des Zuwendungsanspruchs zu leisten. Deshalb handelt es sich um keine echte Leistungspflicht, sondern nur um eine Verhaltenspflicht. Aus der Gläubigerperspektive gesehen hat mithin auch der dritte Vertragspartner einen Anspruch gegen den ersten Vertragspartner auf Erbringung der Leistung an den zweiten Vertragspartner. Es handelt sich dabei aber nicht um einen echten Anspruch, weil der Dritte nicht Leistung an sich selbst fordern kann, sondern nur um einen materiellrechtlichen Rechtsbehelf, der der Verhaltenspflicht korrespondiert.
Die beiden Pflichten bewirken keine Gesamtgläubigerschaft und stellen sich auch nicht als Vertrag zugunsten Dritter dar. Die beiden Pflichten können nicht unabhängig voneinander bestehen. Erlischt die eine, so erlischt auch die andere. Sinn der zweiten Pflicht, der Verhaltenspflicht, ist es erstens, in jedem Leistungsverhältnis ein Gegenseitigkeitsverhältnis von Anspruch und Pflicht zu konstruieren, und zweitens, auch dem dritten Vertragspartner einen Anspruch gegen den ersten Vertragspartner zu gewähren, um den Leistungsaustausch durchsetzen zu können.
(Abschnitt C III)

14. Der mehrseitige Austauschvertrag ist ein mehrseitiges Schuldverhältnis, das zwischen Zweipersonenvertrag und Gesellschaftsvertrag anzusiedeln ist. (Abschnitt C IV)

15. Der Dritte kann nicht nur seinen eigenen Leistungsanspruch gegen den zweiten Vertragspartner zivilprozessual durchsetzen, sondern auch kraft seines Rechtsbehelfs und der daraus folgenden Prozessführungsbefugnis den ersten Vertragspartner auf Leistung an den zweiten Vertragspartner verklagen.

16. Die drei Vertragspartner sind nicht gezwungen, ihre Ansprüche in einem einzigen Verfahren gebündelt geltend zu machen; sie können verschiedene Verfahren vor verschiedenen Gerichten einleiten. (Abschnitt D II 2)

17. Andererseits sind sie auch nicht daran gehindert, ihre Ansprüche in einem Verfahren vor ein- und demselben Gericht einzuklagen. Das ist möglich im Wege der Drittwiderklage und der subjektiven Streitgenossenschaft. (Abschnitt D II 3)

18. Führen zwei Vertragspartner einen Zivilprozess, so kann dem Dritten der Streit verkündet werden, insbesondere damit auch dem Dritten gegenüber die Vertragswirksamkeit bindend festgestellt wird. Der Dritte kann auch von sich aus die Nebenintervention erklären.

Sämtliche Prozesse können parallel betrieben werden; die Verfahren können aber unter den Voraussetzungen des § 147 ZPO verbunden werden.
(Abschnitt D II 4)

19. Für mehrere Prozesse zwischen den gleichen Parteien ergeben sich keine Besonderheiten aus der Tatsache, dass Klagegrund der mehrseitige Austauschvertrag ist; er verlangt keine Bindung bzgl. nacheinander geführter Prozesse und keine Koordination paralleler Prozesse.
(Abschnitt D II 5)

20. Die besondere Pflichtenstruktur des mehrseitigen Austauschvertrages ist prozessual wie folgt zu handhaben: Klagt zunächst der unmittelbar Zuwendungsbegünstigte B, kann der dritte Vertragspartner C weder parallel Klage erheben noch der anderen Partei beitreten; einer erst nachfolgend erhobenen Klage steht die Rechtskraft des Erstprozesses entgegen. Klagt zunächst der dritte Vertragspartner, so entfaltet ein Urteil aus diesem Verfahren keine Bindungswirkung gegenüber B. Der Beklagte A kann negative Feststellungswiderklage gegen B erheben, um einem zweiten Prozess nun des B zu entgehen. C kann seinen Prozess auch dann noch weiterbetreiben, wenn er nach Prozessbeginn von B die ihm gebührende Leistung erhalten hat oder wenn B seinerseits eine zulässige parallele Klage anstrengt, sofern bereits Prozessergebnisse erzielt wurden. Hat A allerdings negative Feststellungswiderklage erhoben, kann B danach keinen parallelen Prozess mehr gegen A anstrengen, weil der identische Streitgegenstand (kontradiktorisches Gegenteil) aus der Feststellungsklage einer weiteren Klage entgegensteht.
(Abschnitt D II 7)

21. Ein Prozessvergleich, durch den auf den Anspruch des dritten Vertragspartners eingewirkt wird, kann nur mit dessen Zustimmung abgeschlossen werden. (Abschnitt D III)

22. Bei einer Zug-um-Zug-Leistung ist nicht in das Urteil mitaufzunehmen, dass der Gläubiger eine Leistung an den dritten Vertragspartner zu erbringen hat; es bleibt entsprechend zum Zweipersonenverhältnis dabei, dass der Schuldner nur zur Leistung Zug-um-Zug gegen Erhalt der Gegenleistung vom dritten Vertragspartner verurteilt wird.
Zur Zwangsvollstreckung muss der Gläubiger dafür sorgen, dass der dritte Vertragspartner die Leistung an den Schuldner erbringt. Notfalls muss er auch den dritten Vertragspartner verklagen, um dann bei ihm im Wege der Zwangsvollstreckung die Leistung zu beschaffen und sie durch den Gerichtsvollzieher an seinen Schuldner weiterreichen. (Abschnitt D IV)

Literaturverzeichnis

Adomeit Klaus, Rechtstheorie für Studenten, 4.Aufl.1998

Arens Peter / Lüke Wolfgang, Zivilprozeßrecht, 8.Aufl.2002

Assmann Heinz-Dieter, Die Transformationsprobleme des Privatrechts und die Ökonomische Analyse des Rechts. Chancen und Grenzen der privatrechtlichen Verwertbarkeit der Ökonomi schen Analyse des Rechts, S.21 ff, in: Assmann Heinz-Dieter, Kirchner Christian, Schanze Erich (Hrsg.): Ökonomische Analyse des Rechts, 1978

Bamberger Georg / Roth Heribert, BGB Kommentar, Band 1, 1.Aufl.2003

Baumbach Adolf / Lauterbach Wolfgang / Albers Jan / Hartmann Peter (*-Bearbeiter*), Zivilprozessordnung, 60.Aufl.2002

Batschari Alexander / Durst Matthias, Wirkung des Synallagmas auf die materielle Rechtskraft?, NJW 1995, 1650ff.

Belke Rolf O., Prüfungstraining Zivilrecht, Band 1: Fallbearbeitung und Anspruchsmethode, 2.Aufl.1995

Bettermann Karl August, Die Vollstreckung des Zivilurteils in den Grenzen seiner Rechtskraft, 1948

Blomeyer Arwed, Zivilprozessrecht. Erkenntnisverfahren, 2.Aufl.1985

ders., Rechtskrafterstreckung infolge zivilrechtlicher Abhängigkeit, ZZP 75 (1962), 1ff.

ders., Zum Urteilsgegenstand im Leistungsprozeß, FS für Lent (1957), S.43ff.

Braun Peter (Hrsg.), Insolvenzordnung, Kommentar, 1.Aufl.2002

Brox Hans, Handelsrecht und Wertpapierrecht, 15.Aufl.2001

Bruns Rudolf, Zivilprozessrecht, 3.Aufl.1996

Canaris Claus-Wilhelm, Ansprüche wegen „positiver Vertragsverletzung“ und „Schutzwirkung für Dritte“ bei nichtigen Verträgen, JZ 1965, 475ff.

ders., Funktion, Struktur und Falsifikation juristischer Theorien, JZ 1993, 377ff.

ders., Handelsrecht, 23.Aufl.2000

ders., Systemdenken und Systembegriff in der Jurisprudenz, 1968

Diederichsen Uwe / Wagner Dieter, Die BGB-Klausur, 9.Aufl.1998

Drenseck Walter, Gestaltungsmißbrauch bei Ringtausch im Zusammenhang mit Berlin-Darlehen, Anm. zu BFH FR 1985, 110, 111

Erman Walter / Westermann Harm Peter (-Bearbeiter), Handkommentar zum Bürgerlichen Gesetzbuch, 10.Aufl.2000

Esser Josef / Schmidt Eike, Schuldrecht, 8. Aufl. 1995

Fenge Hilmar, Rechtskrafterstreckung und Streitgenossenschaft zwischen Hauptschuldner und Bürgen, NJW 1971, 1920ff.

Flume Werner, Die Entreicherungsgefahr und die Gefahrtragung bei Rücktritt und Wandelung, NJW 1979, 1161ff.

Foerste Ulrich, Zur Rechtskraftwirkung in Ausgleichszusammenhängen, ZZP 108 (1995), 167ff.

Früh Andreas, Bürgerliches Recht, 1997

Gernhuber Joachim, Bürgerliches Recht, 3.Aufl.1991

ders., Das Schuldverhältnis, Handbuch des Schuldrechts Band , 1989

ders., Drittwirkungen im Schuldverhältnis kraft Leistungsnähe, FS Nikisch (1958), S.249ff.

ders., Vertragsverbindungen, FS Larenz I (1973), S.455ff.

ders., Synallagma und Zession, FS Ludwig Raiser (1974), S.57ff.

G.M., Job rotation - ein möglicher Beitrag zur Verbesserung der Mobilität der Mitarbeiter in der öffentlichen Verwaltung, Kommentar, BBauBl 1981, S. 533ff.

Greger Reinhard, Anmerkung zu OLG Karlsruhe ZZP 88, 451f, ZZP 88 (1975), 452ff.

Grunsky Wolfgang, Grundlagen des Verfahrensrechts, 2.Aufl.1974

Haas Lothar, Medicus Dieter, Rolland Walter, Schäfer Carsten, Wendtland Holger, Das neue Schuldrecht, 2002

Habermeier Stefan, Das Trennungsdenken, AcP 195 (1995), 283ff.

Hadding Walter, Schuldverhältnis und Synallagma beim Vertrag zu Rechten Dritter, FS Gernhuber (1993), S.153ff.

Haft Fritjof, Juristisches Lernen, 6.Aufl. 1997

Heermann Peter W., Drittfinanzierte Erwerbsgeschäfte, 1998

ders., Ringtausch, Tauschringe und multilaterales Bartering, JZ 1999, S.183 ff.

Huber Ulrich, Leistungsstörungen, Band 2, Handbuch des Schuldrechts Band, 1999

ders., Rechtskrafterstreckung bei Urteilen über präjudizielle Rechtsverhältnisse, JuS 1972, 621ff.

Jauernig Othmar, Zivilprozessrecht, 27.Aufl.2002

Kipp Theodor, Über Doppelwirkungen im Recht, insbesondere über die Konkurrenz von Nichtigkeit und Anfechtbarkeit, Festgabe für von Martiz (1911), S.211ff.

Klang, Kommentar zum ABGB, Band IV/2, 2.Aufl.1976

Larenz Karl, Das Zurückbehaltungsrecht im dreiseitigen Rechtsverhältnis. Zur Lage des Käufers beim „finanzierten Ratenkauf", FS Karl Michaelis (1972), S.193ff.

ders., Methodenlehre, Studienausgabe, 2.Aufl.1991

ders., Schuldrecht I, 14.Aufl.1987

Larenz Karl / Canaris Claus Wilhelm, Methodenlehre der Rechtswissenschaft, 3.Aufl.1995

dies., Schuldrecht II/2, 12.Aufl.1997

Leonhard Franz, Erfüllungsort und Schuldort, 1907

Liebs Detlef, Bereicherungsansprüche wegen Misserfolgs und Wegfall der Geschäftsgrundlage, JZ 1978, 700ff.

Lindenmaier / Möhring, Nachschlagewerk des Bundesgerichtshofs, Serie ab 1966, BGB §§ 305-515

Looschelders Dirk, Schuldrecht Allgemeiner Teil, 1.Aufl.2003

Lorenz Walter, Gläubiger, Schuldner und Bereicherungsausgleich, AcP 168 (1968), 286ff.

Lorenz Stephan / Riehm Thomas, Lehrbuch zum neuen Schuldrecht, 2002

Lüke Wolfgang, Die Beteiligung Dritter im Zivilprozeß, 1993

Luhmann Niklas, Das Recht der Gesellschaft, 1.Aufl.1993

Medicus Dieter, Allgemeiner Teil des BGB, 8.Aufl.2003

ders., Bürgerliches Recht, 19.Aufl.2002

ders., Schuldrecht BT, 9.Aufl.2002

ders., Vertragsauslegung und Geschäftsgrundlage, Festschrift für Werner Flume I, 1978, S.629ff.

Möschel Wernhard, Dogmatische Strukturen des bargeldlosen Zahlungsverkehrs, AcP 186 (1986), 187ff.

Münchener Kommentar zum Bürgerlichen Gesetzbuch (-Bearbeiter), herausgegeben von Kurt Rebmann und Franz Jürgen Säcker, Band 2, 4. Aufl.2001, Band 3, 3.Aufl.1997, Band 5, 3.Aufl.1997

Münchener Kommentar zur ZPO (-Bearbeiter), herausgegeben von Gerhard Lüke und Peter Wax, Band 1, 2.Aufl. 2000, Band 3, 1.Aufl.1992

Musielak Hans-Joachim (-Bearbeiter), Zivilprozessordnung, Kommentar, 3.Aufl.2002

Nieder Michael, Die Widerklage mit Drittbeteiligung, ZZP 85 (1972), 437ff.

Otte Gerhard, Umfassende Streitentscheidung durch Beachtung von Sachzusammenhängen, 1998

Palandt Otto (-Bearbeiter), Bürgerliches Gesetzbuch, 63.Aufl.2004

Petersen Jens, Von der Interessenjurisprudenz zur Wertungsjurisprudenz, 2001

Pfister Bernhard, Der mehrseitige Austauschvertrag, JZ 1971, S.284ff.

Reuter Dieter/ Martinek Michael, Ungerechtfertigte Bereicherung, Handbuch des Schuldrechts Bd.4, 1983

Rimmelspacher Bruno, Materiellrechtlicher Anspruch und Streitgegenstandsprobleme im Zivilprozeß, 1970

ders., Zur Bedeutung des § 33 ZPO, FS für Lüke (1997), S.655ff.

Rohe Mathias, Netzverträge, 1998

Rosenberg Leo / Schwab Karl Heinz, Zivilprozessrecht, 14.Aufl.1986

Rosenberg Leo / Schwab Karl Heinz / Gottwald Peter, Zivilprozessrecht, 15.Aufl.1993

Rosenberg Leo / Gaul Hans Friedhelm / Schilken Eberhard, Zwangsvollstreckungsrecht, 11.Aufl. 1995

Roth Herbert, Zweiparteiensystem und mehrseitige Gestaltungsklagen im Personengesellschaftsrecht, FS für Bernhard Großfeld (1999), S.915ff.

Schack Haimo, Drittwirkung der Rechtskraft?, NJW 1988, 865ff.

Schellhammer Kurt, Zivilprozess. Gesetz – Praxis – Fälle, 10.Aufl.2003

Schlosser Peter, Zivilprozessrecht I. Erkenntnisverfahren, 2.Aufl.1991

Schmidt Karsten, Gesellschaftsrecht, 4.Aufl.2003

ders., Mehrseitige Gestaltungsprozesse, 1999

Schmidt Ludwig, EStG, 21.Aufl.2002, 3.Aufl.1984

Schneider Egon, Logik für Juristen, 5.Aufl.1999

Schultes Hans Jörg, Beteiligung Dritter am Zivilprozeß, 1994

Schurig Klaus, Das Vorkaufsrecht im Privatrecht, 1975

Schwab Martin, Schuldrechtsmodernisierung 2001 / 2001 – Die Rückabwicklung von Verträgen nach §§ 346 ff. BGB n.F., JuS 2002, 630ff.

Schwab Karl Heinz, Rechtskrafterstreckung auf Dritte und Drittwirkung der Rechtskraft, ZZP 77 (1964), 124ff.

Soergel Hans Theodor, Siebert Wolfgang (*-Bearbeiter*), Bürgerliches Gesetzbuch, Band 2 Schuldrecht I, 12.Aufl.1990

Staudinger Julius von (*-Bearbeiter*), Kommentar zum Bürgerlichen Gesetzbuch, Neubearbeitung 2001, 13. Bearbeitung 1993ff.

Stein / Jonas (*-Bearbeiter*), Kommentar zur Zivilprozeßordnung, Band 2, 21.Aufl.1994

Thomas Heinz / Putzo Hans (*-Bearbeiter*), Zivilprozessordnung, 25.Aufl.2003

Uhlmannsiek Dirk, Die Zulässigkeit der Drittwiderklage, 1995

Walter Gerhard, Kaufrecht, Handbuch des Schuldrechts Band 6, 1987

Wesel Uwe, Geschichte des Rechts, 2.Aufl.2001

Zeiss Walter, Die arglistige Prozesspartei, 1967

Zeuner Albrecht, Die objektiven Grenzen der Rechtskraft im Rahmen rechtlicher Sinnzusammenhänge, 1959

ders., Rechtliches Gehör, materielles Recht und Urteilswirkungen, 1974

Zöller Richard (*-Bearbeiter*), Zivilprozessordnung, 24.Aufl.2004

Lebenslauf

Personalien

Name	Michael Luber
Anschrift	Belgradstr.45, 80796 München
Geburtsdatum	22.3.1976
Geburtsort	Garmisch-Partenkirchen
Familienstand	ledig
Eltern	Wolfgang Luber, Beamter, und Dr. Sibylle Seyfried-Luber, Ärztin i.R.
Geschwister	Zwillingsbruder Christian Luber, Student

Bildungsweg

9/82 - 7/95	Grundschule und Gymnasium in Bad Aibling, Abschluss Abitur (1,4)
10/96 - 3/98	Kursstudium an der FernUniversität Hagen in BWL, Informatik und Wirtschaftsrecht aus familiären Gründen (Pflege der Mutter)
10/97 - 3/02	Jura - Studium an der LMU München
9/01 - 01/02	Erste Juristische Staatsprüfung, Gesamtnote „gut" 13,04 Punkte
seit 10/03	Magister-Studium Internationales und Europäisches Wirtschaftsrecht an der LMU München
12/03	Promotion zum Doktor iur. (Thema: „Der mehrseitige Austauschvertrag")

Praktische Tätigkeiten

8/95 - 9/96	Zivildienst in den Kliniken Harthausen im OP
08/98	Praktikum beim AG Bad Aibling in Strafsachen
10/99	Praktikum beim AG München in Strafsachen - Jugendstrafrecht
10/99 - 3/01	studentische Hilfskraft bei Prof. Dr. Ulrich Schroth im Rahmen eines DFG-Projektes und des Studiendekanats
04/00	Praktikum in der Kanzlei Bossi, Ufer, Prof. Dr. Ziegert
seit 04/02	wissenschaftlicher Mitarbeiter am Institut für Bürgerliches Recht und Zivilprozessrecht (Prof. Dr. Bruno Rimmelspacher)
10/02 – 7/03	Arbeitsgemeinschaftsleiter bei Prof. Lehmann zum Grundkurs Zivilrecht
seit 10/02	Rechtsreferendar am OLG München (LG München I, LHST München)
seit 4/03	freie Mitarbeit in der Kanzlei Wendler Tremml

Außeruniversitäres Engagment

10/99 - 9/00	Betreiber der Gemeinschaftseinrichtung „Getränkeverkauf" im Studentenwohnheim (Jahresumsatz ca. € 30.000)
11/98 - 9/99	Kassenprüfer der Gemeinschaftseinrichtungen des Studentenwohnheims und Mitglied im Wirtschaftsausschuss
2/00 - 9/00	Stockwerkssprecher im Studentenwohnheim

Veröffentlichung

Rimmelspacher/Luber, Anmerkung zu BGH WM 2002, 744, WuB I F 1 a.

FSC
www.fsc.org
MIX
Papier | Fördert
gute Waldnutzung
FSC® C083411

Kolibri 360 GmbH
Ferdinand-Jühlke-Straße 7
99095 Erfurt, Deutschland
produktsicherheit@kolibri360.de